貿易実務シリーズ❶

貿易と保険
実務マニュアル

石原　伸志・土屋　爲由
水落敬太郎・吉永　恵一　共著

成山堂書店

本書の内容の一部あるいは全部を無断で電子化を含む複写複製（コピー）及び他書への転載は，法律で認められた場合を除いて著作権者及び出版社の権利の侵害となります。成山堂書店は著作権者から上記に係る権利の管理について委託を受けていますので，その場合はあらかじめ成山堂書店（03-3357-5861）に許諾を求めてください。なお，代行業者等の第三者による電子データ化及び電子書籍化は，いかなる場合も認められません。

はじめに

　古きフェニキア、エジプトの時代から19世紀初頭までの貿易取引形態は、「冒険商人」と呼ばれた売主が自ら船を仕立て、遠く輸入地まで商品を自ら運び、そこで商品を売却する持ち込み方式でした。航海術が未熟で帆船かつ木造船であった当時の船舶による航海では、輸送中に船舶が難破したり、海賊に襲われるような海特有の危険に遭遇し、莫大な損害を被ることも珍しいことではありませんでした。すべての責任と危険負担は売主にあり、だからこそ無事に帰港すれば莫大な利益が約束されていたわけです。

　1858年に蒸気船グレート・イースタン号が大西洋の横断に成功し、船舶が帆船から蒸気船に、木造船から鉄鋼船に、小型船から大型船へと進化する一方、羅針盤の進化等による航海術の発展もあり、海上輸送を請け負う船会社が出現するようになると、従来冒険商人に独占されていた貿易取引が一般商人にも門戸開放されるようになりました。

　さらに、17世紀英国で、無事に貿易船が帰港した場合は利益を享受できる代わりに、輸送途上で商品が滅失・損傷した場合の損害を保険料を出し合った者同士で負担する貨物海上保険制度が出来上がると、貿易取引はますます発展しました。

　ところで、最近のわが国の貿易量の推移をみると、輸出入総額は1990年の75.3兆円から2017年は153.6兆円へと倍増しています。

　言語や法律、考え方、商慣習などが異なる海外企業との間で、円滑な貿易取引を行っていくためには貿易実務に関する知識は必須になっています。

　貿易実務は、①国際マーケティングと売買契約等の商取引、②貿易決済と外国為替、③貨物海上保険と貿易保険、生産物賠償責任（PL）保険、④輸出入通関、船積み、国際物流等から構成されていますが、円滑な貿易取引を構築・遂行していくためにはこれらの実務に関する知識の修得は必須条件です。

　従来の貿易実務に関する出版物を俯瞰してみると、貿易取引全般を総論的にまとめた著述が多いように見受けられます。中でも保険に関しては貨物海上保険（モノ保険）の説明、それも旧在来船時代からの取引条件であるいわゆる"Tackle to Tackle"の原則に基づくFOBやCIF等を前提にした著述が多いようですが、本書では、コンテナ輸送の責任範囲である"Place of receipt to Place of delivery"を踏まえた FCA や CIP 等にも対応する内容としています。

しかし、貿易取引に関する保険だけでも、次のような種類があります。
①貨物海上保険
　衝突や座礁、台風や波浪等によるコンテナの流失、輸送途上の貨物の損傷、盗難、紛失、未着等に対するリスクを補てん
②賠償責任保険
　船会社や NVOCC（利用運送事業者）が請け負った輸送業務に関し、損害賠償を請求された時のリスクを補てん
③貿易保険
　輸出相手国の政変や輸出先企業等が倒産して代金回収等が不可能になった場合のリスクを補てん
④生産物賠償責任（PL）保険
　輸入した商品によって購入者が損傷等を被り、損害賠償を要求された場合のリスクを補てん

そこで、本書『貿易と保険実務マニュアル』では、従来の貨物海上保険に加え、いままであまり解説されてこなかった貿易保険や生産物賠償責任（PL）保険、賠償責任保険にもスポットを当て解説することにしました。長年保険業界の第一線で活躍してきた各分野の専門家が一同に会し、日頃の実務を通して培った豊富な経験と知識を活かして、貿易取引を行なううえで重要な保険に関する理論とマニュアルを実践的に一冊にまとめました。

本書は、初めて保険を学ぶ方々だけでなく、日頃から貿易実務や貿易取引、保険業務に従事されている実務家の方々にとっても十分参考になるよう、最新の情報と具体的な事例や帳票類等も盛り込みながら、分かりやすく詳細に解説してあります。本書が関係者各位の知識と業務の向上の一助となれば望外の喜びです。

最後に、本書出版に際して、尽力いただいた株式会社成山堂書店に深謝申し上げます。

2018 年 4 月吉日

執筆者一同

目　次

序　章　貿易に伴うリスクと保険 …… 序 i

第 1 編　貨物海上保険

第 1 章　貨物海上保険（Marine Cargo Insurance）とは …… 2
- 1.1　貿易物流リスクに対する保険 …… 2
- 1.2　貨物海上保険がその領域とするリスク …… 2
- 1.3　貨物海上保険の特徴 …… 4
- 1.4　法律上の位置づけ …… 8
- 1.5　貨物海上保険契約の当事者 …… 10
- 1.6　トレードタームと貨物海上保険 …… 13
- 1.7　トレードタームとリスク負担者 …… 14

第 2 章　貿易物流に伴うさまざまなリスク …… 17
- 2.1　貿易物流の標準的形態 …… 17
- 2.2　代表的な貨物の物流リスク …… 19

第 3 章　協会貨物約款（ICC） …… 27
- 3.1　ICC の変遷 …… 27
- 3.2　約款の構成 …… 28
- 3.3　保険条件：カバーされる損害・されない損害
　　──ICC（A）、（B）および（C） …… 34
- 3.4　保険期間 …… 39

第 4 章　特殊なリスクと貨物海上保険 …… 44
- 4.1　戦争・ストライキ保険 …… 44
- 4.2　地震リスクと貨物海上保険 …… 45

- 4.3 DUTY INSURANCE（DUTY CLAUSE） ……………………… 47
- 4.4 コンテナと貨物海上保険 ……………………………………… 47
- 4.5 エアカーゴと貨物海上保険 …………………………………… 64

第5章　契約実務―申込みからポリシーの受領まで― …………… 67
- 5.1 保険会社との間で確認すべき事項 …………………………… 67
- 5.2 申込み実務とその効率化 ……………………………………… 77
- 5.3 貨物海上保険の値段（保険料率） …………………………… 84

第6章　事故対応と保険金請求手続き ……………………………… 88
- 6.1 事故の通知から保険金の受領まで …………………………… 88
- 6.2 保険金の種類と計算方法 ……………………………………… 98
- 6.3 共同海損と貨物海上保険 ……………………………………… 106
- 6.4 運送人などの責任と貨物海上保険 …………………………… 114
- 6.5 リスク・マネージメントとロス・プリベンション ………… 116

第7章　貨物の損害をカバーするその他の保険 …………………… 123
- 7.1 輸出FOB保険 ………………………………………………… 123
- 7.2 運送保険 ………………………………………………………… 125
- 7.3 内航貨物海上保険 ……………………………………………… 128
- 7.4 船舶保険（Marine Hull Insurance） ………………………… 128

第8章　国際物流と賠償責任保険 …………………………………… 130
- 8.1 貨物海上保険と賠償責任保険の関係 ………………………… 130
- 8.2 国際複合運送と運送約款 ……………………………………… 131
- 8.3 国際航空運送 …………………………………………………… 149
- 8.4 内航運送と賠償責任 …………………………………………… 153
- 8.5 国内陸上運送と賠償責任 ……………………………………… 155
- 8.6 フレイト・フォワーダーと賠償責任保険 …………………… 156
- 8.7 商法改正 ………………………………………………………… 163

第 2 編　貿易保険

第 9 章　海外展開に伴うリスク …… 168
- 9.1　貿易取引に潜むリスク …… 168
- 9.2　海外投資に潜むリスク …… 169
- 9.3　この取引、進めて大丈夫？ …… 169

第 10 章　貿易保険制度の総論 …… 171
- 10.1　貿易保険とは―海上保険と貿易保険― …… 171
- 10.2　貿易保険と政府の関係 …… 171
- 10.3　貿易保険の役割 …… 175
- 10.4　貿易保険の種類 …… 176
- 10.5　日系企業の活動、外国企業との契約受注などを支援する再保険スキーム …… 181
- 10.6　貿易保険で支援する契約 …… 182
- 10.7　貿易保険でカバーする保険事故のてん補事由 …… 186

第 11 章　貿易保険を申込む前の準備 …… 192
- 11.1　貿易保険の利用できる企業 …… 192
- 11.2　保険利用者コード（シッパーコード）の登録 …… 192
- 11.3　海外商社名簿への支払人等の登録 …… 193
- 11.4　保険契約の締結方式 …… 195

第 12 章　貿易保険の引受 …… 197
- 12.1　非常危険の引受 …… 197
- 12.2　信用危険の引受 …… 204

第 13 章　保険契約の締結 …… 211
- 13.1　保険申込み前に事前相談が必要な契約等 …… 211
- 13.2　保険価額、保険金額 …… 212

- 13.3 重要事項説明書の内容確認 …………………………… *216*
- 13.4 保険申込み ……………………………………………… *216*
- 13.5 保険責任 ………………………………………………… *222*
- 13.6 保険料 …………………………………………………… *227*
- 13.7 契約の内容変更等 ……………………………………… *230*

第 14 章　保険事故 …………………………………………… *236*

- 14.1 想定される主な保険事故 ……………………………… *236*
- 14.2 保険事故の発生後、保険約款での一連の義務や手続きなど ……… *237*
- 14.3 保険事故の発生 ………………………………………… *237*
- 14.4 損失防止軽減義務 ……………………………………… *240*
- 14.5 保険金の請求 …………………………………………… *243*
- 14.6 回収 ……………………………………………………… *252*

第 15 章　貿易保険の概要 …………………………………… *260*

- 15.1 貿易一般保険の概要 …………………………………… *260*
- 15.2 限度額設定型貿易保険の概要 ………………………… *262*
- 15.3 中小企業・農林水産業輸出代金保険の概要 ………… *263*
- 15.4 簡易通知型包括保険の概要 …………………………… *264*
- 15.5 輸出手形保険の概要 …………………………………… *265*
- 15.6 前払輸入保険の概要 …………………………………… *268*
- 15.7 海外投資保険の概要 …………………………………… *269*
- 15.8 貿易代金貸付保険の概要 ……………………………… *270*
- 15.9 海外事業資金貸付保険の概要 ………………………… *272*
- 15.10 知的財産権等ライセンス保険の概要 ………………… *273*

第 3 編　海外 PL 保険

第 16 章　グローバル経済と製造物責任 …………………… *276*

- 16.1 貿易取引と海外 PL 保険 ……………………………… *276*

16.2　グローバル経済と法律 ……………………………………… 277
　16.3　損害賠償責任 ………………………………………………… 277
　16.4　安全への価値観と製造物責任の出現 ………………………… 278
　16.5　製造物責任（Product Liability；PL） ……………………… 279
　16.6　不法行為法改革（Tort Reform） …………………………… 280

第 17 章　米国の PL 訴訟環境 ………………………………………… 281
　17.1　米国の司法制度 ……………………………………………… 281
　17.2　米国の PL 訴訟 ……………………………………………… 282
　17.3　弁護士の数 …………………………………………………… 283
　17.4　陪審制度（Jury System） …………………………………… 284
　17.5　成功報酬制度（Contingent Fee System） ………………… 284
　17.6　提訴費用（Filing Fee） ……………………………………… 285
　17.7　連帯責任（Joint and Several Liability） …………………… 285
　17.8　ディープポケットセオリー（Deep Pocket Theory） ……… 285
　17.9　専門家証人（Expert Witness） ……………………………… 286
　17.10　懲罰的損害賠償金（Punitive Damages） ………………… 286
　17.11　集団訴訟（クラスアクション、Class Action） …………… 287
　17.12　米国の特徴的な PL 訴訟事例 ……………………………… 288
　17.13　米国の民事訴訟手続き ……………………………………… 289

第 18 章　米国における PL 法改正動向 …………………………… 296
　18.1　不法行為法改革（Tort Reform）の動向 …………………… 296
　18.2　第 3 次不法行為法リステイトメント ………………………… 296
　18.3　クラスアクション公正法 …………………………………… 296

第 19 章　ヨーロッパの PL 動向 …………………………………… 298
　19.1　EU 指令 ……………………………………………………… 298
　19.2　一般製品安全指令（GPSD） ………………………………… 299
　19.3　製造物責任（PL）指令 ……………………………………… 299

19.4	EU 製造物責任訴訟実態 ······································· 299
19.5	EU 製造物責任指令と日本の製造物責任法の比較 ············ 300
19.6	リコールの状況 ·· 302

第 20 章 アジア諸国の PL 制度 ·· 303

20.1	概説 ·· 303
20.2	中国 ·· 303
20.3	その他のアジア諸国の現状 ··································· 305
20.4	日本の製造物責任法（PL 法） ································ 305
20.5	日本の PL 法の課題 ·· 307

第 21 章 海外 PL 保険（海外生産物賠償責任保険）················ 309

21.1	海外 PL 保険の重要性 ·· 309
21.2	海外 PL 保険の解説 ·· 310

第 22 章 海外 PL 訴訟対応 ··· 318

22.1	輸出品の PL 訴訟対応 ·· 318
22.2	輸入品の PL 訴訟対応 ·· 320

第 23 章 企業に求められる PLP 対策 ······································ 322

23.1	PLP 対策の基本 ··· 322
23.2	PLP 予防対策 ·· 323
23.3	輸入業者の PLP 対策 ··· 324

付録　資料 ·· 326

1　各国・地域の PL 法／2　日本の製造物責任法／3　海外 PL 事故例（米国）

参考文献 ·· 334
索　引 ··· 337

序章　貿易に伴うリスクと保険

貿易取引に関わるさまざまなリスク

　貿易取引は、ビジネスとしてうまくいき利益を産み出してこそ、その目的を達するわけですが、現実には売買契約は成立したものの、期待通りの結果とならないこともしばしば起きます。予定の利益が出なかったり、逆に経済的損失を被る結果となったり、極端な場合はその企業の存亡にまで影響する事態もあり得ます。

　当事者が全く予想していなかったか、あるいは想定を越える状況が生じたために、期待通りの結果とならなかった時、そこには貿易の成功を阻んだリスクがあったと言えます。

　「リスク」という語は、今日あらゆる分野で、そして色々な意味合いで多用されていますが、本書では、「起きることが不確実な、すなわち起きるか起きないか、いずれの可能性もある良くないこと、またはそのことが起きる可能性」と位置づけます。

貿易の段階ごとのリスクの例

　貿易の成功を阻むリスクは実にさまざまですが、その代表例のいくつかを貿易のプロセスごとに見てみます。

(1) 売買契約成立から船積みまで

　成約後輸出者側で行われる一連のプロセスにおいて、①貨物の質・量・梱包などが約定通りとなっていない、②輸出許可が下りない、③所定の期日までに船積みされない、④船積み時に外観上異常があり船会社から無故障船荷証券（Clean B/L）の発行を拒絶されるなどの可能性があります。

(2) 輸送中・保管中

　貨物の輸送開始後は、陸上・航空・海上輸送中や保管中などの物流に伴う各種事故によるリスクが常に付きまといます。

(3) 荷卸し後

　輸入国に着いた貨物は、通関手続きの後、最終の保管場所に到着し貿易物流を終えますが、そのプロセスにおいて、①貨物の到着が予定より遅れる、②輸入許可が下りない、③貨物の損傷や数量不足など異常が発見される、④マー

ケット環境が変化して予定価格で販売できないなどの可能性があります。

(4) 代金の決済

売主である輸出者は、買主である輸入者より、契約に従い代金等を回収しなければなりません。しかしながら、買主（輸入者）の資金繰り悪化や破産により、また輸入国側の為替規制などにより代金等の回収が不能となるリスクは輸出者にとって、非常に大きなリスクです。その他、輸出者が準備した貨物が輸入国の輸入禁止措置などにより、また輸入者の破産により船積み不能となってしまうリスクもあります。

また、代金決済に伴い顕在化するリスクとして、通貨の異なる国との貿易取引では、為替相場の変動により損失を被るリスクが常に存在します。

(5) 第三者からのクレームリスク

輸出者または輸入者が、自らが締結当事者となっている売買契約、運送契約、倉庫寄託契約等とは無関係に、第三者からのクレームを関連法規に基づき受ける可能性は常に存在します。その中で特異なものとして、製造物賠償責任（Product Liability；PL）に基づく損害賠償請求があります。商品の欠陥などが原因で消費者の財産や生命・身体が損害を受けた場合に、その商品を製造または販売した者に対し、損害賠償を請求することができますが、それが輸入品である場合には、生産国で製造した者、輸出した者、さらには販売国で輸入した者に対しても請求が及ぶことがあります。そしてその額は、商品の価格をはるかに超える金額となることもあります。

人類の叡智を結集したリスクとの闘い

このように貿易取引に常に付きまとうさまざまなリスクに対し、人々はただ座してその結果を待つだけではなく、長年に亘る工夫や研究を経てこれらに対処する仕組み・方法を考え出してきました。

①技術革新による阻害要因の抑制

造船・航海技術の向上、港湾設備や梱包の改善、製品の安全性の向上などによるリスクの低減です。

②情報の収集・活用によるリスク予知の向上

かつては入手できる外国の情報は限定的で、特に海外の物流・通関や金融事情等の日本との違いを把握するのは容易ではありませんでした。ましてや、外国の取引相手方がどういう企業で、どのような財務状態なのか、信用できるのか否か等を把握するのは非常に難しいことでした。これらの情報がインターネットやリサーチの活用等を通して入手可能になったことも、貿易

に伴うリスク判断に影響を与えました。
③各種国際条約、法規、ルールの整備
　売買契約や代金決済、船舶や航空機の安全運航、損害賠償の考え方等に係るルールの国際的統一などが進みました。
④経済的な仕組みを通したリスクへの対処方法
　保険制度はまさにその経済的な仕組みの一つです。その他、信用状（L/C）や荷為替手形の利用、外国為替の先物予約なども、同じく経済的な仕組みと言えます。

保険に馴染むリスク・馴染まないリスク

「リスクのある所に保険あり」としばしば言われます。貿易に関しても、この言葉に従えばすべてのリスクが保険の対象となるということになりますが、実際には保険に馴染みやすいものとそうでないものがあります。特に民間の保険会社であれば、そのリスクを引受けること自体がビジネスとして成立することが大前提となるため、保険として引受け可能なリスクには、自ずと限界があります。保険として成立するためには、少なくとも以下の要件を満たす必要があります。
　①想定する保険事故発生の可能性が、当事者の意思により左右されないこと
　②保険事故の結果生じる経済的損失を、客観的に把握できること
　③発生の可能性が予測でき、保険料が算出できること

時代と共に変化するリスク

かつては貨物がとにかく目的地に届くことが、貿易の成否の最大のポイントでした。従いその阻害要因として、海難事故や海賊などは最大のリスクと捉えられ、これらのリスクに対する保険制度は非常に早い段階で発展し浸透しました。一方、今や地球上のあらゆる地域にモノ、カネ、情報が前世紀とは比べものにならない速さで流通する社会となり、貿易を取り巻くリスク事情も大きく変わってきました。例えば、貨物が目的地にただ届けば良いのではなく、それが時間通りに、そして完璧な状態で届くことが求められるようになりました。また取引相手がグローバルに広がることが当たり前となり、世界中の物流・通関事情、各種法制度、金融・経済・政治情勢そして取引相手の信用状況に対しても、一層高い関心が求められるようになりました。さらに、権利意識の高揚は、消費者が製品に関わった企業に対する損害賠償請求をより広く可能にし、製品を製造・販売した企業のみならず、輸出・輸入に携わった企業をも巻き込

むようになってきました。

本書で取りあげるリスクと保険

本書は、グローバル時代におけるこのような貿易に関わるリスクを巡る環境の変化も踏まえ、以下の4種類のリスクとそれに対応する保険を解説するものです。
　①貿易物流の過程で貨物に生じる損害のリスクとそれに対する**貨物海上保険**
　②貨物海上保険と同じ貨物損害を、船会社等物流に関わる事業者の損害賠償リスクとして捉えた運送人の**賠償責任保険**
　③輸入者などの破産や相手国側の予期せぬ状況の発生により輸出者、銀行、投資者などが被るおそれのある貨物の船積み不能、貨物代金や貸付金額の回収不能、また事業の継続不能などのリスクと、それに対する**貿易保険**
　④製品が消費者に与えた損害に対し、製造者、販売者、輸出者、輸入者などが負う製造物賠償責任（PL）リスクとそれに対する **PL 保険**

複雑化した今日の社会では、貿易を取り巻くリスクはこれら限られたものではありませんが、ここでは代表的なこの4種類にハイライトを当てます。

各保険の共通点・相違点

これら4種類のリスク間には直接の関連性はありません。それぞれ性質の異なるリスクであり、それが顕在化して損失が発生する時期も異なります。

これら4種類のリスクに対応する4種類の保険も、広い意味では、共通する保険の大原則によって存在していますが、構造的には異なる部分がたくさんあります。代表的な相違点としては、以下になります。

（1）保険の目的の違い

保険に付けた対象を「保険の目的」と言いますが、これら4種類では、保険の目的の性質が全く異なります。
　①貨物海上保険は、貿易のために輸送される貨物、すなわちモノを対象とした「モノ保険」です。保険の目的であるそのモノに損害が生じることが保険カバーの条件となります。
　②運送人の賠償責任保険と生産物賠償責任（PL）保険は、いずれも保険の目的は「賠償責任」です。運送人の貨物賠償責任保険では、まず貨物に損害が生じ、その損害に対し運送を請負っていた運送人が賠償責任を負うことが条件であり、仮に損害があっても、運送人に賠償責任が発生しない場合は、保険も発動しません。

なお、運送人の賠償責任としては、貨物損害以外の対物、対人責任もあります。

　同様にPL保険は、まずは製品に起因して消費者の財物または身体に損害が生じ、その損害に対し製品の製造者、販売者、輸出者、輸入者などが法律上の賠償責任を負うことが条件となります。

　このように、賠償責任保険は、生じた損害を直接的、一義的にカバーする保険ではありません。

③貿易保険では、保険の目的は特定の事由による「代金の回収不能などによる経済的損失」です。従い、モノの損害が発生することや賠償責任を負うことが要件ではありませんが、回収不能などの事由で、輸出者、銀行、投資者等が貿易保険でカバーする損失を受けたことを保険金支払いの要件としています。

(2) 大数の法則との関係

「保険制度は大数の法則に基づく」と言われています。保険制度が成り立つためには、適正な保険料が算出可能であることが要件となりますが、保険料は保険がカバーする事象（事故など）の発生する確率に基づきます。ある事象が起きる確率には、例えばコインを投げて表か裏かの確率が50%であるように決まっているものもありますが、そうでないさまざまな事象も長い間に多数の事例が蓄積された場合には、その統計を分析することにより、将来に向けた発生の可能性を予測することが可能となり、これを大数の法則と呼びます。本書の4種類の保険は、この大数の法則との関係でもその性格が異なります。

①貨物海上保険や運送人の賠償責任保険は、長い間の貿易物流と保険の歴史を通し、対象となる損害の大部分は過去の発生統計があり、大数の法則に基づき、保険の設計が可能です。

②生産物賠償責任保険は、PLリスクそのものが比較的新しいリスクであり、過去の統計と言えるほどの事例が積みあがっておらず将来に向けて大数の法則を当てはめにくい部分もあります。

③貿易保険においては、代金の回収不能リスク自体は、貿易が始まった時から存在していたとも言える程の長い歴史があるが、保険の歴史としては浅く、また回収不能などの原因となる戦争や自然現象による災害などのリスクは、大数の法則に馴染みにくい要素があります。

(3) 保険会社や用語などの違い

これら保険を扱う保険会社も異なります。

①貨物海上保険、運送人の賠償責任とPL保険は、いずれもわが国では損害

保険会社が取扱います。ただし、貨物海上保険と運送人の賠償責任保険は歴史的に海上保険、PL保険は新種保険と分類されてきた経緯があり、保険の構造に異なる部分があります。また、運送人の賠償責任の一部は、船主責任相互保険組合（P&Iクラブ）という組合組織が取扱っています。

②貿易保険は政府が発行済株式の100%を保有する（株）日本貿易保険（2017年4月に独立行政法人より変更）が貿易保険法に基づき取扱っている他、一部は民間の損害保険会社も取扱っています。

③各保険で販売方法、事故対応等が異なり、使われている用語も異なる部分があります。

貿易に携わる者に求められる知識

貿易に携わる者として留意すべきは、各保険会社側は、専門性を持つ細分化された組織・要員を有しますが、保険に加入する側としても、これらの保険全般に関し一定の知識を備えることが求められることです。

これらの保険に加入する契約者は通常は個人ではなく企業であり、保険会社との取引は企業間の取引となります。企業間の保険取引は、保険に関し十分な業務知識を有する者同士の取引とみなされ、契約者に対する保険会社の説明責任のあり方も、個人が自宅の火災保険や所有する自動車の保険に加入する際のものとは異なります。すなわち、後で「知らなかったから」、あるいは「説明がなかったから」との理由で最適な保険カバーを付けられなかったというエクスキューズは通用しません。もちろん個々の取引に際し、保険会社側は鋭意保険の内容を説明してくれると思いますが、契約者側も、あらかじめ必要な知識を得た上で、具体的な加入手続きに際して少しでも疑問点・不明点があれば保険会社側に対し納得するまで質問する姿勢が求められます。

本書はこのような「保険の種目の壁」を越えて、4種類のリスク・4種類の保険に関し貿易に携わる者が必要とする実務知識を一冊の手引きにまとめることを主眼として企画されたものです。

貿易取引に関する基礎知識

貿易取引の当事者

貿易取引の当事者を指す主な言葉には、以下のものがあります。

輸出者（Exporter）　　　／　輸入者（Importer）
売主・売手（Seller）　　／　買主・買手（Buyer）
荷送人・シッパー（Shipper）　／　荷受人・コンサイニー（Consignee）
受取人（Payee）　　　　／　支払人（Payer）

　これらは、一般的に「売る側か買う側か」では同じ側の当事者を指す言葉ですが、完全に同一の意味では使われていません。本書では、貿易全般に関して述べる場合は主に、**輸出者/輸入者**、物流・海上保険に関連して述べる場合は主に、荷送人または**シッパー/荷受人またはコンサイニー**、売買行為に関して述べる場合は主に、**売主/買主**、という語を使用します。また貿易保険においては、売買契約の代金の支払い義務者を「支払人」、貸付契約の場合は「借入人」と呼びます。

船積書類

　貿易取引における船積書類（Shipping Documents）は、売買契約等または信用状（L/C）に基づき作成され、輸出者から直接または銀行を経由して輸入者に送付する輸送貨物に関連するすべての書類をいい、輸入者はこの船積書類を受領することで初めて貨物の受取りが可能となります。

　重要な四大船積書類といわれるものは、船荷証券（Bill of Lading；B/L）、商業送り状（インボイス、Commercial Invoice）、包装明細書（パッキングリスト、Packing List）、貿易条件がCIFの場合の貨物海上保険の保険証券（ポリシー、Insurance Policy）です。

　貿易取引での代表的な船積書類の概要は、以下の通りです。

(1) 船荷証券（Bill of Lading；B/L）

　運送人（船会社等）がシッパーとの間で取り決められた運送契約に基づいて運送貨物を受取りまたは船積みしたときに、作成・交付する運送貨物の受取りまたは船積みを証する書面をいい、荷卸し時に貨物を引取る際にも必要となります。運送貨物に対する権利等を形に代えた権利証券であり、指図式B/Lは裏書により第三者に対し譲渡できる流通証券です。

　船積みの際に、B/L記載数量との過不足、貨物の損傷、包装の不完全等の異常があり、その旨の文言（remarks）の記載があるB/Lは故障付き船荷証券（Foul B/L）と呼ばれ銀行から拒絶されます。

(2) 複合運送船荷証券（Combined Transport Bill of Lading；CTB/L）

　複合運送とは、一つの運送業者が出発地から船舶、航空機、鉄道、トラックなど2種類以上の異なる輸送手段を利用して最終仕向地まで運送することをいいます。複合運送船荷証券とは、輸送区間ごとにそれぞれ実際の運送業者が存在するが、通し運送を引受けた複合運送業者がシッパーに発行する最終仕向地までの通しのB/Lです。

(3) 航空運送状（Air Waybill）

　海上輸送の船荷証券に相当するものであり、航空貨物輸送のため、運送業者（航空会社または代理人、混載業者 Consolidator）がシッパーから航空貨物を受領したときに発行される運送契約締結の証拠書面です。航空運送状は、記載された貨物の受領を証明するとともに、引渡証となりますが、指図式船荷証券（B/L）のように裏書によって流通することはありません。航空運送状では、記名コンサイニーのみが貨物の引取りが可能です。

(4) 商業送り状（Commercial Invoice）

　輸出貨物の明細書兼請求書であり、貿易実務等において、単にインボイスと呼ばれています。商業送り状は、輸出者が輸入者宛に作成する輸出貨物の送付明細書、価格計算書、出荷案内書であり、また輸入者（買主）に対する貨物の代金請求書でもあります。具体的には、商業送り状には、品名、数量、単価、合計金額、船積時期、インコタームズの貿易条件（トレードターム）などが記載されています。

(5) 包装明細書（Packing List）

　船積みした貨物の梱包ごとの内容、梱包の個数、重量、容積などを記載したものをいいます。

貿易取引の決済方法

　貿易代金の決済方法は、取立手段となる為替手形の有無、支払保証状としての信用状の有無、決済時期などにより分類できます。

(1) 為替手形（Bill of Exchange）

　輸出者（売主）等が振出人となって名宛人に対して支払期日に手形金額を支払うように命令した有価証券です。為替手形の名宛人は、信用状（L/C）に基づき振り出された為替手形では、信用状発行銀行または信用状発行銀行が指定する支払銀行であり、信用状なしの荷為替手形（D/P手形、D/A手形）の為替手形では、売買契約等の輸入者（買主）となります。

　為替手形に、船荷証券あるいは貨物引換証、商業送り状、貨物海上保険の保険証券、包装明細書などの船積書類を添えたものを荷為替手形（Documentary Bill）といい、船積書類等を添えてない為替手形をクリーンビル（Clean Bill）といいます。

(2) 信用状（Letter of Credit；L/C）

　決済手段としての信用状は、輸入者等の依頼を受けた信用状発行銀行が発行した貨物代金等の支払いを確約する取消不能の支払保証状をいいます。信用状（L/C）決済の売買契約では、輸出者等が信用状（L/C）に記載されている条件を満たし、文面上、合致した為替手形、船積書類などを呈示すれば、信用状発行銀行は、無条件で為替手形を支払い、引受、または買取を行うことになります。ただし、信用状（L/C）で決済される売買契約等でも、戦争など不可抗力的な事由、また政府による信用状発行銀行の外為業務の停止措置など、または信用状発行銀行の倒産などにより、予定していた信用状（L/C）が入手できないことや、信用状（L/C）が履行されず、貨物代金等の支払いが不能となることもあります。

(3) 荷為替手形（Documentary Bill）

　荷為替手形は、売買契約等の貨物代金等の決済のため振り出した為替手形など金融書類に加え、船荷証券（B/L）、商業送り状、貨物海上保険の保険証券、包装明細書などの船積書類が添えられ「貨物の権利」が一体になっており手形債権が担保されている手形をいいますが、法律的には一般の為替手形と変わりません。

　荷為替手形には、信用状（L/C）付きと信用状（L/C）なしがあり、一般に、信用状（L/C）なしの荷為替手形を船積書類の引渡し条件により「D/P手形（Documents against Payment）」、「D/A手形（Documents against Acceptance）」と呼んでいます。

① D/P手形（Documents against Payment）

　D/P手形による決済の特徴は、取引銀行が輸出者等から持ち込まれた為替手形、船積書類などを輸入者の居住する国の提携している取立銀行に送付し、その取立銀行が輸入者に為替手形を呈示し、為替手形の支払いと引換えに貨物の受取りに必要な船積書類を引渡すものです。D/P手形は、原則、為替手形の呈示に対して支払いを行う一覧（at sight）手形ですが、貨物の航海日数が長くなる場合、その日数を加えた期限付きの「D/Pユーザンス手形（D/P○○days sight）」が用いられることがあります。ただし、「D/Pユーザンス手形」は、取立銀行が為替手形を支払人に呈示して支払期日を確定しますが、貨物の受取りに必要な船積書類等の引渡しは、輸入者が支払期日に支払いを実行したときとなります。

② D/A手形（Documents against Acceptance）

　D/A手形による決済の特徴は、取引銀行が取立銀行に為替手形、船積書類などを送付しますが、D/P手形と異なり、輸入者よる為替手形の引受（手形にAcceptedと記し、引受日、支払期日を記して署名すること）により貨物の受取りに必要な船積書類などを引渡すものです。輸入者にとって、D/A手形は、貨物を受取る前に購入資金の調達が不要であり、また手形の支払いが貨物の受取りから支払期日まで猶予されることか

ら、D/P手形より有利な条件といえます。

(4) 送金ベース（Remittance）

為替手形などの取立手段がなく（オープンアカウント）、また貨物代金等の決済に銀行の関与もない決済方法です。輸出者等は、船荷証券など貨物の受取りに必要な船積書類等を直接輸入者に送付し、輸入者は、契約上の決済期限までに現地の銀行に依頼して輸出者等の指定する銀行口座に貨物代金等を送金するものです。送金ベースは、電信手段により為替送金をすることから電信送金（T/T送金、Telegraphic Transfer）ともいわれます。送金ベースは、決済時期により、貨物代金等を貨物の船積み前に輸出者等の指定する銀行口座に送金するものを「前払送金（Payment in Advance）」、また貨物の船積み後に送金するものを「後払送金（Deferred Payment）」といいます。

保険に関する用語

(1) 保険契約者・被保険者

保険契約者とは、保険会社と契約を結ぶ者をいいます。保険会社に対して保険に付けたい内容を通知（告知）し、保険会社からの説明を了承した上で申込みを行い、保険料を支払う当事者となります。ただし保険契約者という立場だけでは、保険事故が起きた際の保険金を受取ることができません。

これに対し、被保険者とは保険金を受取る立場の者をいいます。保険に付けた対象（例えば、ある貨物、ある損害賠償責任、ある代金債権等）に対し利害関係を有する者が被保険者になることができます。

保険契約者と被保険者は、同一のこともあれば、異なることもあります。

(2) 保険料・保険金

保険料は、保険契約者が保険会社に対し支払う対価（掛け金）です。一方、保険金は保険事故に際し契約に基づき保険会社から被保険者に支払われる給付金（補償金）です。

(3) 保険価額・保険金額

保険価額とは、保険に付けることができる金額を指します。一方保険金額とは実際に保険に付けられた金額、すなわち保険会社の支払いの上限金額を指します。保険料の多寡は、保険金額に応じて決まります。

保険価額と保険金額が同額のものを全部保険、保険金額が保険価額より低いものを一部保険、逆に保険金額が保険価額より高いものを超過保険と呼びます。

一部保険の場合は事故の際の保険金支払額も保険金額/保険価額の割合に応じて縮小されたものとなります。一方超過保険の場合でも、保険価額を越えて保険金が支払われることはありません。また、リスクの種類によっては、保険会社の方針として全部保険

とせず常に一部保険として損害の一定割合しか支払われないものもあります。

また、運送人の賠償責任保険やPL保険のような、賠償責任保険では、「てん補限度額」という形で、支払いの上限額が定められます。

(4) 保険約款

契約の成立、カバー内容、保険金の計算方法など、保険会社と保険契約者・被保険者との約束事をあらかじめ保険会社にて定めた標準契約を指します。保険会社と保険契約者・被保険者の権利・義務関係はすべて約款に基づくことになり、保険の種類やカバーの内容が少しでも異なれば、異なる保険約款が適用されることになります。保険という目に見えない商品を売買する保険取引において、約款は商品そのものと言える程に重要なものです。

なお、保険以外でも、船会社や運送会社は運送約款、倉庫会社は倉庫寄託約款に基づき役務を提供します。

わが国民法には約款についての規定がありませんでしたが、2020年施行予定の新民法で保険等定型取引に関する約款のルールが新設されます。

(5) 保険証券（ポリシー、Insurance Policy）

保険会社が保険引受けの証として発行する証明書であり、様式は保険の種類ごとに異なります。保険証券は船荷証券（B/L）と異なり権利証券ではなく、流通性もありません。

(6) 保険契約者・被保険者の義務

保険契約者・被保険者は、保険契約上いくつかの義務を負います。代表的なものとしては、以下の義務があります。これらを充足できなかった場合には、保険金支払いや、場合によっては保険契約の有効性に影響が出る可能性がありますので、注意が必要です。

①告知義務：保険申込みに際し、保険会社のリスク判断に影響を与える事項に関して、保険会社に告げる必要があります。

②保険料支払い義務：所定の期日までに保険料を支払う必要があります。

③変更通知義務：契約した内容に変更が生じた場合は、速やかにその旨通知する必要があります。

④損害通知義務：保険事故が発生した場合は、速やかに通知する必要があります。

⑤損害防止義務：保険事故に関しては、その発生を事前に防止するとともに、損害を最小限に抑えるべく努力することが求められます。

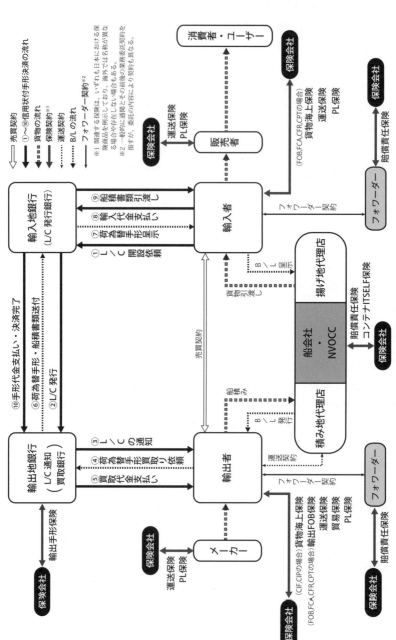

信用状（L/C）付荷為替手形決済の仕組みと各種保険

第1編 貨物海上保険

　貨物海上保険は、貿易のために運ばれる貨物がその物流過程で遭遇するさまざまな危険（リスク）によって生じる損害に備える保険です。本書で取りあげる各種リスクの中でも、最もイメージし易いリスクかもしれません。また貿易に関連する各種保険の中でも、貿易と一体化しており、最も触れる機会の多い保険とも言えます。

　かつては「海上」の名の通り船舶の沈没や座礁など海上輸送中の事故だけを対象としていましたが、現在では陸上や航空輸送中、保管中など海上以外も対象としています。千年以上の歴史を有する貨物海上保険ですが、貿易や物流を取り巻く状況の変化に合わせてさまざまな進化を遂げ、保険の中でも非常に成熟した姿となって今日に至っています。

　貨物海上保険は貿易取引と一体化しているが故に、多くの場合「誰が、どのような保険条件（カバーの範囲）で、いくらのコスト（保険料）で、どこの保険会社に手配するのか」が極めてスピーディに、時には機械的に、決められているのが実態と思われます。一見単純に見え、誰もが良く知っていると思われている保険ですが、その契約内容の理解を誤ると、万一の時に期待していた補償機能が得られないおそれがあります。

　本編では、貨物海上保険の実務全般を解説していきますが、その中でもカバーの有無に直結する部分に関しては、特に重点的に見ていきます。また今日、船舶輸送の大部分はコンテナで運ばれている状況に鑑み、コンテナ特有の問題点についてもとりあげます。さらに貨物を運ぶ運送人の側から見た賠償責任についても解説します。

第 1 章　貨物海上保険（Marine Cargo Insurance）とは

1.1　貿易物流リスクに対する保険

　国際間のモノの売買である貿易取引では必ずその目的物であるモノ、すなわち貨物を移動させる物流を伴います。そして貨物海上保険は、物流途上で貨物が遭遇するさまざまなリスクに対する保険です。売買契約が結ばれ、その目的である貨物はシッパーからコンサイニーに向け輸送されますが、売買契約で合意され、期待された価値を有した状態で到着してこそ、売買の意義があると言えます。もし貨物の価値が売買契約で合意した価値より低くなった状態で、あるいは無価値の状態で到着する、さらには全く到着しなかったのでは、その貿易取引は本来の目的を達したとは言えません。しかしながら現実には、そのような事態がしばしば発生しています。その大きな原因となるのが、船舶の沈没や座礁、火災、衝突等に代表される海難事故、道路輸送中の交通事故、貨物の落下、雨濡れ、衝撃、盗難などさまざまな「リスク」による貨物の損害です。貨物海上保険は、このような物流過程で遭遇するリスクによって貨物に生じた損害のために荷主が被る経済的な損失をカバーするための保険です。

　なお損害保険の分類上、貨物海上保険には、外国との貿易に際しての「外航貨物海上保険」と日本国内の港間で輸送される際の「内航貨物海上保険」があります。本書は国際間貿易に関してのものですのでほとんどの部分は外航貨物海上保険に関わるものです。特に内航との区分を注意書きする必要がない限り、外航を省略して「貨物海上保険」と表記します。

1.2　貨物海上保険がその領域とするリスク

1.2.1　物流に伴うリスク

　貿易にはさまざまなリスクを伴いますが、貨物海上保険が取り上げるリスクはあくまでも物流に伴うものです。リスクには、物流とは無関係なものも多数あります。例えば、マーケットが急変して売れなくなってしまったことによるマーケットロス、為替の変動によるロス、さらには輸出または輸入した商品がその後消費者に与えた損害に基づく生産物賠償責任リスク、輸出代金の回収不能リスクなども貿易に伴うリスクですが、貨物海上保険からすれば考察の範囲外の異次元ともいえる損害です。

1.2.2　物理的損害

　貨物海上保険は、モノ（財物）の損害を対象とするモノ保険の一つで、貨物の物理的な損害を対象とします。
　これら物理的な損害形態をより正確に表現すると、以下の2種類の形態に分けられます。
　①貨物の全部または一部が存在しなくなった状態である「滅失」（Loss）
　　完全に燃えて灰になってしまった、深海に沈んで引揚げられない、盗難や誤配で届かない等です。
　②貨物は存在しているものの、正常ではない状態の「損傷」（Damage、「毀損」とも呼ばれている）
　　壊れた、曲がった、濡れた、錆びた等を指します。貨物の種類・性質によっては、肉眼ではわからなくても、顕微鏡で見ると確認できるような微小な損傷や、分析やテストを行って初めて確認可能な化学反応や異常も、物理的な損害に含まれます。
　ある貨物にとって通常は一つの事故でこの損害形態のいずれかですが、まれに同時に生じる場合、すなわち貨物の一部分はなくなってしまい（滅失し）、他の一部分は損傷状態となることもあり得ることです。
　従い、ある貨物が受けたこれらの物理的な損害状態を表現するには、「滅失および／または損傷」（Loss &/or Damage）が最も正確な表現となりますが、本書ではそれらを総称して「損害」に統一します。

1.2.3　偶然かつ外来の原因

　船舶の沈没や座礁等の海難事故、陸上輸送中の交通事故をはじめ、泥棒による盗難あるいは貨物を取扱う人やフォークリフトでの乱暴な取扱い等のリスクを原因とする貨物損害は、
　　・物流が始まる時点において、その後起きるとは予測できない、「偶然の事故」（Accident）による損害
であるとともに
　　・その損害の原因が、貨物自体に内在するものではなく、貨物から見れば外から来たもの、すなわち「外来な原因」（External Cause）による損害
となります。
　この「偶然かつ外来であること」は、損害保険共通の大原則と言えます。一方、起こるべくして起きた損害や、貨物が元来有していた瑕疵・欠陥の顕在化、時間の経過に伴う劣化、変質等は、保険の土俵にはなじみません。

1.2.4 売買契約の充足が大前提

貨物海上保険の保険事故は、売買契約に定められた事項はすべて合意通り履行された上で、なお事故が発生したものであることが大前提となります。例えば、定められた数量は不足なく、合意された梱包方法通りで輸送が開始されること等です。逆に言えば、スペック違い、契約よりも少ない数の貨物しか入れずに送られたための不足損害、契約通りの梱包がされずに梱包不充分のために破損した場合に被る損害は、売買の当事者間で解決されるべきであり、保険の考察の対象とはなりません。

一方、荷主間ではなく、船会社との間の運送契約や倉庫業者との寄託契約など荷主と外部との契約に関しては、船会社や倉庫業者などの不法行為や債務不履行に該当する原因で貨物に損害が発生した場合であっても、後述のように一義的に貨物海上保険が機能します。

1.3　貨物海上保険の特徴

1.3.1 保険の原点とも言える長い歴史

ローマ帝国の時代には、すでに地中海での海上貿易が盛んに行われ、この当時「冒険貸借」と呼ばれる制度が存在していたと言われています。これは、一種の高利貸制度で、貿易商が、当時いわば金融機関的な役割を担っていた大金持ちから資金を借りて輸入貿易を行い、もし積荷を積んだ船舶が無事着けば、高利を付けて返済をするが、もしも航海中に船舶が事故に遭い、輸入貨物が到着しなかった場合は返済を免除されるというものでした。契約者が保険料を支払い、保険会社は損害をてん補するという現在の損害保険制度と構造が異なりますが、保険制度の保険料を金利に、保険金を借入金に置き換えると、類似の要素もあります。輸送中の貨物のリスクを経済的仕組みにヘッジしようという点において、まさに保険制度の原点であったと言えます。

14 世紀には現在の貨物海上保険の基礎ができ上がっていて、ヨーロッパの貿易商はアジアとの貿易に際し、貨物海上保険を利用することがすでに一般的であったと言われています。その当時は、火災保険などの他の種目の損害保険は全く未発達であり、損害保険と言えば海上保険（貨物海上保険および船舶保険）を指すものでした。当時の航海技術の下では、船舶が航海を無事に終え貨物が無事に到着するまでには、現代とは比べ物にならないほど大きいリスクがあった一方、無事完遂できた暁には巨額の利益をもたらしました。このことが、貨物海上保険を一気に発展させたと言えます。

この動きは、地中海沿いのイタリア、フランスを経て英国に渡り、ヨーロッ

1.3 貨物海上保険の特徴　　5

ロイズ

左はロイズ・コーヒーハウスの中の様子。右は現在のロイズビル。1986年に完成したロンドンを代表するビルの一つ。（出所：Lloyd's）

パの中でも、海上保険は特に英国で発展しました。17世紀頃の海上保険は、現代のように巨大な資産を持った保険会社が引受けを行うのではなく、多くの個人資産家が自己の引受け可能な範囲内で貨物や船舶保険を引受けていました。彼らは、保険の加入を希望している案件がどのようなものか、どのような貨物でどのような船舶なのか、そのリスクは高いか低いかといった情報をお互いに交換して自己の引受けを決めていました。17世紀にロンドンでコーヒーを飲みながらそのような情報交換の場所の中心となっていたのが、ロイズ・コーヒーハウスでした。

ロイズ・コーヒーハウスの中では……。

　当時のロイズ・コーヒーハウス内では次のような取引が行われていたのではないかと想像されます。
　ロンドンの貿易商人X氏は、価格1000ポンドの紅茶をインドから輸入することとなり、この紅茶に貨物海上保険を付けたいと思った。そこで、X氏はロイズ・コーヒーハウスに出かけて、そこにたむろする資産家たちに声を掛けた。
　X氏はまず、近くにいた資産家P氏にこの貨物海上保険を引受けてくれるように、オファーした。これに対しP氏は、いつ頃船を出すのか、どんな船で運ぶのか、紅茶はどんな梱包をされているのか等を色々聞いた結果、1000ポンドのうち700ポンド分は保険料（掛け金）14ポンド、すなわち2パーセントに相当する保険料をX氏がP氏に払えば、「リスクを引受けても良い」、すなわち保険を引受けると言った。次にX氏は、資産家Q氏に残りの300ポンド分を引受けて欲しいと

オファーした。Q氏は色々質問をした上で、その船は古いのでリスクが高すぎてどんなに保険料を積まれても、引受けられないと断った。X氏は次に別の資産家R氏と交渉した。その結果、R氏は残り300ポンドを9ポンド、すなわち3%に相当する保険料で引受けることを同意した。このようにしてX氏は最終的に保険料23ポンドで総額1000ポンドの輸入紅茶に関する貨物海上保険の手配を完了した。

恐らく上記のようなやり取りがコーヒーを飲みながら関係者間で行われていたことでしょう。保険の引受手である資産家たちのリスクに対する考え方も各々異なるものでした。P氏はこのリスクは大丈夫と踏んで積極的であったのに対し、Q氏はこの引受けはリスク高いと読んで拒絶し、R氏は中間的な姿勢でした。この航海が果たして無事に完遂されたのか否か……。

その伝統は、現在もロンドンの中心部シティに1986年に完成したロイズビルにあるCorporation of Lloyd's（ロイズ保険組合）に受け継がれ、上記設定のX氏に代わり現在は保険ブローカー（仲立人）と、かつての個人資産家P、Q、R氏に代わりネームと呼ばれる保険引受人組織が、このビルの中で保険取引を行っています。なお英国の保険市場は、主に保険ブローカーを介して契約が行われるため、保険ブローカーが、実際に契約当事者となる荷主の意向を受けて保険の引受け手を決めていきます。

1.3.2 貿易と不可分の関係

わが国を含めほとんどの国において、民間貿易に関し貨物海上保険を付けることを法律などで強制していないにもかかわらず、実質上貨物海上保険はすべての貿易において採用されています。

この背景としては、
① 海上輸送中のリスクは、他のリスクと比較して巨大かつ予想しがたいものであり、しかも発生の頻度も高いこと。
② 造船技術、航海技術の発展に伴い、海難の生じる割合は減少したが、これまで以上に完璧な形で物流が完遂することが求められ、以前には問題にならなかった小さな損害も価値の低下に繋がるようになった。貨物海上保険もこれに合わせ、よりカバー範囲の広いオールリスク型の保険を誕生させ、荷主のニーズに応えてきたこと。
③ 貿易決済との一体化。荷為替による貿易代金決済と保険制度は一体の関係にあり、スムースな貿易決済には欠かせないものであること。

このように、貿易を円滑に進めるために貨物海上保険は不可欠な存在となっ

ており、売買契約、代金決済、運送契約そして貨物海上保険契約は不可分の関係にあると言えます。

1.3.3 国際的な流通性と標準化

貨物海上保険は、貿易という国際間取引に付随するものですので、保険の目的である貨物がシッパーからコンサイニーに向かって動いているのと同じように保険も移動していると言えます。そして、保険契約の内容、とりわけその保険契約でどのようなリスクに関しどこからどこまでの間がカバーされる、あるいはカバーされないのかは、国をまたいだ当事者間で認識を共有しておく必要があります。このため、貨物海上保険契約の契約内容や実際の保険処理の実務を国際的に標準化しておくことが求められます。

貨物海上保険には、トレードタームにおけるインコタームズのような国際的な標準ルールは存在しませんが、英国の契約条項（保険約款）を使用し、英国の法律および実務に従うという慣習が長年にわたり確立しています。また、英国法は判例法主義であり、多数の判例が存在しますので、その判決内容にも従って判断されることになります。

1.3.4 もっともグローバル化した保険：自由料率と国際間の競争

後に見るように、海上保険の値段（マリンレート）は、世界のほとんどの国において各保険会社が独自に判断して決定する自由料率です。そして貿易取引に際し貨物海上保険が輸出国側、輸入国側いずれで手配されるかは、売主・買主間の交渉により決まりますが、いずれの国の保険会社が有利な条件での値段の見積もりを提出したかが大きなファクターとなります。

かつて貨物海上保険は必ず自国の保険会社に付けなければならないとする自国付保規制を敷いている国も多くありましたが、現在は中南米、アフリカ地域等ごく一部を残し撤廃され当事者の自由となりました。このように、貨物海上保険は一国のマーケット内のみならず常に国際間の自由競争の世界であり、最もグローバル化が進展した保険だと言うことができます。

1.3.5 典型的な企業保険

損害保険には、個人が生活上のリスクに対し加入するものと、企業がその活動に伴うリスクに備えて加入するものがあります。前者の典型には、個人所有自動車の保険、住宅火災保険、ゴルファー保険等があり、家計分野またはリテール分野の保険と呼ばれています。これに対し工場やオフィスの火災保険、

生産物の賠償責任保険等は後者に属し、貨物海上保険も典型的な企業分野の保険でコーポレート分野と呼ばれています。貨物海上保険は、海外への赴任に伴い個人が自分の引っ越し荷物に貨物海上保険を付ける場合など一部の例外を除けば、加入する企業と保険会社の間の企業同士の契約となります。損害保険制度の基本的な構造は、個人保険、企業保険で違いはありませんが、企業保険においては経済的な合理性と効率性が常に求められ、すべてはビジネスライクに進められます。

1.3.6 三国間貿易の増加

近年わが国企業の海外進出の増加に伴い、日本からの輸出／日本への輸入というパターンに加え、海外から海外への三国間貿易（仲介貿易）が飛躍的に増加しています。これに伴い貨物海上保険も海外から海外への三国間貿易の割合が増加しています。三国間については、日本国内の保険会社で引受けるもの以外に、日本の保険会社の海外支店や現地法人でも引受けられています。

1.4 法律上の位置づけ

貨物海上保険は加入者（契約者・被保険者）と保険会社間の契約であり、両者間の権利・義務関係は契約書面である保険証券そして契約文言である約款に基づきますが、契約関係を律しあるいは補完するものとして各種法律があります。ここでは、保険法、商法、保険業法、英国法との関係について触れます。

1.4.1 保険法

2010年4月に商法の一部がおよそ100年ぶりに改正され独立した保険法として施行されました。同法は保険契約者と保険会社との間の権利・義務関係等、保険契約に関する基本的事項を定めています。改正に際しては、消費者である保険契約者・被保険者を保護する観点が強化されました。法律にある内容よりも保険契約者・被保険者に不利な約款の内容は無効とする片面的強行規定が導入されましたが、貨物海上保険についてはこの規定は適用されないものとされています〈同法36条〉。その理由は、1.3.5で述べたように貨物海上保険は企業分野の保険であることによります。個人分野の保険であれば、常に一定以上の規模を有する保険会社とその契約相手方である一個人消費者では、経済力・情報力・交渉力すべてに圧倒的な差があり消費者を保護する法律的な作用が不可欠なのに対し、企業分野の保険では、企業というプロ集団同士の契約でありそこに法律の介入を最小限にするという考えに基づきます。

1.4.2　商法

旧来は商法中にあった保険契約関係規定が前述の保険法として独立したため大部分の保険関係の規定は存在しなくなりましたが、貨物海上保険および船舶保険に関する規定のみが、第三編「海商」の中で「保険」として、貨物海上保険にも関係の深い「船舶」「運送」「海損」「海難救助」等の項目とともに残された状態となっています。明治30年代の法律が基となっており、現在改正に向けた準備が進められています。

1.4.3　保険業法

保険監督の基本的な法律として保険業法があります。わが国の保険会社は同法により政府の認可を受けなければ営業ができません。また「保険会社に対する監督」と「保険募集に対する監督」も同法に規定があります。従い、わが国で貨物海上保険を販売できるのは同法により設置された日本の保険会社または外国保険会社の日本支店で認可を得たものとなります。またロイズ保険組合（p.5「ロイズコーヒーハウスの中では……。」参照）の日本子会社も保険業法上の「特定法人」として日本で営業が認められています。なお同法は、日本国内に所在するすべての財産に関し、日本で営業が認められている保険会社以外での契約締結を原則禁止していますが、国際間を輸送される貨物については同法施行令で禁止規定の例外としており、CIF条件で輸入される貨物やFOB条件で輸出される貨物が日本国内にある間も含めて外国の保険会社に付保されることを認めています。

1.4.4　英国法

先に触れたように、貨物海上保険の世界においては、英国が歴史的にその発展に大きな役割を果たし、今も大きな役割を担っています。わが国で引受けられる貨物海上保険にも英国の保険証券・保険約款が使われており、その解釈・運用には英国法が大きな影響を与えています。主要な損害保険会社が発行する保険証券には、"This insurance is……subject to English law and practice only as to liability for and settlement of any and all claims"（この保険は、保険金の請求に対する責任および支払に関してのみ、英国の法律と習慣に従う）旨の文言が挿入されており、事故の際の保険会社の保険金支払い義務の有無、保険金の計算方法等について英国の法律や実務に従うことが明記されています。一方、保険金の請求以外の事項については、英国または日本いずれかの国の法律によるべきか、また保険金支払いに関する事項であってもそれが保険契約自体を原因

とする理由で保険金の支払い有無が影響を受けるような場合、例えば中途で保険契約が失効となる場合や保険料の未納などで保険金支払いが停止される場合等は英国の法律や慣習が適用されるのかといったことはこの文言からは明確ではありません。同様に、保険契約を巡り争いが生じた場合の裁判管轄権についても、わが国の貨物海上保険証券上は明記されておりません。

この点に関し、例えば火災保険や自動車保険等では、「（準拠法）この約款に規定のない事項については、日本国の法令に準拠します」「（訴訟の提起）この保険契約に関する訴訟については、日本国内における裁判所に提起するものとします」といった条項が通常含まれています。また国際性が高く、保険証券以上に流通性を有する船荷証券にも、準拠法や裁判管轄については規定があります。しかしながら、これらの条項の含まれていない貨物海上保険においては、当事者間で合意がなされない場合は、個々に国際司法に基づき判断されることになります。

わが国の貨物海上保険が最も影響を受ける英国法には、1906年制定の海上保険法（Marine Insurance Act MIA）という法律に加え、判例主義の下、多くの判例が存在して長年規範となってきました。現在、わが国で行われている実務も、これらを拠り所としている部分が広くあります。一方2016年2月に新たに「2015年保険法（Insurance Act 2015）」が制定され8月（一部は2017年5月）から施行されました。新しい保険法は環境の変化、特に消費者保護の観点からさまざまな改正が行われたものです。1906年海上保険法も引き続き存続はするものの、一部は効力失い変更されることになっています。

このように、貨物海上保険実務に密接に関係する法律のうち、日本保険法、日本商法、英国保険法・海上保険法はいずれも100年ぶりの大改正が行われたばかりかあるいはまさに行われようとしています。今後具体的な事案や判例を通し法律の解釈が定着するに伴い貨物海上保険の実務にも大きな影響を与えることが十分予想されます。

1.5 貨物海上保険契約の当事者

1.5.1 損害保険契約

貨物海上保険は損害保険の原則に従い、当事者である保険契約者と保険会社の両者が以下の合意をする契約です。

- 保険契約者は、申込みを行い保険料を支払う
- 保険会社は、申込まれた保険を引受け、条件に従って保険金を支払う（損害をてん補する）

このように、双方が金銭支払いの義務を負う双方向の契約（双務有償契約）ですが、契約者は無条件で保険料を支払う義務があるのに対し、保険会社は保険条件に合致した事故によって損害が生じた場合のみという、「条件付き」で保険金を支払うことになります。逆にそのような事故が起きなければ、あるいは事故があっても損害が生じなければ、さらには損害が生じてもそれが契約条件に合致しなければ何ら支払い義務は負わず、結果的に金銭の支払いは契約者から保険会社宛の一方方向となります。そこに保険契約の特殊性があります。

　なお、損害保険契約は相手方が同意して初めて契約が成立する諾成契約に属します。申込みをしても、保険会社側がそれに同意しなければ効力は生じません。保険会社にはすべての申込みを引受けなければならない義務はなく、申込みを謝絶することもあり得ます。保険会社が同意した場合にはそのことを証明するために保険証券が発行されます。

1.5.2　保険会社

　保険会社はわが国では免許制であり、認可を得た国内損害保険会社、外国保険会社の日本法人や日本支店が貨物海上保険を引受けることができます。保険会社は営業種目がわかるように、例えば○○海上火災保険会社や□□損害保険会社のように主たる営業種目を社名に表示することが求められています。「海上」を含む名前の会社は、沿革的に海上保険（貨物保険や船舶保険）の扱いが中心であった会社が多いようですが、実際にはその社名にかかわらずすべての種目を扱っており、現在では売り上げに占める海上保険の割合は5％以下となっています。逆に社名に「海上」を伴わなくても、認可を受けた損害保険会社であれば引受け可能です。ただし貨物海上保険は、自動車保険や火災保険等と、使用する約款、英文保険証券の発行等事務処理の流れ、事故の場合の損害対応等が大きく異なるため、小規模体制や通信販売を中心とする会社では積極的に販売を行っていないところもあります。

1.5.3　代理店、ブローカー

　わが国の損害保険販売は、全国に張り巡らされた損害保険代理店を主たる販売網としていますが、貨物海上保険は、代理店にとって必要なインフラ、業務知識が異なるため、代理店を通した販売は、企業向け保険を扱う一部の代理店に限られています。欧米では損害保険全般に関し、代理店ではなく保険ブローカーが主に販売を担っていますが、わが国にも保険ブローカー（仲立人）制度があり、主に企業分野の保険を取り扱っており、貨物海上保険も取り扱われて

います。なお、貨物海上保険の制度的な特徴、とりわけ、物流リスクを詳細に聴取し、それに応じ価格（料率）を個別に決める点からしてインターネット通販等通信販売は普及していません。

1.5.4 契約者・被保険者

保険会社と保険契約を結ぶ当事者が保険契約者です。保険契約者は、申込みを行い、保険料支払い義務を負います。また保険会社に対して告知義務（第5章 5.1 参照）を負います。

保険契約では、契約者とは別の概念として「被保険者」があります。そして、事故の際の保険金を受取る権利を有するのは契約者ではなく被保険者です。

被保険者というのは、ある事故が起きた結果に対し利害関係を有する者を指します。「利・害」関係と言っても、「利」すなわち得をする関係というのは損害保険はギャンブル（射幸契約）ではないので存在し得ません。従い事故が起きた結果、「経済的な損失を被る」関係に立つ者が被保険者となります。被保険者が誰かは、必ず保険証券に明記されます。

被保険者が、保険に付けた貨物に対して持つ関係を被保険利益と言います。先に見たように被保険者は事故の結果「経済的損失」を受ける立場にあるわけですから、「損をする関係にあるからこそ、保険を付ける利益がある」と言えます。逆に、自身がリスクを全く負わない貨物に保険を付けたとすれば、その者は事故が起きてどんなに貨物がひどい損害を受けても何ら経済的損失を受けないのであれば、被保険利益は有さず、保険金を得ることはできず、元来保険に入る意味がなかったということになります。

貨物海上保険に限らずすべての損害保険においては、被保険者が被保険利益を有することが大前提となります。貨物海上保険の典型的な被保険利益は、貨物の所有利益およびその売却利益です。もし、輸送途上で貨物が事故により失われてしまえば、貨物の購入代金として投下した金額がすべて経済的損失となってしまいます。売買契約に基づき運賃や保険料を支出済みであった場合これらも無駄になってしまいます。また、転売して得ることができた利益も失われてしまいます。このような具体的に関係が存在する状態が、被保険利益がある関係と言えます。

貨物海上保険に限らず損害保険全般において、保険契約者と被保険者は、同一のこともあれば異なることもあります。貨物海上保険では、特にCIF、CIP条件で輸出される貨物に関しては、契約時では、シッパーが契約者イコール被

保険者であったものが、リスクの移転によりコンサイニーが被保険者と変わります。この点に関しては、次項で詳しく見ます。

なお、英国法上は、保険契約者という法律上の定義が存在せず被保険者（Assured）という語で両者の概念を表します。

1.6 トレードタームと貨物海上保険

1.6.1 主要なトレードターム

トレードターム（Trade Term 貿易定型取引条件）とは、売主・買主間で取り決めるべき重要な事項をあらかじめ定型化したものです。売主・買主間で、貿易取引を行うその都度契約事項を一から交渉して取り決めても良いのですが、あらかじめ定型化したパターンを用意しておき、当事者が合意の上、その中から条件を選んで採用することで取引の迅速化が図れます。

現在広く使われているのは、国際商業会議所（International Chamber of Commerce；ICCと略されるが、後に出る貨物海上保険条件のICCとは全く別である）が定めたインコタームズ（INCOTERMS）です。インコタームズは、商取引に関する任意規則で、法律化されたものではありません。

インコタームズの定めるトレードタームとして最も広く使われているのは、FOB、CFR（以前はC&Fと表示）、CIFの3種類です。ただし、これらはコンテナ輸送が本格化する前に作成されたものであるため、その後コンテナ時代に合わせた新しいものが制定されましたが、これら3種類が定着していたため新しいものはあまり普及しませんでした。2010年にインコタームズが改訂され、新しい条件がいくつか制定されました。最近でも主流は依然として先の3種類ですが、新しい条件も徐々には使われ始めたようです。この他、特殊な形態として、コンサイニーが輸出国のシッパーのところで貨物を受取りすべての輸送過程を手配するEXWや、逆にシッパーがすべての輸送過程を手配しコンサイニーのところまで届ける持込渡し型のDAP/DDPもあります。

1.6.2 トレードタームにおける保険手配義務者

ここでは、伝統的なトレードタームと新しいトレードタームに分けて輸出者、輸入者の手配義務を整理します。

①伝統的なインコタームズのトレードターム

トレードターム	意味	船舶手配・運賃支払	貨物海上保険手配・保険料支払
FOB（FREE ON BOARD）	本船渡し	コンサイニー	コンサイニー
CFR（COST & FREIGHT）	運賃込	シッパー	コンサイニー
CIF（COST INSURANCE & FREIGHT）	運賃保険料込	シッパー	シッパー

②インコタームズ2010に基づく新しいトレードターム

トレードターム	意味	船舶手配・運賃支払	貨物海上保険手配・保険料支払	伝統的なタームズとの関係
FCA（FREE CARRIER）	運送人渡し	コンサイニー	コンサイニー	FOBに相当
CPT（CARRIAGE PAID TO）	輸送費込	シッパー	コンサイニー	CFRに相当
CIP（CARRIAGE & INSURANCE PAID TO）	輸送費保険料込	シッパー	シッパー	CIFに相当

③特殊なもの

トレードターム	意味	船舶手配・運賃支払	貨物海上保険手配・保険料支払	
EXW（EX WORKS）	工場渡し	コンサイニー	コンサイニー	すべての輸送費は輸入者負担
DAP（DELIVERED AT PLACE）	仕向地持込渡し	シッパー	シッパー	仕向地指定場所までの輸送費は輸出者負担
DDP（DELIVERED DUTY PAID）	関税込み持込渡し	シッパー	シッパー	すべての輸送費および輸入関税は輸出者負担

　上記各トレードタームに従って、貨物海上保険の手配義務を負った者が、通常は自国の保険会社に対して自らが保険契約者となって保険を申込み、保険料を支払うことになります。

1.7　トレードタームとリスク負担者

1.7.1　リスク負担者を定める重要性

　貿易売買においては、貨物のリスクを負担するのはシッパー、コンサイニーのいずれなのかを定めることが不可欠です。ここでいうリスク負担者とは、も

し貨物に不測の事態が生じたときに、その当事者として結果損害を負う者です。端的な例として、海上輸送中に船舶が沈没してしまい、貨物が全損となってしまったケースを想定してみます。もし、この貨物のリスク負担者がシッパーであれば、シッパーはその代金をコンサイニーから受取ることができません。代金を受取るためには、もう一度同じものを再度輸出し、コンサイニーが受取って初めて代金を受取ることができることになります。逆に、コンサイニーがリスク負担者であったならば、コンサイニーは貨物を受取ることが出来なかったにもかかわらず、代金を支払わなければなりません。もし貨物を受取りたければ、もう一度代金を支払って同じものを再度送ってもらうことになります。以上は貨物が全損となった場合の例でしたが、例え全損にならず小さな損害であったとしても、それにより貨物の価値に影響があるのであれば必ずこの問題が生じるわけです。このように、輸送中のリスク負担者を明らかにすることは、円滑な貿易のために極めて重要なことです。そして、1.5.4 では「事故が起きた結果、『経済的な損失を被る』関係に立つ者が被保険者となり、保険金を請求する権利を有する」ことを述べましたが、リスクを負担する者こそが、『経済的な損失を被るもの』であり被保険者として保険金を請求できる立場に立つことになります。

1.7.2　リスクの移転

　貿易物流が開始する以前の時点では、貨物はシッパーの手元にあり、そのリスク負担者もシッパーでありました。そして物流が完了した時点では、それはコンサイニーの貨物でありリスク負担者もコンサイニーになっています。このように、物流過程の途中で、シッパーからリスク負担がコンサイニーに移転するのです。それでは、どの時点でリスクが移転するのでしょうか？　この点も、トレードタームによって決まります。

　トレードタームごとにリスク移転のポイントを見てみましょう。
　①伝統的なインコタームズのトレードターム
　　FOB、CFR、CIF：いずれも輸出港において、外航船舶の船上に積まれた時（On Board the Vessel）にシッパーからコンサイニーに移転します。
　②インコタームズ 2010 に基づく新しいトレードターム
　　FCA、CPT、CIP：いずれも輸出地において、運送人に引渡された時（Deliver to Carrier）に移転します。
　新しいトレードタームズは、コンテナ時代に対応したもので、コンテナの場合は、引渡しのポイントは、コンテナヤード（CY）やコンテナフレイトス

テーション（CFS）となります。CY や CFS が港から離れた地であってもそこが運送人への引渡し、すなわちリスク移転ポイントとなります。

③特殊なトレードターム
　　EXW：輸送の全区間がコンサイニーのリスク負担となります。
　　DAP：輸入国の指定場所に着くまで、シッパーが通しでリスク負担します。
　　DDP：コンサイニーの倉庫に着くまで、シッパーが通しでリスクを負担します。

1.7.3　海上輸送中のリスク負担者

　上記からわかるように貿易物流において、時間的にも長く、危険度も高い海上輸送中のリスクは、DAP、DDP の持込渡し以外は、伝統的なタームである FOB、CFR、CIF、新しいタームである FCA、CPT、CIP いずれにおいてもコンサイニー負担となります。CFR、CIF、CPT、CIP では、船舶の手配者はシッパーですが、シッパーが手配したその船舶で運ばれている間のリスクはコンサイニー負担となり、船舶手配者とリスク負担者が一致しません。また日本国内で一般的な企業間の物流慣行や通販等の消費者物流では持込渡しが主流ですので、その違いにつき注意を要します。

　同様に、海上輸送中に発生する事故については、DAP、DDP 等の持込渡し以外は、すべてコンサイニーが被保険者として保険金を請求する立場となります。CIF および CIP では、保険の手配者はシッパーですが、シッパーが手配したその保険で、海上輸送中の事故に対する保険金を請求するのはコンサイニーであり、保険手配者と保険金の請求者が一致しないことにも注意を要します。（上記に関しては、p. 48　図 4-1 も参照のこと）

第 2 章　貿易物流に伴うさまざまなリスク

2.1　貿易物流の標準的形態

2.1.1　わが国の貿易物流形態の特徴

　島国である日本は周囲をすべて海で囲まれているため、国際間の物流は必ず船舶による海上輸送または航空機により輸送に頼らざるを得ません。これは隣国である韓国、中国との間であろうと一万キロ離れた地域との間でも同じです。これに対し、例えば米国は、カナダやメキシコとは陸続きですし、欧州域内物流やアジア域内物流も陸路だけで広範囲に可能です。世界的に見れば橋を渡るだけやゲートを通るだけで国境を越え、トラック、鉄道、バイクや自転車の荷台でも貿易物流の輸送手段となるのも珍しくありません。また同じ島国でも、物流インフラの革新により英国（イングランド）へは、欧州大陸からユーロトンネルを通りトラックの鉄道フェリーで輸出入の貨物を運ぶことが可能となりました。もちろん陸路で繋がっていても、いったん海へ出て船で輸送した方が便利な場合もあるでしょうが、物流の選択肢は多様化しています。その点、わが国の輸出入は、船舶か航空機のみというのが大きな特徴です。

2.1.2　海上輸送と航空機輸送

　わが国における船舶輸送と航空機輸送の割合は、2016年度の統計で、重量ベースで輸出入合計で99.6％が船舶輸送と圧倒的です（日本海事広報協会 SHIPPING NOW 2017-2018）。

　海上輸送の所要時間は、九州から韓国釜山までなら一日ですが、南米やアフリカとの間では数十日に及ぶ場合もあり、この間、リスクを伴うことになります。一方航空輸送の所要時間は、韓国であれば1時間余り、最長で途中の積替えを含めてもせいぜい数日です。このように、海上輸送と航空輸送では、リスク環境が大きく異なります。

　本書では、わが国輸出入の大部分を担う船舶による海上輸送をベースに進め、航空機輸送に関しては、第4章4.5で補完的に触れます。

2.1.3　内陸輸送（Inland Transit）の必要性

　貿易物流の多くは、船舶が輸出国の港を出て輸入国の港に到着するまで、す

なわち Port to port の海上輸送（Ocean Transit）だけでは完結せず、シッパーの倉庫を出て物流が開始しコンサイニーの倉庫に到着して完了となる Warehouse to Warehouse が一般的な形態です。従い、船舶輸送の前後に内陸輸送を伴うことになります。特殊なパターンとしては、タンカーによる原油輸送やばら積み船による穀物輸送等で、ふ頭（バース）に隣接してシッパーやコンサイニーが専用の陸上タンクや倉庫を持つ場合は、内陸輸送は不要となります。

内陸輸送は、わが国の場合は、トラックによる輸送が圧倒的に多く鉄道利用は限定的ですが、海外では鉄道による輸送も重要な役割を担っており、米国では海上コンテナを2段積みした専用貨物列車が運行されています。

また、外航船から荷卸しされた貨物または外航船に積込むための貨物を、国内専用の内航船で、国内の港との間を運ぶこともあります。海外では河川を貨物船が行き交う「内水」という概念がありますが、日本の内航船の大部分は沿海輸送で、河川の輸送は多くないので正確には「内陸」を移動するものではありませんが、貨物海上保険における位置づけとしては、外航貨物の二次輸送（国内輸送）という点でトラックによる輸送と同じ性格と捉えられます。

内陸輸送の距離は、わが国の場合千キロメートルを超えることはめったにありませんが、海外では何千キロメートルに及ぶこともあります。

2.1.4　一時保管

シッパーの倉庫を出た貨物がコンサイニーの倉庫まで、途中止まることなく輸送されることは通常はありません。船を待つ間にコンテナヤードや港頭倉庫で一時保管され、この間に輸出通関手続きが行われ、荷卸し港でもコンテナヤードや港頭倉庫で一時保管され輸入通関手続きが行われます。一時保管の期間は短時間で済むこともあれば、船のスケジュールの関係で何日にも及ぶこともあります。また最近はコンテナ貨物を中心に、書類通関のみとし貨物はトラックから船舶へあるいは船舶からトラックへと直接移される状況も増えてきました。

いったん出港したものの、他の船舶への積替えが生じることも往々にしてあり、その場合は積替港での一時保管が出ます。

なおここで定義しているのはあくまでも一時的な仮の保管です。シッパーの倉庫で、最初の輸送のための移動開始前の保管や、輸送の最終ステージが終了しコンサイニーの倉庫に着いた後の、国内出荷待ちのための保管とは異なります。後者はいわば本保管と呼ぶべきものです。一時保管と本保管では保険上の取扱も決定的に異なります。貨物海上保険は基本的にはあくまで貨物が輸送さ

れている、すなわち動いている間の保険であり、保管期間を含めるにしても一時保管・仮保管を前提としている保険ですので注意が必要です。

2.1.5 荷役用具によるハンドリング（荷扱い）

物流のステージの切れ目においては、貨物のハンドリングが不可欠となります。

貨物のコンテナへ／からの積込み・荷卸しには、主にフォークリフトが使われます。コンテナ自体の移動にもフォークリフトや専用のストラドルキャリアー等の荷役用具が用いられます。そして船舶へ／からの積込み・荷卸しには、コンテナでは専用のガントリークレーンが、コンテナ以外の在来船では船舶のクレーンが使われます。ばら積み輸送される原油や化学品などの液体をポンプを使いパイプラインを通して移動させたり、穀物類を大きなシャベル（グラブ）ですくったりするのも、ハンドリングです。

なお、外航船舶がバースに着岸して荷役できない場合などに艀（ハシケ、Barge）を使い船舶と岸壁の間を輸送する荷役方法が行われる例もあり、貨物海上保険の中でもそのような場合を想定した規定もありますが、最近では艀荷役は少なくなっていることから本書では艀の使用については触れません。

以上が貿易物流の基本形であり、貨物海上保険もこのパターンを前提に組立てられています。これを図で示せば、p. 48 図4-1 の通りとなります。ただしこの図は、輸出国側・輸入国側とも日本の貿易物流形態を前提としたものです。海外における物流形態が日本の常識と異なることも珍しくないことは常に留意すべきです。

2.2 代表的な貨物の物流リスク

物流過程のなかで、貨物は実にさまざまなリスクに直面します。貨物の損害の原因となり得るものを見てみましょう。

2.2.1 海上輸送中のリスク

(1) 沈没

船舶が衝突等により船体に亀裂が生じたり、激しい荒天に遭遇した結果、船内に海水の侵入を許し、やがて浮力が失われてしまうと沈没という大きな事故に繋がります。積載貨物は、船体と共に沈んでしまうか、船外に流出してしまい大きな損害に直結します。

引揚げられる沈没船

座礁した大型船

(2) 座礁

　岩場など浅瀬に乗り揚げてしまうことを座礁と呼びます。いったん浅瀬に乗り揚げてしまうと船舶は操船の自由が失われ、身動きがとれなくなってしまい、そのまま時間が経過すると、船体が変形し亀裂が発生し、ひどい場合には船体が折れてしまうこともあります。

(3) 火災・爆発

　船舶は鉄でできていますが、何らかの原因で内装材、燃料や塗料、可燃性の貨物などが燃えて船火事を起こすことがあります。また爆発に至ることもあります。

(4) 他船との衝突

　船舶は他船との衝突を避けるための法規に従って操船されていますが、操船の誤りや機器の故障等で衝突に至ることがあります。陸上における自動車どうしの衝突と同様、両者の過失の割合が争点となります。

(5) 船以外との衝突

岸壁や堤防などの構造物、まれには海上の氷やクジラなどに激しく接触することにより、船体や貨物が損傷することがあります。

(6) 荒天遭遇

海上を航行中の船舶は、台風や低気圧の影響で陸上では想像もできないほどの激しい風波に曝されることがあります。船体の動揺に伴い荷崩れを起こすだけでなく、船体に破孔が生じ海水が浸入すれば、やがて船体が傾斜し沈没に至る危険性も出てきます。

火災で炎をあげるタンカー

大型船同士の衝突

(7) 艙内への浸水

貨物が積まれている区画（船艙、Hold）に何らかの原因で海水が浸入した場合、例え船自体の沈没に至らなかったとしても、その部分に積まれていた貨物は海水に直接触れるため大きな影響を受けます。

(8) 波ざらい・投げ荷

船舶が荒天に遭遇し、高波をまともに受けたために、甲板上に積まれた貨物やコンテナが波にさらわれて海上に流出してしまうことがあります。この事故を波ざらい（Washing Overboard）と呼びます。一方、船舶が浸水しそのままでは沈没してしまう危険性が高まってしまった時に浮力を高め沈没を避けるためや、座礁してしまった船舶を海に曳き戻し易くするために、貨物やコンテナを意図的に海中に放棄し、船全体の重量を軽くすることがあります。これを投げ荷（Jettison）と呼びます。投げ荷は第6章6.3で見る、共同海損の典型的な犠牲損害となります。

(9) 海賊行為

21世紀の現代でも海賊は存在しその被害が毎年報告されています。以前は、

	2006	2007	2008	2009	2010	2011	2012	2013	2014	2015
総件数	239	263	293	410	445	439	297	264	245	246
内マラッカ海峡、シンガポール海峡、マレーシア	26	19	18	27	23	28	20	19	33	27
内インドネシア	50	43	28	15	40	46	81	106	100	108
内アデン湾・ソマリア	20	44	111	197	192	197	62	13	7	0

図 2-1　世界の海賊件数
略奪・拉致された件数および攻撃を受けたが被害を回避できた件数。
（出所：ICC IMB PIRACY AND ARMED ROBBERY AGAINST SHIPS ANNUAL REPORT）

アデン湾における海上自衛隊による護衛活動
（出所：海上自衛隊HP http://www.mod.go.jp/msdf/about/role/ より）

東南アジアのマラッカ海峡・シンガポール海峡付近に多く出没していましたが、2008年頃から、アフリカのアデン湾・ソマリア周辺海域での活動が急増しました。その後わが国を含む各国の官民を挙げた各種対策が講じられた結果アデン湾・ソマリア海域での件数は減少し、再び東南アジア、それもインドネシア付近が最も危険な海域となりました。海賊の活動内容も、以前は船舶に積載された貨物の略奪目的であったものが、より組織化され船舶やその積荷もろとも船員も拿捕・拘禁し、高額な身代金を要求する形態が増えています。

(10) 機関故障

エンジンや操舵システムの故障等により自航能力や操船能力を失ってしまうと船舶は漂流状態になってしまい、他船や陸上施設との衝突、浅瀬や岩礁への座礁、さらには横波を受けて転覆のリスクが一気に高まります。

(11) 戦争

軍事目的とは無縁の貨物を積んでいる商船であっても、戦争に巻き込まれて被弾したり、水雷に触れて大きな損傷を受けるリスクもあります。

2.2.2　陸上輸送中のリスク

トラックでの貨物輸送中には、他車との衝突、車以外の構造物との衝突、横転といった交通事故、火災・爆発などのリスクがあります。海外では凸凹のある悪路を長距離走行することもあり、貨物に対し繰り返し過大な衝撃が加わることもあります。

また運転手がトラックを離れた間にトラックごと貨物が盗難に遭う事件は日本でも発生します。海外では武装集団による強奪も起きています。

鉄道による貨物輸送では、自動車等や他の列車との衝突やこれによる脱線、転覆事故、火災・爆発も起きています。

コンテナ内の貨物移動
コンテナ内の固定が壊れ、移動した鉄製品。内部が破損に至っている可能性が高い。
(出所：一般社団法人日本海事検定協会)

2.2.3　保管中のリスク
(1) 倉庫での事故

建物や貨物の火災・爆発、台風や大雨・大雪による屋根からの漏水、床上浸水、強風に加え、地震のリスクがあります。また屋外に保管される自動車に降る雹（Hail）の損害も世界各地で発生しています。

保管中の貨物の盗難事故は後を絶ちません。最近では組織的な窃盗団による大量被害のケースも多発しています。逆に、カートンボックスの外箱を破って中味だけ少量持ち去るようないわゆるコソドロは、抜き荷（Pilferage）と呼ばれています。

(2) 港頭地区の倉庫、コンテナヤードでの事故

保管場所が海に近い場合は、(1)に加え、高潮、高波、津波のリスクが挙げられます。

(3) 暴動やテロ行為

貨物自体がターゲットとならなくても、巻き込まれて損害を受ける可能性があります。

2.2.4　荷扱い（カーゴハンドリング）中のリスク

フォークリフトやクレーン取扱中の貨物損害が多数発生しています。貨物の落下、貨物同士や構造物との衝突・こすれ、フォークリフトのツメによるキズ、地面に置いた際の過大な衝撃などさまざまなリスクがあります。

2.2.5　損害の発現形態から見るリスク

ここまで輸送中に遭遇する損害の原因となる事象に沿って見てきましたが、

上記のさまざまな原因によって貨物にどのような損害が生じたのかが一番気になる所とも言えます。貨物の代表的な損害を発現形態別に見てみましょう。

(1) 焼損

高温のため、素材そのものが炭化、変形、変質してしまう他、機器類ではその機能に重大な影響を受けます。

(2) 海水濡れ

貨物が直接海水と接触し発生した濡れ損を言います。塩分を含んだ海水により濡れ損は、往々にして雨・雪以上に厄介な損害を貨物に与えます。

(3) 雨・淡水濡れ

上記と同じ濡れ損ですが、海水以外の雨水や雪などにより発生するものを言います。

(4) 汗濡れ（スウェットダメージ、Sweat Damage）

出発地と到着地の気温の差、航海中の温度の変化により、船艙やコンテナの天井に水滴が付着しそれが貨物上に落下したり、貨物の表面に直接結露が生じることにより、貨物に濡れ損や錆びなどの影響を与えることがあります。寒暖差を伴う長距離航海は、「汗との闘い」と言えるくらい深刻な問題です。一方梱包の改善、防錆塗料・防水剤などの研究も進められています。

(5) 蒸れ損

原料用の穀物等はまだ生きた状態ですので、輸送中に周囲の空気が滞留すると自らも発熱しその結果商品価値を損なうことがあります。

(6) カビ損

輸送中の環境条件の結果カビが生じることがあります。

(7) 錆び損

金属類が輸送中に酸化し発生する錆びは、海上輸送される鉄製品、機械類の天敵であり、その防止に向け長い間研究が重ねられてきています。

(8) 破損・曲損・凹損

激しい衝撃を受けた結果、壊れてしまったり、曲がってしまったり、凹んでしまう状態です。特に電子機器やそのパーツ類の破損は、それが顕微鏡でないと見えない微小なものでも大きな損害になることもあります。

(9) 擦過

紙類の輸送中、コンテナや船艙の壁とのこすれが繰り返される結果、擦り傷が生じることがあります。また、自動車の輸送中にドアの開け閉めや、運転手の乗り降りの際に車体に微小な傷（ヘアスクラッチ）が生じることがあります。

(10) 汚損

パルプなど汚れを嫌う貨物に船体の汚れが付着してしまうことがあります。

(11) コンタミネーション

液体や粒子の貨物が他の貨物と混ざってしまい、化学反応を起こしたり、そのままでは使用できなくなってしまうことがあります。

(12) 解凍

わが国には膨大な量の冷凍・冷蔵食品が輸入されています。これらの冷凍・冷蔵貨物は、冷凍設備を有する冷凍物運搬船や冷凍機能付きコンテナで運ばれますが、輸送中に何らかの原因で冷凍機が停止してしまい温度が上昇すると、中の貨物はたちまち品質の劣化が始まり、ひどい時は腐敗に至ります。

(13) 不着（Non-Delivery）

輸送を開始した時点では存在したモノが、到着時には外箱単位で無くなった状態を指します。例えば、100個のカートンボックスを送ったが、99個しか着かなかった場合、1個の不着（Non-Delivery）となります。

(14) 不足（ショーテージ、Shortage）

ここでいう不足とは、貨物の中味が、数量的に、重量的にまたは容積的に減少した状態で到着する場合をいいます。

①外箱自体は届いたが中味の貨物が数量的に不足していた場合。例えば、50個の部品が入ったカートンボックス100個を送ったところ、100カートンボックスすべてが着いたものの、そのうち1カートンは中味が45個しかなく、5個足りなかったケース。

②重量で取引される穀物などのばら積み貨物の重量不足。例えば大豆3000トンを送ったが、到着時には2990トンしかなく、10トン不足していた。

③容積で取引される石油・化学製品等などの液体貨物において発生する容量不足。例えば原油50000キロリットルを送ったが、到着時は49000キロリットルしかなく、1000キロリットル不足していた。

上記のような状況では、不足（Shortage）という語が使われ、不着（Non-Delivery）と区別されています。

なお保険カバーに際しては、上記の不足はいずれも物流の開始時点では本来の数量、重量または容積が存在していたものが、輸送中に偶然・外来の原因で不足に至ったことが大前提です。例えば、上記①で、当該カートンの中味の不足がシッパーのショートシップメント（詰め忘れ）であった場合や、上記②の不足が、計量方法の違いによる誤差（例えば、積み地では船舶のドラフト（喫水）に基づく重量で、揚げ地ではトラックスケールに基づく重量であったため

に生じた誤差）であった場合は、保険での検討以前の問題となることに注意が必要です。これらはシッパー・コンサイニー間で解決すべき問題であり、貨物海上保険のテーマではありません。

第3章 協会貨物約款（ICC）

契約者・被保険者と保険会社間の契約が成立した際、保険会社がその契約の証明として発行するものが保険証券（ポリシー、Insurance Policy）であり、その具体的な契約内容を表したものが保険約款です。保険で最も重要な、保険期間、補償の範囲も約款の定めによります。

グローバルでの流通性とそのための標準化が求められる貨物海上保険においては、ロンドン国際保険業協会が定めたMARフォーム保険証券と協会貨物約款（Institute Cargo Clauses；ICC）が日本を含めた世界の主要マーケットで使われています。この約款は、貿易売買におけるインコタームズのように国際機関が定めたものではありませんが、実質的に世界的なスタンダードとして機能しています。（協会貨物約款は広く「ICC」と略されて使われていますが、同じ略語の国際商工会議所（International Chamber of Commerce）とは全く別のものです。）

3.1 ICCの変遷

3.1.1 旧約款；ICC 1963 ALL RISKS、WA、FPA

ICC約款は100年以上の歴史がありますが、特に1963年に制定された異なる補償範囲を有する3種類の約款の名称である、All Risks（オールリスク）、WA（分損担保）およびFPA（分損不担保）は、長い間貨物保険約款の代名詞のごとく使われてきました。しかしながら、旧約款はそれ自体が難解な上、実際の解釈・運用にあたっては、契約の有効性、補償の範囲等の極めて重要な事項も、約款だけでは完結せず、当時採用されていたロイズSGフォームと呼ばれるさらに難解な保険証券本体上の文言、さらには英国の法律、判例をも併せて解釈することにより初めてカバー内容がわかる複雑な構成でした。

3.1.2 新約款ICC 1982の誕生

旧約款の下で貨物保険の解釈・運用は、幾多の研究・文献のテーマとなりアカデミズムとしても大いに発展しましたが、あまりにも複雑、難解で使い勝手が悪いとの声が当時発展途上にあった国々を中心に広がりました。この要請を受け、ICCは1982年に全面改定され、長年使われてきた、All Risks（オールリスク）、WA（分損担保）およびFPA（分損不担保）は、それぞれICC（A）、ICC

(B)、ICC（C）として生まれ変わり、ここに新約款 ICC 1982 が誕生しました。ICC 1982 の下では、従来保険証券本文と分散して規定されていた重要な事項は極力約款の中に取り込まれる形となり、保険証券のスタイルも簡素化されました。これにより、ICC は飛躍的にわかりやすい形に整理されたと言えます。

画期的にわかりやすくなった ICC1982 の誕生で、旧約款とは決別するはずでしたが、実際には ICC 1982 は余り普及せず、わが国でも引き続き旧約款が使用され、ICC 1982 は輸出 L/C で指定された場合に限り使うといった限定的な利用でした。その理由は、旧約款は確かに難解なのですが、長い間の実務慣行や判例を通してその解釈・運用が確立しマーケットに浸透していたため、敢えてそれを変更する必要性を関係者の多くが感じていなかったことにあります。また旧約款の All Risks（オールリスク）、WA（分損担保）および FPA（分損不担保）と ICC 1982 の ICC（A）、（B）、（C）を細かく比較した場合に、状況次第でカバーの範囲が旧約款よりもかえって縮小することも起こり得るのではないかとの懸念も一部にあり、新約款の普及を阻む原因の一つになっていました。

3.1.3　ICC 2009 の誕生と普及

2009 年に ICC は再度改訂され ICC 2009 が登場しました。2009 年約款では、約款の基本構成は変らないものの、被保険者にとって最も重要なカバーの範囲をより明確にし、また旧約款よりカバーが狭くなるのではないかとの疑問を払拭するための手当もなされました。この改訂を受け、主要関係者も NEW ICC 2009 を順次採用するようになり、現在ではわが国のマーケットでも基本的にはこの ICC 2009 を標準的な約款として採用しています。本書でも 2009 年約款を基に解説します。

3.2　約款の構成

契約者が締結した保険契約の内容は、どこに示されているのでしょうか。

3.2.1　ポリシー（保険証券）

保険会社は引受けの証として、ポリシー（保険証券、Insurance Policy）を発行します。ポリシーには、保険会社としてその保険を引受けたことを証する文言と共に、権限者のサインが付されます。また、保険に付けられた貨物の明細、保険期間、船名、保険金額、適用となる保険条件（ICC および特別約款）等保険会社との間で合意された事項が、表面に記載されます（図 3-1）。

証券の裏面には、ICC をはじめ主要な約款があらかじめ印刷されています。

図 3-1　ポリシー（保険証券）サンプル

輸出用貨物海上保険の例。日本の ABC 会社が輸出する機械部品を、長野から横浜港を経て、ニューヨークまで外航船舶で輸送し、さらにワシントン DC までの保険に付けた状況を示す。

❶ Assured (s),etc. 被保険者名：CIF または CIP タームの輸出貨物用であり、シッパー名（ABC CO., LTD. が印刷されている。リスク移転に伴い、被保険者はコンサイニーに変るがコンサイニー名は表示されない。（第 5 章 5.1.2 参照）
❷ Invoice No.：該当する送り状（インボイス）の番号。
❸ Amount Insured：保険金額 ¥3,300,000。カッコ内の Valued at the same Amount Insured により、協定保険価額であることを示す。（第 5 章 5.1.10 参照）
❹ Claim, if any, payable at/in　NEW YORK：保険事故があった場合、保険金はニューヨークで支払われる。被保険者（コンサイニー）が連絡を取るべきクレーム・エージェント（第 6 章 6.1.4 参照）は、web site で確認する。
❺ Conditions：保険条件。ICC (A), (B) または (C) のいずれが適用になるかを明示。本件では (A)。その他契約者・保険会社間で合意された特別約款があれば、ここに明示される。また、右下に Including risks of War and Strikes　とあり、戦争・ストライキリスク保険も付いていることを示している。
❻ Local Vessel or Conveyance：輸出地（日本）の内陸輸送用具。本件では ANY LAND CONVEYANCE 任意の陸上輸送用具（トラックまたは鉄道）となる。
❼ From (interior port or place of loading)：保険期間の開始地点となる内陸の積込みが行われる地。
❽ Ship or Vessel：外航船舶名。
❾ Voyage: at and from：外航船舶の輸送開始地点。
❿ Sailing on or about：外航船舶の出港予定日。
⓫ Voyage: to/via：外航船舶の目的地。
⓬ Thence to：上記外航船舶から荷卸し後に向かう先（最終目的地）およびその輸送用具。
⓭ Goods and Merchandises：保険に付けた貨物の明細
⓮ Subject to the following Clauses as per back hereof：原則として自動的に適用となる約款を示している。これらの文言については、裏面に印刷されているが、保険会社からも提供される。
⓯ IMPORTANT：保険事故が発生した際の重要事項として以下の点に関し、注意喚起している。
・運送人や寄託者などに対する損害賠償請求権を保存すべきこと（第 6 章 6.1.1 (3) 参照）
・保険金請求に必要な書類
・保険会社またはクレーム・エージェントに速やかに通知すべきこと
⓰ This insurance is subject to the goods insured being carried under deck, unless otherwise agreed.：貨物が原則として船艙積み（アンダーデッキ）される、すなわち甲板積み（オンデッキ）されないことが条件である旨注意喚起。（第 5 章 5.1.9 参照）

3.2 約款の構成

<裏面>

ここに刷り込まれている約款がすべて適用になるというわけではなく、表面に指定があったものだけが適用となります。

旧約款 ICC 1963 はでカバーの範囲に関する一部規定がポリシーの本文に入れ込まれていましたが、ICC2009（1982 も同じ）では、カバー範囲に関する事項の大部分は ICC 約款の中に取り込まれたため、かなりスッキリしたものとなりました。それでも、保険事故が発生した場合の注意事項（従わなかった場合には保険金の支払いに影響が出る可能性もある重要な事項）や、日本マーケットのポリシーでは英国版 ICC 中にある全面的な英国法準拠規定を修正して「保険金に関する部分」のみ英国の法律習慣に従う旨に限定する文言、重複保険に関する注意事項等保険カバーの内容に影響する重要な文言も、一部ポリシー上に残されています。

3.2.2　基本条件 ICC

基本約款である ICC（A）、(B) または (C) うちのいずれが適用になるのかはポリシーに必ず表示されます（図 3-1〈表面〉❺および〈裏面〉①②③）。

3.2.3　特別約款

基本約款である ICC（A）、(B)、または (C) の内容を、追加、補足または修正する内容のものです。特別約款は、その性格により以下の種類に分類できます。

（1）契約者の要求に応じ適用するもの

　例えば基本条件では除外されている戦争・ストライキリスクを追加カバーするための戦争・ストライキ保険約款、ICC の定める保険期間では不足するため延長する特別約款、カバー範囲の狭い ICC（B）または (C) に加えて特定の損害（破損、水濡れ、不足など）を追加してカバー範囲を部分的に拡げる特別約款など。

（2）保険会社で引受けの前提として自動的に適用するもの

　これはその性質からしてさらに 2 種類に分けられます。

　①一定の条件下で、カバーの範囲を縮小するもの

　　例えば、放射能汚染損害や化学兵器、生物兵器などの使用に因る損害に関して免責範囲を拡大する特別約款など。

　②一定の条件下で、カバーの範囲を拡大するもの

　　例えば 2009 年 ICC（C）でのカバー範囲が 1963 年旧約款の FPA 条件よりも小さくならぬように拡大する特別約款である SPECIAL CLAUSE FOR ICC

（C）など（図 3-1〈裏面〉④）。

特別約款には、レディメードのものと、契約者・保険会社間の協議で個別に作成されるものもあります。

ICC 本文の内容と不一致や矛盾が生じた場合は、特別約款が優先適用されます。そのため、特別約款では以下のような表現がしばしば使われます。

- 「It is specially agreed and understood…（ここに特に合意し了解された…）」：特別約款であることを明らかにする趣旨です。
- 「Notwithstanding to anything contained herein…（ここにある他の如何なる内容にかかわらず…）」：本文および他の特別約款に優先して適用されることを明らかにする趣旨です。
- 「This clause shall be paramount and shall override anything inconsistent…（この約款は至上のものであり、矛盾するあらゆるものをも覆す…）」：最優先で適用となることを強調する趣旨です。

一方、以下のような表現を特別約款の最後に加えることもあります。

- 「subject always to provisions of ICC…（ICC の規定に常に従うものとする…）」：カバーの範囲を拡大する特別約款において、それが際限なく拡大されて解釈されることを防ぐため、拡大された以外の部分では ICC 本文の内容通りであることを明らかにする趣旨です。

基本約款である ICC 本文を直接修正するのではなく、特別約款を追加で適用することで、カバーを足したり（拡大したり）引いたり（縮小したり）して、最終的なカバー内容とするのが伝統的な実務慣行です。

かつての英国の常識？

英国では、各種約款の解釈基準として次の順に優先度が高まるとされてきました。①ポリシーにあらかじめ印刷されたもの、②印刷された約款を個別に貼ったもの、③印刷ではなくタイプしたもの、④手書きしたもの。

かつてのポリシーは、元のポリシーに上から小さな紙に印刷された特別約款を何枚も糊で貼ったり、上からタイプで修正したり、さらに手書きで修正したりして、恐らくはわかりにくくなってしまい、現在の基準で見れば顧客のわかりやすさに配慮したものとは決して言えない代物であったのではと推測されます。しかも、この解釈が当事者の手を離れてしばしば裁判所に委ねられていました。現在は、顧客の利便性にも配慮したものに改善されつつありますが、伝統を重んじるお国柄ゆえ、今でも時折難解な構成のポリシーもあるようです。

このように、契約者・被保険者としては、ポリシーに盛り込まれた内容が自分のニーズに合っているかを確認するためには、ポリシー本体、基本約款（ICC）そして特別約款に関して、その内容を把握する必要があります。

3.2.4 ICC 1963、ICC 1982 による引受け

現在は日本のマーケットにおいても ICC 2009 が中心となったことはすでに述べた通りですが、輸出における L/C での指定があった場合等においては、前バージョンである ICC 1982 や旧約款 ICC 1963 による引受けも、主要な保険会社では対応可能です。

3.3　保険条件：カバーされる損害・されない損害——ICC（A）、（B）および（C）

物流過程で貨物が遭遇するさまざまなリスクのうち、どのリスクによる損害が保険カバーの対象となり、逆にどのリスクによる損害が対象とならないのかは、契約者・被保険者が保険会社と共有すべき最も基本的かつ重要な事項です。カバーの対象となることを「保険会社有責」、逆にカバーの対象とならない状況は「保険会社免責または無責」と呼ばれます。

カバーの範囲は保険会社との間で合意し採用された「保険条件」によって決まります。

ICC には、基本的な保険条件として、ICC（A）、ICC（B）および ICC（C）の3種類が用意されています。

3.3.1 ICC（A）で定める保険条件
（1）カバーされる損害

ICC の中で最も広いカバーの（A）条件では、「この保険は下記……の規定により除外された場合を除き、保険の目的物の滅失または損傷の一切の危険を担保する This insurance covers all risks of loss or damage to the subject-matter insured except as excluded by the provisions……」と規定しています。すなわち、特に除外されたもの以外のすべてのリスクによる損害はカバーの対象となります。これは「包括責任主義」と呼ばれています。かつて使われていた1963年制定 ICC の「ALL RISKS」の考え方を踏襲しています。損害の原因となったリスクが何であるかを問わず、また、損害の発現形態が、破損、水濡れ、不足等何であるかを問わず、貨物の損害が発生しそれが偶然かつ外来の原因によるものであればすべてカバーの対象となります。

(2) ICC（A）でもカバーされない損害

　ICC（A）の下でも、保険会社が支払対象としない免責損害は以下の通りです。このうち①から④は、偶然かつ外来を要件とする、保険の大原則を具体化したものです。

①被保険者による故意の違法行為による損害
　保険金を取得する目的であるか否かを問わずに免責となります。

②通常の漏損・減少、自然の消耗
　液体の自然の蒸発による減少、穀物のようなばら積み貨物の通常の荷役でも発生する一定数量の漏れなど。

③梱包の不充分（Insufficient Packing）による損害
　貨物が通常の輸送には耐えられる梱包であることが大前提であり、それにも耐えられない程に弱い梱包であったがための損害は除外する趣旨です。緩衝剤不足による破損、防水不充分による濡れ、シッパー自身が積付けを行ったコンテナ内部の積付け不良を原因とする輸送中のコンテナ内の荷崩れなど。

　なお貨物を輸送する船舶についても、当然ながらその航海を無事に行うための船体や機器が保守・点検・検査を受け、法律が求める海技免状を持った船員が乗り、必要な書類が完備され、その航海に適した状態であること（これを堪航性がある状態 Seaworthy と呼びます）が大前提ですが、荷主の立場でこれらを事前にチェックすることは実際上困難です。もしも、船舶がもともと航海に適していなかった状態なのに航海に出て、そのための事故による貨物損害を貨物保険会社が支払わなかった場合には、荷主は自身には過失がないにもかかわらず保険金を受取れず貨物保険本来の機能は失われてしまいます。このため、貨物保険では、仮に船舶が出航の時点で航海に適した状態でなかったこと（不堪航、Unseaworthy）が判明した場合でも、被保険者がそのことを知っていた場合を除き、それを理由としての免責はしません。ただしその場合は荷主が船会社に対し有する損害賠償請求権を保険会社が後日行使することになります。なお、貨物保険と同じく海上保険に属し船舶そのものを対象とする船舶保険では、堪航性に関してより厳格な内容となっています。

④貨物の固有の瑕疵または性質（Inherent Vice or Nature）
　製造時の不良を原因とする破損、時間の経過に伴い発生する穀物、果物や野菜の品質劣化や腐れ、外的要因のない金属類の錆など。

⑤遅延による損害

　船舶の航行スケジュールは、何ら事故や荒天などの海上危険に遭わずとも遅れることが珍しくありません。到着が遅れコンサイニーが転売先に約束していた納期に間に合わなかったことによる値引や、クリスマス用品がシーズン終了後に着いたといった場合の経済的損失を免責するものです。例え航海中に事故や荒天に遭遇した場合でも、貨物に物的な損傷が発生せず遅延だけが問題となって値引やペナルティなどの損失が出た場合も同様です。

⑥船舶の所有者、管理者、用船者、管理者等の支払い不能や債務不履行で運行ができなくなったことにより被保険者が被る損害で、そのような事態発生を被保険者が知っていたかまたは予測可能であった場合。

⑦原子力・放射能汚染や大量破壊兵器による損害

⑧戦争リスク（War Risks）

　戦争、内乱、革命や捕獲、拿捕など。ICCでは免責されていますが、別途戦争保険で一部復活が可能です。（第4章4.1参照）

　なお、海賊による貨物損害は、戦争危険とはみなされず、ICC（A）の下では対象となる他、特約によりICC（B）および（C）でも対象となります。

⑨ストライキリスク（Strike Risks）

　ストライキ、争議、暴動等に参加した者によって生じた損害やテロなど。現在の社会情勢からは、これらの中でストライキ参加者によるリスクが一番大きいとは言えませんが、これらをまとめてストライキリスクと呼んでいます。別途ストライキ保険で一部復活可能です。（第4章4.1参照）

3.3.2 ICC（B）および（C）で定める保険条件

ICC（B）および（C）条件は、列挙危険方式で、約款に示されたリスクを原因とした損害のみが対象となります。両者の違いは単に担保危険の数の差のみです。列挙され対象となるリスクは以下のものです。

- 火災または爆発
- 船舶または艀の座礁、乗揚げ、沈没または転覆
- 陸上輸送用具の転覆または脱線
- 船舶の水以外の他物との衝突または接触
- 遭難港における貨物の荷卸し
- 地震・噴火・雷（（C）条件では担保されない）
- 共同海損犠牲損害
- 投げ荷・波ざらい（（C）条件では、投げ荷のみカバーされる。波ざらい

に関しては脚注1参照))
- 船舶、艀、船艙、輸送用具、コンテナまたは保管場所への海水、湖水または河川の水の侵入((C)条件ではカバーされない[1])
- 船舶もしくは艀への積込みまたはそれらからの荷卸し中における水没または落下による梱包1個ごとの全損((C)条件ではカバーされない[1])

　ICC（B）および（C）条件に対しても、先に見た（A）条件における免責条項がすべて適用になります。

　ICC（A）、（B）および（C）条件によるカバー範囲を比較すると図3-2の通りとなります。ここで注意すべきはICC（A）条件と（B）、（C）条件の違いです。単に○の数だけ見れば、（A）と（B）の間の差と、（B）と（C）間の差もあまり変わらないようにも取れますが、（A）は包括危険であるのに対し、（B）（C）は列挙危険で、この差は大変大きいもがあります。

　（A）には「すべてのリスク」が含まれており、この結果、その損害の原因が外来・偶発のものでかつ免責条項に該当しない限りは、すべててん補の対象となります。事故が発生した際の、保険金請求に際して、ICC（A）条件の下では、被保険者は保険期間内に何らかの外来・偶発な原因により損害が発生したことを立証すれば良いのですが、（B）と（C）条件では、保険期間内に約款に列挙された特定のリスク（例えば船舶の座礁）が発生しそれが原因となったことまで立証する必要があります。大きな事故の場合は発生時点で船長から船会社へ、船会社から荷主への連絡がいきますが、軽微な事故では常に連絡がいくとは限りません。例えば、最終目的地に着いてから貨物に海水濡れ損が発見された場合に、ICC（A）では、輸送中に何らかの外来・偶発の事態が発生したことが推定されればカバーの要件は満たされますが、もし（B）であれば約款に規定する「船舶、艀、船艙、輸送用具、コンテナまたは保管場所への海水の侵入」のいずれかが発生したことまで確認を取る必要があり、このような事後調査ではかなり困難なこともあります。

3.3.3　ICC（B）、（C）と付加危険の組合せ

　このようにICCのカバー範囲は、（A）＞（B）＞（C）となりますが、その保険コストすなわち保険料も当然（A）＞（B）＞（C）となります。このコストの要

1　（B）ではカバーされるが（C）ではされないリスクのうち、一部については、損害保険会社によっては貨物が全損となった場合のみ、特別約款によりカバーに含める措置が取られている。これは旧FPA条件では、これらのリスクの結果、貨物が全損となった場合に限りカバーされていたため、それに対応する新（C）条件でもカバーの範囲を旧FPA条件に合わせるための措置である。

リスクの種類	保険条件		
	ICC (A)	ICC (B)	ICC (C)
火災、爆発	○	○	○
船舶の座礁、沈没、転覆	○	○	○
船舶の衝突、接触	○	○	○
陸上輸送用具の転覆、脱線	○	○	○
避難港における貨物の荷卸し	○	○	○
船舶への積込み・船舶からの積込み/荷卸し中の水没・落下による梱包1個ごとの全損	○	○	△
地震、噴火、雷	○	○	×
投げ荷	○	○	○
波ざらい	○	○	△
船舶や保管場所への浸水	○	○	△
雨や雪による濡れ損	○	×	×
落下や衝撃による破損、曲損、凹損	○	×	×
盗難、抜荷、不着	○	×	×
偶然・外来な原因による漏出・不足	○	×	×
その他すべての偶然・外来な原因による損害	○	×	×
海賊による略奪	○	□	□
共同海損犠牲損害および当該貨物の共同海損分担金	○	○	○
被保険者の故意の違法行為	×	×	×
通常の漏損・目減り、自然の消耗、固有の瑕疵	×	×	×
梱包の不完全による損害	×	×	×
遅延による損害	×	×	×
原子力による損害	×	×	×
戦争リスク	×(※)	×(※)	×(※)
ストライキリスク	×(※)	×(※)	×(※)

○ カバーの対象となる。
× カバー対象外。
□ カバーされる場合がある。
△ 全損の場合はカバーされる場合がある。
※ 戦争保険、ストライキ保険に別途加入することにより、一定の範囲でカバーが可能となる。

図 3-2　保険条件によるカバー範囲の違い

素も念頭に、貨物の特性を分析した場合に、必ずしも（A）条件で付けることが唯一・ベストな選択とはならない場合もあります。（B）または（C）であってもその貨物にとって最適かつ経済的な保険条件であればそれを選択するという判断もあり得ます。

　また一つの選択肢として、カバー範囲の狭い（B）または（C）の基本条件に付加危険として特定の発現形態（第2章2.2.5参照）をプラスした内容で保険に付ける方法もあります。

　例えば、ある貨物に関してその性質上盗難や濡れ損に関してはあまり心配しないが、破損だけが懸念されるというリスク判断のもと、基本条件はICC（B）や（C）という狭い条件のままで、それにプラス付加危険として「破損担保」を加えた「ICC（B）または（C）プラス破損（Breakage）」という条件にする方法があります。この場合は、通常のICC（B）または（C）条件のカバー範囲に加え、破損損害だけは、元の条件に列挙された原因（火災、爆発、座礁等）でなくても、偶然性・外来性があればすべてカバーされることになり、例えば荷役中や輸送中の衝撃による破損なども対象とすることができます。こうすることにより、元々破損が自動的に含まれているICC（A）条件よりも低い保険料コストで破損リスクを保険にヘッジすることが可能となります。ただし破損以外のリスクに関しては、ICC（A）との差はそのままであり限定的なカバー状態となります。

　上記は、レディメードのICCに手作りで約款を加えるものであり、貨物の特性、懸念される損害によっては有効に利用可能となります。

3.4　保険期間

3.4.1　貨物海上保険における保険期間とは

　保険の補償機能が有効に作用する期間を保険期間といいます。貨物海上保険の保険期間は、「どこからどこまで」という場所的な指定で決まり、保険期間と言うよりも「保険区間」と呼んだ方がより正確とも言えますが、一般的に他の保険種目と同様に「保険期間」と呼ばれています。例えば、「横浜からロスアンゼルスまで」というように決められ、航海建て保険と呼ばれます。これに対し火災保険や自動車保険等他の多くの保険では、「いつからいつまで」、例えば「2017年の10月1日午前零時から2018年9月30日の午後12時まで」というような時間軸を基に決められ、期間建て保険と呼ばれています。

3.4.2 2009年ICC定める保険期間

2009年ICCではその第8条で保険有効期間を具体的に以下のように定めています。これらは（A）（B）（C）いずれにおいても共通です。従来から貨物海上保険の保険期間を表す言葉として、「倉庫から倉庫まで From Warehouse To Warehouse」という表現が使われてきました。ICC2009でも、このコンセプトは変っていませんが、一歩進んでより具体的にその開始および終了ポイントを規定しています。

(1) 保険の開始

「輸送開始のために輸送用具に直接に積込む目的で、貨物が初めて動かされた時 First Moved In Warehouse」と定めています。シッパーの倉庫または保管場所でトラック等の陸上輸送用具に積込まれるためフォークリフトや人力などで貨物が最初に動かされた時が保険期間のスタートになります。以前のICCでは長年にわたり「倉庫を出た時から From…Leave Warehouse」という表現が使われていました。ICC2009では、より具体的に表し、かつ若干カバー範囲が拡張されたものとなっています。倉庫などの保管場所内に保管されていた貨物が、待機しているトラック等に積込まれるために動かされた時点で、まだ倉庫を出ていなくても、保険はスタートすることになります。ただし、それが「輸送開始のため」および「輸送用具に直接積込むため」であることは、いずれも有効にスタートするための条件です。例えば、「将来の輸送の準備としての、ある保管場所から他の保管場所への移動」は、まだ保険が開始している状態ではありません。

(2) 保険の終期

① 「貨物が仕向地の最終倉庫または保管場所において、輸送用具からの荷卸しが完了した時 Completion of Unloading」と定めています。これも以前の「倉庫に引渡された時 Delivery to Warehouse」よりも、明確かつ若干拡張された内容となっており、倉庫に入った後も荷卸し作業中が含まれることを明らかにしています。ただし例外として、これ以前であっても保険期間が終了してしまう場合も規定しています。

② 貨物が最終の荷卸し港において、船舶から荷卸し完了後60日が経過した場合。

③ 通常の輸送過程ではない保管（通関待ちや接続輸送待ちなどではなく蔵置目的の保管）がなされる場合は、当該保管場所において輸送用具からの荷卸しが完了した時。

④ 貨物が輸送途中の倉庫または保管場所において、仕分け・分配される場合

は、当該倉庫または保管場所において輸送用具からの荷卸しが完了した時。
⑤被保険者もしくはその使用人が、通常の輸送過程以外の保管のために、輸送車両もしくは他の輸送用具またはコンテナを使用することを選んだ時。

上記①〜⑤のうちの一つでも該当すれば、その時点で保険期間は終了すると規定しています。すなわち、これらのうちいずれかが、最初に該当した時点（Whichever first occur）までということになります。

保険会社としては、貨物が「通常の輸送過程（Ordinary Course Of Transit）」によって輸送されることを前提に引受けをしているのであり、上記②〜⑤のような、もはや通常ではないとみなされる状況となった場合は、その時点で保険を終了する趣旨です。

3.4.3 特に注意を要する保険期間

ICC の保険期間の規定に関しては、以下の点に関しては特に注意が必要です。

(1) FOB、CFR 輸入における保険開始ポイント

FOB、CFR タームの輸入の場合は、ICC の規定が変更され、結果的に保険期間が短縮されることに注意が必要です。

これらタームの輸入においては、貨物海上保険は手配義務者であるコンサイニーが、自分自身のために付けるものとなります。従い、シッパーからリスク負担の移転を受け、自分のリスク負担が始まったポイント以降のリスクだけが ICC の保険期間内としてカバーされます。

FOB、CFR タームでは、リスクの移転ポイントすなわち保険開始ポイントは、「本船に積まれた時」なので、そのことを明らかにするための特別約款である RISK ATTACHMENT CLAUSE（または FOB ATTACHMENT CLAUSE）が適用となります。

(2) FCA、CPT 輸入における保険開始ポイント

一方、新しいタームである FCA、CPT の場合も、基本的な考え方は (1) の FOB、CFR と同じあり、ICC の保険期間は短縮されますが、開始ポイントは FOB、CFR とは異なります。FCA、CPT 輸入においては、「運送人に引渡された時」がリスク移転となり、外航船舶に積む前であっても運送人への引渡し後は、構内移動中や保管中、船舶への積込中のリスクもコンサイニーの負担となります。従い保険の開始ポイントもそれに合わせて FOB、CFR よりも前にずらすことが必要となります。

(3) 輸入における積み地の内陸輸送を含むカバー

シッパーがコンサイニーの海外支店や子会社である等の特殊事情から、FOB、FCA、CFR、CPT 条件の輸入でありながら、シッパーが負担する積み地の内陸カバーリスクを、コンサイニーが手配する輸入保険の逆延長の形でカバーする状況もあり得ます。この場合は、①に述べた RISK ATTACHMENT CLAUSE（または FOB ATTACHMENT CLAUSE）を不適用とする必要があります。

3.4.4 保険終期の延長
(1) 輸入における保険期間の延長

もしも、荷卸し後の中間地点において仮保管の長期化が避けられず、荷卸しから 60 日過ぎても所定の倉庫に到着できない場合や、輸入した貨物を仕分け・分配した後も引き続き輸入貨物保険でのカバーが必要といった事情が発生する場合には、ICC のオリジナルの内容では保険期間が不足することになります。そのような状況が予想される場合には、早めに保険会社と協議をすることが必要です。ICC の保険期間の修正には、追加保険料を支払い、SPECIAL TRNSIT CLAUSE と呼ばれる特別約款を適用することになりますが、その約款の内容は統一のものではなく個別に協議の上決められます。

(2) 輸出における保険期間の延長

CIF、CIP 輸出において、ICC の保険期間をあらかじめ延長しておく（例えばタイムリミットを通常の 60 日から 120 日に延ばす）ようにコンサイニーが要求してくることもあり得ます。海外の物流事情を見るに、国によっては荷卸し後の通関や国内輸送に多大な時間がかかる状況もあり得ます。一方保険期間の延長は当然ながら保険料コストに影響しますので、例えばコンサイニーが自己の都合で現地の中間地点で長期保管を行うために最終倉庫到着が遅れるような状況までシッパー手配の保険で対応すべきなのか否かは検討が必要になります。

3.4.5 輸送開始後の輸送航路・区間の変動

物流が開始された後で、荷主側の事情や船会社の都合で輸送の目的地、航路、経由地等が変更されたり、元の輸送が打ち切られることもあり得ます。このような場合には速やかに保険会社に連絡し、貨物に対するカバーが継続されるよう対応する必要があります。

3.4.6　現地物流事情把握の重要性

　輸出国、輸入国を問わず、現地の基本的な物流状況を把握しておくことが、適正な保険期間の設定には欠かせません。日本では、内陸に倉庫があり、トラックで海に面した港まで運ばれ本船に積まれそこがFOBポイントになるとのコンセプトがありますが、これはあくまでも日本の状況です。実際には海のない国もあれば、1000総トンを超える貨物船が行き来する河川に面した港のある国もありますし、鉄道輸送が主力の国もあります。またコンテナヤードと言えば日本では海の近くとなりますが、海外では内陸にもあります。このように日本の常識が海外では通用しない例も多くあります。三国間貿易が増加する中で、各々の国による物流事情を把握することはますます重要になってきています。

第 4 章　特殊なリスクと貨物海上保険

4.1　戦争・ストライキ保険

　ICC（A）、(B)、(C) すべてにおいて免責されている、戦争リスク、ストライキ・暴動・テロ等のリスクを復活してカバーするものとして戦争・ストライキ保険があります。貨物海上保険は原則として、通常の ICC（マリンリスク Marine Risks と呼ばれます）と戦争・ストライキ保険（War & Strike リスクと呼ばれます）のパッケージで形成されています。従いこのパッケージで加入していれば、戦争・ストライキリスクも含めてカバーされることになりますが、免責されたすべてが復活するわけではなく、特に以下の点には留意が必要です。

4.1.1　対象とする戦争リスク、ストライキリスクとは

　戦争保険が対象とするリスクというのは、戦争に巻き込まれた結果、貨物が物理的な損害を受けた場合を指しており、戦争の混乱による航海の遅延、輸送ルートの変更などに伴う出費は対象としていません。同様に、ストライキ保険は、ストライキ、争議や暴動に参加した者の行為により貨物が損害を受けた場合を対象としています。例えば、貨物が略奪されたり、施設や車両への破壊行為の結果貨物が損傷を受けた場合などを対象とし、港湾ストライキで荷役が止まってしまったり、暴動で陸上輸送が止まってしまうことによる損害をカバーする趣旨ではありません。このようにあくまでも物理的な損害のみを対象とするというのは、戦争やストライキリスクに限らず保険本来の原則ですが、戦争・ストライキ保険を考えるに際し改めて確認をしておく必要があります。

4.1.2　保険期間

　戦争リスクについては、貨物が外航船舶上にある間のみが保険期間となり、船舶から荷卸しされたその時点で保険期間が終了してしまいます。また荷役の遅れなどの場合には、まだ荷卸しされていなくても船舶が港に到着してから 15 日で保険期間は終了してしまいます。

　この保険では、海上で砲弾を受けたり、水雷に触れた場合などが対象となる一方、陸上の仮保管中に砲弾を受けたり、陸上輸送中に地雷に触れたことによ

る損害などは、それが最終目的地に着く前であっても、一切対象となりません。例外として、途中の港で積替えのために最初の船舶から荷卸しされ次の船を待つ間一時的に陸上に仮保管されている場合は、その港到着から[1]15日を限度に陸上でのカバーも継続することとなっていますが、保険会社への速やかな通知と割増保険料の追徴が必要とされ、これはあくまで例外的な極めて厳格な取扱いとなっています。このように、戦争保険の保険期間は、上記の例外期間を除けば、海上保険の原点に戻り、貨物が「船舶に積まれて海上にある間（Waterborne）」に限定されます。一方ストライキリスクについての保険期間は通常のICCと同じで陸上にある間も含まれます。

4.1.3 テロリスク

テロのリスクは、ストライキ保険に含まれていますが、保険期間については、極めて厳格な運用となります。

4.2　地震リスクと貨物海上保険

4.2.1 基本条件による地震カバー

ICC（A）は、あらゆるリスクによる損害をカバーの対象としかつ除外リスク（免責）の中に地震は含まれていません。またICC（B）は、地震リスクのカバーを明記しています。このように、ICC（A）および（B）においては、貨物が海上（船上）にあるか陸上にあるかを問わず、地震リスクのカバーを基本約款で含めていますが、これは損害保険の中では極めて特異な構成です。火災保険や自動車保険など他の種目においては、オールリスク（All Risks）と呼ばれているものでも、地震は免責とされ地震カバーのためには別途地震保険に加入する必要があります[2]。また、貨物海上保険と密接に関連する輸出FOB保険や内航貨物海上保険でも、わが国では多くの保険会社において、内航船舶などに積まれた貨物が海上にある間は地震も対象としていますが、陸上にある間は免責としています。すなわち、物流途上にある貨物のうち、

　地震カバーあり：外航貨物海上保険のうちICC（A）および（B）条件
　　　　　　　　　日本の輸出FOB保険（海上区間）、日本の内航貨物海上保険（海上区間）
　地震カバーなし：外航貨物海上保険のうちICC（C）条件

1　荷卸しからではない。
2　日本の住宅用地震保険は、地震保険が原則自動付帯であるが、付けない選択も可能となる。

日本の輸出 FOB 保険（陸上区間）、日本の内航貨物海上保険（陸上区間）、日本の運送保険

と保険条件により混在することになります。

わが国以外の輸出 FOB 保険、内航貨物海上保険、運送保険に関しては、当該国の約款によりますが、多くの国では除外されていると思われます。

4.2.2　コンテナヤード保管中の地震カバー

このうち特に複雑なのが、港頭のコンテナヤードで仮保管されている間のカバー有無です。1995 年の阪神淡路大震災では神戸港のコンテナヤードが、2011 年の東日本大震災では仙台港のコンテナヤードが被害を受けました。このような状況において、それぞれの貨物が輸入か輸出か、どのようなトレードタームズであったか、そして保険条件はどうであったかによってカバーの有無が複雑に分れることになります。

以下、日本の港頭のコンテナヤードでの仮保管を想定して、カバーの有無を考察します。

輸入貨物の場合：

　トレードタームズの如何を問わず、貨物は日本のコンサイニーへの引渡し前であり貨物海上保険 ICC の保険期間内となります。従い、ICC（A）および（B）条件のものは、カバーあり、（C）条件はなしとなります。

輸出貨物の場合：

　①トレードタームが CIF のケースでは、貨物がシッパーの保管場所で積込まれた時からすでに貨物海上保険がスタートしていますから、保険期間内となります。従い ICC（A）および（B）条件のものは、カバーあり、（C）条件はカバーなしとなります。新しいトレードターム CIP の場合も同じです。②トレードタームズが FOB および CFR においては、外航船舶に積まれた時が貨物海上保険の保険期間の開始時点となりますから、この時点（積出港のコンテナヤード）では、まだ積込み前で貨物海上保険は開始していません。従いこの時点ではシッパーがリスク負担しシッパーが自らのために付ける輸出 FOB 保険の対象期間内となりますが、輸出 FOB 保険は貨物海上保険とは全く別物であり、前述の通り原則として陸上の地震カバーは含まれていません。地震保険を手配し特約を付けている場合のみ対象となります。③新しいトレードターム FCA および CPT の場合は、貨物が運送人に引渡された時点で貨物海上保険が開始することになります。従い、コンテナヤードで運送人の管理下に貨物が移った以降は、貨物海上保険の保険期間内となり、ICC（A）

および（B）条件のものは、カバーあり、（C）条件はなしとなります。この部分において、トレードタームが FOB や CFR の場合と、FCA や CPT の場合とでは扱いが異なることになり注意が必要です。また FCA や CPT 条件では、運送人への引渡し地点がどこかを明らかにしておかないと、どちらのリスク負担なのかでトラブルとなるおそれがあることから、「引渡し」とはどこの地点かを売買契約の中でできる限り明確に表示すべきとされています。

4.3　DUTY INSURANCE（DUTY CLAUSE）

輸入通関に際し関税が賦課されることがあります。この輸入税は、輸入者負担の諸掛であり CIF 価格にも含まれません。

わが国への輸入に際して、航海中に事故が発生し貨物が港に到着する前に全損になってしまえば、輸入自体がないので輸入税の支払いそのものが発生しません。一方貨物の一部分のみの損傷も、通関時に申告すればその損害の程度に応じ本来の関税よりは減免可能とされていますが、貨物損害の多くは通関後に発見され、その場合は、すでに正常な貨物として申告・納税済みの関税の還付を受けることができません。被保険者であるコンサイニーとしては、貨物が損害を受けた結果、実際の価値に相当する以上の関税を支払わざるを得なかったということで経済的な損失を被り、そこに被保険利益が生じます。このような損失をカバーするものとして Duty Insurance があります。Duty Insurance では関税の実額を保険金額として設定し、貨物海上保険で適用される ICC および各特別約款に基づき、貨物保険と同一の保険条件でカバーされ、貨物保険で支払われる損害と同一の原則に従い保険金が計算されます。ただし貨物が全損の場合は、納税自体が発生しないので保険金も支払われません。元来は、通常の貨物保険とは異なる被保険利益ですが、Duty Clause と呼ばれる特別約款を適用し、貨物保険金額の上乗せの如き形で引受けられています。

なお輸出の場合は、当該輸出国の関税規則、還付の可否につき正確に把握するのが困難なこと、コンサイニーが自己のために付ける保険でありシッパーがその分の保険料を貨物保険料に上乗せして支払う理由がないことから、一般的には付けられていません。

4.4　コンテナと貨物海上保険

――本項に関しては図 4-1「貨物フローと B/L 責任区間、リスク負担、保険期間の関係」を参照のこと。

第4章 特殊なリスクと貨物海上保険

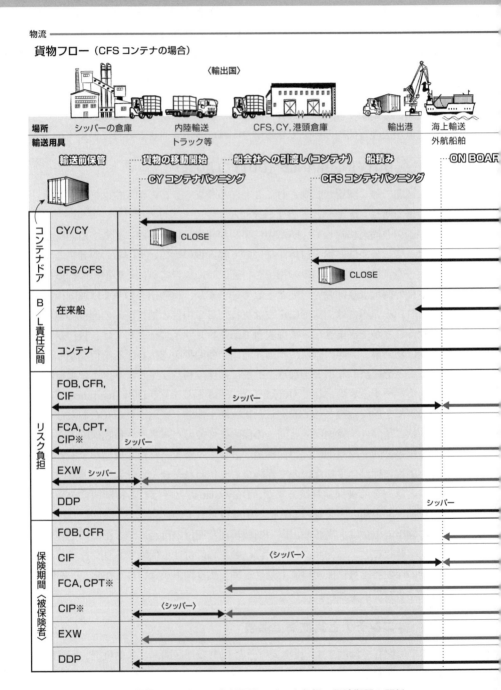

図 4-1　貨物フローと B/L 責任区間、リスク負担、保険期間の関係

4.4 コンテナと貨物海上保険

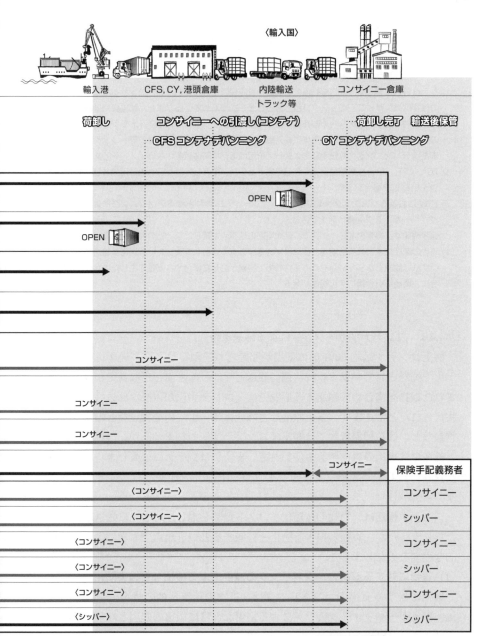

※コンテナの場合

図4-1は、シッパーからコンサイニーに至る貨物のフローとコンテナのドア Close から Open まで、船会社の B/L 上の責任区間、インコタームズによるシッパー/コンサイニーのリスク負担区間および貨物海上保険の保険期間を一覧にしたものである。

①貨物フロー図は、標準的な輸送形態の流れを示している。コンテナによる輸送区間は、CY 渡し（FCL）か CFS 渡し（LCL）かで異なるが、図は便宜上 CFS/CFS のコンテナの場合を示している。従い内陸（トラック）輸送中は、コンテナではない。

②リスク負担に関して、輸送開始前のシッパー倉庫保管中はシッパーの、コンサイニー倉庫到着後の保管はコンサイニーのリスク負担であることを前提としている。また、輸出貨物は、シッパーの倉庫内の蔵置場所から短距離を移動して（例えばプラットホームまで）トラックに積載またはコンテナにバンニングされ、同様に輸入貨物もプラットホームなど倉庫前でトラックから荷卸しまたはデバンニングされ短距離を移動して所定の保管場所に蔵置されるイメージである。

③FCA、CPT、CIP は在来船輸送でも利用可能であるが、主としてコンテナ輸送用であり、本図もコンテナ輸送の場合を示す。

④EXW におけるバンニング作業中まではシッパーが、DDP におけるデバンニング作業からはコンサイニーがリスクを負う前提である。

⑤保険期間は、通常の ICC ベースで、保険期間の延長や逆延長はないとの前提である。

⑥矢印の範囲に含まれる区間が、微妙にずれている点に注目して頂きたい。正常な輸送においてこのずれは問題とならないが、このずれの中で損害が生じた場合や、どこで生じたのかが不明な場合に、問題を引き起こす可能性がある。

4.4.1　コンテナリゼーションによる輸送革新

　海上コンテナは約 60 年前に使用が開始され、現在は多種多様な貨物がコンテナで輸送されています。特に個品輸送と呼ばれるさまざまな荷主からの梱包された貨物をまとめて輸送する形態では、コンテナ化が可能な部分はほとんど実行されたと言えます。また原油などの液体や、小麦粉や大豆などのような穀物類などのばら積み貨物では通常はコンテナは使われませんが、最近の小ロット輸送では専用のコンテナも使われています。コンテナには入りきらない、背高貨物に対して、オープントップやフラットラックが使われることもあります。

　コンテナ輸送は、貨物の速達化、コスト軽減を推し進めまさに輸送革新をもたらしましたが、貨物の損害を防止・軽減するという観点でも次のような革新的な役割を果たしました。

(1) 貨物に対する直接のハンドリングの減少による破損など損害防止

　貨物に対する直接のハンドリングは、貨物の落下、他の貨物や施設との接触、ワイヤーやフォークのツメによる損傷など常に損害の要因となり、その回数は少なければ少ないほど損害を防止できます。

　シッパーの倉庫で積まれ、コンサイニーの倉庫で荷卸しされるまでに、貨物

に荷役機器が直接接触するハンドリングの回数を見ると、在来船輸送では、輸送や保管の都度クレーンやフォークリフトによる積卸しが行われていました。

これがコンテナ輸送に変ると、Door to Door のフルコンテナ（CY/CY）輸送では、バンニング時とデバンニング時の2回のみと激減します。混載コンテナ（CFS/CFS）でも、貨物に対して最も負荷のかかるクレーンによる船舶への積込み、船舶からの荷卸し時には、貨物に直接荷役機器が触れることはなくなります。（図 4-1 中、貨物フローおよびコンテナドア参照）

(2) 露天作業・荷役時間の減少による濡れ損害の防止

在来船輸送では、船舶への積卸しおよび前後のハンドリングの間は、屋根のない場所での作業となり、降雨による水濡れの原因となっていたものが、コンテナ化に伴い雨天下での荷役作業中も濡れのリスクが大幅に減少しました。

(3) ドア封印による盗難の防止

貨物積込み後はコンテナのドアを閉めシールで封印されますので、中身貨物に対する輸送中の盗難事故が大幅に減少しました。

(4) 冷凍コンテナの普及による解凍事故防止

わが国への食糧供給上欠かせない冷凍・冷蔵貨物輸送は、在来船でも行われていますが、気温の高い積み地でも荷役作業のため貨物を一時的にそのまま岸壁に置かざるを得ず、また船舶でも広い艙口（ハッチ）を開けて大きな船艙で積卸しを行うため、どうしても冷気が逃げてしまい解凍事故に繋がることがあります。これがフルコンテナの冷凍コンテナを使えば、シッパーの冷蔵庫からコンサイニーの冷蔵庫まで途中冷蔵・冷凍貨物が外気に触れることなく輸送可能となるため、解凍事故は大幅に減少しました。

4.4.2 コンテナ化がもたらした新たな問題点

一方コンテナ化の進展に伴い、貨物を事故なく正常に輸送する視点で新たな問題点も出てきました。

(1) 梱包の行き過ぎた簡略化

貨物事故への懸念が少なくなったことと併せ、シッパーとしてコンテナの容積を最大限活用すべく梱包材や緩衝剤を過度に簡略化したために、通常の輸送過程に耐えられず貨物が損害に至ることがあります。コンテナ自体は梱包ではありません。コンテナで輸送される場合であっても、通常の輸送で予測される事態に耐えられる梱包が必要であり、梱包不充分による損害は ICC 条件で免責となります。

(2) フルコンテナにおける積付け、固定（セキュアリング）の不完全

在来船における船艙内の積付けは、船長、航海士の責任の下で行われますが、フルコンテナの場合コンテナへの積付けはシッパー自身またはその代理人である業者等によって行われるため、偏っていたり、貨物の固定（セキュアリング）が不充分のまま積付けられたりして、荷崩れの原因となることがあります。

ICC は、これらの作業が以下の状況で行われた場合は、その損害は免責としています。

- 被保険者またはその雇用する使用人によって行われた場合。これは主に CIF、CIP 輸出貨物でシッパーが行う場合を指します。なお作業が社外の業者によって行われた場合は、免責となりません。
- 作業が保険期間の始まる前に行われた場合。これは主に FOB、CFR、FCA、CPT 輸入の場合が該当します。

(3) ダメージコンテナの流通と積付け前の点検不充分

鋼鉄製のコンテナも厳しい使用環境の下、ドアパッキンの摩耗や天井、側壁などに腐食や衝突によるピンホールなどの損傷が出やすい状態となります。フルコンテナでは、シッパーが積込み前にコンテナを点検することになっていますが、点検が不十分なまま積付けがなされ輸送中に外からの水漏れ事故に繋がることがあります。

(4) 野積み中の浸水

コンテナヤードでは貨物が入っている状態で野積みされます。海外では水はけの悪い場所や未舗装の場所に置かれることもあり、大雨により最下段のコンテナが水に浸かった状態が続いてドアパッキンの隙間から浸水し貨物損害に繋がることがあります。

(5) 激しい温度変化

野積み保管中や、船舶で甲板積みされた最上段のコンテナは、昼夜で激しい温度差が続き過酷な状況となります。日中熱せられた空気が夜間には一気に冷やされるため、コンテナの天井に汗（コンテナ・スウェット）が付着し、貨物に落下し濡れ損害に繋がることがあります。

(6) コンテナごとの盗難

在来船輸送でしばしば見られた少量の抜き荷が減った半面、陸上での保管中や輸送中にコンテナごとそっくり盗難に遭うケースが増加しました。その多くはプロの犯罪集団による計画的な犯行と推定されます。

4.4.3 コンシールド・ダメージ（Concealed Damage）

コンテナ輸送においては、貨物が輸出国でコンテナに詰められ（バンニング Vanning またはスタッフィング Stuffing）ドアが閉められてから、輸入国でドアが開けられ貨物が卸される（デバンニング Devanning またはアンスタッフィング Unstuffing）まで、例外的に途中通関でドアが開けられ検査されることはあり得ますが、多くの場合そこはまさに密室となります。そしてそのような密室状態で貨物に損害が発生することがあります。

物流過程で生じた貨物のダメージのうち、衝突や沈没のような船舶や輸送用具の事故や、ハンドリング中のクレーンからの落下など明らかな「事故」であれば、それが、いつ、どこで発生したのか明確であり、多くの場合は事故報告書などのエビデンスでそれを確かめることができます。

在来船輸送であれば、例えば船が荒天のため動揺し船艙内で貨物の荷崩れが起きれば、多くの場合貨物の状態を監視している船員によって認識可能です。

ところが、コンテナ輸送では、例えばコンテナが落下したり、内部の激しい荷崩れのためコンテナが変形して外からも異常がわかる場合は認識可能ですが、外からはわからないがコンテナの内部で異常が発生している場合には、それはまさに密室内の出来事であり、誰にも知られないまま目的地に着き、デバンニングのためドアが開けられて、その時点で初めて発見されるという状況が往々にして起きます。このように誰にも認識されずに生じた損害はコンシールド・ダメージ（Concealed Damage）と呼ばれます。

コンテナ物流に伴うコンシールド・ダメージの例としては、
- コンテナ内の荷崩れによる破損
- コンテナに加えられた衝撃による中味貨物だけの破損
- コンテナの小さな亀裂やドアの水密不良個所からの浸水による水濡れ
- コンテナ内の汗（コンテナ・スウェット）による水濡れ

などがあります。損害の程度としては、貨物の一部分のみの損

コンテナ内で荷崩れしたドラム缶
コンサイニーにコンテナが届きドアを開けてこの状態に始めて気づいたとしても、それがいつ、どこで発生したかを正確に知るのは容易ではない。

（出所：一般社団法人日本海事検定協会）

害に留まるものもありますが、例えば半導体やそれらを組込んだ精密機器・半製品・パーツの輸送等では、いかにそれが小さなあるいは部分的な損害であっても、貨物の性格上致命的な損害となることは珍しくありません。

このようにコンシールド・ダメージは、ドアが閉められてから開けられるまでの間の、いつかどこかで発生したことは確かであっても、それがいつどこで発生したのかがわからない損害です。

このコンシールド・ダメージは船会社の責任、貨物のリスク負担そして貨物海上保険期間との関係で、さまざまな問題を生み出します。

なおコンシールド・ダメージという語は、貨物がコンサイニーの倉庫に到着後にデバンニングや開梱が遅れ、後になって損害が発見されたものの、それがいつどこで発生したか判別できない場合などにも使われます。

(1) 船会社の責任区間との関係

図4-1の貨物フローと船会社のB/L上の責任区間からわかるように、在来船輸送においては、船会社の責任区間は積込み作業開始から荷卸し作業完了までであり、責任区間と船舶に積まれている区間は一致します。

そして船会社は、船舶に積んだときの状態をもとに、船積み船荷証券（Shipped B/L）を発行します。その記載の通りの荷姿（外観状態）の貨物をその数量積んだことが、B/Lに記載され、それが無故障船荷証券（Clean B/L）として流通します。もしその時点で貨物の外観上の異常があれば、その旨リマークのある故障付き船荷証券（Foul B/L）となります。

厳密に言えば、船荷証券への記載は、貨物の荷姿（外観状態）を示すに過ぎず、梱包された中味が損傷ないことまでを示すものではありませんが、その時点で異常がないことを推定させる有力な材料となります。

これが、コンテナ貨物の場合は、船会社が出すのは受取り船荷証券（Received B/L）であり、その責任区間はCYまたはCFSでの受取りから引渡しまでとなります。

この責任区間とコンテナのドアが閉められてから開けられるまでの区間を比べてみると、以下のようになります。以下コンテナ貨物に関しては、図4-1のコンテナドアおよび船会社のB/L責任区間を参照してください。

①CYコンテナ（FCL）の場合

船会社は、自らは立ち会うことなくシッパーにより積込まれドアを閉められたコンテナを積み地CYで受取り、ドアを開けることなく揚げ地CYでコンサイニーに引渡します。このように船会社の責任区間であるCYからCYまでは、コンテナのドアが閉められてから開けられるまでの区間の一部分の

みとなります。

　B/L に記載される貨物の明細は、その荷姿、数量はシッパーの申告に基づくものあり、船会社が確認したものではありません。船会社は、多くの場合貨物の状態や数量に関し自らは関知しないことを明らかにする意味で、"SHIPPER'S LOAD AND COUNT" "SAID TO BE……" 等の留保文言を B/L に入れています。

②CFS コンテナ（LCL）の場合

　バンニングおよびデバンニングを船会社が行う CFS 貨物の場合は、ドアを閉めてから開けるまでの区間は、すべて B/L の責任区間に包含されます。従い、B/L には CY 貨物のような留保文言はなく、また客観的にも在来船の B/L 同様、その時点で異常がないことを推定させる有力な材料となります。

(2) インコタームズ上のリスク移転時点との関係

　図 4-1 のコンテナドア、船会社の B/L 責任、リスク負担を参照ください。

①トレードタームが FOB、CFR、CIF 条件の場合

　現在コンテナで輸送される貨物で最も多用されているトレードタームズは伝統的な条件である FOB、CFR、CIF です。これらの条件は、元来在来船輸送を前提としており、貨物に対するリスク負担がシッパーからコンサイニーに移転するのは外航船舶の船上に積まれたとき（On Board the Vessel）とされています。リスクの移転は大変重要で、移転の時点において貨物に何か異常があったのか、なかったのかが、シッパーからコンサイニーに明確に引き継がれることが必要です。それにより、その損害をシッパー側が負担するのかあるいはコンサイニー側が負担するのかが決まるからです。

　在来船輸送においては、シッパーからコンサイニーにリスク移転した時の状態は、前述の通り B/L（Shipped B/L）が示しており、clean B/L が外観上は異常ない状態・数量であることの、シッパーからコンサイニーへの引き継ぎ情報となります。

これが、コンテナ輸送の場合は、状況が大きく変わります。

　1) CY コンテナ（FCL）の場合

　　コンサイニーへのリスク移転時期は、外航船舶上に積まれた時です。従いシッパーとしては、実入りコンテナを船会社に引渡した後、船会社が船舶への積込み前にヤードで保管している間に冠水、地震、盗難等があった場合や船舶への積込み作業中の事故等は B/L 発行後であっても引き続きシッパーのリスク負担に属します。

　　次にコンサイニーの立場で見ますと、すでに見たように B/L の記載内

容は、シッパーのバンニング時点での状態に関するシッパー自身による申告に基づく、内陸輸送前の状態であり、シッパーからコンサイニーへのリスク移転時点とは、場所的にも時間的にもずれがあります。従い、リスク移転時点における客観的エビデンスは存在せず、コンサイニーとしては、積み地の内陸輸送中を含め船積み前に発生したコンシールド・ダメージを被るリスクがあります。

2）CFS コンテナ（LCL）の場合

　コンサイニーへのリスク移転時期は、CY 渡しと同じく本船上に積まれた時ですので、シッパーとしては、ヤードでの冠水、地震、盗難等や船舶への積込み中の事故等は B/L 発行後あっても引き続きシッパーのリスク負担に属します。

　コンサイニーの立場で見れば、B/L に書かれている内容は、CFS で貨物を受取った船会社が外観および数量を確認した上で出したものですので客観性はあります。ただし、そこに記載された状態、数量はあくまでも CFS での受取時点でのもので、リスクの移転ポイント、すなわち船舶上に積まれた時点とはずれのあるままです。

　このずれは、CY 渡しと比べれば、内陸輸送部分がないだけ小さく、特に CFS が港頭地区にある状況では、距離的にも時間的にも余り大きくはありませんが、海外では CFS が海から離れた内陸にあることも珍しくなく、この場合は受取りと船積みのずれは大きくなります。

② トレードタームが FCA、CPT、CIP 条件の場合

1）CY コンテナ（FCL）の場合

　新しいトレードタームの FCA、CPT、CIP 条件で CY コンテナ貨物の場合の、シッパーからコンサイニーへのリスク移転は CY における船会社への引渡しとなり、移転時点と船会社への引渡し時点は一致します。従い、FOB、CFR、CIF 条件で顕著であった、不一致の問題は解消しますので、シッパーとしてはそれ以降のヤード内事故などに関し、責任を負担するおそれはなくなります。一方コンサイニーとしては、その移転した時点での貨物の状態を示す客観的エビデンスはあるのかとなると、B/L の記載内容は、シッパーのバンニング時点での状態に関するシッパー自身による申告に基づくものであることに変わりはなく、内陸輸送中のコンシールド・ダメージをコンサイニーが被る可能性は引き続きあります。

2）CFS 貨物（LCL）の場合

　シッパーが船会社に貨物を引渡した時点で、リスクもコンサイニーに移

転します。また、B/L記載の貨物の状態、数量も船会社が貨物を受取った時点、すなわちリスク移転時点でのものです。従いこのパターンにおいては、貨物のリスク移転ポイントと船会社の受取・B/L記載が一致しています。

　このように、新しいトレードタームである FCA、CPT、CIP 条件をコンテナ貨物に使った場合には、CFS貨物ではリスク移転と船会社への引渡しが一致し、かつ B/L にその時点での外観・数量が記載されます。また CY 貨物では、コンシールド・ダメージの問題は残るものの、在来船輸送を前提とした FOB、CFR、CIF 条件と較べると、かなりすっきりしたものとなっています。

　国際商工会議所がコンテナ貨物に関しこれらタームの利用を呼びかけている理由もまさにこの点にあります。

(3) 保険期間とコンシールド・ダメージの問題

　図4-1の貨物フロー、船会社のB/L責任区間、リスク負担および保険期間を参照してください。

　保険期間が開始する時点で保険の目的物には何ら損害が存在していないこと、これは貨物海上保険に限らずすべての損害保険に共通の原則です。

　この大原則が満たされることを前提にして、ICC（A）条件の貨物海上保険の下では、保険期間の終点であるコンサイニーの倉庫に着いてそこで発見された破損、曲損、濡れ損などあらゆる発現形態としての損害（第2章2.2.5参照）は、それが、いつどこで生じたのかがわからないコンシールド・ダメージであっても、偶然・外来の原因によるものであれば、基本的にはカバーの対象となります。ところがコンテナリゼーションに伴い、保険期間開始時点では何ら損害は存在していないという大原則・大前提の確認が難しい状況が生じるようになりました。なお ICC（B）および（C）条件の場合には、明白な事故による損害のみをカバーの対象としていますので、通常はこの問題は生じません。

　以下トレードタームおよびコンテナのモードごとに本問題を詳細に見ます。

① CIF、CIP ターム（輸出）

　CIF、CIPタームの貨物海上保険においては、在来船、コンテナ輸送を問わず、シッパーのリスク負担区間、コンサイニーのリスク負担区間の両方をスルーでカバーします。従い基本的には、輸送の全区間が保険期間に包含されます。

　コンテナドアが閉められてから開けられるまでの期間は、CY 貨物（FCL）の場合は、保険期間と一致しています（厳密にはバンニング前およびデバンニング後の移動も含みますので、保険期間の方が若干長くなります）。また

CFS貨物（LCL）の場合は、完全に保険期間に包含されます。このため、コンシールド・ダメージであっても保険期間内に発生したものと推定され、保険期間の問題は生じません。

②FOB、CFRターム（輸入）

コンサイニーのリスク負担のみをカバーする輸入の貨物海上保険のうち、トレードタームがFOB、CFRの場合は、保険期間の開始は、リスク移転に合わせて外航船舶積込時点となります。

1）在来船の場合

コンテナの状況を見るに先立ち、在来船で輸送される場合を見ます。保険期間の開始はリスク移転と一致する外航船舶への積込み時点であり、その時点で船会社によりClean B/Lが出されます。また、Clean B/Lはその時点で貨物に異常なき事を推定させる証拠となります。従い到着時に発見された損害は、保険期間内に生じたであろうという推定が成立し、コンシールド・ダメージの問題は生じません。

2）CY貨物（FCL）の場合

保険期間の開始は、リスク移転と同じくコンテナが外航船舶に積込まれた時点であり、コンテナのドアクローズと保険期間の開始との間には、場所的・時間的ずれが生じています。またすでに見たようにCY貨物のB/Lの記載内容は、シッパーのバンニング時点での状態に関するシッパー自身による申告に基づくものであり、保険期間開始時点の貨物の状態を示す客観的エビデンスとは言えません。このためコンシールド・ダメージの問題が発生し得ます。

ドアクローズ後CYで貨物を船会社に引渡す前の積み地内陸輸送中の損害はもちろん、船会社に引渡されB/Lが発行された後であっても、ヤードでの事故、冠水、地震、盗難等や船舶への積み込み作業中の事故等は、コンサイニーへのリスク移転前の事故ですから、保険期間外となります。従い、これらの損害がデバンニング時に発見された場合には、貨物海上保険のカバーからは除外され、コンサイニーはシッパー宛てに請求することになります。

ただしコンシールド・ダメージが発見された場合に、その発生区間を特定するのは多くの場合容易ではありません。例えば、コンテナ内で荷崩れによる損害が生じていたケースで、その荷崩れが積み地の内陸輸送中やヤード内または船舶への積込み時に発生していれば、シッパークレームとなり、船舶輸送中の揺れや船舶からの荷卸し時に発生したものならICC

（A）条件の下で保険カバー対象となるわけです。専門のサーベイヤー（第6章6.1.2参照）が貨物を検査し種々調査をしても決定的な証拠を把握できないこともあり、またシッパーがその判定に同意しない状況もあり得ます。

3) CFS 貨物（LCL）の場合

保険期間の開始は、CY貨物の場合と同様コンテナが外航船舶に積込まれた時点であり、コンテナのドアクローズや船会社の責任区間との間には、ずれが残ります。ただしCY貨物に比べれば、船会社が外観および数量を確認した上でB/Lを出しますので、内陸輸送中の損害については除外されているはずであり、ずれの程度は小さいと言えます。

一方ヤードでの事故、冠水、地震、盗難等や船舶への積込み作業中の事故等は、B/L発行後といえどもコンサイニーへのリスク移転前の事故ですから、保険期間外となり、CY渡しのケース同様保険カバーからは除外されることになります。従い、これらの損害が、コンシールド・ダメージとしてデバンニング時に発見される可能性はあり、その場合は発生場所が船積み前か後かを追求する必要が生じます。

③FCA、CPTタームの場合（輸入）

1) CY 貨物（FCL）の場合

CYにおける船会社への引渡し、すなわちリスク移転が保険期間の開始ポイントとなり、船会社のB/L責任開始と保険期間の開始は一致します。ただし、ドアクローズとの間にはずれが生じたままであり、B/Lの記載内容も、バンニング時点での状態に関するシッパー自身による申告に基づくものであることに変わりはありません。

このタームの場合は、ヤード内での移動中の事故、冠水、地震、盗難などや積込み作業中の事故は船舶への積込み完了前であっても貨物海上保険期間内の事故としてカバーの対象となります。ただし、CY搬入前の内陸輸送中に発生した損害は、保険期間の開始前ですので、輸入貨物保険のカバーからは除外されることになりますが、コンシールド・ダメージとしてデバンニング時発見される可能性があります。この場合は積み地内陸輸送中か、船会社に引渡し後かを追求する必要が生じます。

2) CFS 貨物（LCL）の場合

CFSでの船会社への引渡しが保険期間の開始ポイントとなり、船会社のB/L責任開始と保険期間の開始は一致します。またCY渡しの場合と同じく、ヤードでの事故、冠水、地震、盗難などや積込み作業中の事故は船積

み前であっても貨物保険期間内の事故となります。B/Lの記載は貨物が船会社に引渡され、同時に保険期間が開始した時点での貨物の状態、数量を示しているので、保険期間開始時点で貨物に異常がなかったことを推定させるものと言えます。このようにこのパターンにおいては、揚げ地CFSでデバンニングの際に発見されたコンシールド・ダメージであっても、原則として保険期間内の損害と認められます。

このように、新しいトレードタームであるFCA、CPT、CIPは、保険期間の開始と船会社の責任区間を一致させるだけでなく、コンテナドア閉開との間のずれも小さくし、コンシールド・ダメージによるトラブルを防ぐのに有効と言えます。

(4) コンシールド・ダメージが保険期間の内か外かの紛糾を避けるために

これまで見てきたように、コンテナによるFOB、CFR、FCA、CPTタームの輸入では、コンシールド・ダメージが発見された場合に保険期間内か否かが不明確なためコンサイニーが貨物海上保険を付けた保険会社との間でトラブルの種となる要素が常にあります。そしてそれがDoor to Doorというコンテナのメリットそのものに根差している所に問題の難しさがあります。

いったん紛糾すると、コンサイニーとその保険会社の二者間だけでなく、シッパーおよびその輸出FOB保険会社をも巻き込むことになり、解決は容易ではありません。

保険期間の内か外かを明らかにするために、サーベイヤーが指名され現物の調査に加え、各種物流情報を入手して、損害発生時点を鑑定すべく調査に当たりますが、まさに密室の出来事であり、いつ・どこで・何が起きたのかを解明するのは容易な業務ではありません。

この問題はFOB、CFR、FCA、CPT輸入のコンサイニーの立場となった場合だけでなく、自らはシッパーとしてこれらタームで輸出をした場合にも無関係ではありません。コンサイニーがその保険会社から、損害が保険期間開始前に発生したことを理由に保険金の支払いを拒絶された場合には、コンサイニーはシッパーに向けてクレームしてくる可能性が大いにあるからです。

なお、保険期間開始前に発生した可能性のある損害に関して、輸入貨物の保険会社がいったん保険金を支払った上で、保険会社からシッパーに請求すれば良いのではないかとの考えもありますが、そのような方法は保険会社は行っていません。保険会社が保険金支払い後被保険者に代わって（代位して）賠償請求するのは、あくまでも貨物の運送人や寄託者に対するものです。売買契約に関する事項について保険会社が被保険者に代わってシッパー（またはコンサイ

ニー）に対して請求することはありません。

このように、コンテナ化の副産物とも言えるコンシールド・ダメージを巡るトラブルを少しでも防ぐための方策としては、以下のようなものが考えられます。

①バンニング、デバンニング時のコンテナおよびシールの確認

フルコンテナの積込みおよび荷卸しの前に、コンテナおよびシールの状態を荷主の立場で確認することが必要です。

専門家（サーベイヤーまたは検数員）の立会の下でのバンニング作業

（出所：一般社団法人日本海事検定協会）

② Container Vanning Report/Stuffing Report および Devanning Report/Unstuffing Report の作成

フルコンテナの積込みおよび荷卸しする時点での貨物の数量および外観状態を記録するものです。保険開始時期とのずれとの関係で言えば、レポートが示すのはあくまでのコンテナに詰めた時点でのものであり、それが保険期間開始時点における状態を直接示すものではありませんが、損害発生場所を推定する材料となり得ます。

③ Equipment Interchange Receipt（EIR）の入手

フルコンテナにおいて、コンテナヤードから空コンテナがシッパーによる積込みのため搬出されその後、実入りで戻ってきた時、および実入りコンテナがコンサイニーへの引渡しのため搬出されその後、空で戻ってきた時の外観状態を記録する書式で、多くの港において船会社から入手することができます。記録されているのはあくまでもコンテナの外観のみですので、中の貨物の状態を示すものではありませんが、貨物の濡れ損があってその原因となるようなピンホールや腐食とかが記録されている場合や内部の荷崩れのためコンテナが変形していた場合などは、損害発生区間推定の材料となり得ます。

④温度記録の入手

冷凍・冷蔵コンテナには自動的に温度を記録する装置（温度チャート、Temperature Chart）が備えられています。解凍や変質損害の場合にはこの記録を入手し解析することで、事故がどの時点で生じたのか解明することができます。なお、コンサイニーが手配する輸入貨物保険では、シッパーによる温度設定のミスは、保険期間開始前に生じていた輸送の準備不足により必然的に生じたものであるとしててん補の対象とはなりません。

天井と側面を損傷したコンテナ
中の貨物の破損や水濡れに直結する。この程度に大きい損傷であれば、一般的にEIRにリマークが取られ、貨物損害の原因、発生時期、場所の特定に結びつけることが可能となる。
（出所：一般社団法人日本海事検定協会）

⑤積み地物流事情に精通する

　自らがシッパーとなって輸出する場合はもちろんですが、コンサイニーの立場の場合でも、リスクが自社に移る前の積み地の物流事情、バンニング前の保管状況、バンニング場所、その後の内陸輸送、仮保管場所、コンテナヤード、港の事情などに関し承知しておくことが必要です。

⑥輸出FOB保険の加入

　FOB、CFR、FCA、CPT条件での輸出に際しては、輸出FOB保険または同種の保険があり、シッパーは加入しておくことが望ましいと言えます。ただしこの保険は揚げ地で発見されたコンシールド・ダメージがシッパーに振られてきた時に備えたものではありません。（第7章7.1参照）

⑦輸入保険カバーの見直し

　FOB、CFR、FCA、CPT条件でコンサイニーが手配する輸入保険の保険期間を見直すことにより解決するアプローチもあります。いずれもレディメイドの約款があるわけではなく、また保険料率も引上げ要素となりますので輸入保険を手配している損保とよく協議する必要があります。

１）期間の逆延長

　　コンサイニーが手配する輸入貨物保険の開始を前にずらし、バンニングからとすれば、コンシールド・ダメージも全てカバーされることになります。ただしコンサイニーとして売買契約上も本来はリスク負担不要の部分に関してまで保険料を支払うことになります。

２）判別不能損害に関しのみ、輸入貨物保険で救済

　　コンサイニーがリスクを負わない区間で生じた損害を積極的にカバーするものではないものの、判定不能のコンシールド・ダメージについては、輸入貨物保険で拾うことによる解決策です。

３）Contingency Cover

　　シッパーのリスク負担部分で生じたと思われるコンシールド・ダメージ

に関し、シッパー宛てに請求したもののエビデンス不充分などの理由で拒絶された場合に限り発動する、不測の事態に備えたカバー（Contingency Cover）を手配することによる解決策も考えられます。

⑧トレードタームの検討

シッパーが一貫してリスクを負担する DDP や逆にコンサイニーが通しでリスク負担する EXW にしてしまえば、物流の途中でのリスクの移転および保険期間の開始はなくなりますので、究極の方法と言えなくはありませんが、いずれも通常の貿易売買ではあまり一般的なタームではありませんし、この問題回避だけのためにこれらのタームを採用するのも現実的ではありません。

一方、コンテナ時代に合わせて作成された、新しいターム FCA、CPT では、保険開始期間と B/L 責任開始期間を一致させることができます。コンテナリゼーション以降も FOB、CFR が多用されているのが現実のようではありますが、新しいターム使用のメリットも理解が進み普及することが期待されます。

トレードタームズを決めるのはあくまでも当事者同士ではありますが、シッ

ミステリアス・ロス

コンテナという密室の中で人に知られることなく生じる損害はコンシールド・ダメージですが、コンテナリゼーションが産み出した不思議な現象としてミステリアス・ロス（Mysterious Loss）があります。

シッパーがコンテナに詰めた FCL 貨物が、コンサイニーに到着したところ数の不足が発見されることがあります。輸送中にコンテナのシールを壊しドアを開けて盗んだのであれば輸送中の事故ですし、元々詰めた数量が不足していたのであれば、ショートシップメントでありシッパーが責任を負う範囲となります。ところが、シールやドアを含めコンテナには全く異常なく、さらにシッパーはバンニングに際し信頼できる第三者機関の検数を行いその旨の証書（Certificate）も出ているし、コンサイニーのデバンニングに際してもこれまた信頼できる第三者機関の検数が行われているような場合は、まさにミステリアスとなります。

このようなケースでは、多くの場合改めて専門の検査機関（サーベイヤー）が、輸送中の高度なテクニックを使った痕跡の残らない盗難、積み地でバンニング後のドアクローズまで間の盗難、到着地でのドアオープン後デバン開始までの間の盗難、さらには検数ミスの可能性も含めて調査に当たりますが、極めて難しい調査事案になると思われます。

パーとしては、FOB、CFRの伝統的タームの下では貨物を運送人に引渡した後も、貨物に対するコントロールはできないにもかかわらず、水害、地震、盗難、積込中の落下などを含めたリスク負担だけはしばらく続いているという事実を認識することが必要です。同様にコンサイニーは伝統的タームの下では、契約上は本来リスクを負わなくても良い部分で生じた損害が自己のリスクとして自らのために手配した貨物海上保険に紛れる可能性があることも認識する必要があります。

なおFCA、CPTでシッパーからコンサイニーへリスク移転する「運送人への引渡し」（Deliver to the carrier）というのが、コンテナがCYやCFSの広い敷地の中で移動する中で、具体的にどこのポイントを指すのかは文言からは必ずしも明確ではありません。その点では、FOBやCFRに規定する船舶に積まれた時（On board the vessel）の方が、どの時点を指すのかが明確であるとも言えます。FCA、CPT、CIPにおけるより詳細な解釈基準の定着が待たれます。

4.5　エアカーゴと貨物海上保険

航空機による貿易物流は、重量ベースではわが国輸出入の0.3%程度しかないにもかかわらず、金額ベースでは24%程度を占めるとされています。（日本船主協会「世界海運とわが国海運の輸送活動」）

このように、エアカーゴは船舶輸送に比べ価格の高い貨物が多く、特に機械類、精密機器類等はエアカーゴによる輸送が増大しています。

エアカーゴ向けの貨物海上保険約款として協会貨物保険（航空貨物用）IN-STUTUTE CARGO CLAUSE（AIR）が用意されています。基本的な構成は、船舶輸送用のICC（A）とほぼ同じです。エアカーゴ用のICCには、船舶輸送におけるICC（B）やICC（C）のような、カバー範囲の狭い約款は用意されていません。一方、エアカーゴでは、例えば生きている動物や生花、生鮮食料品等も多く運ばれていますが、これらの貨物に関してはエアカーゴ、船舶輸送を問わず通常のICC(A)に一定の制限を付ける実務がしばしば行われています。エアカーゴの場合も、貨物の種類によっては、約款の内容・文言をその貨物の特性や輸送実態に合わせて修正のうえ、適用することになります。

4.5.1　カバーされる損害

ICC（A）同様、「この保険は下記……の規定により除外された場合を除き、保険の目的物の滅失または損傷の一切の危険を担保する」とあり、免責事項に該当しない限り、偶然かつ外来の原因による損害すべてがカバーの対象となり

ます。

4.5.2　カバーされない損害

船舶輸送における免責と同様の規定が適用になります。免責条項により除外される主な損害は以下の通りです。船舶輸送における免責と共通するものについてはここでは説明を省略しています。

① 被保険者による故意の違法行為
② 通常の漏損・減少、自然の消耗
③ 梱包の不充分（Insufficient Packing）による損害
④ 貨物の固有の瑕疵または性質（Inherent Vice or Nature）
⑤ 航空機、輸送用具、コンテナがその貨物の適当な状態でなかったことによる損害。ただし、航空機などへの積込みが保険期間開始の前に行われた場合、積込みが被保険者またはその使用人によって行われかつ不適当な状態であることを知っていた場合に限る。
⑥ 遅延による損害
⑦ 航空機の所有者、管理者、用船者、管理者等の支払い不能や債務不履行により、運行ができなくなったことにより被保険者が被る損害で、そのような事態発生を被保険者が知っていたかまたは予測可能であった場合。
⑧ 原子力・放射能汚染や大量破壊兵器による損害
⑨ 戦争リスク（War Risks）：戦争、内乱、革命や捕獲、拿捕など。船舶輸送用のICCと同様、ICC本文では免責されるが、別途戦争保険で一部復活が可能。船舶輸送用の戦争保険においてその保険期間は貨物が船舶に積まれている間のみとしているのと同様、エアカーゴ用の戦争保険では、保険期間は貨物が航空機に積まれている間に限るとされる。従い、陸上輸送中や貨物ターミナル保管中は対象とはならない。
⑩ ストライキリスク（Strike Risks）：ストライキ、争議、暴動等に参加した者によって生じた損害やテロなど。別途ストライキ保険（エアカーゴ用）で一部復活可能。

4.5.3　保険期間

保険の開始

「輸送開始のために輸送用具に直接に積込む目的で、貨物が初めて動かされた時（First Moved in Warehouse）」であり、船舶輸送用のICCと同じです。

保険の終期

「貨物が仕向地の最終倉庫または保管場所において、輸送用具からの荷卸しが完了した時（Completion of Unloading）」までであり、この基本部分は船舶用のICCと同じです。また上記の例外としては以下があります。

①貨物が最終の荷卸し地において、航空機から荷卸し完了後30日が経過した場合。船舶輸送においては荷卸し後60日経過すれば終了となっていてものが、30日に短縮されています。

②通常の輸送過程ではない保管がなされた場合は、当該保管場所において輸送用具からの荷卸しが完了した時。船舶輸送用と同じです。

③貨物が輸送途中の倉庫または保管場所において、割当て、分配される場合は、当該倉庫または保管場所において輸送用具からの荷卸しが完了した時。船舶輸送用と同じです。

④被保険者もしくはその使用人が、通常の輸送過程以外の保管のために、輸送車もしくは他の輸送用具またはコンテナを使用することを選んだ時。この規定も船舶用と同一です。

4.5.4　船舶輸送用のFOB、CFR、CIFタームを使用した場合の問題点

エアカーゴでも、FOB、CFRおよびCIFタームが習慣的に使用されている例が多いとも言われています。これらのタームは船舶輸送、それもコンテナ化が進む前の在来船輸送を前提とした内容です。エアカーゴでは、安全基準との関係からシッパーにコンテナを貸し出してのフルコンテナロードは通常ありませんが、大部分の貨物はUNIT LOAD DEVICE（ULD）と呼ばれる専用のコンテナ類を使用して航空機に積まれます。従い、FOB、CFRおよびCIF条件で、リスク移転ポイントとなる航空機上に積まれた時点における貨物の状態を知ることはできません。このため、コンテナによる船舶輸送と同様に、とりわけ輸入貨物でFOB、CFRタームの場合は、保険開始時点と航空会社（または混載業者）への引渡し時点の不一致の問題が生じます。

なお、新しいトレードタームである、FCA、CPT、CIPはいずれもエアカーゴにも対応した内容となっています。航空会社への引渡しを以てリスクの移転並びに輸入貨物保険の開始ポイントとする考え方は、エアカーゴの実態に、より適合したものと言えます。

第 5 章 契約実務―申込みからポリシーの受領まで―

　貨物海上保険契約は、自動車保険や火災保険などの損害保険他種目同様「諾成契約」とされ、契約者が申込み、相手方である保険会社が承諾をして初めて契約が成立するものとされています。これを、実際の契約事務の流れに当てはめれば、
　①契約者が保険会社に対し申込みの意思を表示し、貨物の明細や金額、物流の詳細を保険会社に告げる。
　②保険会社が保険料見積もりとともに、約款の内容など重要事項を説明する。
　③契約者が説明を了解し、申込書に記入し、署名又は記名捺印の上、申込む。
　④保険会社は申込みを承諾し保険を引受ける。その証として保険証券（ポリシー）を発券する。
　⑤契約者は保険料を払い込む。
これが、一連の契約実務となります。

5.1　保険会社との間で確認すべき事項

　保険契約は、申込みをした契約者と保険会社の間で合意が成り立って初めて有効となるわけですが、それでは両者間でどのような事項に関し合意が必要なのでしょうか。
　貨物海上保険に限らず保険を申込む者は、保険会社がその引受けの判断をするに際し重要と思われる事項を、保険会社に伝えることが求められます。これは「告知義務」と呼ばれ、もしこれに違反した場合は、契約解除となることもあります。個人が加入する住宅火災保険などでは、保険会社が用意した質問書に回答することで告知をしたこととみなされますが、企業保険である貨物海上保険ではそのような質問書は一般には保険会社は用意しません。
　従い、申込みを行う者は、なるべく詳細に貨物情報、物流情報を保険会社に提供し、さらに保険会社側で必要があれば質問し、申込者はそれに答えることになります。
　契約者が保険会社と契約者の間で、確認すべき事項は、貨物の種類、輸送区間、輸送方法等により異なりますが、一般的には以下の事項に関し確認する必要があります。

5.1.1　トレードタームズ

　トレードタームは、売買当事者の決め事です。保険会社とのマターではありませんし、保険証券（ポリシー）に表示される項目でもありませんが、契約者としては自分の側で保険を手配すべき貿易取引であることを確認することが第一歩となります。

　そして、保険の内容は当該トレードタームに沿って手配される必要があります。わが国の貿易においては、現在も伝統的なFOB、CFR、CIFの3種類が圧倒的に多用されており、保険の内容も特に注意喚起しないと、これら3種類を前提とした中味で進んでしまう可能性があります。もしこれら以外のタームの場合は、それに合わせた内容のカバーとなるように保険会社と確認すべきことに注意が必要です。

5.1.2　保険契約者・被保険者

　第3章で見たように、保険契約者なるべき者、そして貨物のリスクを負担し被保険者となるべき者は、トレードタームズによって決まります。以下トレードタームズごとに、日本の会社が海外と取引する状況の下で、見ていきましょう。

(1) FOB、FCA、CFR、CPT 輸入の場合

　契約者、被保険者ともにコンサイニーです。この場合の貨物海上保険は、あくまでもコンサイニーが自分のために付ける保険であり、シッパーは被保険者にはなりません。保険会社から見て契約する相手（得意先）はあくまで国内のコンサイニーであり、海外のシッパーについては保険会社としてその詳細を調査・把握することは困難であり、通常はそれが誰であるかはあまり関知しませんし、ポリシーに名前も出ません。

(2) CIF、CIP 輸出の場合

　契約者はシッパーです。被保険者はシッパーがリスクを負担している間はシッパー、そしてシッパーからコンサイニーにリスク負担が移った時から、保険上の被保険者もコンサイニーに変わります。この移転は、リスク負担の移転に伴う当然の結果としてのものであり、保険会社との間で特別な手続きは不要です。リスク負担がコンサイニーに移転した後は、シッパーはもはや被保険利益を失っていますので、例え手元にポリシーを保持していたとしても保険金請求権はありません。

　保険会社にとっての保険契約者（得意先）はあくまでシッパーであり、その売り先である海外のコンサイニーについては、貨物海上保険でカバーするリス

クはコンサイニーの信用リスクではないので、それが誰であるか深くは関知しません。なお輸出のポリシーには、シッパーの名前だけが表示され、コンサイニーの名前は表示されません。この点は船荷証券（B/L）とは異なります。

(3) CIF、CIP 輸入の場合

コンサイニーは、自らは保険手配を行わず、保険会社との間で直接確認すべき事項もありません。ただし、海上輸送中のリスクを負い、シッパーが輸出国で手配した貨物海上保険の被保険者となって事故の際には保険金を請求するのはコンサイニーです。従い、シッパーに対しては、当該貨物の当該物流に適した保険を、充分な信用力を有しかつ日本において高いレベルの損害サービスを提供可能な保険会社に手配するよう求めることが大切です。ポリシーがシッパーから送られてきたら、それがシッパーと合意した内容に合っているのか確認します。

CIF、CIP 輸入に際し特に注意すべきは、シッパーが手配した貨物海上保険の保険期間終了地点です。日本に着いて荷卸しされた後、どこまでが貨物海上保険のカバーで、どこからがコンサイニーが自ら付ける国内保険のカバーなのか、切れ目なく手配されていることが重要です。（第3章3.4参照）

シッパーが手配した保険証券面上の被保険者（ASSURED）欄にコンサイニーの名前は通常は入っていませんが、保険金請求権はコンサイニーにあります。

(4) FOB、FCA、CFR、CPT 輸出の場合

貨物海上保険はコンサイニーが輸入国で手配しますので、シッパーは自らは保険手配は行わず、貨物海上保険に関しては何ら保険会社と確認すべき事項はありません。ただし、コンサイニー手配の保険は、シッパーのリスク負担部分、具体的には FOB、CFR では本船積込みまで、FCR、CPT では運送人への引渡までの部分はカバーされません。従い、この部分について、シッパーとしては自己のリスクをカバーする「輸出 FOB 保険」と呼ばれる保険の手配を別途行う必要があります。（第7章7.1参照）

(5) フォワーダーが保険手配する場合

輸出入業務が少なく保険手配に不慣れな荷主や個人の引っ越し荷物等においては、貨物海上保険の手配を船舶の手配や通関業務と併せてフォワーダーに依頼する場合があります。その場合は、契約者はフォワーダー、被保険者は実際の荷主となります。あくまでも荷主の所有利益を守るための保険ですので、契約の窓口となるフォワーダーには、保険金請求権はありません。

5.1.3 貨物の明細、数量、梱包

保険に付ける貨物をなるべく正確に保険会社に通知し、その情報を保険会社と共有することが大切です。インボイスや PACKING LIST が手元にあれば、それを保険会社に送ることで大部分の情報は共有できます。

- どのような貨物なのか：製品か原料かあるいは半製品なのか。
- 主たる材質は何か：鉄製、木製、強化プラスチック製など。
- 形状：固体、塊状、液体、粒子など。
- 数量、重量：重量や容積の不足（ショーテージ）リスクを保険に付ける場合は、その計量方法なども必要となります。
- 梱包状態：保険会社のリスク判断上、重要な情報です。特に梱包なしで輸送する場合は、保険会社に通知すべきです。なおコンテナ自体は梱包とはみなされません。
- 貨物の持つ性質：引火性、発熱性・発火性、壊れやすいもの、錆びやすいもの、水分を包含するものなど。
- 温度管理の必要性：生鮮食料品、冷凍・冷蔵品の食品、薬品、化学品など。

5.1.4 中古貨物の場合

中古品の場合は、すでに何らかのダメージがある可能性があります。そのため貨物の状態の事前検査を行う場合もあります。また保険条件にも制限（例えば ICC（B）または（C）に限定する、小損害免責を付けるなど）が付くことがあります。

5.1.5 コンテナ入りか否か

当該貨物が、コンテナ入りで輸送されるのか否かも保険会社への通知が必要です。タンクコンテナ、オープントップ、フラットラック等の特殊コンテナの場合はその旨通知します。

5.1.6 輸送区間（保険期間）——保険に付ける輸送区間

保険契約を締結するに際し、最も重要な要素の一つです。保険期間は常に厳格に運用され、その開始前に起きた損害は、たとえ直前であってもそれは保険期間外という理由で対象外であり、同様に保険期間の終了直後も、もはや有効期間外です。どこの港からどこの港までかが基本的な輸送区間となります。

またすでに見たように貿易物流の多くは、海上輸送だけでは完了せず、その

前後に内陸輸送を伴います。これらの内陸輸送も併せて保険に付けるのであれば、その分も併せて申込みをする必要があります。例えば、長野を出たコンテナ入り輸出貨物がトラックで横浜港まで運ばれ、そこで船積みされ、ニューヨーク港まで運ばれ、荷卸しされた後トラックでワシントンD.Cの倉庫に運ばれることになり、その全区間に対し保険を付けるのなら、長野──横浜──ニューヨーク──ワシントンD.Cと申込む必要があります。この間の仮保管や貨物ハンドリング中はICCの規定に従って包含されます。

　この逆の、ワシントンD.C──ニューヨーク──横浜──長野の輸入貨物についても、同じく内陸輸送を申込むことができますが、FOB、CFR、FCA、CPT条件において、リスク移転の原則に従いニューヨークにおける外航船舶への積込み、または運送人への引渡しから保険が開始する場合は、それ以前の内陸輸送（ワシントンD.C──ニューヨーク）は保険とは無関係ですので申込みは不要です。

　内陸の輸送開始地点や輸送終了地点は、「INTERIOR PLACE」という表示で発行されることもあります。この場合は、どこの地からどこの地まででも有効ですが、通常の内陸輸送機関による輸送を前提としており、道のないジャングルを進むような内陸輸送の場合は、個別の協議が必要です。保険期間の詳細はICCに定められています。

5.1.7　出港日

　外航船舶が出港する日を通知します。ただし船舶は、天候などの理由で出港日がずれ込むことも珍しくなく、証券上の表示も「on or about（大体の日付）」となっています。従い、実際の出港日と証券のそれとが異なっても影響はありません。貨物海上保険の保険期間とはあくまでも「区間」であり、日付ではないためです。

5.1.8　輸送用具・船名

　貨物が積載される外航船舶の船名です。どのような船で輸送されるのかは、保険会社のリスク判断上重要な要素となることから、保険会社は、船名をもとに大きさ、用途、船齢（建造からの経過年数）等を調査します。途中で積替えが判明しているときは、積替え後の船名も確認が必要です。

　なお、内陸輸送に関しては、通常は「トラック」「鉄道」等の指定で充分です。いずれの可能性もある場合は「BY LAND CONVEYANCE（陸上輸送手段）」「BY ANY CONVEYANCE（任意の輸送手段）」となります。

貨物のハンドリングに使われる機器であるフォークリフトやクレーン類は、輸送のためには当然使用され保険上も含まれるものですので、個別に申込む必要はありません。港湾荷役で非自航式艀（バージ）が使われ場合も、個別に申込む必要はありませんが、外航または内航船舶と同様に港から港への輸送手段として使用する場合は、エンジンを備えた自航船舶とはリスクが異なるため確認が必要です。

5.1.9　UNDER DECK/ON DECK

貨物は通常は船舶の甲板より下にある船艙（Hold）に入れて運ばれ、これは Under Deck と称されます。一方、貨物は甲板上に積んで運ばれることもあり、これは On Deck と呼ばれます。海上輸送中の過酷な条件の下で貨物が遭遇するリスクは、Under Deck と On Deck では、全く異なります。保険会社としては通常は、Under Deck すなわち、船艙内で輸送されることを前提に保険を引受けます。もし、On Deck で運ばれる場合は、引受け条件や保険料が全く異なったものとなる可能性が大いにあります。On Deck 積みとなるにもかかわらず、その通知がなされず Under Deck を前提とした引受けのままで損害が生じた場合には、保険契約自体が無効となり保険金の支払いを受けられなくなる可能性があります。

　この例外として、コンテナ入り貨物をコンテナ専用船で輸送する場合には、On Deck であっても Under Deck と同一の保険条件が提供され、その旨保険証券にも表示する実務となっております。これは、船会社はコンテナ船輸送では、On Deck とするか Under Deck とするかのオプションが運送契約で認められていることと船舶の構造も On Deck 輸送に堪えられるものとなっており実際に多数のコンテナが On Deck 輸送されていることによります。

　この On Deck も可とする実務は密閉式コンテナの場合のみであり、オープントップやフラットラックコンテナには適用されません。

　もし、大型貨物や背高貨物等の理由で On Deck 輸送となる場合は、早めに保険会社と個別協議を行うことが必要です。

5.1.10　保険価額・保険金額

　被保険利益を金額に見積もった額、すなわち保険事故の発生により生ずるべきことが予測される損害の額を保険価額（Insured Value）といいます。これに対し、1回の保険事故につき保険会社のてん補する金額の最高額として保険会社との間で合意した金額を保険金額（Insured Amount）といいます。

例えば、住宅に火災保険を付ける場合、保険価額とはその住宅の評価額であり、保険金額とは実際に保険に付けた金額を指します。この概念は貨物海上保険においてもおおむね同じです。

貨物海上保険に限らず、損害保険における事故の際の保険金算出の原則は　損害額×保険金額／保険価額　となります。

すなわち、保険価額と保険金額が同額の場合（これを全部保険という）は、保険金計算ルールに従って算出された損害額がそのまま支払われますが、保険価額より保険金額の方が低い場合（これを一部保険という）には、その割合を乗じた金額でしかてん補されません。

また逆に保険価額を超えて保険金額を設定された場合は、わが国保険法の規定で、その超過した部分は無効または取り消し可能とされています。

貨物海上保険において、トレードタームの如何を問わず、荷揚げ港におけるCIF価格に10%加算した金額、すなわちCIF×110%を以て保険金額とすることが世界共通の実務として定着しています。例えば、CIF価格がUS$100,000の貨物に海上保険を付ける場合は、標準的な保険金額は、US$100,000×110%＝US$110,000となります。

保険金額は保険会社と決めればそれで固定しますが、保険価額となるべき客観的なモノの価格はその時・その場所で変化するおそれがあり、保険金算出にあたり上記の原則通り一部保険や超過保険を適用したのでは、被保険者がいくら補償を得られるかが極めて不安定となってしまいます。このため、常に保険価額イコール保険金額、すなわち　保険金額／保険価額＝1　とする旨を保険会社と被保険者間であらかじめ決めることにより、この不安定さを解消する方法が採られます。これは協定保険価額と呼ばれ、貨物海上保険もこの方式により、証券上に、「Valued at the same amount insured」（保険金額と同額を以て保険価額とする）と表示されています。通常の保険金額であるCIF×110%で付保している限りにおいては、一部保険や超過保険の問題は生じません。保険会社は、保険価額（イコール保険金額）を確認するため、原則としてインボイスの提出を求め、INVOICE NO.は証券に記載されます。

CIF価格に対する加算額を10%より加減することも理屈の上では可能です。ただし、最終保険金額をCIF価格以下に減じた場合は、客観的な到着地価格を下回ってしまいますので、もはや協定保険価額ではなくなります。例えばCIFの50%のみ保険に付ければ、保険金も　損害額×保険金額／保険価額、すなわち損害額の50%しか支払われません。また共同海損（第6章6.3参照）の場合には、保険金額が不足する分に関して、荷主が救助費等の分担金を負担するだ

けでなく貨物の引取りに際し供託金を積むことを船会社（船主）から要求される可能性があります。

逆に保険金額の加算額を10%よりさらに上げる場合は、保険価額も併せて上げることになりますから、保険会社としては何故引上げが必要なのかにつき慎重に確認をすることになります。

5.1.11 保険条件

どのような事故・損害をカバーの対象とし、逆にどのようなものを除外とするかを決めるものです。保険会社との間で確認すべきもっとも重要な事項の一つです。適用されるICCおよび特別約款（いずれも第3章参照）に関しては、ニーズに合っているのか充分な確認が必要です。

5.1.12 小損害免責額の有無

保険事故が起きた際に、所定の計算方法で算出された損害額から一定の金額を控除し、その残額を保険金として支払うことをあらかじめ取り決めておくことがあります。

損害は発生しているわけですから、その分については被保険者の自己負担となります。通常は貨物の分損（第6章6.2参照）についてのみ適用し、全損やその他の損害には適用しません。

適用の方法としては、以下のものがあります。

（1）金額による控除

小損害免責（ディダクティブル Deductible またはエクセス Excess）と呼ばれます。取り決めた金額を控除して残額を支払います。元の損害額が取り決めた金額以下であれば、何も支払われません。

（2）％による控除

免責歩合と呼ばれます。全数量または保険金額に対しあらかじめ一定割合（％）を定めておき、その分を控除して保険金を計算します。元の損害数量または損害金額がそれ以下であれば、何も支払われません。例えば、ばら積み貨物の輸送では、何ら事故的要素がなくてもある程度の量が荷役機器から漏れたり、液体が蒸発したりして最終的な荷卸し数量（または重量）は積込数量（または重量）より常に若干少なくなります。このため、不足損害（Shortage）を保険でカバーするに際して、あらかじめ一定の％は損害数量に算入しないことを取り決めておくことがあります。その％以下の不足であれば何も支払われません。逆に、％による控除を適用しないことを、IOP

(Irrespective Of Percent）と呼ぶことがあり、L/C の文言などで使われることがあります。

(3) フランチャイズ（Franchise 方式）

　上記（2）と同じく損害額が一定の％以下では支払われないものの、その％を超えた場合は全額損害額として算入する方式を言います。このような合意を行うことも可能ですが、あまり一般的ではありません。ことばとしては、(2) (3) 含めてフランチャイズ（Franchise 方式）と呼ぶこともあります。いずれもある特定の貨物、例えば穀物の輸送においては日常的に使われていたとしても、他の種類の貨物まで含めて世界的に確立・統一した用語・用法となっていないことが多いので、実際の申し込みに際しては、その内容を保険会社と充分に確認する必要があります。また輸出 L/C での指定があった場合も、その意味合いを確かめたうえで保険会社とよく協議することが必要です。

　小損害免責を適用するか否かの一律の基準は存在せず、貨物の性質、リスク事情、過去の保険金支払実績、保険料との関係を勘案して個別に協議して決めていきます。

5.1.13　単独契約と共同保険契約

　保険契約者は通常は保険会社一社と契約を締結しますが、一つの保険の目的物に対し複数の保険会社と契約することもあります。この場合、複数の保険会社は、例えば A 損保 50%、B 損保 30%、C 損保 20% というように引受け割合を定めて保険を引受けます。前者は単独契約、後者は共同保険契約と呼ばれています。共同保険契約においては、幹事保険会社が決められ、保険料の請求と入金、ポリシーの発行などの引受け事務、保険事故が発生した際の損害サービス対応などは幹事損保会社が一括して行います。ただし、契約者・被保険者との間の権利義務関係は各社別箇であり連帯ではないとされています。このように複数の保険会社が一つの目的物を共同で引受けるという実務は世界中にありますが、保険料請求・入金や保険金の支払いも含めて幹事会社が一括して行い、それを他の保険会社との間で精算する仕組みは日本では定着していますが、海外ではごく一部の国でのみ行われているに過ぎず、他の多くの国では各保険会社が自社分の保険料を徴収し、自社分の保険金を支払い、それを代理店やブローカーが間に入って契約者・被保険者との間で受渡しする仕組みが主流です。このようなマーケット実務の違いもあり、共同保険（Co-Insurance）という語は必ずしも世界共通ではありません。

再保険と引受けキャパシティ

　保険を引受けた保険会社は、保険料収入を得る一方、損害が発生し保険金を支払えばそれは保険会社にとって支出となります。保険会社の収支構造は複雑ですが、まずはこの保険料収入から保険金支出を引いた金額で一定のバランス（残高）を残し、そこから代理店などに支払う手数料、人件費・物件費などのコストを引いていきます。ある保険会社が保険金額の非常に高い保険を引受ければ、保険料も高額収入となる反面、万一その保険が全損になれば支払いも巨額となり、場合によっては経営に影響を及ぼすことにもなりかねません。そのため、保険会社は自己が引受けた保険のうち一定割合は自社に残し、それ以外の一部を他の保険会社に対し、保険料を自ら支払って引受けを依頼することがあります。引受けた保険のうち、自社に残す部分を保有（Retention）と呼び、保有部分以外に関し他の保険会社に保険を付けることを再保険（Reinsurance）と言います。再保険に出せば、万一事故が起き高額の保険金支払いが生じたとしても、再保険を付けた先の保険会社（出再保険会社と呼ばれます）から保険金（再保険金と呼ばれます）を回収することができますので、その保険会社の最終損失は軽減されます。一方、再保険に出すことにより、稼いだ保険料の一部も再保険先への保険料として支払わなければなりません。引受けたリスクに関し、どれだけの部分を保有し、どれだけの部分を再保険に出すかは、保有政策と呼ばれ各保険会社の経営政策の根幹をなすものです。なお再保険は、保険会社同士の取引であり、先に見た共同保険（一つの契約者と複数の保険会社との取引）とは全く別の仕組みです。

　貨物保険に関してみると、貨物一つ一つについて全損となった場合の影響を考えるのに加え、異なる複数の貨物が一隻の同じ船に集まって積まれその船が全損になった場合や、異なる複数の貨物が異なる複数の船に/から、積まれる/降ろされたために大量にコンテナヤードに集まっており、その状況で地震、津波、高潮などが襲来した場合の損失も想定する必要があります。これはリスクの集積管理と呼ばれ、リスクが集積した状態でのワーストシナリオも勘案して再保険を検討する必要があり、極めて高度なテクニックを要します。

　このような再保険の手法を使って保険会社はリスクを分散化しますが、その上で引受けられる保険金額の最大値が定められます。これはキャパシティ（引受け能力、Capacity）と呼ばれます。キャパシティの額は、貨物の種類、航路、船舶、保険金額、保険条件、過去の保険成績などに加え、保険マーケット状況、保険会社の財務状況などにより決められます。

5.2 申込み実務とその効率化

5.2.1 個別申込み

上記契約事務のプロセスに沿って、一回ごとに申込む方式を指します。貨物海上保険は、「いつからいつまで」という期間建てではなく「どこをいつ（頃）出てどこまで」という航海建ての保険ですから一輸送ごとにこのプロセスが必要になります。個別申込みは、最も基本的な申込みの方法でありますが、この場合は貨物海上保険の特性に鑑みて以下の点に注意が必要です。

(1) 保険料コストの不確定

自由料率である貨物海上保険では保険会社は個々の物流状況に応じリスクを判断して保険料見積もりを提示しますので、貨物や物流に関する詳細情報が契約者から示されないと見積もりを提示できません。具体的な船名や出港日などは不確定で見積もりが可能でも、貨物の性状や梱包、保険に付ける輸送区間（特に内陸輸送の有無）等を含めた物流情報がないと見積もりが提示できないため、保険料コストの確定がギリギリになってしまうおそれがあります。

(2) 輸送開始までの時間的余裕の不足

保険会社とやりとりしている間に、保険会社による申込み承諾のないまま、輸送を開始してしまうおそれがあります。

特に、FOB、CFR、FCA、CPT等、コンサイニー側で保険を手配すべきトレードタームにおいては、シッパーからの物流情報（船名、出港日、最終積み付け数量など）入手を待ってから、コンサイニーが申込みを行うことになり、物流開始に間に合わなくなる可能性があります。中国や韓国からは船舶でも最短2日、航空機では2、3時間で着いてしまいます。シッパーから積載情報を受取った時点で、保険契約が未成立のまま、事故が起きてしまっていたり、貨物が日本に着いてしまっていたりする事態も予想されます。ICC約款およびわが国の保険法いずれも、申込日時が事故日時より遅かったとしても、契約者・被保険者がそのことを知らなかった場合には、保険契約を直ちに無効とするものではありませんが、保険会社としては保険契約の根幹に触れる部分だけに、慎重に調査を行うことになると思われます。また、保険会社は世界の海難事故情報を常に把握するようにしており、すでに事故を起こしたとわかっていれば仮にそれ以降に申し込みがあってもその引受けを拒否することもできます。

(3) 継続・反復物流における事務ロード

個別申込みのプロセスをその都度行う必要があり、事務ロードがかかります。

このように、個別申込み方式は、契約者側にとって一輸送ごとに保険会社と個別折衝できるメリットはあるので、例えば大型の機械一式の輸出入が事前に決まっている場合のように長期の事前準備期間のある場合には利用する意味もあると言えます。しかしながら、反復・継続する物流形態においては上記のように、保険手配の確実性および事務効率性の点でデメリットがあります。このため以下に述べるような契約者・保険会社双方にとって、より確実かつ効率的な契約実務方式が導入されるようになりました。

5.2.2 予定保険契約

確定した船積み情報を得てから個別に保険を申込んだのでは間に合わないおそれがあるという問題を解決するために考案された方式として予定保険契約があります。予定保険契約では、契約者はあらかじめ把握している範囲で、保険会社に予定申込みを行います。例えばその時点では、貨物の名称や輸送区間（保険期間）、保険条件は確定していても、数量は概算のみで保険金額は概算のみ、船名や出港日も未確定の状態で申込みます。予定保険の申込みを受けた保険会社は、予定保険証券（Provisional Insurance Policy）または予定保険引受証（Provisional Insurance Certificate）を発行し、暫定保険料を請求します。暫定であった各種物流が確定したら、改めて確定申込みを行い、保険料も過不足を精算します。

予定保険契約方式を採用することにより、保険の申込みを時間的な余裕を持って確実に行うことが可能となり、輸入のみでなく輸出、三国間を含めてこの方式を利用することが可能です。ただしこの方式では、予定保険を事前に申し込む手続きは不可欠です。この点は次に述べるオープンポリシー方式とは異なります。

5.2.3 オープンポリシー（OP＝Open Policy、包括予定証券）方式

オープンポリシーとは、直訳すればオープン＝ブランクのポリシーとなり、白紙のままポリシー（保険証券）を被保険者に渡すことからその名が来ています。すなわち、本来は埋められているべき船名、出帆日、航路、貨物の数量、保険金額等の欄が空欄のままのポリシーを渡すというのがこの語源です。統一されたポリシー書式はありませんが、一般的には以下の内容に関し、保険会社

と契約者・被保険者間で合意するものとなります。

① オープンポリシーが対象とする範囲：世界中向け、世界中からの全貨物を対象とすることが可能ですし、輸出・輸入・三国間、貨物の種類、仕向地、仕出し地、輸送方法（船舶／航空機）など当該契約者が扱う貨物の一部だけを特定して対象とすることも可能です。例えば、「ブラジルからの冷凍肉」と特定すれば、ブラジル以外の例えばアルゼンチンからの輸入は含まれないし、ブラジルからでも冷凍ではなく冷蔵のものは含まれません。

② 契約者は上記対象となる範囲の貨物に関しては、必ずすべてを保険に付けることを包括的に約束し、保険会社はその予定保険の引受けを包括的に承諾します。この部分が、オープンポリシー方式において、最も重要な部分であり、契約者、保険会社双方に義務を課しています。

③ 保険金額の定め方、適用となる保険条件、約款、保険料率をあらかじめ決めておきます。保険金額は、「CIFの110％」という決め方が一般的です。さらにあらかじめ一輸送あたりの上限金額を設定し、その金額を超える高額輸送は個別に事前通知を必要とする場合もあります。これは高額貨物の輸送にあたり引受保険会社がキャパシティ（p.76「再保険と引受けキャパシティ」参照）の確保や必要な再保険手配を個別に行う必要が生じるためです。ICC（A）および（B）条件では、地震リスクが自動的に含まれていますが、高額の地震保険引受けは、保険会社にとり特に集積リスクの管理とキャパシティの確保に注意を払う点でもあります。

④ 契約者は確定した申込みを、後日まとめて行います。予定申込みと保険会社による承諾はオープンポリシーを以て包括的に完了しているので、事務処理上は確定内容の「通知」だけを行えば良いことになります。なお、個別のポリシーやサーティフィケート（5.2.5参照）の発行が不要な場合は、1か月分の輸送をまとめて申込む一括通知方式も可能となります。また、貨物海上保険においては、インターネットサイトを利用した見積りや申込みは普及していませんが、オープンポリシーが存在する場合の「通知」に際しては、インターネットの利用も行われています。

このように、オープンポリシー方式では、保険会社は、「事前の申込み」という保険の鉄則とも言える部分を変更し「事後」それも事故が起きたとわかっている場合も含めての事後申込みを認め、一方契約者は対象となる分については、必ずそのオープンポリシーに基づいて申込むという相互の約束に基づいて成り立っています。すなわち対象となる輸送の一部だけを他の保険会社へ付保するが如きや、事故がなかった分は保険に付けないといった逆選択は絶対にな

いことが前提であり、もしあれば契約違反となります。また多くの契約上、保険会社は輸送の申込みが適正に行われていることを確認するために、契約者の内部書類、帳簿等を閲覧することができる旨定めています。

オープンポリシー方式はこのように、契約者と保険会社の間の強固な信頼関係の存在を大前提にしていますが、いったん締結すれば、契約者は、社内事務ロードの効率化が図れるとともに付保漏れの心配がなくなり、一方保険会社は反復・継続する契約を安定的に取り込むことができるという双方にとってのメリットがあります。

オープンポリシーには、有効期限を定めたものと無期限のものとがあります。また、ポリシー（証券）という形態ではなく、特約書（Open Contract）という二者間の契約書の形態を取るものもありますが、実務上の効力は変りません。

なお、注意すべきは、オープンポリシーの有効期間内であっても、それはあくまでも契約としての有効期間のことであり、個々の物流における保険期間（カバーの有効期間）のことではありません。個々の保険期間は第3章3.4で見た通り、ICCの規定に従い始まり、そして終了します。

5.2.4 保険料の合算後払い

損害保険契約成立後、契約者は速やかに保険料を支払うことを要し、万一保険料の支払い前に保険事故が発生しても保険会社にはその支払い義務はないとされています。これは「保険料即収」の原則と呼ばれる保険の基本原則の一つで、貨物海上保険もこの原則が適用されます。特に貨物海上保険では、保険期間が短くかつFOB、CFR、FCA、CPTタームでは、契約者の申込みが出港ギリギリのタイミングとなることも珍しくないことから、契約者は常に注意が必要です。

このため、反復・継続して保険申込みのある契約者と保険会社の間で、保険料の合算後払いの契約を交わしておき、保険料をまとめて（通常1か月分）支払う処理方式があり、合算後払い方式と呼ばれます。

5.2.3に述べたオープンポリシー方式の場合は、保険料も合算後払いとするのが一般的です。

合算後払いを採用するということは、オープンポリシーと同様、またはそれ以上に、保険会社として契約者に対する便宜を図る措置となりますので、両者間で反復・継続される取引関係に基づく確かな信頼関係の存在が前提となります。

5.2.5　ポリシー（保険証券）
（1）ポリシー（保険証券）の意義
　ポリシーとは、保険会社による引受けおよび契約内容の確認文書です。

　ポリシー自体が被保険利益や保険金請求権を作る性質のものではありません。この点は手形などとは異なります。元となる保険契約が有効に存在してこそ、有効なポリシーとして存在する性格のものです。ポリシーには、常に被保険者名が記載されています。保険金の請求に際しても、請求権は記名被保険者にあり、ポリシーを持っている者がその事実だけで誰もが被保険者になれたり、正当な請求者とみなされるわけではありません。CIF、CIPタームの輸出では、記名被保険者はシッパーであったものが、リスク負担の移転により被保険者がコンサイニーに変わりますが、船荷証券（B/L）のようにコンサイニー欄はありませんし「To Order」として発行されることもありません。輸出証券における被保険者の変更は、保険の前提となっている売買契約上のリスク移転の結果に基づく当然の移転であり、元の被保険者であるシッパーの指図によるものとは位置づけられていません。

　また保険金支払いに際してポリシーを回収しますが、仮に紛失などのためポリシーの提示ができなくても、保険契約が存在し請求者が正当な被保険者であることが確認できれば、二重請求防止のための念書（Letter of Indemnity）を請求者から取付けた上で、保険金は支払われます。

（2）荷為替を伴う輸出におけるポリシー
　信用状（Letter of Credit；L/C）決済に代表される、荷為替を使った代金決済で、トレードタームがCIFやCIPの場合は、保険証券は船積書類の一つとなるため、契約者（シッパー）は、保険証券のオリジナルを期限内に入手する必要があります。このため、保険会社との間で、保険証券の受け渡しに関し取り決めをしておく必要があります。火災保険や自動車保険などの保険証券は、保険会社の事務センターで一括して作成の上郵送されることが多いのですが、貨物保険証券はそれでは間に合わないため、専用のバイク便や宅配便等を使ってデリバリーされるケースが多いようです。CIF、CIPタームで荷為替を使った代金決済となる時は、あらかじめ保険会社との間で証券のデリバリー方法およびタイミングを確認しておく必要があります。

（3）サーティフィケート（保険証明書、Insurance Certificate）
　輸入貨物や、輸出でも荷為替を伴わないものにおいては、ポリシーという形式である必要性はないことから、より簡素化されたサーティフィケートという形で発行されることもあります。

(4) 保険料請求書（Debit Note）

　保険会社からの保険料請求書（図5-1）は、保険会社への納付のために必要である他、FOB、CFR、FCA、CPTタームの輸入通関に際して、税関に対しCIF価格を申告するためにも必要となります。なお、わが国の通関手続きにおいては、オープンポリシー方式で一括して付保している場合には、オープンポリシーであらかじめ定めた料率を保険会社の証明書を付けて通関業者から事前に税関に届けておくことで、個々の申告における保険料の申告手続きを省略できることになっています。

(5) ポリシーの省略（ノンポリシー）

　オープンポリシーが結ばれているケースでは、事務の効率化をさらに進め、一輸送ごとのポリシーやサーティフィケート自体を省略する方法もあります。契約が有効に存在していることおよび保険条件の詳細内容はオープンポリシーで確認ができるわけであり、この場合ポリシーやサーティフィケートは個々の輸送において確かに保険が付いている再確認の意味合いが強くなります。輸出貨物においては、荷為替を伴う場合はポリシーが必須ですが、それ以外、特に海外グループ会社や現地法人向け輸出の場合には、省略を検討する余地もあります。

　保険事故が発生した場合、保険会社またはその海外クレーム代理店（第6章6.1.4参照）はオープンポリシーに記載された契約内容に従い保険金請求に対応することになります。なお、以前は輸入貨物においても、ポリシーのように一枚だけ発行された証書を保険金請求に際し添付し、それを以て保険会社が保険金の重複請求をチェックするという意味もありましたが、現在は保険会社内部のオンライン化が進み、少なくとも日本国内に関してはその必要性は薄らいでいます。

　ポリシーの省略を保険会社と取り決めた場合でも、何らかの事情で個別の輸送に関するポリシーが必要になれば、その分だけ発行を依頼することも可能です。

　ポリシーの省略は、わが国においても、オープンポリシー方式と併せて広がってきています。実際どのような方法が良いかは、売買契約、決済条件、物流・通関などの実情に合わせて契約者と保険会社間で決めていくことになります。

STATEMENT OF PREMIUM

MS&AD Mitsui Sumitomo Insurance

Mitsui Sumitomo Insurance Company, Limited

DEBIT NOTE
(海上保険料請求書)

This is to certify that this Company insure under the below Open/Provisional Policy, if any, as follows:

Assured(s), etc.
ABC CO., LTD.

Open Policy No. NOP-108001

Invoice No. A-1234

Amount insured(Valued at the same as Amount insured.)
CARGO
¥3,300,000.-

No.117-SAMPLE0001

Claim, if any, payable at/in
NEW YORK

PLEASE CONTACT THE NEAREST AGENT WHERE
THE CARGO IS LOCATED IN THE WEBSITE
http://www.ms-ins.com/cargo/

Conditions
INSTITUTE CARGO CLAUSES (A)

Local Vessel or Conveyance: ANY LAND CONVEYANCE

From(interior port or place of loading): NAGANO

Ship or Vessel: MITSUISUMITOMO MARU

Voyage: at and from: YOKOHAMA

Sailing on or about: JAN. 01, 2018

Voyage: to/via: NEW YORK

Thence to: WASHINGTON D.C. BY ANY LAND CONVEYANCE

Goods and Merchandises: 50 CARTONS OF MACHINERY PARTS

Mark(s) and Number(s) as per Invoice No. specified above.

SPECIMEN

Including risks of War and Strikes

This insurance is subject to the goods insured being carried under deck, unless otherwise agreed. In case of the interest hereby insured being stowed in container(s), shipped under deck &/or on deck.

AP Code
O…Over Aged Vessel
U…Unclassed Vessel
M…Small Sized Vessel
I…Inland Transit
S…Shore Risk
R…Rejection

Place and Date signed in: TOKYO DEC. 29, 2017

No. of Pol.: 2

Date: 2017.12.29

A3G-14 699
9998

Remarks

		Exchange Rate at	Cargo Amount insured	Duty Amount insured	
		¥ 1.0000	3,300,000		
CARGO	M	Rate 0.30000		¥ Premium 9,900	
	W	0.05000		¥ 1,650	
	T	0.35000		¥ 11,550	
DUTY	M			¥	
	W			¥	
	T			¥	
AP				¥	
GT				¥ 11,550	¥Net

Accountee

Agent Name

For Mitsui Sumitomo Insurance Company, Limited

AUTHORIZED SIGNATORY

201710
GD/N

図 5-1　保険料請求書（Debit Note）サンプル

大枠の配列は、ポリシーに準じたものとなっている。ただし、保険の引受けを証する文言、特別約款の一部や保険事故があった際の注意書きなどが省略され、代わって保険料の計算欄が下方に設けられている。サンプルでは、保険金額 ¥3,300,000 に対し、保険料率として、マリンレート（Marine Rate）0.3%、ウォーレート（War & Strike Rate）0.05%、合計 0.35% が適用され、契約者が支払うべき保険料は ¥11,550 であることが示されている。

5.3 貨物海上保険の値段（保険料率）

5.3.1 保険料率とは

　契約者が保険会社に対し支払う保険引受けの対価（掛け金）のことを、保険料（プレミアム、Insurance Premium）と呼びます。保険を付けるにあたり考慮すべき金額には、そのものの評価額である「保険価額」と実際に保険会社が引受ける金額である「保険金額」の二者がありますが、保険料に関係するのは、そのうちの「保険金額」です。

　保険金額に対する保険料の割合を保険料率（Insurance Premium Rate）と呼びます。従って、

　　保険料（実額）＝保険金額×保険料率

となります。

　保険料率は、貨物海上保険では保険金額100に対する割合、すなわち％で表わされます。これに対し火災保険や自動車保険など陸上の保険では、保険金額1000に対する割合、すなわち‰（パーミル）で表わされます。

　貨物海上保険では、例えばある貨物に対する保険料率が0.1％と決まれば、保険金額100万円なら保険料は1000円、保険金額を倍にして200万円とすれば保険料も倍の2000円となります。

　保険会社は、ある引受けに対する保険料を検討する際は、「何パーセントの保険料率が適当か」で検討するのが一般的ですし、見積もりを提示する際にも、保険料の実額ではなく、保険料率を提示するのが一般的です。なお、料率を表現するに際し、1％を1円、0.01％を1銭（1円の百分の1）、0.001％を1厘と表し、例えば、1.2345％を「1円23銭4厘5毛」と表現することもあります。

　貨物海上保険の保険金額は、CIFの110％とすることが世界的な実務慣行ですので、
料率＝R（％）とすれば、

　　保険料＝CIF×1.1×R

となりますが、FOBやCFR価格との関係では、
C：FOB価格、F：運賃とすれば

　　保険料＝（C＋F）×1.1／（1－1.1R）　となります。

　また、各保険会社は事務コスト等を勘案して、1証券（または1輸送）に対する最低保険料を定めており、多くの保険会社は3,000円程度としています。

5.3.2 保険料率を決める要素

保険料率は、マリンレート（Marine Rate）と呼ばれる一般の物流リスクに対する料率と、ウォーレート（War & Strike Rate）と呼ばれる戦争・ストライキ危険の部分の料率から成り立っています。

(1) マリンレート（Marine Rate）：完全な自由競争の世界

現在ごく一部の国では貨物海上保険の料率に対する政府や業界団体による規制が存在していますが、わが国を含め大部分の国においてマリンレートは自由料率となっており、各保険会社は個々の物流ごとにリスクの程度を予想し、自ら料率を決めます。この結果、輸送される貨物によって適用される料率は異なり、同一の貨物であっても、輸送区間や梱包方法、輸送する船の種類によっても異なります。また保険契約者の過去の保険金支払い実績によっても変わります。

保険会社は、リスクが高いと判断されれば、高い料率、すなわち高額の保険料を契約者に求め、逆にリスクが低ければ低い料率による低額の保険料を求めることとなります。保険会社内で、予想されるリスクを見極め料率を算定する仕事をアンダーライティング（Underwriting）と呼び、そのような専門性を備えた人材はアンダーライター（Underwriter）と呼ばれています。

アンダーライターがリスクの高い・低いを判断する要素は実にさまざまですが、主要な要素としては以下のものが考慮されます。

①貨物の性質が損害を受けやすいかどうか
②貨物の梱包はどのようなものか
③コンテナ積みか在来船輸送か
④輸送の時期はいつか
⑤輸送距離・時間が長いか・短いか
⑥貨物を運ぶ船舶が小さいか・大きいか
⑦貨物を運ぶ船舶が古いか・新しいか
⑧港の荷役施設は整っているか
⑨途中に著しく危険性の高い場所（浅瀬など）はないか
⑩内陸輸送を含むか。内陸輸送条件はどうか

これらの客観的な物流環境に基づく要素に加えて、以下の点も保険料率に影響を与えます。

①保険条件が広い（ICC(A)）か・やや狭い（ICC(B)）か・さらに狭いICC(C)か
　当然ながら、保険条件が広ければ広いほど保険会社としての保険金支払い

可能性は高くなるので、保険料率は上がります。逆に、小損害免責額を適用する場合は、免責額が大きければ大きいほど保険金支払いの可能性は低くなり、料率の引下げ要素となります。

②統計的に同一貨物・同一物流において過去に支払った保険金が多いか・少ないか

　保険会社は、貨物単位に加え、各種物流を切り口とした、過去の保険引受け・保険金支払い実績を統計として保有しており、それらも参考にします。

　なお、火災保険や自動車保険においては、わが国では、「損害保険料率算出団体に関する法律」に基づき「損害保険料率算出機構」が各種引受け・支払い統計を業界ベースで整備し、また参考純率と呼ばれる料率の理論値を算出していますが、貨物海上保険は自由料率ですのでこの仕組みには含まれていません。従い各種統計もすべて各社ごとに作成しています。

③当該契約者の保険成績（アンダーライティングリザルト）

　過去の一定期間（例えば過去1年間、過去3年間、過去5年間）における「保険会社の支払保険金の収入保険料に対する割合」、すなわち「支払保険金／収入保険料」のことを損害率（ロスレシオ、Loss Ratio）と呼びます。貨物海上保険では、損害率の如何も保険料率の算定の大きな要素となります。これをリザルトレーティング（Result Rating）と言います。ただし自動車保険における等級制度のような各社共通の制度ではなく、それぞれの保険会社が損害率に基づき契約者と協議をして料率を決めていきます。

④料率調整方式（GRR、NCR）

　貿易のために輸送される貨物の種類は日々変化し新しい貨物が次々と現れます。また物流環境も日々変化しています。このような激しい変化の下で、そのリスクの見極めが難しく、しかも過去の輸送実績もない中で新たな物流が開始されることもあります。リスク評価の不確定要素が残る状況の中で、往々にして保険会社はリスクを保守的に高く捉え、一方契約者は低く捉えがちです。そのような際に利用されている方式として、GRR（Good Result Return）やNCR（No Claim Return）があります。いずれも暫定的に合意された料率（保険会社側のリスク評価も考慮した保険料）で保険料を徴収した上で、一定の期間（通常1年間）継続した輸送実績が出たら、GRRでは損害率が一定割合以下であった場合に、NCRでは保険金支払いが生じなかった場合に、保険会社は徴収した保険料の一定割合を、契約者に返戻するという契約をあらかじめ保険会社・契約者間で締結しておくものです。保険料の確定を先送りにした状態で、契約者は保険料を支払い、保険会社はリスクを引受け

るわけですから、両者間の安定した取引関係が存在すること、そして事前の取り決めが契約文書で合意されていることが大前提です。

(2) ウォーレート（War & Strikes Rate）

マリンレートが完全な各社ごとの自由競争の世界であるのとは対照的に、ウォーレートはロンドンのマーケットの水準を参考にして定めた料率が各社で使われています。

政治情勢・治安状態などにより、随時見なおされています。ある地域で戦争の危険が高まれば、その地域（海域）を通過する貨物のウォーレートは、一気に高騰します。適用されるウォーレートは、随時保険会社からインターネットなどで公開されていますが、変動の激しい地域は、「都度照会」（Held Covered）とされています。オープンポリシーを締結している場合は、適用される料率のうちマリンレートは契約で事前に決めますが、ウォーレートは事前には固定されずその輸送時点での料率が適用されます。

ウォーレートは、地域（海域）と内陸輸送の有無による差のみであり、貨物の種類や梱包方法の違い、コンテナか否か等の物流条件による差はありません。

第 6 章　事故対応と保険金請求手続き

6.1　事故の通知から保険金の受領まで

6.1.1　被保険者が取るべき初期対応

被保険者は、貨物が事故に遭遇した時や、貨物損害が明らかになった際に、荷主として以下の初期対応を取ることが求められます。これらは、保険契約上の義務であり、対応可能であったにもかかわらず何もしなかった場合には、保険金の支払額に影響することもあります。

(1) 損害の防止・軽減

損害の発生を未然に防止するとともに、すでに発生している場合はその損害の拡大を防ぎ、被害を最小限に抑えるべく努めることが求められます。

物流過程にある貨物は、船会社などの運送人や倉庫会社などの寄託者の管理下にあるため、荷主が直接自らの貨物に対し処置を施す場面は限定的です。例えば航行中の船舶に嵐が接近しつつある場合に、それをうまく避けて進めるか、また貨物の固縛は大丈夫かなどはその船の船長以下乗組員の手に委ねられています。また、浸水のため沈没の危険がある船舶や火災を起こした船舶に対する救助依頼は、船長または船会社（船主）が貨物に対する救助も含めて一括して（船貨共同救助と呼ばれます）行ないます。しかしながら、荷主の立場で、船会社に対し処置を指示・要請できる場合には、当然ながら荷主としても損害の防止・軽減策を関係者に指示・要請することになります。

貨物が最終倉庫に到着した以降は、コンサイニーとして自らの貨物に対しさまざまな処置をすることが可能になるわけですので、自ら損害防止義務を履行できる場面が増えます。ただしこの場合は通常 ICC による保険期間は終了してしまっていますから、将来発生するかもしれない損害に対する予防処置というよりも、倉庫到着前にすでに生じていた損害に対する軽減処置がメインとなるでしょう。例えばバッグ入りコーヒー豆の輸入でコンサイニーの最終倉庫に着いた時点で貨物の一部に濡れ損害が発見されたようなケースでは、コンサイニーとしては濡れた貨物と濡れのない正常な貨物を速やかに仕分けすることで、濡れ損の拡大を防ぐことが可能となります。また機械の輸入で開梱したところ水滴が付着していたというケースでは水滴を速やかに拭き取ることで内部への浸透や錆の発生を抑えることができます。このような処置も損害防止のた

めの初期対応の一つです。

(2) 保険会社への事故通知

　保険会社に対し、速やかに事故・損害の発生または発生の可能性を通知する必要があります。保険会社はこの通知を受けて、社内の事故登録手続きを行うとともに、必要に応じ検査員（サーベイヤー）による立ち会い調査を手配します。

　損害保険会社で保険事故に関する受付から調査を経て保険金支払いまでを担当する部署は「損害サービス部門」や「損害調査部門」などと呼ばれています。その中でも、貨物海上保険や運送保険、船舶保険などを扱う部署は「海損」（Marine Claims Department）と呼ばれて、その専門性の違いから、火災や自動車、傷害保険などの担当部署とは独立しているのが一般的です。

　速やかな通知の具体的なタイムリミットはICCには規定がありません。ただし通知が遅れれば遅れるほど保険会社としては被保険者に対し、なぜ遅れたのか事情を確認することになるとともに、事故が保険期間内に発生したのか否か、言い換えれば、保険期間終了後に発生したのではないかとの調査をより念入りに行う可能性があります。なおわが国保険法95条により保険金請求権は3年で時効になり消滅します。

　また、引受けの内容によっては、ICCとは別途特別約款で事故通知のタイムリミットを定め、期限が切れた後の通知については免責とする厳格な運用を行うこともあります。宝石のような高価品、現金、美術品など盗難リスクの高い貨物、荷卸し後の盗難が特に多い地域向けの貨物、生鮮食料品の腐敗や生き動物の死亡リスクなど時間が経過すると保険期間内の事故か否かの判断が困難になる貨物の場合などにしばしばタイムリミットが設けられます。

(3) 船会社、運送人、寄託者に対する損害賠償請求権の保全

　荷主である被保険者が自ら自家用船舶、自家用機、自家用車などで輸送する特殊な場合を除き、貨物は船会社、航空会社、トラック業者などの運送人によって輸送され、また倉庫業者などに寄託され保管されます。

　物流過程において貨物の損害が発生した場合、その損害に関し船会社、運送人や寄託者などの責任がそこに介在し、それに基づく損害賠償責任を将来問える可能性があります。この段階では、あくまでも可能性であり、また将来実際に損害賠償請求行うのは、多くの場合は荷主から権利移転を受けた貨物海上保険会社となります。

　この損害賠償請求権は、事故後一定期間内に運送人や寄託者などの当事者に通知を発しないと何事もなかったと見なされ請求権が法律的に消滅してしまい

ます。また運送人や寄託者の管理下で生じた可能性が強いと思われるケースでも、証拠を十分に集めておかないと将来証拠不十分で賠償が認められない可能性があります。実際に損害賠償を請求できるか否かは損害の原因や発生場所により決まるので、損害発生時点では未確定要素もありますが、将来損害賠償が行えるように、請求権を保全しておく必要があります。保険金が支払われていない初期の段階では保険会社はまだ法律的には荷主の権利を継承しておらず、当事者になることができず、この段階では荷主である被保険者が請求権を保全する必要があります。保険契約上も被保険者の義務となっており、ポリシーの左下にも、IMPORTANTと赤字で注記の上、請求権保全の必要性を注意喚起しています。具体的には以下のアクションを取る必要があります。実務的には、多くの場合これらの手続きは、通関業者、フォワーダーが被保険者を代理して行っています。

①船会社、運送人、寄託者などに対する事故通知（Notice of Claim）の発送

　貨物に異常があったことを通知するとともに、損害賠償請求権を留保する旨通告します。これは将来の賠償請求に関する予備的な通告です。通知を出す期限が定められており、その期限内に通知がなされない場合は貨物が異常なく受け取られたと見なされます。期限は、適用される条約や国内法規により異なりますが、国際海上物品運送法では貨物の異常発見後3日以内と定めています。また航空貨物に関しては、到着後最大14日です。通知は必ず文書で行う必要があります。発信の控え・記録は必ず残しておきます。この控えは、将来の正式な損害賠償請求に際して必要となる他、保険金の請求に際しても必要書類となります。

　なお、事故通知の中で、船会社などに対し、その見解を折り返し回答文書（Reply Letter）で明らかにするよう求めますが、その入手有無は請求権保全とは無関係で、あくまでも通知を出すことが保全手続きです。以下②、③と異なり、荷主からの一方的なアクションですので、被保険者としては事故・損害があったら直ちに定型文言の通知を出すという流れを確立しておくことが肝要です。

②受渡し書類へのリマークの取付け

　在来船積み貨物で、船舶から荷卸しされた時点で異常が明らかである場合は、貨物の数量、状態を示す受渡し書類（日本ではCargo Boat Note、海外では国によって書式、名称も異なる）にリマーク（不足、破損、濡れ、汚れなど）を取ります。

　LCLコンテナ貨物の場合は、CFSでコンテナのドアが開けられ貨物の状態

が目視可能となり、またそこが船会社の責任終了ポイントにもなっているので、デバンニングレポートにリマークを取るようにします。

　FCL コンテナ貨物の場合は、船会社の責任終了時点である CY と、コンテナのドアが開けられ貨物の状態が目視可能となる最終倉庫が一致しないため注意が必要です。貨物の異常の原因に繋がるコンテナの損傷（穴、つぶれ、曲がり、濡れ、シール異常など）が認められる場合には、Cargo Boat Note や Equipment Interchange Receipt（EIR）にリマークを取ります。最終倉庫でデバンした際に貨物の異常が発見された場合は、その際のデバンニングレポートや入庫報告書などにリマークを取るとともに、コンテナの状態を記録しておくようにします。

③時効による請求権消滅を防ぐ

　船会社、運送人、寄託者などに対する損害賠償請求権には時効があります。特に国際海上運送人に対する請求権は、貨物の到着から 1 年の短期時効がわが国を含めて定められています。NVOCC（第 8 章 8.2 参照）の発行する B/L には、さらに短い 9 か月の時効を定めているものもあります。また航空輸送では 2 年です。通常、貨物保険金が支払われた以降の賠償請求は荷主の権利の移転を受けた保険会社が行い、その後の時効により請求権が消滅しないような手段は保険会社が講じるので、荷主は保険会社への協力義務はあるものの、手続きを自ら行う必要はありません。ところが、何らかの理由、例えば貨物損害発見の大幅な遅れや、保険金請求手続きの失念などのため保険金が支払われないまま時効が到来してしまうと、その後に保険金が支払われたとしても、もはや保険会社に移転すべき請求権そのものがすでに消滅してしまっているので保険会社としては損害賠償請求を行う術がありません。保険金を受領する前に、損害賠償請求権の時効が到来する場合は、荷主自らが船会社などとの間で事項の延長手続きを完了させる必要があります。

④請求権の保全を怠った場合の保険金の削減

　荷主が損害賠償請求権保全のための上記①、②、③の初期動作を的確に行わなかったことが原因で、将来保険会社が行う賠償請求（代位求償）において、本来得られたであろう賠償金が得られなくなってしまうことが確実な場合には、保険会社はその額を保険金から控除して支払うことになります。

　ただしこれは、ケースの内容からして、もし荷主の過怠がなければ同様の状況下において保全手続きが可能で、かつ、もし保全手続きが正常に行われていれば、同様の状況下では損害賠償請求に対し賠償金を得られたことが確実と認められる場合に限られます。

船会社、運送人、寄託者などが損害賠償を拒否する理由は、荷主による初期動作の不完全（前記①、②、③）に限りません。法律上や契約上の免責条項、自社の責任区間外、証拠不十分、梱包不充分など実にさまざまです。保険金の削減は、保険会社の代位求償不能がコンサイニーの過怠によることが客観的に明らかなケースに限定されるべきでしょう。

例えば、在来船積みの個品輸送貨物で何ら留保文言のない Clean な B/L 数量に対し 1 梱包の Non Delivery が生じ、Cargo Boat Note にも「1 Carton Short」のリマークが取られていたケースで、コンサイニーが、船会社宛事故通知は出していたものの、保険金請求と時効延長を失念し、時効成立後保険金をようやく請求したとします。すなわち保全手続き中、①、②は充足できたが、③を失念したことになります。このケースでは、一般的に船会社の債務不履行に基づく責任は明らかであり、仮に荷主が③を失念さえしていなければ、将来の保険会社による代位求償で船会社は賠償に応じることは確実であったと認められるため、保険金の削減はやむを得ないと思われます。この場合は、以下のような保険金計算になります。

```
    保険金額              CIF×110%
 －）回収可能であった金額   CIF（船会社は通常 CIF 金額を賠償する）
    保険金支払額          CIF×10%
```

6.1.2　サーベイヤーによる貨物の立会検査（サーベイ）
（1）立会検査の目的

被保険者から事故通知を受けた保険会社は、損害を確認するため、貨物の立会検査（サーベイ、Survey）を実施します。検査は、サーベイヤー（Surveyor）と呼ばれる専門会社に所属する検査員が通常行います。検査会社は、保険会社から独立した第三者機関で、物流全般、船舶構造、主要貨物の性状などに関し高い専門性が求められます。立会検査の手配は、保険会社が行うか、または起用するサーベイ会社に関しあらかじめ保険会社の了解を得たうえで被保険者が手配することもあります。被保険者でも保険検査の手配が可能というのは、火災保険や自動車保険などではあまり例がありませんが、これは以下の理由によります。

　①貨物海上保険のサーベイヤーは、保険会社、被保険者（コンサイニー）いずれからも独立した中立機関の性格が強く、誰が依頼しても公正な結果が期待できること。

②企業向け保険である貨物海上保険は、貿易・物流に関わるプロ同士の契約であり、サーベイヤーも同じく貿易・物流に携わる専門機関である。被保険者側もサーベイとは何かも含め、保険金請求手続きに精通しており、直接依頼した方がよりスピーディに現場立会が可能となること。

③サーベイの結果、当該損害は貨物海上保険での請求対象ではなく、シッパーや運送人宛てなどのクレームの対象と判明することもあり得るが、その場合にコンサイニーとしては同サーベイレポートをシッパーや運送人など宛てクレームに使えること。

サーベイヤーは、貨物を検査し、関係書類を精査し、主に以下の点に関し見解を述べたサーベイレポート（検査報告書または鑑定書、Survey Report）を発行します。

・損害発生・発見に至る状況
・損害の数量、態様・程度
・損害の原因および発生場所・区間
・損害品の処分
・認定損害額

なお、被保険者が手配した場合は、サーベイレポートは被保険者宛てに出されますので、被保険者はそのレポートを保険金請求書に添えて保険会社に提出することになります。また、その場合検査の費用は、被保険者が検査機関に対し支払うことを要します。後日保険金支払いが確定した場合には、その費用は貨物保険金に上乗せして被保険者に対し支払われます。もし、保険金支払い対象とならなかった場合は、被保険者負担となります。

検査は通常は、貨物が最終倉庫に着いてから行われます。それ以前の物流過程で損害がすでに判明している場合は、損害の程度に応じ、最終倉庫到着前にまず行い、最終倉庫で再度詳細に検査することもあります。

FCLコンテナの普及に伴い、コンサイニーの倉庫でデバンニングの際に損害が発見されるケースが増えています。損害を発見し保険会社に連絡しても、サーベイヤーが直ちに現場に行けないこともあり得ます。発見時の状況を極力保全することが望ましいのですが、貨物のスケジュール上無理な場合は、写真をなるべく多く撮った上で、デバンニング作業を進め、損害のあった貨物は仕分けして保存しておくようにします。また、コンテナのシール、コンテナ内外の状況についても記録や写真を残しておくようにします。最終倉庫でコンテナから搬出された貨物の状況を見ただけでは、サーベイヤーはその損害程度は把握できても、保険てん補に不可欠な発生原因や発生場所・区間を確定すること

サーベイヤーによる倉庫検査
(出所：一般社団法人日本海事検定協会)

コンテナで到着した輸入冷凍貨物のサーベイ
(出所：一般社団法人日本海事検定協会)

はできません。これらの調査のために、コンテナEIRや船舶での積載場所を示すLoading Planの入手や、物流過程での異常（例えば荒天遭遇など）の有無に加え、場合によっては積み地での状況も把握する必要があります。サーベイヤーが種々調査を行うために必要な情報や書類の入手は、被保険者側で行う必要があります。

(2) 船会社、運送人、寄託者などによるカウンター・サーベイ（Counter Survey）

将来船会社、運送人、寄託者などの賠償責任問題が生じると予想されるケースで特に金額が大きくなると見込まれる場合は、これらの関係者も別途サーベイヤーを手配し貨物の検査を行うことがあります。これをカウンター・サーベイと呼びます。

将来損害賠償請求を行った際に、損害の発生そのものを否定されないようにする点では、カウンター・サーベイヤーに貨物を見させるのは意味があります。ただし、回避可能な損害賠償責任は少しでも回避するというのが彼らの基本スタンスであり、貨物海上保険会社が行う検査とは立場を異にします。

コンサイニーに対し船会社などからカウンター・サーベイヤーの立会依頼があった場合は、特に支払保険金額に関する打合せへの参加などを求められた場合は慎重な対応が求められますので、貨物保険会社のアドバイスを得るのが良いと思われます。

(3) 立会検査の省略

損害の程度・原因が明確でかつ支払保険金見込み額が大きくない場合には、保険会社はサーベイヤーによる立会検査を省略することがあります。その場合保険会社は、損害状況をフォワーダーや被保険者自身が記した「現認書」と写真を以てサーベイレポートに代えて保険金支払いのプロセスを進めることになります。また支払保険金見込み額が大きくても、例えば、ばら積み貨物の不足

損害のように、積み・揚げいずれも厳格な検量が第三者機関により行われている場合は、その検量報告書に基づき保険金を計算し、保険会社のサーベイヤーによる立会検査は省略することがあります。

いずれにせよ、サーベイヤーによる検査を入れるか入れないかは、保険会社のオプションになりますので、被保険者は損害を発見したら速やかに保険会社に連絡を入れ、その後のサーベイの要否についても確認するようにします。

(4) サーベイヤーと保険会社の関係

サーベイヤーの役割は、事実関係を調査し保険会社に報告することにあり、約款の解釈・適用や保険金支払い可否に言及することはありません。

金額に関しても、厳密に見れば、サーベイヤーが調査の上認定するのはあくまでも「妥当な損害の額」であり、「保険金の額」ではありません。保険会社の損害サービス部門が、サーベイヤーからの報告書を基に、約款を適用し支払の可否を判断し支払額を確定します。

6.1.3 保険金支払いに必要な書類

保険会社に提出すべき書類は、ケースの内容により異なりますが、一般的には以下のものが必要となります。

①保険金請求書（Claim Note）：各保険会社にて書式を用意。

②ポリシー（保険証券）またはサーティフィケート（引受証）のオリジナル：発行を省略することも増えていますが（第5章 5.2.5 参照）、その場合でも保険会社は契約内容および事故のあった当該物流の申込みがなされ保険が引受けられていることの確認を行います。

③コマーシャル・インボイス（商用送り状、Commercial Invoice）およびパッキングリスト（Packing List）：通常はコピーで可。

④船荷証券（B/L）：通常はコピーでも構いませんが、船会社の賠償責任がからむケースでは、オリジナルや裏面のあるコピーが必要。

⑤船会社、運送人、寄託者など宛てに発せられた事故通知（Notice of Claim）のコピー

⑥前記事故通知に対する船会社などからの回答（Reply Letter）：通常のケースでは、もし保険金請求時点において回答があれば添付し、未着であれば省略できます。ただし、損害額が大きなケース、船会社などが事故をどう捉えているかが原因調査に影響するようなケースでは、入手を求められることがあります。また、海外では、常に必須書類として扱っているマーケットもあります。

⑦物流過程での貨物やコンテナの受渡し書類：Cargo Boat Note、Devanning Report、Equipment Interchange Receipt（EIR）、冷凍・冷蔵貨物の温度記録など事故発生場所の特定に繋がる書類です。具体的に何が必要となるか、また現実に取り付け可否は、輸送方法やケースの内容により異なります。

⑧サーベイレポート（Survey Report）およびその検査料請求書：保険会社が手配した場合は不要ですが、被保険者の側で、サーベイヤーによる立会検査を手配した場合は、オリジナルを添付します。

⑨写真、現認書、損害額のバウチャーなど。

⑩その他ケースの内容に応じた各種書類が必要となることがあります。早めに保険会社のアドバイスを得ることが迅速な保険金処理に繋がります。

6.1.4　輸出貨物における保険金の支払い

　CIFやCIPタームで輸出された貨物に損害が生じた場合は、海外のコンサイニーにより、その所在地で保険金請求がなされることになります。これらの保険金請求に対応するため、主要保険会社は海外に保険金請求のための拠点であるクレーム・エージェント（Claim AgentまたはClaim Settling Agent、精算代理店）を置いています。コンサイニーは、受け取った貨物に事故があれば、最寄りのクレーム・エージェントに事故の連絡を行います。その名称・連絡先は、ポリシーに表示されるか指定されたウェブサイトで確認します。

　日本の損害保険会社の多くは、主に現地の主要サーベイ会社に委嘱していますが、日本損保の海外事業展開の拡大に伴い、主要都市におけるクレーム・エージェントを自社の海外支店、現地法人などが行う例も増えています。

　クレーム・エージェントの役割は、基本的には保険会社の損害サービス部門と同じです。クレーム・エージェントは、保険会社から一定の金額まで支払いをなす権限を与えられている場合があり、その場合は現地で保険金の支払いが完結します。そのような権限がない場合は、都度保険会社本社の損害サービス部門に書類を送って支払いに関する承認を求めることになります。

　日本企業の海外事業が拡大するのに合わせ、その海外現地法人や子会社がコンサイニーとして貨物保険金を請求するパターンが増加し、保険会社の損害サービスに関しても、日本国内と同レベルのサービス水準が求められるようになってきました。このため、大手損害保険会社各社は、充実したクレーム・エージェントネットワークの構築に加え、海外主要拠点に損害サービス要員を配置し、クレーム・エージェントの管理・指導を強化し、より現地完結型で保

険金支払いができるようにしています。

6.1.5　保険金請求を行える者

　被保険者が常に保険金請求権を有します。フォワーダーを介して貨物保険を手配した場合には、フォワーダーが契約者となりますが、被保険者は実際の荷主であるシッパーまたはコンサイニーですので、フォワーダーには保険金請求権はありません。

　また CIF、CIP タームの輸出においては、ポリシー上の記名被保険者はシッパーですがリスクがコンサイニーに移転した時点で、請求権もコンサイニーに移転し、シッパーは保険金請求権を失います。この場合、請求権者は当該インボイス上のコンサイニーとなります。他の関係者が、ポリシーの正本を持っていたとしても保険金請求を行うことはできません。

　被保険者以外の者が保険金請求を行うためには、保険金の請求・受領に関する被保険者からの委任状（Power of Attorney）が必要となります。

6.1.6　保険金が支払われるための要件

　保険金の支払いは損害保険にとって「商品の具現化」にあたります。保険会社にとってまさに商品を提供するという最も重要なプロセスですが、一方保険金の支払いは常に「保険契約に従って」という条件が付きます。そのために、保険会社は各種の調査をし、事実関係を確認し、それを保険契約内容に照らし合わせて、保険金の支払いが決定されます。またその結果支払わないことが決定される場合もあります。

　一般的に、ある事案が保険金支払いに該当するには、以下の要件をすべて満たすことが必要です。またケースによっては、他にも条件が加えられることがあります。

①有効な保険契約が存在していること
②事故が保険期間内に発生していること
③偶然かつ外来の原因による物理的な損害（滅失および/または損傷、Loss &/or Damage 第 1 章 1.2.2 参照）が発生していること
④損害が保険条件でカバー対象のリスクによって発生していること
⑤損害がカバー除外の免責に該当しないこと
⑥被保険者により適正な初期対応が行われ、船会社などに対する権利が留保されていること
⑦サーベイヤーの検査が行われたケースでは、損害の金額がサーベイヤーに

認定されていること
⑧保険金が正しく計算されていること
⑨損害に対し被保険利益を有する、正当な被保険者による請求であること

6.2 保険金の種類と計算方法

　発生した保険事故が、保険条件に照らしカバーの要件を満たすことが確認されると、保険会社は保険金の支払いに進みます。ここでは、どのような種類の保険金が支払われるのか、その金額はどのように計算されるのかを見ます。
　モノ保険である貨物海上保険が事故の際に「荷主が被った経済的損失」として支払う保険金の尺度の基本は、「モノの価値がどれだけ下落したか」です。事故の結果、荷主は予想外の費用支出を余儀なくされることがありますが、貨物海上保険では、荷主が費用の支出を余儀なくされたか否かよりも、モノ自体に物理的損害が出たか否かがまずは重要な要素となります。結果的に「費用」が保険金として支払われることもありますが、それはあくまでも「モノ」の損害に対する復旧のための費用や貨物の物理的な損害を避けるかまたは小さくするための費用という位置づけとなります。

6.2.1 全損（Total Loss）

　保険に付けられたモノの価値がゼロに下落し、保険金額全額が支払われるべき状況は、全損と呼ばれます。全損には、現実全損と推定全損があります。

(1) 現実全損（Actual Total Loss）

　現実全損は、貨物が完全に滅失した（無くなってしまった）場合や、そこに物体は存在するものの、それはもはや元のものとは同じ物質とは言えない程のひどい損傷を受けた場合を言います。
　現実全損の例をとしては以下のような状況が挙げられます。
・木材が火災で、灰になってしまった場合
・貨物が深海に沈んでしまい、現在の技術ではどんなに費用をかけようと技術的に引揚げが不可能な場合
・貨物が激しく損傷し、技術的に修理が不可能な場合
・貨物を盗まれてしまった場合
・間違った港で荷揚げしてしまい、そのまま出てこない場合

(2) 推定全損（Constructive Total Loss）

　現実全損と言えるほどの状況ではないものの、貨物の損傷を修理または手直しして、それを本来の目的地まで運ぶための費用が、目的地における貨物の価

額を超えると見込まれる時には、推定全損を構成し全損扱いとなります。経済全損と呼ばれることもあります。

〈例1〉機械1台をICC（A）条件、保険金額2000万円で輸入したところ、荷役の際に落下し激しく損傷した。メーカーが調べたところ、大掛かりなパーツの取替えが必要であり、その修繕費用は2500万円と見込まれた。この場合、修繕費用は保険金額を超過するので推定全損となります。

〈例2〉同一単価の衣料品2000ケースを、ICC（A）条件、保険金額は1ケースにつき1500円、合計300万円でコンテナで輸入したところ、コンテナ外板のクラックから雨水が入り、全量に濡れ損とカビ損が発生した。1ケース1000円で合計200万円をかけて洗濯、乾燥、化粧箱の取替えを行えば販売可能だが、それでも二級品となってしまうため、最低でも50％、すなわち150万円の値引損が見込まれた。この場合、手直し費用見積り合計200万円と値引損見積り150万円の合計350万円は、保険金額300万円を超過するので推定全損となります。

(3) 推定全損における委付と残存物代位

　ICCは、上記（2）推定全損を構成する状況においては、保険に付けた貨物を被保険者がAbandonすることが保険会社が全損を認めるための要件と規定しています。Abandonとは、英国法の制度で「委付」（または「遺棄」）と訳されていますが、被保険者はその貨物を放棄し保険会社に「委ね」、その所有権などすべての権利を保険会社に移す行為を意味します。すなわち、英国法では、まず貨物を保険会社に委ねることが、推定全損を保険会社が認定するための前提とされています。わが国の商法にもこの「委付」が法制度としてありますが、強行法規ではなく、委付をするか否かは当事者間の契約（約款）に委ねられています。現在行われている商法の改正作業においては、委付制度そのものを廃止する方向で検討が進められています。（法務省HP「商法（運送・海商関係）等の改正に関する要綱案」（平成28年1月27日決定）参照）

　一方類似の制度として「残存物代位」があります。こちらは保険会社が保険金を支払った結果、保険の目的物である貨物に関する権利を取得するものです。

　委付と残存物代位を比較すると以下の通りとなります。

委付の場合　　　　：Abandon（委付）→ 推定全損 → 全損金支払
残存物代位の場合：推定全損 → 全損金支払 → 残存物代位

　委付にせよ残存物代位にせよ、かつては保険会社が保険の目的物である貨物の所有権を一時的に取得し、それを保険会社から売却し売得金（Proceeds）

を取得し、以て最終的な保険金支払額を抑えるという方法が広く行われていました。

しかしながら、現在のわが国の社会情勢において、委付であれ残存物代位であれ、保険会社が貨物を一時的にせよ所有権を取得したり転売の当事者になることは、極めてまれです。基本的には、委付も受けないし残存物も取得しないというのがわが国保険会社の基本姿勢と言えます。従い、推定全損における委付のプロセスも通常はありません。もし、推定全損となった貨物を売却して、経費を控除してもプラスになる、すなわちネットで売却益が出ると見込まれる場合は、あくまでも被保険者名義のままで売却をして、そのネット売却益は全損金から控除して支払われます。

この趣旨を明らかにするために、わが国の保険会社の中には、「残存物に係る特別約款」（Special Clause for Residual Properties）を自動適用とし、保険会社側から取得する旨の意思表示をしない限り、所有権は被保険者に所属する旨を約款で明らかにしている例もあります。

ICCにおいて推定全損の成立にはAbandonを要件としているのは前述の通りです。わが国の貨物海上保険における実務は、保険金の支払に関しては英国の法律・習慣に従うのが原則ですが（第1章1.4.4参照）、この部分においては、わが国の実務と英国の法律・慣習とは若干異なったものとなっています。

なお、これらとは別の制度として「請求権代位（サブロゲーション、Subrogation」があります。こちらは、保険会社が保険金を支払った範囲で、被保険者が第三者に対して持つ債権、特に損害の原因となった運送人などに対する損害賠償請求権を取得するものです。こちらの制度は、わが国でも活用され、保険会社が行う代位求償は、重要な役割を果たしています。（6.4.2参照）

(4) 全損の場合に支払われる保険金額

①ポリシー単位で全損となった場合

その保険金額全額が、支払われます。

②ポリシーの一部のみが全損となった場合

全損となった部分の保険金額が支払われます。

支払金額＝保険金額×当該部分のインボイス金額／全体のインボイス金額

具体的な計算方法は次の通りです。

家具（ソファーとテーブル）を輸入したところ、下記が破損し全損となった。

インボイス全体：FOB ソファー　30 脚　@US$300　＝　US$ 9,000
　　　　　　　　　　テーブル　20 脚　@US$400　＝　US$ 8,000
　　　　　　　　Freight　　　　　　　　　　　　　US$ 2,500
　　　　　　　　Insurance　　　　　　　　　　　　US$ 　70
　　　　　　　　CIF　　　　　　　　　　　　　　　US$19,570

保険金額（CIF × 110%　@118）　　　¥2,554,000

破損（全損）分　ソファー　2 脚　FOB@US$300　＝　US$ 600
　　　　　　　　テーブル　1 脚　FOB@US$400　＝　US$ 400
　　　　　　　　全損分　合計FOB　　　　　　　　　US$1,200

支払保険金額＝¥2,554,000×US$1,200／US$17,000＝¥180,282

となります。この例のように製品ごとのCIF金額が、インボイスからはわからない場合は、分母・分子ともFOB、CFR、FCAまたはCPTの数字にそろえて計算します。

③保険金額を超えて支払われるもの

　保険金額は保険会社のてん補の限度額を示すものですので、それを超えて支払われるものは通常はありません。例外として、サーベイヤーによる立会検査を被保険者が手配しその検査費用を被保険者が検査機関に支払った場合には、その金額は別途支払われます。

　なお、過去の英国判例において、被保険者が貨物の損害を防止・軽減するために要した費用に関し、保険金額を超えてでも保険会社はてん補すべしと示された事例が紹介されることもありますが、今日とは社会情勢や保険条件も全く異なる時代の例外的ケースであり、現在の実務に適用されるとは考えられません。

④全損金から控除されるもの

1）全損となった貨物を被保険者が売却し、経費を差し引いた結果売却益が出た場合は、その金額は控除されます。

2）未必費用控除

　事故が起きた結果、本来被保険者が支出するはずであった費用で保険金

額の一部を構成するものが支出不要となった場合に、その分は実損害が生じなかったからとの理由で保険金に含めないとするものです。代表的なものとして CIF や CIP タームの輸出において、船積み前に貨物が全損になった際の海上運賃があります。貨物海上保険の保険金額は、協定済みの金額ですが、特別約款やオープンポリシー（OP）であらかじめその趣旨の合意を別途行なっていた場合に適用されます。

6.2.2　分損（Particular Average）

損害を被ったが全損とはならなかった損害はすべて分損（Particular Average または Partial Loss）となります。主な分損の計算方法は、以下の通りです。

（1）アローアンス（Allowance 損率）

貨物が損害を受けた状態で目的地に到着したものの、なお一定の価値を有する場合には、多くの場合その貨物は値引きの上で販売されたり、新たな転売先に売却されます。

その際の価格の下落割合をパーセントで表わし、保険てん補するものです。貨物保険における最も標準的な分損保険金の計算方法で、世界共通で採用されています。

下記計算式で得たアローアンスを、保険金額に乗じることで支払保険金額となります。

アローアンス＝（正品市価－損品市価）／正品市価
　正品市価：Sound Market Value（SMV）
　　損害がなかったなら有していたであろう価格、すなわち値引前の販売価格。
　損品市価：Damaged Market（DMV）
　　損害を受けた貨物の実際の価格、すなわち値引後の販売価格。

支払保険金＝保険金額×アローアンス

〈保険金の計算例〉
　コーヒー豆10トンを輸入したところ、そのうち1トンに水濡れ損害が発見された。売却先と検品の結果、値引で売却することで合意された。
　　インボイス価格（CIF）　　@US\$3,000／トン＝US\$30,000
　　保険金額（CIF×110%）　　　　@118／\$＝¥3,894,000
　　正品市価　@¥600／キロ

損品市価　＠¥360／キロ
アローアンス＝（¥600－¥360）／¥600＝40%
支払保険金＝¥3,894,000×1トン／10トン×40%＝¥155,760

　上記ケースにおいて、アローアンス40%を基に、それを計算上の全損数量に換算して、支払保険金を計算する方法もあります。
　この場合、損害数量1トン×40%＝0.4トンが全損となったと換算されますので、支払額は、¥3,894,000×0.4トン／10トン＝¥155,760となり結果は同じです。
　全損に換算した数量は Equivalent Total Loss（ETL）と呼ばれます。
　なおアローアンスは、損害の状況、その地その時におけるマーケット価格などを参考に見込み値を算出する方法と、実際に売却して算出する場合とがあります。サーベイが行われたケースにおいては、いずれの方法でもサーベイヤーにより「妥当な割合」と認定される必要があります。

(2) 修理・手直し費用

　機械類や自動車などの破損、曲損、凹み、擦過（スクラッチ）、錆びなどの損害に対しては、協会修繕約款（Institute Replacement Clause）が適用され、修理・手直しのための費用が保険金となります。逆に言えば、保険金額を超えることなく修理・手直し可能な場合は「このままでは機械が動かない」あるいは「このままでは自動車が走らない」との理由で、もはや本来の貨物の機能を失っているからとして現実全損を請求することはできません。
　修理・手直しに必要な部品を海外から取り寄せる場合には、以下の点に関し、注意が必要です。

- 航空運賃：元の輸送が船舶であった場合は船舶による運賃が限度となります。航空運賃も対象とする特別約款（Special Replacement Clause for Airfreight）を付けることによりカバーされます。
- 取り寄せ部品に対する関税：元の輸送に際し、Duty Insurance が付けられていた場合のみ対象となります。それ以外は、特別約款（多くの場合上記の航空運賃カバーとセットのSpecial Replacement Clause for Airfreight and Duty）を付けることにより対象となります。

　修理・手直し費用は通常は請求書ではなく見積もりで構いませんが、サーベイヤーの検査が行われた場合は金額の妥当性につき認定を受ける必要があります。また、保険金額がCIFに10%を上乗せした額であっても、修理費用は10%を上乗せして支払われるわけではありません。
　日本国内で修理を行った場合の消費税に関しては、修理費を支払う被保険者

が法人の場合においては、仕入控除が可能であることから支払いの対象とはしていません。

(3) サルベージ・ロス・セトルメント（Salvage Loss Settlement）

貨物が転売された場合の計算方法ですが、この方法では、

　　支払保険金＝保険金額－転売で得た金額

となります。

サルベージ・ロス・セトルメントは、以下の状況でのみ採用される計算方法です。

①損害を受けた貨物を最終目的地まで輸送せず中間の港で処分する方が、損害を軽減できると判断され、実際にその地で売却された場合。例えば、冷凍機の故障などで冷凍食品の解凍が始まっている場合や鉄製品に海水濡れによる発錆が始まっている場合など、いずれも予定の最終目的港まで輸送すると損害が拡大し全損の可能性が十分にあるケースです。

②すでに推定全損と認定された貨物に関し、被保険者が転売し、経費を控除しても売却益が出た場合。大破した自動車を鉄くずとして売却した場合などが該当します。

貨物が損害を受けた状態で最終目的地に着いて、値引や転売で損害貨物が処分された場合は、サルベージ・ロス・セトルメントではなく、上記（1）のアローアンスによるのが原則です。その理由は、サルベージ・ロス・セトルメントは、貨物の損害程度が同一であっても、その時々のマーケット情勢により、売却価格が上下するため、保険金支払いも変動するからです。

従い、サルベージ・ロス・セトルメントはあくまで①、②の状況下における例外的な計算方法となります。

(4) 救助費・損害防止費用

全損を防止するための救助費としては、座礁した船舶の曳きおろし費用、船火事の消火費用、航行不能となった船舶の曳航費用などがあります。これらは、船舶による輸送過程で生じた事故に対する処置であり、救助作業も船長、船会社により船舶と貨物両方の救助（共同救助と呼ばれます）として要請されます。また、通常は後述する共同海損として取り扱われます。

従い、荷主の立場で貨物だけの救助を手配するのは、極めて限定的な状況です。例えば、船舶が座礁し船舶・貨物共同の救助は困難であるとして全損となったが、損害程度の軽微な特定の貨物だけを船内から取り出して救助したい場合、荷役中に貨物が海中に落下し引揚げ可能だが船会社は放置した場合、盗難にあった貨物が遠隔地で発見されたのでそれを元の場所に戻す場合などにお

いては、貨物の単独救助が検討されます。

ただしこのような場合荷主として留意すべきは、費用をかけて貨物を救助したものの貨物に損害が生じていた場合のリスクです。貨物保険の保険金支払いは、保険金額が限度となるのが原則です。船舶・貨物を共同救助する場合は、通常 No Cure No Pay と呼ばれる救助契約となり、助けられた財産の価格を越えて救助費用が発生することはありませんが、貨物単独救助においてこのような条件で救助契約を結ぶのは一般には容易ではありません。貨物単独の救助を講じる場合は、事前に保険会社と充分協議することが必要です。

なお、共同海損関連費用については、6.3 で詳しく見ます。

(5) 保険金計算ルールと ICC 約款の関係

上記の保険金ルールのうち ICC に規定されているのは、推定全損となる場合と救助費、損害防止費用についてのみであり、絶対全損、アローアンス、サルベージ・ロス・セトルメントなどについては規定がありません。

これらの根拠は、英国海上保険法（Marine Insurance Act）や長年の英国判例、実務・慣習に基づくということになります。せっかく ICC2009 ではカバーされる危険の範囲などは極力 ICC に取り込まれたにもかかわらず、商品の具現化である保険金計算ルールは、未だに ICC だけでは十分には把握し得ない状況です。

(6) 継搬費用（Forwarding Charge）

事故の結果、運送が途中で打切られた場合、その事故がカバー対象となる場合には、保険契約上の目的地まで運ぶ費用をカバーする趣旨の条項が、ICC には含まれています。大海難により航海が放棄された場合や、船会社が航海の途中で倒産してしまいもはや当事者能力を完全に失った場合などが想定されます。

貨物海上保険は、元来当該貨物の目的地までの運送の完遂を担保するものなので、運送（航海）が完遂できない場合はそれも航海の喪失（Loss of Voyage）という事故であるとの解釈が伝統的にあります。その一方、運送の完遂は基本的には運送人の義務であり、保険会社が運送費用をカバーするのは、極めて限定的な場合に限られるとの解釈も根強くあります。

また、現実問題として、荷主が継搬費用をかけて目的地まで運んだものの、貨物の損害がひどいために結局推定全損となってしまうリスクも常にあります。

海難事故や、船会社やその他関係者の経営破たんなどを原因として、運送が継続できなくなり、荷主による継搬費用負担が求められる事態となった場合に

は、速やかに保険会社に連絡して対応を打合せすることが必要です。

6.3　共同海損と貨物海上保険

6.3.1　共同海損制度の概要

　貨物を積載し航行中の船舶が危険に遭遇した場合に、全損となることを避ける目的で、船舶および貨物共同の安全のために、予定外の費用[1]が支出されたり、貨物や船舶の一部がわざと犠牲[2]にされたりすることがあり、そのような場合に、それらの費用や犠牲を船舶（船主）、貨物（荷主）で分担して補償し合う制度が共同海損であり、古来より存在しています。

　海上輸送に特有の制度であり、そのコンセプトは、「危険が待ち受ける海にいったん出た以上、『船舶とその積荷は運命をともにする財産、すなわち運命共同体』であり、従い共同の財産を共同の危険から助けるためにかかった費用や犠牲は、船舶と貨物のそれぞれ助かった割合に応じて分担し合おう」というものです。

　制度の趣旨からして、必ず船舶と貨物の両方を救う意図が必要であり、貨物を積んでいない空船状態ではこの概念は成立しないし、船舶だけ、貨物だけ、もしくは人命を助ける行為も共同海損ではありません。また、費用の支出や犠牲にもかかわらず、結果的に船舶または貨物のいずれか、または両方が助からず全損になって無価値となってしまった場合も、共同海損は成立しません。なお、船舶、貨物に加え、コンテナ自体、用船者が提供した燃料、着払いの運賃も、共同海損の分担に加わることもあります。

　共同海損の対象となる損害・費用の例としては以下のものがあります。

〈例1〉船舶が座礁したので、救助船を手配し離礁に成功した。
　　→救助船の費用が、共同海損費用となる。

〈例2〉船体に破孔が生じ浸水が始まったので、甲板積み（On Deck）の貨物の一部を意図的に海中に投棄、すなわち投げ荷（Jettison）し、喫水を浅くしたため沈没が避けられた。
　　→投げ荷された貨物の損害が共同海損犠牲損害となる。

---

[1] 「予定外の費用」の英文は extraordinary expenditure であり、わが国では広く「異常な費用」と訳されているが、ここでは「予定外の費用」とする。「通常であれば全くあり得ない費用」というニュアンスである。
[2] 共同海損における「犠牲」（sacrifice）は、「意図的に損害を与える」ことを意味する。わが国商法では「処分」というが、犠牲の語は実務的には定着しておりニュアンスとしてもわかりやすいので本書ではそのまま使っている。

〈例3〉船舶が荒天に遭遇し浸水が始まったので、沈没を避けるために、意図的に浅瀬に座礁させた。船体の船底に損害が生じたが、沈没を免れた。
　→意図的な座礁により生じた船体の損害が共同海損犠牲損害となる。
〈例4〉船倉内の貨物に船火事が発生したため、延焼を防ぐ目的でまだ火災の被害を受けていない船倉の貨物に自船内のポンプを使い消火水を注入したため貨物が濡れ損を被った。
　→消火水をかけられた貨物の損害が共同海損犠牲損害となる。
〈例5〉衝突により船体に大きな損害を受けた船舶が、避難港に緊急入港し積荷をいったん卸した上でドックに入り修繕を行い、その後再度積荷を積込んだ上で目的地に向かった。その間に貨物の荷役や保管のため費用を要した。
　→避難港での諸費用、貨物の揚げ荷、保管、再積込みの費用が共同海損費用となる。

共同海損に伴う費用や損害は、B/Lにも明記されたヨークアントワープ規則という国際ルールに基づいて精算されます。この精算業務は共同海損精算人（General Average Adjuster）と呼ばれる専門家が船会社（船主）により選任されて行います。精算人は第三者の立場で、対象となる費用や犠牲損害の認定と、船舶およびB/Lごとの貨物の助かった価格の算定、そしてその価格に対する分担額を算定します。

6.3.2　共同救助

上記〈例1〉では、船舶と貨物両方に対する共同救助が手配されています。財物の海難救助に際しては、No Cure No Pay（不成功無報酬）条件の救助契約が、救助業者との間で多く使われます。この条件の下では、救助着手時には金額を決めず、救助に成功すれば助かった船舶・貨物の価格に応じた救助報酬（料金）が支払われる一方、不成功に終わって船舶・貨物ともに全損となった場合には全く報酬が支払われないとするものです。他に、成功するか否かに関わりなく、1日当たりいくらの料金とする条件で救助業者と契約する方式もあります。

No Cure No Pay条件の共同救助の場合、救助業者は船会社（船主）および荷主に対し、直接請求権を有します。共同海損と共同救助は類似しているものの別の制度ですが、現行の1994年版ヨークアントワープ規則の下では、共同海損精算の中に、救助費用の請求の精算も包含する例が一般的です。

6.3.3　船会社（船主）による共同海損の宣言
（1）共同海損行為の実行判断
　6.3.1に揚げたケース〈例1〉で救助船が必要と判断し、それを手配したのは船長・船会社（船主）です。同様に〈例2〉で無傷の貨物を投げ荷することを決めたり、〈例3〉で、船体への損傷を覚悟の上任意座礁を決めたり、〈例4〉で無傷の貨物に消火水をかけることを決めたり、〈例5〉で避難港への入港を決めたのも船長・船会社（船主）です。これらは船長・船会社（船主）による「共同の安全のための行為」となります。貨物を船長に委ねた立場である荷主は、通常はその判断に関与しません。

（2）共同海損の宣言
　上記行為を受けて船会社（船主）は、共同海損手続きに進むか否か、換言すれば将来各荷主に分担を求めるか否かを判断します。共同海損に進むと決めた場合はその旨の宣言書を発します。

6.3.4　貨物側から見た共同海損——荷主として求められる手続き
　ここでは、共同海損において荷主が取る手続きを述べます。なお荷主とは、貨物保険の被保険者と同じくトレードタームに従い事故当時にリスクを負っていた者で、多くの場合はコンサイニーとなります。また、NVOCC（Non Vessel Operating Common Carrier）が発行したHouse B/L（第8章8.2参照）の下に輸送されている貨物の荷主も含まれます。
　共同海損は、最終的には船舶（船主または船舶保険会社）と貨物（荷主または貨物保険会社）の間で、金銭をやり取りするものですが、そこに至る過程で、どのようなプロセスを経るのかを貨物の立場で見ていきます。

（1）共同海損宣言（Declaration Letter）の受領
　船会社または共同海損精算人から、すべての荷主に対し事故の概要とともに共同海損を宣言する旨の船主名義の書状が送達されます。
　その中で、通常以下の書類を提出するよう求められます。
①共同海損盟約書（Average Bond）：共同海損の分担に荷主として応じる旨約束する書類です。
②貨物保険会社による分担保証状（Letter of Guarantee；L/G）：上記荷主の約束を確実なものとするため、保険会社による保証状も求められます。
③インボイスコピーおよび価格申告書（Valuation Form）
　なお、船会社（船主）は上記が提出されるまで揚げ地において貨物の引渡を留保できます。

(2) 貨物保険会社への連絡と分担保証状（L/G）の発行依頼

上記宣言書を受取った荷主は、速やかに貨物保険会社に連絡を入れ、併せて分担保証状（L/G）の発行を依頼します。

保険会社は、事故の状況並びに有効な保険契約が存在することを確認の上、分担保証状（L/G）を発行します。保証金額には金額の上限は入れませんが、共同海損分担額が貨物のCIF価格を超えることはないので、実質保険金額が限度となります。

なお、CIF、CIPタームの輸出貨物の場合は、通常仕向地でクレーム・エージェント（Claim Agent）（6.1.4参照）が保険会社本社の指示・承認のもと発行します。

荷主は、保険会社の保証状（L/G）を、他の求められた書類とともに、精算人に提出します。これにより、貨物はリリースされコンサイニーは貨物の引渡しを受けることが可能となります。

貨物保険会社が保証状（L/G）を発行したことにより、将来の分担金の請求は保証状に基づき保険会社に対して直接なされることになります。

(3) 無保険貨物の場合

貨物海上保険が付けられていない場合は、保険会社の保証状（L/G）を提出できませんが、その場合は保証状（L/G）に代えて、現金の供託が求められます。供託の額は、事案の内容と予想される共同海損関連費用・損害の程度、船舶および貨物の総価格見込みを基に、CIFの何パーセントというように精算人により決められます。

(4) 貨物犠牲損害があった場合：貨物海上保険によるダイレクトカバー

前期〈例2〉のケースでは、投げ荷された貨物が、〈例4〉では注水による貨物の濡れ損が犠牲損害となります。そしてこれらの損害を被るのは、当然ながら荷主（通常はリスクの移転をすでに受けているコンサイニー）となります。将来共同海損の精算時において、これらの損害は、船主および他の荷主より、その助かった割合に応じて分担して補償されますが、それは遠い先の話となります。

これらの犠牲損害は、将来の共同海損の精算を待たず、まずは貨物海上保険で直接カバーを受けることが可能です。ICCは（A）、（B）、（C）すべての条件において、「共同海損犠牲損害」を、カバーの対象としています。従い、荷主は、通常の貨物損害と同様に保険会社に対し保険金請求を行うことができます。犠牲損害となった貨物に関しては、通常は船会社よりその旨の証明が出されます。〈例2〉では、投げ荷された貨物は海上から回収されない限り現実全

損ですが、〈例4〉では、消火水により濡れ損を被った貨物の損害程度を確認するための貨物保険会社手配のサーベイヤーによる検査が必要となります。また、全損に至らなかった場合の保険金計算はアローアンスまたはサルベージ・ロス・セトルメントに基づき行われます。犠牲損害を支払った貨物保険会社は、その金額を将来他の関係者、具体的には船主および助かった貨物の荷主またはその貨物保険会社から回収してもらうべく精算人に通知します。

(5) その他共同海損費用の扱い

貨物犠牲損害以外の各種費用損害については、貨物側は基本的に分担金の請求を受ける立場になります。〈例1〉における救助費用、〈例3〉における船体の犠牲損害、〈例5〉における避難港での各種費用などに関し、荷主はその助かった価格の割合に応じ将来請求を受けます。

(6) 共同海損サーベイ

精算人により共同海損サーベイヤー（General Average Surveyor）が選任され、共同海損事故全般の事実関係、犠牲損害や費用などに関し調査する場合があります。貨物保険会社が貨物損害に関し保険金支払を調査するためのサーベイとは別途行われます。

(7) 精算人による共同海損精算書が完成し、回収が完了するまで

必要書類を提出した後は、精算待ちとなります。大きな海難、複雑なケースでは精算の完了まで何年もかかります。さらに、コンテナ船では、前述のようにNVOCCが出したHouse B/L単位で、分担額を計算するのは、何百という数の荷主一つひとつに分担額を決めていきますので、大変時間がかかります。

(8) 分担額の精算

精算が完了すると共同海損精算人は精算書を送付し分担額の支払いを求めます。関係者が多数にわたり、また関連する諸費用も多岐に及ぶ複雑なケースでは精算書は何センチもの厚さになることもあります。支払要請は通常は貨物保険会社に対し直接なされ、保険会社は内容を精査の上、問題がなければ支払を行います。保険会社はL/Gに基づく支払（被保険者である荷主が承諾している第三者への保険金の支払い）なので、被保険者の委任状や支払指図を得ることなく直接精算人宛てに支払います。

貨物犠牲損害があった場合は、すべての分担額がいったん精算人の手元にプールされた後に、犠牲損害に相当する金額は保険会社に返金されることになります。ただし他の犠牲損害や各種費用に対する分担の支払いも発生するので、差し引きでは支払勘定となることもあります。

精算に何年もかかるケースで金額も大きい場合は、途中で仮精算の上、内払

精算書が作成され、その時点で見込まれる金額の何割かを内払いすることも行われます。

6.3.5 共同海損精算の例

貨物船M号が、ヨーロッパから貨物（B/L No. 1および2）を積載してアジアを経由して日本に向かっていたところ、インドネシア付近で荒天に遭遇し、強い風波のため操船が不可能となり、船舶が流され近くの岩場に座礁した。座礁の結果、船体に破孔が生じた。

船会社（船主）は、船長と相談の上、シンガポールの救助会社にNo Cure No Pay条件で船舶および貨物の救助を依頼。入念な準備作業の上、強力なタグボート（曳船）により、M号は無事離礁に成功し、M号は近くの港に緊急入港した。同港で貨物の一部をいったん降ろして仮保管し、その間にM号は造船所のドックに入り修繕が行われた。修繕完了後、再度貨物を積んで自力で日本に無事到着した。

この事故による損害額は、
- Ⓐ費用としては、救助業者への報酬（救助費）が、2.4億円、避難港入出港や港費、貨物の陸揚げ・保管・再積込み諸費用は8000万円。
- ⒷM号船体の、修繕費は3億円。
- Ⓒ貨物では、B/L No. 1は一部が座礁による破孔からの浸水により5000万円の損害、B/L No. 2の貨物に損害はなかった。

また、事故前の価格は
- ①M号船体が30億円
- ②貨物のCIF価格がB/L No 1が7億円、B/L No 2が2億円の合計9億円であった。

このケースにおいて、共同海損の精算は、表6-1　貨物船M号共同海損精算の通りとなります。

(1) Ⓐのすべて、すなわち救助費用2.4億円および避難港関連費用8000万円の計3.2億円は共同の安全のために必要であったとして、共同海損費用としての精算の対象となる。
(2) Ⓑの船体損害8000万円およびⒸの貨物B/L No. 1の損害5000万円は、海難事故の結果損害であって共同の安全のために意図的に支出されたものではないので、共同海損の対象とはならず、通常の事故に因る損害（共同海損に対して「単独海損」と呼ばれる）として、前者は船舶保険で、後者は

表 6-1 貨物船 M 号共同海損精算

共同海損に認められる費用　　　（単位：千円）

救助費	240,000
避難港入港・貨物荷役・保管	80,000
共同海損費用計（G）	**320,000**

上記費用の関係者による分担　　　　　　　　　　　　　　　　　　　　（単位：千円）

		正品価格(S)	座礁による損害(共同海損外)(P)	助かった価格(V=S−P)		分担額	分担額計算式
船舶	H	3,000,000	300,000	2,700,000	(VH)	243,380	G×VH/VT
貨物 B/L No.1	C1	700,000	50,000	650,000	(VC1)	58,592	G×VC1/VT
貨物 B/L No.2	C2	200,000	0	200,000	(VC2)	18,028	G×VC2/VT
(貨物計)		900,000	50,000	850,000		76,620	
船舶貨物計	T	3,900,000	350,000	3,550,000	(VT)	320,000	

貨物海上保険でてん補される。

(3)（1）の 3.2 億円の共同海損費用を船舶・貨物各々「助かった財産の価格」で分担することになる。この価格は、

　　［正品価格＝事故がなければ有したであろう価格(※)］－［上記（2）の金額］

　で算出される。　※貨物では CIF 金額、船舶では仕向地到着時点での客観的価値（船価）

　本ケースでは、前記 3.2 億円の共同海損費用を支出した結果、船舶 27 億円、貨物 8.5 億円計 35.5 億円の財産が全損を免れ助かったことになり、各々の財産の価格に応じて分担することになります。

貨物海上保険との関係

B/L No.1 の貨物損害原因は座礁ですので、ICC（A）（B）および（C）すべてにおいてカバー対象となります。従い貨物海上保険会社は、まず保険金 5000 万円をコンサイニー宛てに支払います。その後、共同海損精算完了後、分担金 ¥58,592,000 を精算人宛てに支払います。

B/L No.2 の貨物保険会社は、保険条件 ICC（A）(B)（C）にかかわらず共同海損精算を待って分担金 ¥18,028,000 を精算人宛て支払います。

6.3.6　荷主としての留意点

共同海損ケースに初めて遭遇した貨物関係者は、運賃を払って船会社に運送を依頼したのに、事故を起こされ、場合によっては貨物を捨てられ、その上費

用まで請求されるのはどうも釈然としない、と感じられるかもしれません。しかし、これは千年以上も前から存在している制度で、運送契約上も法律上も認められています。その背景には、如何に造船技術や航海技術が進化しても、いったん海に出たらそこには大変な危険が待ち受けているという事実があります。そしてその危険を完全に回避することはできないし、危険が切迫した時は、船長の最良の判断に委ねるしかないことを物語っていると言えます。

共同海損ケースは、頻繁に生じるものではありませんが、いったん発生すると荷主側にも大きな影響と事務ロードが出ます。制度の概要を理解するとともに、特に以下の点に留意が必要です。

(1) 確実な貨物保険の手配1：付保漏れの防止

前述の通り、ICC（A）（B）（C）いずれでも共同海損犠牲損害や分担金は対象となりますが、万一無保険の場合は、荷主として供託金を積まないと貨物の引渡しを受けられなくなります。

(2) 確実な貨物保険の手配2：適正な保険金額

共同海損の精算に際しては、各貨物の分担額はCIFをベースに決まります。なんらかの理由で、CIFを下回る保険金額であった場合は、その差額分は荷主負担となります。

(3) 貨物保険会社への迅速な連絡

保険会社による保証状（L/G）の提出が遅れると、貨物の引渡しに影響がでることもあり得ます。船会社から共同海損宣言の通知を受けた場合は、直ちに貨物保険会社またはそのクレーム・エージェントに連絡することが必要です。

(4) 運送契約との関係

船会社との運送契約上も共同海損については必ず規定されています。一方、運送契約の下で、船会社は荷主が被る各種損害に対し、責任を負うべき場合と免責される場合があります。共同海損の事例においては、航海過失として免責される場合が多いのですが、海難の原因如何では、共同海損の分担要求に対して貨物側として応ずるべきでない状況もあり得ます。そのような場合でも、貨物の引渡しをスムースに受けるため、通常は初期における船会社からの要請には応じ、荷主による共同海損盟約書（Average Bond）や保険会社のL/G発行など一連の要請には応じます。その後、例えば船舶が発航時点で航海に堪え得る状態ではなかったこと（不堪航）が明らかになった場合などは、貨物として分担金支払いに異議を唱えるという選択肢もあり得ます。共同海損の成立や分担額支払いの正当性に疑問がある場合は、貨物保険会社と充分に協議することが望まれます。

6.4　運送人などの責任と貨物海上保険

6.4.1　賠償責任と貨物海上保険の関係

　輸送を開始してから最終目的地に到着するまでの間、被保険者が自ら貨物を運ぶことはまれであり、通常は海上運送人（船会社）、陸上運送人（トラック、鉄道会社）、倉庫会社等さまざまな事業者に貨物を寄託して運ばれています。そして荷主とそれらの各業者との間にはさまざまな契約が存在しています。輸送過程で事故が起き貨物の損害が発生した場合、貨物海上保険の問題とは別のテーマとして、輸送や保管に携わる各事当事者の賠償責任の問題があります。

　極端な話としては、貨物の運送や保管を引受けた当事者が、すべての損害を荷主に弁償すれば、もはや貨物海上保険は不要ではないかとの考えもあるかもしれませんが、以下の理由から全く現実的ではありません。

①海上運送人（船会社）に関しては、航海中に直面する海上リスクが、いかなる航海技術を以てしても避けがたいものであることに鑑み、航海過失と呼ばれる船舶の沈没、座礁、火災、衝突等の事故による貨物損害に対しては、海上運送人は責任を負わないこと（免責）が国際条約により世界共通で認められています。また商業過失と呼ばれる貨物取扱上の過失に対しては、免責はされていませんが、その責任限度額が国際条約で決められており、損害額の一部しか賠償されないこともあります。（国際条約の詳細に関しては、第8章参照）

②外航船会社以外の内航船会社、陸上運送人や倉庫会社、その他の貨物取扱業者の賠償責任に関しては、その有無責の範囲や責任の限度額は各国の法律により異なります。現代ではコンテナ輸送の一般化に加え、国際複合運送も普及し、さらに一つの貨物に対し船会社の発行する Master B/L と NVOCC の発行する House B/L に基づく二つの運送契約が関わることも珍しくなく、一つの損害に関し、その責任主体が誰なのかを特定するのが容易でないケースも珍しくありません。

③運送人等は、自社に向けられた賠償請求に対しその妥当性を検証し、必要な反論を行い、免責と判断すれば最大限主張します。これは、企業として当然の防御行為（Defense）ですが、このために、運送人等の責任が確定し実際に賠償金を受け取るまでには時間を要します。裁判になることも珍しくなく、コストもかかります。

　このため、荷主は自己が被った経済的損失を速やかに回収し経済活動を回復するために、保険料コストを負担して貨物海上保険に加入することが、運送当

事者の責任追求とは別個の流れとして定着してきたのです。

6.4.2 代位求償の必要性

貨物海上保険の補償機能により荷主の損失が回復し、あたかも何事もなかったかのように事故の当事者の賠償責任が不問になるのも決して好ましいことではありません。それは以下の理由によります。

①運送人等が本来は契約上・法律上も免責されていない責任まで、実質免除されてしまうこと。
②貨物海上保険のコストが上昇し、結果的に荷主の負担が増加する一方、運送人等の賠償金コストおよび賠償責任保険コスト負担が軽減されること。
③運送人等が自ら有すべき事故防止のためのマインド、教育・訓練や技術開発努力を削ぎかねないこと。

このため、保険会社が保険金を支払い後、荷主が有していた運送人等に対する損害賠償請求権の移転を受けて、運送人等に対し損害賠償請求を行うことが確立しています。この請求を、保険会社による代位求償（Subrogation Claim）と呼びます。

損害賠償請求権の移転は、保険金の支払いにより法的効力を発しますが、実務的には、荷主（保険金受取人）は、保険金を受領の際、保険会社に対し権利の移転の確認と共にその後保険会社が行う代位求償に協力することを約する権利移転証（Letter of Transfer、Subrogation Form または Subrogation Receipt などと呼ばれます）に署名します。なお被保険貨物の所有権はわが国の実務上は通常保険会社には移転しませんので（6.2.1（3）参照）、運送人などに対する損害賠償請求権のみが同書面によって移転をすることになります。また、被保険者の名義を使用することの許諾文言も含まれていることがあります。これは、保険会社が代位求償を行うに際し、法制上運送人に対する訴訟を運送契約の当事者である被保険者名義で行うことが不可欠となる場合があることを踏まえてのものです。保険会社に対する協力の約束は、運送契約の締結経緯や荷主の被った損害額に関する追加バウチャーなど、代位求償の過程（裁判を含め）で求められる追加書類の提出、場合によっては証人としての出廷を求められる可能性を踏まえたものです。

保険金を受領し権利移転証に署名後に、荷主が運送人等への賠償請求を行うことは、二重請求となるのでできません。ただし例えば遅延損害の如く、保険カバーの対象となっていない損害に関しては、賠償請求権は荷主に残っていると解されます。

代位求償の結果保険会社が得た賠償金は保険会社に帰属しますが、結果的には当該契約者の損害率（過去一定期間の支払保険金の収入保険料に対する割合）を押し下げ保険成績を良くしますので、保険料の引き下げに繋がり、契約者である荷主にも大きなメリットとなります。

6.4.3　求償権放棄の特別約款

保険金支払いに伴い損害賠償請求権は自動的に荷主から保険会社に移転しますが、保険金支払い後も保険会社が代位求償を行わない旨の特別約款をあらかじめ保険契約に含めておくこともあります。これは、求償権放棄（Waiver of Subrogation）と呼ばれています。引っ越し荷物や常時貿易に従事していない小口荷主の貨物保険は、フォワーダーが契約者、荷主が被保険者契約となって申込まれることがしばしばあります。このようなケースでは、当該フォワーダーが運送人（主にNVOCC）であることが一般的です。かかる契約形態の下、保険会社が代位求償を行うと契約者であるフォワーダー（NVOCC）宛てに求償することになってしまいます。このため、あらかじめ代位求償を行わない旨、保険契約で合意をしておくことが行われます。求償権放棄は、契約者やそのグループ会社宛の求償のみを放棄する場合と、一切の求償権を放棄する場合とがあります。保険会社からすると、保険金の回収のチャンスをあらかじめ放棄するものですので、保険料率は割増となります。

6.5　リスク・マネージメントとロス・プリベンション

6.5.1　貿易物流とリスク・マネージメント

(1) リスク・マネージメント（Risk Management；RM）

リスク・マネージメントという言葉は、最近は非常に広範囲で使われていますが、ここでは本書の趣旨に添い「貨物の事故・損害、その他物流の阻害要因となり得る事象を分析・評価し、それに対し対策を講じること」と位置づけることとします。

(2) 場面（ステージ）ごとに見たRM

上記リスク・マネージメントを検討するには、それがいつの時点での対策であるかに分けて見ると、大変わかりやすくなります。

[第1ステージ]　事故・損害が発生する前の平常な場面

物流の開始に先立ち、遭遇する可能性のあるリスクを予想し事前の各種対策を講じます。輸送方法、ルート、梱包方法、船会社や倉庫会社の選択など、必

要な準備を行います。貨物海上保険との関係では、誰が、どのような条件でどこの保険会社と契約するかは、この段階で決めて完了しなければなりません。

[第2ステージ] 事故・損害が発生しつつある場面

物流を船会社などの運送人、倉庫会社などの寄託者に委ねている荷主の立場では、事故・損害がまさに起きている状況において自ら処置を下す場面は一般的に限られていますが、関係者と打ち合わせをしつつ、貨物の保全、損害の軽減に努めます。損害を受けた状態で貨物が到着した場合には、コンサイニーはまさに当事者として対応することになります。これは貨物海上保険との関係でも、損害の防止・軽減義務（6.1.1 (1) 参照）として荷主に求められています。また、保険会社への通知もこの段階で行われます。

[第3ステージ] 事故・損害が収束後

損害を回復し、事故の発生する前の状態に少しでも近づけます。

貨物海上保険が、その基本機能である損害の補償機能を発揮し、保険会社が保険金をてん補するのはまさにこの段階です。ただし、保険条件によっては、損害が生じていても保険金が支払われないこともあり得ます。

また、損害のてん補を受けるのは貨物海上保険からだけとは限りません。ケースによっては他の保険の対象となることもありますし、法律や契約に基づき賠償責任を負う者から直接回収することもあり得ます。ただし、運送人や倉庫業者などが法律や契約に基づき免責となり、賠償を得られないこともあります。また、下落した信用やブランドイメージのように金銭では容易に元に戻れないものもあります。

(3) 事故・損害経験を次の輸送の事故・損害防止に繋げる

上記第3ステージが一段落したら、その経験を分析・評価し、次の物流の第1ステージにフィードバックさせます。これが最も重要な点です。特に、貿易においては、同一または類似の物流が、反復・継続されることが多く、

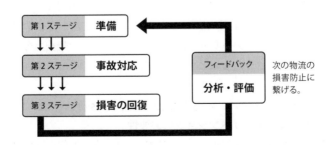

を繰り返すことが、実効あるリスク・マネージメントに繋がります。

（4）貿易物流における主なリスク・マネージメントのアプローチ

事故・損害への対策には大別して以下のようなアプローチがあります。

①ロス・プリベンション（損害防止活動、Loss Prevention；L/P）

　事故・損害の発生プロセス・状況を分析・評価の上、発生そのものを抑制する対策を取ります（次項で詳しく見ます）。

②保険へのリスクヘッジ（転嫁）拡大

　予想される損害に対し、よりカバー範囲の広い、充実した保険カバーを手配していきます。貨物海上保険だけでなく、それ以外の各種保険の手配も含みます。当然ながら保険料コストは上昇します。

③保険へのヘッジの縮小と損害の受容

　予想される事故・損害を分析・評価の上、あえて保険へリスクヘッジせず、損害を受け容れるとするものです。貨物海上保険を例に取れば、全く保険を付けないという選択は非現実的ですが、例えば、

- 保険条件の縮小：例えば、ある貨物に関しては、基本条件はICC（A）ではなく、あえてICC（B）または（C）を選択し、最も影響が懸念される損害形態、例えば破損についてのみ付加危険を付ける方法もあり得ます。（第3章3.3.3参照）その場合の保険コストは当然ICC（A）の場合より下がります。カバー対象外の損害が発生した場合は保険からの損害の回収はありませんので、その分は荷主が損害を自らのコストとして受け容れることになります。

- 小損害免責の導入：一定の金額以下の損害に対しては保険適用外とする代わりに保険料を下げる考え方です。例えば、紙袋入りの原料の輸入で頻繁に発生する不足損害に関して、一種の不可避なコストと認識し自己負担とした上でそのコスト削減に取り組むなどです。

④売買契約に基づくリスク分担の見直し

　売買契約中のシッパー／コンサイニーの損害負担条項を見直すのもRMの一環と言えます。また本書内（第4章4.4）で強調した、コンテナ輸送や航空輸送において、新しいトレードタームの採用により、契約上のリスク負担をより物流実態に合ったものとすることもRMの一つと言えます。

6.5.2　ロス・プリベンション（損害防止活動、Loss Prevention；LP）
（1）荷主によるロス・プリベンションの必要性

　貨物に何らかの損害が発生した場合には、その程度の如何を問わず荷主にマイナスの影響を及ぼします。貨物海上保険を十分に手配したとしても、貨物保

険でカバーされるのは、あくまでも物の損害に起因する損害額であり、将来の期待利益の逸失、事故対応コストなどの間接損害、信用・ブランドイメージの低下などは対象にはならず、事故が続けばこれらの影響も大きいものとなります。また保険金支払いが増えれば保険料コストの上昇に直結し、結果として競争力を弱めることに繋がります。

荷主は第一の当事者として日頃から「事故や損害のない安全な貿易物流」に向けて、ロス・プリベンションを推進することが望まれます。

(2) ロス・プリベンションへの保険会社のアドバイス機能

貨物海上保険を取扱う保険会社には、事故・損害に関し、発生場所、形態、原因、損害額などの情報が集中しています。荷主としてはロス・プリベンションを進めるに際し、以下の観点から保険会社から情報とアドバイスを得ることが有用です。

①統計的分析：保険会社が当該契約者に対して実際に保険金を支払ったケースを、集計し分析することにより、事故を誘発する要因がどこにあるかを浮き彫りにすることができます。例えば、貨物の種類、損傷部位、梱包方法、発生場所、輸送方法やルート等を切り口にして損害を分析することにより、損害が多発する問題のある部分を明らかにし改善策の検討に役立てることができます。このような分析は同種の貨物が反復して輸送される場合、特に有効です。

②技術面からの助言：①に基づき損害防止策を進めるにあたり、保険会社やその提携しているサーベイヤーなど専門機関による梱包、荷役／積み付け、輸送ルートなどのアドバイスを得ることができます。

③情報提供機能：保険会社には、世界各地の港湾情報、物流情報、海難情報、関連法規に関する情報などが集中しており、大手損害保険会社による情報誌の発行やロス・プリベンションをテーマにしたセミナーなども開催されています。このような保険会社の情報収集・提供機能を活用して、荷主として「事故や損害のない安全な貿易物流輸送」を確立するのも有効な方法です。

大手損害保険会社の中には、「物流安全サービス」「物流 RM サービス」などの呼称で、これらの損害防止支援に力を入れているところもあります。海外では、保険会社ではなく、大手保険ブローカーがこれらのサービスを行っている例があります。

なお、保険会社やブローカーが提供するこれらのサービスのうち、情報誌やセミナーは無料のものもありますが、個別の調査や分析などを行った場合に

は、原則有料となります。

6.5.3　ロス・プリベンションの具体例

ロス・プリベンションは、個々の荷主の状況に応じて行われるため、レディメードのメニューが存在するわけではありません。まずは事故・損害を分析し、要因を明らかにした上で、適切な対策を関係者と協議検討の上、実行に移します。具体例を見てみましょう。

A 社のケース〈輸入〉

衣料品の商社であるA社は、インドにある提携先工場から衣料品をFCLコンテナで日本に輸入しているが、到着時に水濡れがしばしば発見された。損害保険会社のクレーム・エージェント（第6章6.1.4参照）の協力を得て、工場での積込み事情を調査したところ、工場でのバンニングが本来のプラットホームではなく、屋根のない屋外で行われることがしばしばあり、その間激しい降雨もあることが判明した。提携先と物流の改善を協議し荷役場所の増設と屋外荷役の禁止を徹底してもらうことで、水濡れ事故が大きく減少した。

B 社のケース〈輸入〉

B社はブランド衣料品をイタリアから航空輸送にて輸入したが、外装に異常がないのにもかかわらず数量が不足して到着する事故が連続した。調査した結果経由地で中味の抜き荷が行われており、抜いた後で元と同様のテープで補修するなど極めて巧妙な手口で盗難されていたことが判明した。

ブランド名の入っていないカートンやテープを使用することや、ストレッチフィルムでラップ巻きした状態で輸送するなどの対策を実行し抜き荷損害を少なくすることができた。

ストレッチフィルムの使用

C 社のケース〈輸出〉

C社は生産拠点を日本から中国に移すために中古の生産設備一式を輸出した。初期の輸送において、現地の税関検査でバリア梱包が破られ、しかも通関書

類の不備も指摘され引き取りが大幅に遅れたため、機械表面に汗による錆損害が発生した。また通関検査の際に梱包や固縛材（ラッシング）が解体され、その後元に戻されないまま最終目的地まで輸送されたため貨物が移動転倒して損害を被るケースも発生した。その後の輸送に際し物流関係者と打ち合わせの結果、税関検査の際には必ず荷主が立ち会うようにし、商品の内容を十分に説明して梱包を破られないようにした。また破られた場合も想定し直ちに大量の乾燥剤を投入するとともに、梱包を破られた場合には補修の上迅速に貨物を引き取るようにすることで、その後の輸送に於いては損害を軽減することができた。

D社のケース〈輸出〉

D社は日本及び中国から欧州向けに家電製品を輸出している。荷卸し港から幌付きトラックで内陸の目的地まで輸送中、国境付近のパーキングで休憩を取っていた間にトラック側面の幌が破られ積載貨物が盗難されるケースが立て続けに生じた。欧州ではこのように駐車中の盗難や、武装集団によるトラックごとの強奪事件がしばしば発生している。また積載貨物の明細や輸送ルートの情報が漏えいしてターゲットとなることも多い。D社は物流関係者と打ち合わせの上、貨物明細や輸送ルート等の情報管理を厳重にするのに加え、輸送ルートをランダムに変更することや複数のドライバー制とするなどの対策を取った。また最近は利便性の高さを活かし、インターネットを介してトラックを手配する仕組みが普及しつつあるが、信頼できる現地下請け業者を選定すること

LPは最強のRM

最近はRM（リスク・マネージメント）という言葉が多用されるようになりました。書店に行けば、RMに関する書籍が並んでいます。その対象も、ビジネス、健康、マネーから政治まで多方面に使われているようです。本書における整理は前項の通りですが、最終的には事故・損害の発生そのものを防止するまたはその頻度を下げるということに尽きます。起きてしまった損害に対処するためにはそれが保険へのヘッジであろうと、コストとしての受容であろうと、それらが如何に適正な対処方法であったとしても、それは対処のためのコストとエネルギーを必要とするものです。その意味で、事故・損害の発生そのものを減らそうというLP（ロス・プリベンション）こそは、最強のRMであると言えます。

も徹底された。

E社のケース〈三国間〉

　精密部品メーカーであるE社は中国の自社工場で製造した医療機器用パーツを欧州の組み立て工場向けにFCLコンテナで輸送しているが、到着時に貨物が強い衝撃を受けたことが原因と思われる破損事故がしばしば見られた。過去6か月間の部品ごとの損害の発生状況を調査・分析したところ、特定の品番の部品に集中していることが判明した。さらに調査を行ったところ、梱包材の強度に問題はなく損害の原因は荷役中や陸上輸送中の衝撃によると認められるものの、この部品に限って、専用の中箱（トレイ）と部品との間に隙間が生じやすいことも損害を誘発した一因であることが判明。中箱（トレイ）を改良したところ、発生率が減少した。

F社のケース〈三国間〉

　機械メーカーのF社は現在中国の内陸部にある工場をミャンマーに移転することなり、設備を中国から移設することとなった。かつて日本から中国内陸部への工場移転に際してはインフラの悪さや乱雑な荷扱いで苦い思いをしたF社では、保険会社やその提携サーベイ機関から提供された中国、ミャンマー両国の物流・港湾事情も参考に物流関係者と打ち合わせを重ねたうえで輸送ルートを定め、またインフラに合った梱包を施し、さらに在来船輸送となる重量貨物の船積みと荷卸しに際しては、専門機関の立会いとアドバイスを求めた結果、無事に工場移転を完了することができた。

第 7 章　貨物の損害をカバーするその他の保険

　ここでは、貨物海上保険と関連性の強い、その他の損害保険を見ていきます。貨物海上保険と同じ領域、すなわち「貨物の物理的な損害」に関連する保険ですが、直接カバーする保険だけでなく間接的にカバーする保険も含みます。

　なお貨物の損害に関し、フレイトフォワーダーが付保する賠償責任保険、NVOCC が付保するカーゴインデムニティ保険、国内の運送を請負ったトラック業者が付保する運送業者受託貨物賠償責任保険に関しては、第 8 章を参照願います。

7.1　輸出 FOB 保険

　FOB、CFR、FCA、CPT などのタームで輸出される貨物については、コンサイニー側で手配する輸入貨物海上保険は、リスクがコンサイニーに移転するポイントで開始し、それまでは機能しません。具体的には、FOB、CFR では外航船舶の船上に積まれたとき（FOB ポイント）、FCA、CPT では海上運送人に引渡された時が移転ポイントとなります。従って、そのポイントまではリスクを負担するシッパーにて、別途貨物保険を手配する必要があり、この保険を輸出 FOB 保険と呼んでいます。CFR、FCA、CPT などのタームであっても輸出 FOB 保険と総称されています。

　以前は内航貨物海上保険（国内を船舶で運ばれる貨物用の保険）に分類される国内損害保険会社の統一スキームにより引受けられていましたが、現在は各社ごとの商品で引受けられています。外航貨物海上保険における ICC のように統一された約款を使うわけではなく、約款やカバー内容も各社ごとに定められ、保険料率も会社により異なります。

　一般的なカバー内容としては、次の (1)〜(4) になります。

(1) 保険条件
①すべての偶然・外来な事故をカバーする条件（オールリスク条件などとと呼ばれる）または、

②火災・爆発、トラック、鉄道などの衝突、転覆、脱線、国内航空機の墜落、内航船舶や艀(はしけ)の沈没、座礁などのみをカバーする狭い条件（特定危険担保などと呼ばれる）

が用意されています。

(2) 保険期間
　①シッパーの倉庫を出てから、シッパーのリスクが終了するまで。
　②途中仮保管は含まれますが、長期保管や梱包作業などを含める場合は個別に対応。
　③日数制限が設けられている。
　④シッパーである被保険者が所有者としてリスクを有していることが大前提であり、コンサイニーに移転後はもとより、ベンダーやメーカーが所有者としてリスクを負うべき部分は対象外となっています。

(3) 保険価額・金額
　当該国内輸送時における貨物の価格が基本となります。これは、仕切状や納品書の価格があればその価格となります。シッパーがコンサイニー宛てに出したインボイスの価格とは必ずしも一致しません。実務的には、何を以て輸出FOB保険の保険価額・金額とするかは、契約者と保険会社の間であらかじめ協定しておくことが望まれます。
　保険会社の引受け方法としては、一輸送ごとに個別に申込み、保険料支払いを行う基本的な方式、輸出FOB用の期間建て保険契約を結び、輸送額を毎月通知し保険料も毎月精算する方法、国内の物流を包括的にカバーする期間建て保険の中に含める方法などがあります。被保険者がリスクを負う輸出の物流形態に合わせたカバー内容、引受け方法とするため保険会社とよく打合せを行う必要があります。

(4) 留意すべき点
　輸出FOB保険は、国内用の貨物保険ですので、特に以下の点に関し留意が必要です。
　①ICC（A）（B）は貨物が陸上にある間も含めて地震リスク（噴火・津波も含めて）をカバー対象としていますが、輸出FOB保険では取扱いが異なります。オールリスク条件であっても船舶（内航船舶または艀（はしけ））に積まれている間のみ対象となり、陸上では対象外となります。従い、FOB、CFR条件でコンテナヤードに置かれている間に地震で損害を受けた場合には、輸出FOB保険がオールリスク条件で掛けられていたとしても対象外となります。（第4章4.2参照）
　②外航貨物海上保険にある保険金の支払いに関する英国の判例・習慣の準用規定は適用されませんので、あくまでもわが国の基準に基づいて解釈されることになります。

支払われる保険金や保険金請求手続きに関しては、同じ国内保険である次項の運送保険に準じます。

なお「輸出 FOB 保険」という呼称はわが国では定着していますが、世界共通の名称ではありません。各国の損害保険の枠組みの中で、内陸海上保険（Inland Marine Insurance）、動産保険（Inland Floater Insurance）などの一部分として引受けられています。

7.2　運送保険

運送保険とは、日本国内をトラック、鉄道、航空機、自転車、人による携行などすべての輸送用具で運ばれる貨物保険の総称です。宅配便の貨物に保険を付けた場合も運送保険となります。

貿易との関係で見れば、輸入された貨物の外航貨物海上保険の保険期間（第 3 章 3.4 参照）が終了した後もコンサイニーのリスク負担が続く場合やこれから輸出する貨物の、外航貨物海上保険または輸出 FOB 保険の開始前であるが、すでにシッパーのリスク負担が始まっている場合には、荷主として運送保険を手配する必要があります。

運送保険は、損害保険各社が商品を開発し販売しており、その商品内容も差があります。また保険料率も各社ごとに異なります。

一般的なカバー内容としては、以下の通りです。

(1) 保険条件

①すべての偶然・外来な事故をカバーするオールリスク条件または、

②火災・爆発、トラック、鉄道などの衝突、転覆、脱線、国内航空機の墜落、などのみをカバーする狭い条件（特定危険担保などと呼ばれる）

が用意されています。なお、オールリスク条件であっても、地震リスクはカバーに含まれていません。

(2) 保険期間

出発地の倉庫を出るために移動開始してから、目的地の倉庫に着いて荷卸しが完了するまで、という ICC に準じた保険期間が基本となります。すなわち、A 地点から B 地点までという、航海建て契約に属します。

この基本的な保険期間に対し、被保険者の物流実態とカバーニーズに合わせ、保管中、加工中などのカバーを追加することが可能です。また、保管中や、加工中などの日数制限も実態に合わせることにより、物流を切れ目なくカバーすることが可能となります。

(3) 保険価額・金額

　当該輸送における仕切状価格（輸出入用インボイスの価格とは必ずしも一致しません）または仕入れ価格が基本となりますが、社内輸送などで、そのような概念が当てはまらないことも多いため、実際の契約に際しては、被保険者の物流・商売実態に合わせ保険会社との間であらかじめ取り決めを行うことが望まれます。

(4) 保険料率

　各保険会社がリスクを判断して決めます。

(5) 申込み・引受け方法

　一輸送ごとに個別に申込み保険料を支払うことも可能ですが、輸送が反復継続し全国各地にまたがるような時には、それらをすべて捕捉し事前に申込み事務を完了させるのは大変な事務ロードとなります。

　このため、期間建て方式の引受け方法が広く普及しています。期間建て運送保険は通常1年契約で、20XX年YY月ZZ日零時から1年間というような保険期間となります。ただしこの場合の1年間の保険期間というのは、火災保険における保険期間とは以下の点で若干異なります。

① 火災保険では対象となる保険の目的は（例えばある1軒の住宅）は通常は変わることなくその住宅であるのに対し、期間建て運送保険における個々の貨物は、随時入れ替わる。

② 火災保険において保険期間が1年とは、当該物件に対する保険カバー（補償）が1年間切れ目なく続くことを意味しますが、期間建て貨物保険における1年間とは契約期間を指します。そして実際の保険カバー（補償）期間は、約款の規定に基づき航海建てが基本です。

　例えば、輸送と保管を繰り返す

輸送 ⇒ 保管 ⇒ 輸送 ⇒ 保管 ⇒ 輸送

という物流において、運送保険の原型である輸送中のみカバーとし保管カバーを付けない選択も可能ですが、その場合は、輸送部分は何度でも繰り返しカバーされますが、中間の保管中はカバーからすべて外れます。

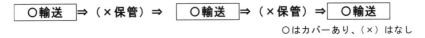

〇はカバーあり、（×）はなし

そしてこの保管中も含める内容でカバーを手配すれば、

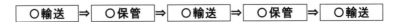

は何度でもすべてカバーの対象となります。このように、ベースは輸送中のみカバーであっても、物流に合わせ保管、加工などをあらかじめカバー手配しておけば、結果として火災保険の期間建てと同じように、1年間切れ目なくカバーが継続することになります。

(6) 事故の際の保険金請求手続き
①初期対応

基本的な流れは、外航貨物海上保険の場合と共通します。

- 損害の防止・軽減に努める
- 速やかに保険会社に連絡を行う
- リマークを取る。ただし海上輸送と異なり、定型化された受渡し書類が存在しない場合もあります。その場合は、送り状や受領証などにリマークを入れた上で返却する（コピーを必ず取っておく）か、現認書に損害の状況を記しサインを求めるなどの方法があります。
- トラック会社などの運送人、倉庫会社などの寄託者に対し書面で事故通知を行う。
- 保険会社はサーベイヤーによる検査を行う（予想損害金額によっては省略されることもある）。サーベイヤーによる検査まで日時を要する場合は、写真を撮っておく。

②支払われる保険金

全損（現実全損、推定全損）、分損、救助費の扱いなどは、おおむね外航貨物海上保険と同じです。分損に関しては、原則アローアンス（第6章6.2.2(1)参照）に基づきます。

③保険金請求に必要な書類

運送保険はカバーの内容も多種多様であり、必要な書類も輸送の目的、損害の形態、輸送中の事故か保管中や加工中の事故かなどにより異なってきます。

売買に伴う貨物のトラック輸送中に損害が起きたケースの場合は、一般的には以下の通りとなります。

- 保険金請求書
- 仕切状、納品書など価格を示す書類
- 運送送り状など運送を示す書類
- サーベイレポートおよび検査費用請求書（被保険者がサーベイを手配した場合）
- 写真、現認書、損害額のバウチャーなど

・運送会社への事故通知

運送保険の保険金支払い実務は、輸出 FOB 保険同様英国判例・習慣などの適用はなく日本法・実務により進められます。なお、わが国保険法の規定により保険会社は請求手続きの完了日から一定期間（約款に定めた日数；例えば 30 日）以内に保険金の支払いを行う必要があります。ただし特別な調査を要するケースに関してはより長い日数（例えば 180 日）とすることが保険法で認められています。

7.3　内航貨物海上保険

国内間を輸送される貨物のうち、主として内航船で輸送される貨物に関しては、内航貨物海上保険と分類されています。

基本的なスキームはおおむね前記運送保険と共通です。保険事故が起きた際の対応や保険金の請求要領はおおむね共通しますが、送り状などの必要書類は内航運送に合わせたものとなります。内航船舶での輸送中でも共同海損が発生することがあり、その場合は外航貨物と同様に精算されます。貨物保険の共同海損カバーに関しても、おおむね外航の場合と同じです。

なお、地震リスクに関しては、オールリスク条件であっても貨物が陸上にある間は除外されていることに留意を要します。

7.4　船舶保険（Marine Hull Insurance）

船会社（船主）が船体の損害に対して付ける保険です。貨物海上保険とともに 1000 年以上も前に誕生し、イギリスを中心に発展してきました。あくまでも、船体の損害に対する保険であり貨物の損害をカバーするものではありませんが、以下の状況において貨物損害と関わりが生じます。

①共同海損の分担者として

共同海損に際しては、貨物分担分が貨物保険で支払われるのと同様、船舶分担分は船舶保険で支払われます。

②少額共同海損による支払

船舶保険には「少額共同海損」という特別契約があり、船会社（船主）の選択により定期航路に就航するコンテナ専用船に付けられることがあります。この特別契約の下では、一定額以下の共同海損は、荷主側に分担請求をせず、全額船舶保険でカバーされます。B/L 本数が膨大な数に上る定期航路の大型コンテナ船における精算事務ロード・コストを省く趣旨です。このような特別約款（契約）付きで船舶保険に加入するには一定の条件を満たす必

要があります。船舶と貨物で損害や費用を分担し合うという共同海損の原則を適用停止とするものですが、あくまでも例外的な対応方法と言えます。

③衝突による貨物損害の賠償金

　船舶保険には通常、船同士の衝突により相手船の貨物に与えた衝突損害賠償金を支払う契約が含まれています。

　例えば、船舶X号とY号が衝突した結果、X号に積まれていた荷主（A社）の貨物に損害が生じた場合、A社はその損害を自船であるX号船主に対しては、運送契約上航海過失（操船に関する過失）は免責されているため請求することはできませんが、相手船Y号船主に対しては請求可能です。この場合、Y号船主はY号の過失割合分（例えば衝突原因の過失割合がX号3：Y号7であれば70%）を賠償しY号の船舶保険からカバーを受けることになります。このように、船同士の衝突があった場合には、結果的に相手船の船舶保険から貨物の損害が支払われることがあります。

　なお、通常はA社貨物には貨物海上保険に付けられており、ICC（A）、（B）、（C）何れであっても船舶の衝突による損害はカバーされますので、まずは貨物海上保険で支払いを受け、貨物保険会社がY号船主に対し代位請求する流れとなります。

　また、上記は米国法の下では、若干異なる扱いとなることがあります。

第 8 章　国際物流と賠償責任保険

8.1　貨物海上保険と賠償責任保険の関係

　よくセミナー等で、「国際輸送中に事故があって貨物が損害を受けても、運送人が損害保証してくれるから、荷主は、貨物海上保険（物保険）を掛ける必要はないですよね。」「船会社（実運送人）が賠償責任保険を掛けているから、NVOCC[1]であるわが社は、賠償責任保険を掛ける必要がないですよね。」とのご質問をいただきます。

　国際運送を委託された運送人（以下では特に断りがない限り、「運送人」とは、「船会社およびNVOCC」を指す）は、運送人と荷主（荷送人）との間で締結された運送契約に基づいて、委託された貨物を、荷受地から目的地（荷渡地）まで安全に輸送し、荷渡地で荷受けした時のままの状態で貨物を引き渡す義務を負っています。したがって、もし運送人がこの義務を怠り、荷受けしたときの状態で引き渡すことができなかった場合、運送人は荷主に対して、その損害を賠償しなければなりません。ただし、運送人はすべての損害に対し、輸送責任を負っているわけではありません。運送人が負うべき責任の範囲は、運送人が発行した船荷証券（Bill of Lading；B/L）、他の運送証券の裏面約款等で規定されています。

　例えば、国際海上運送の場合、通常運送契約上認められた航海過失（火災・沈没・座礁・衝突等）や天変地異による不可効力、俗にS.R.C.Cと称するストライキや暴動等に起因する損害については、運送人は免責となっていますから、荷主はこれらに起因する損害についてはその賠償を請求することはできません。また、通常の運送約款では、損害賠償請求可能な事故であった場合でも、「運送人の賠償責任額は1 kg当り2SDRまたは1包当り666.67 SDRのどちらか大きい方を限度とする」との規定があります。したがって、貨物の価値がそれ以上であった場合、その差額は荷主負担となります。

　しかし、上記のような場合でも、ALL Risksで貨物海上保険（物保険）が付

---

[1] NVOCC（Non-Vessel Operating Common Carrier）とは、自社では船舶等の運航を行っていないが、船会社等の実運送人のサービスを下請けとして使いながら、自社のB/Lを発行して運送を引き受けている利用運送事業者のこと。

保されていれば、梱包不備、貨物固有の瑕疵、遅延、戦争・暴動・ストライキ等（ただし、追加付保可能）による損害を除いて、荷主は、運送人の免責、責任制限額に係りなく、損害補償を受けることができます。

そこで、荷主は必ず貨物海上保険を付保する必要があるわけです。

また、運送人にすれば、仮に賠償責任を負わなければならないような事故が発生した場合でも、賠償責任保険が付保してあれば、その損害を保険会社が補填してくれることになりますから、安心して貨物運送を引受けることができるわけです。

まとめてみますと、貨物海上保険は荷主の物損を補填し、賠償責任保険は運送人の請負業務遂行上の責任損害を補填する保険ということができます。

なお、実務上は、貨物損害が発生した場合、通常、荷主はまず貨物海上保険（物保険）で損害を回収した上で、荷主に保険金を支払った保険会社が荷主に代位（**代位請求権の取得**）して、運送人に損害賠償を請求することになります。

8.2　国際複合運送と運送約款

8.2.1　国際複合運送とは何か

1970年代の国際物流を大きく発展させた要因として、海上輸送についてはコンテナ船の定期航路への就航が、航空輸送ではB747-400（通称「ジャンボジェット機」）の就航があります。

1960年代後半から70年代にかけて、海上運送に関する定期船航路がフルコンテナ化されたことで定曜日の入出港が可能となったことに加えて、船舶が高速化[2]されたことで輸送リードタイムの短縮、貨物ダメージの減少、在庫の削減等が可能となりました。また、B747-400の就航によって一度に100トンもの貨物を輸送することが可能となりました。

ところで、1970年代の本格的なコンテナリゼーションの幕開けによって、国際複合運送（International Combined Transport）が急速に発展しました。

ちなみに、国際複合運送とは、①海・陸・空の2種以上の異なった輸送手段を利用して、②単一の運送契約に基づいて、③二国間以上で物品の運送を行うことをいいます。

この国際複合運送を主宰するのは国際複合運送人（Combined Transport Op-

2　在来船の速力は約15ノット/時であったが、コンテナ船は23〜25ノット/時である。ちなみに、1ノット＝1.8 kmである。

erator；CTO）で、その実務は通常インターナショナル・フレイト・フォワーダー（運送取扱人）であるNVOCCが自らの運送証券（Combined Transport B/L；CT B/L）を発行して担っています。ちなみに、実運送人（船会社他の実際の運送に担う業者）が発行するB/LをMaster B/L、NVOCCが実荷主（実際の荷送人である輸出者）宛に発行するB/LをHouse B/Lといいます。

ところで、図8-1から明らかなように、NVOCCは実荷主との間（House B/L）では運送人と荷主の関係ですが、船会社他の実運送人との間（Master B/L）では、NVOCCが荷主（荷送人）、実運送人が運送人となり、NVOCCは二つの顔をもっています。

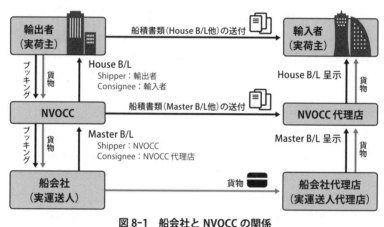

図8-1 船会社とNVOCCの関係
(出所：筆者作成)

国際複合運送のメリットは、従来の輸送と比べて、安全性、迅速性、合理性、経済性などに優れていることです。

コンテナ化される以前の荷送人は、運送モードごとに運送人他とそれぞれ個別に運送契約を締結するだけでなく、物品の積替え、途中保管、通関手続きなどについても、各荷役業者や倉庫業者および通関業者等と個別に交渉・契約する必要があるため、事務の煩雑さに多くの時間を費やしていましたが、国際複合運送では、CTO一人と契約するだけで一貫輸送が可能となりました。

また、最近は、物流費削減のためにJIT（Just in time）納入や輸送責任や情報の一元管理などが求められていますが、これらが国際複合運送を利用する際の重要なメリットの一つになっています。

8.2.2　国際複合運送と国際複合運送証券

国際複合運送の引受けに際して、運送人は荷送人宛に貨物受取りの証拠および、荷主（荷送人）と運送人（船会社やNVOCC）との間で結ばれた運送契約締結の証として、運送証券を発行します。

代表的な海上運送に関する運送証券としては、船会社が発行する船荷証券（B/L）やNVOCCが発行する国際複合運送証券（Combined Transport B/L；CT B/L）があり、運送人の責任原則は、これらB/Lの表面および裏面約款で規定されています。また、多くの運送約款では、運送人の責任原則である至上約款（Paramount clause）として、国際条約（ヘーグ・ヴィスビー・ルール等）または国内法（国際海上物品運送法等）を指定しています。

例えば、日本の船会社やNVOCCが発行する運送証券の至上約款では、「本運送証券は、1992年6月3日に改正された1957年国際海上物品運送法の規定にしたがい効力を生ずる」と規定しています。したがって、船荷証券で規定されている運送人の免責事由、責任限度額等は、この国際海上物品運送法に基づいているわけです。

ところで、現在わが国の国際海上物品運送法は、1924年のヘーグ・ルールを1968年に改訂した船荷証券に関する国際的統一規則（ヘーグ・ヴィスビー・ルール）をほぼ国内法化した国際海上物品運送法（1992年に従来の国際海上物品運送法を一部改正）を基本的に遵守しています。

ちなみに、ヘーグ・ヴィスビー・ルールと現在の国際海上物品運送法の違いとしては、ヘーグ・ヴィスビー・ルールによる運送人の責任区間は「船積みから陸揚げまで（tackle to tackle）」であるのに対して、国際海上物品運送法では「貨物の受取りから引渡しまで（from place of receipt to place of delivery）」になっていること、またヘーグ・ヴィスビー・ルールが原則として用船契約（Charter Party）には適用されない点を除けば、基本的に国際海上物品運送法はヘーグ・ヴィスビー・ルールに準拠しています。

8.2.3　国際複合運送における責任体系

ところで、国際複合運送では、荷受地から目的地（荷渡地）まで異なる二種以上の輸送モードを利用して貨物運送は行なわれます。

例えば、図8-2のように、日本（高崎）からスエズ運河経由でドイツのケルンまで複合運送した場合、問題は輸送区間ごとに異なる条約や規則が存在することです。

したがって、輸送途上で事故が発生した場合、どの条約または規則に基づい

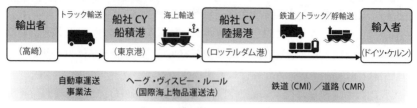

図 8-2　国際運送ルート（例）
(出所：筆者作成)

図 8-3　ネットワーク・システムとユニフォーム・システムの違い
(出所：筆者作成)

て処理されるべきか意見が分かれてきます。

　そこで、輸送上の責任体系の構成形態には、「ネットワーク・システム（Network Systems of Liability）」と「ユニフォーム・システム（Uniform Systems of Liability）」があります（図 8-3 参照）。

　まず、「**ネットワーク・システム**」とは、貨物事故がどこで発生したかによって適用される条約または規則が異なる形態です。

　具体的には、貨物事故の発生場所が明らかな場合は、その区間に存在する条約や規則に従うことになります。また、事故発生の場所が特定できない場合（"**Concealed Damage**"）は、海上輸送区間で発生したものと見なすとする考え方です。

　次に、「**ユニフォーム・システム**」とは、全輸送区間を通して、「対荷主同一（単一）責任原則」とする考え方です。

　「同一責任」とは、貨物損害がどの運送区間で発生した事故であっても、賠

償額はそこに存在する条約や規則とは関係なく、同額であるという考え方です。

荷主にしてみれば、CTO がどのように輸送モードを組み合わせて輸送しようと約定通りのスケジュールと料金で、貨物を安全かつ確実に目的地まで輸送してくれればよいわけですから、貨物事故の発生場所や延着理由の如何によって、賠償額が「違ってくる」というのは合理的ではないと考えるのは当然だと思います。

ただし、現在のユニフォーム・システムは運送人にとって厳しい原則ですから、先進国ではほとんど採用例がありません。

8.2.4　国際運送条約の策定

現在原油や鉱物等の特殊貨物を除いて、貿易貨物量の 99.7% は海上コンテナで、0.3% は航空で輸送されています。

ところで、運送人の責任を定めた最初の国際条約は 1931 年に発効した**「1924 年船荷証券統一条約（ヘーグ・ルール）」**です。わが国も 1957 年にこれを批准し、商法に対する特別法として**「国際海上物品運送法」**が制定され、1958 年 1 月 1 日から施行されました。

しかし、1960 年代以降のコンテナ船就航や航海術の発展等による海運事情の大変革に伴い、在来船時代に制定されたヘーグ・ルールの手直しが必要となり、改正されたのが**ヘーグ・ヴィスビー・ルール**です。これを受けて、わが国でも、1992 年 6 月に国際海上物品運送法の改正を行い、改正された同運送法が 1993 年 6 月 1 日から施行されています。したがって、わが国の現在の国際海上物品運送法は、ヘーグ・ヴィスビー・ルールに準拠しています。

また、国際複合運送に関しては、ヘーグ・ルールとは別に、**ハンブルグ・ルール**（詳細は後述）が 1992 年 11 月に発効しています。さらに、いまだ未発効ですが、1980 年国連国際物品複合運送条約（United Nations Convention on International Multimodale Transport of Goods；国際複合運送条約）もあります。後からできた条約ほど運送人の責任は重く規定されています。

(1) ヘーグ・ルール

19 世紀以来、海上貿易が進展し、大量の貨物を輸送する船会社の活躍が目ざましくなるにつれ、運送人の責任や海上危険に対する免責の取扱いに関する統一化の必要性の機運が高まりました。とりわけ国際法学会（International Law Association）と万国海法会（Comite' Maritime International）が著しい貢献をしています。また、国際法学会は、共同海損に関する"1890 年ヨーク・アントワープ規則（York-Antwerp Rules）"の作成およびその後の改訂作業に

も携わっています。

　船会社と荷主間の対立を調整する大きな契機となったのは、1893年米国で制定されたハーター法（Harter Act）です。ハーター法では、**商業過失**と**航海過失**を判然と区別し、発航時の堪航担保（Warranty of Seaworthiness：本船が予想される航海に対して堅牢であり、危険に堪えうる物理的能力を備えた完全な稼働状態にあるという約束）と、商業過失については運送契約上の免責約款を無効としていますが、航海過失については免責を認めています。

　このような運送人責任を統一しようとする大きな流れのなかで、国際法学会の主導のもとに、「1921年ヘーグ規則（Hague Rules1921）」が成立しました。これに多数の利害関係者の意見を徴し、1921年ヘーグ規則に必要な修正を加えて、1922年ロンドンで開催された万国海法会で決定されたのが「1922年ヘーグ規則」です。

　この条約案は、1924年8月25日ブラッセルで26ヵ国によって署名・批准され、1931年に発効しました。これが、「1924年8月25日にブラッセルで署名された船荷証券に関するある規則の統一のための国際条約（International Convention for the unification of certain rules of law relating to bills of lading, signed at Brussels on 25th August, 1924）」で、通常「船荷証券統一条約」または「ヘーグ・ルール」と呼ばれているものです。

　本条約の内容はハーター法と同じく、運送人の過失を、①商業過失（Carrier's Risk）と、②航海過失（Navigational Risk）に分けています。ヘーグ・ルールでは、商業過失および堪航担保義務については運送人の責任になっていますが、航海過失による損害については免責になっています（第3条1項・2項、第4条2項）。

　ところで、商業過失とは、運送されている物品の積込み、取扱い、積付け、運送、保管および荷揚げに関する損害をいい（第3条2項）、航海過失とは、航海または船舶の取扱い（Management）に関する船長、海員、水先人または運送人の使用人の作為（Act）、不注意（Neglect）または過失（Default）をいいます（第4条2項）。

　つまり、運送人による不適切な積付けによって航海中に荷崩れ等を起こして貨物が損傷した場合は運送人の責任になりますが、船長が航海を誤り、氷山等と激突して貨物が全損になっても、船会社は責任をとらなくてもよいということです。

　また、航海過失を含めて、運送人が原則として免責される一定の事由を列挙しますと、座礁、沈没、衝突、火災等の航海過失、天変地異（不可抗力）、戦

争・同盟ストライキなどです（第4条2項）。

　次に、運送人の責任限度額については、利害の調和をはかり、物品の性質および価額が荷送人により船積み前に運送人に通知され、それが船荷証券（B/L）に記載されている場合を除いて、物品の滅失または損害について、運送人は1包または1単位につき100スターリング・ポンド（100 sterling pounds per package or unit）または他の通貨によるこれと同等額を、ただしこれを超えて責任を負わず、また、これ以下の賠償額を定めることはできない（第4条5項）としています。

　わが国は、1957年に同条約を批准し、「国際海上物品運送法（Japan COGSA）」を制定したことは前述しましたが、本法は、船舶による物品運送で、船積港または陸揚港が本邦外にある場合、すなわち、外航船による貨物運送に適用され（第1条）、商法の特別法にあたります。

　ヘーグ・ルールを準拠した旧国際海上物品運送法では運送人の責任限度額を1包または1単位につき10万円を限度とすると規定（第13条）しています。これは、制定当時の為替レートが1英ポンド＝1,008円だったことによるものです。ちなみに、ヘーグ・ルールに基づくイギリスの1924年海上物品運送法では100英ポンド、米国の1936年海上物品運送法（Carriage of Goods by Sea Act；US COGSA）では1包または1単位につき500米ドルと規定しています。

　ただし、ここで注意しておくべきことは、船会社（当時はわが国の現在のようなNVOCCはいなかった）が準拠するのはヘーグ・ルールそのものではなく、これを批准した各国の立法に準拠するということです。

　したがって、わが国の船会社が商業過失によって貨物に損傷を生ぜしめた場合、船会社は、わが国の旧国際海上物品運送法に従って、1包または1単位当たり100英ポンドではなく、10万円を限度として損害賠償の責に任じたわけですが、航海過失による損害については免責となったということです。

(2) ヘーグ・ヴィスビー・ルール

　1970年代のコンテナ船就航による定期航路の急速な拡大および運送形態の変化や発展に対応するために、1924年ヘーグ・ルールの責任限度額の見直しが図られ、1968年にヘーグ・ルールを一部改正した改正議定書が海事法外交会議で採択され、1977年に発効しました。

　これが通常ヘーグ・ヴィスビー・ルールと呼ばれているもので、正式名称は、"International Convention for the Unification of Certain Rules of Law relating to Bills of Lading as Amended by the Brussels Protocol 1968 and by the Brussels Protocol 1979 Protocol" といいます。

このヘーグ・ヴィスビー・ルールでは、責任限度額の表示を従来のスターリング・ポンドから金フラン（純分1,000分の900の金65.5 mgの価値）に改められました。しかし、1971年のニクソン・ショックに象徴される金とドルの交換停止や、その後の変動相場制への移行に伴い、金フランによる表示が実質的意味をもちにくくなったこと、IMFがSDRを創設したこともあり、金フランをSDRに改めた改正議定書（SDR議定書）が1979年に採択され、1984年に発効しました。

ヘーグ・ルールでは、コンテナは1梱包（One Package）か否かの争いが生じましたが、ヘーグ・ヴィスビー・ルールでは、貨物がコンテナやパレットで輸送される場合、これらに積み込まれた貨物の包または単位（Package or Unit）の数が船荷証券に記載されていれば、その数に基づいて、また、船荷証券にその記載がなければ、コンテナまたはパレットをOne Package or Unitとみなして、責任限度額を計算することになっています。

また、1968年議定書では、計算単位として金フランを採用すると同時に、賠償額の計算方式として、1包または1単位当たり10,000金フランまたは30金フランとして総重量の価格を計算し、いずれか高い方の金額を支払うというPackage Limitation（1包または単位当たりいくらとして包括的に責任をとる方法）と重量制を併用する方式をとっています。

さらに、SDRが導入された1979年議定書では、責任限度額を15金フラン＝1SDRとして換算しましたが、責任限度額の引上げは行いませんでしたので、ヘーグ・ヴィスビー・ルールの責任限度額は1包（梱包または包装）または1単位当たり666.67SDRまたは単位（1 kg）当たり2SDRという併用方式となっています。

なお、1 SDRの値は毎日IMFが発表しています。ちなみに、2017年6月14日の1 SDR＝152円で、1包または単位当たり（666.67SDRまたは2SDR）の運送人の責任限度額は101,334円または304円となります。

(3) 国際海上物品運送法の改正

1979年議定書が1984年に発効したことをうけ、社団法人日本船主協会は1988年5月に運輸省（現国土交通省）に対し、社団法人日本荷主協会（2009年5月解散）も同年6月に通商産業省（現経済産業省）に対し、1979年議定書の批准ならびに国際海上物品運送法改正の要望書を提出しました。これらの関係団体からの強い要望もあり、国際海上物品運送法の改正作業が進められ、1992年4月開会の第123回国会で「国際海上物品運送法の一部を改正する法律案」が可決され、改正法は1992年6月3日に公布、1993年6月1日から施行され

ました。

　また、1979年議定書の締結承認案件も同時に123回国会に提出され、衆参両院で承認されました。わが国は、1992年3月13日に1979年議定書に署名し、批准書は1993年3月1日に寄託されました。また、1924年条約の廃棄通告を1992年6月1日に行っています。これにより、1993年6月1日に旧条約の廃棄と1979年議定書が同時に効力をもつにいたりました。

　ヘーグ・ヴィスビー・ルールを準拠している改正国際海上物品運送法の13条では、責任限度額を以下のように規定しています。

　第13条（責任の限度）

　運送品に関する運送人の責任は、1包又は1単位につき、次に掲げる金額のうちいずれか多い金額を限度とする。

　一　1計算単位の666.67倍の金額
　二　滅失、損傷又は延着に係る運送品の総重量について1キログラムにつき
　　　1計算単位の2倍を乗じて得た金額

　したがって、現在のわが国の運送人（船会社およびNVOCC）の荷主に対する責任は、商業過失の場合には1包または1単位につき666.67SDRもしくは1kg当たり2SDRで計算してどちらか多い金額を限度に支払うことになりますが、航海過失による損害は免責となっています。

（4）ハンブルグ・ルール

　ハンブルグ・ルールの正式名称は「1978年海上物品運送に関する国際連合条約」(United Nations Convention on the Carriage of Goods by Sea, 1978) といいますが、ヘーグ・ルール、ヘーグ・ヴィスビー・ルールの法体系とは著しく異なり、荷主国である発展途上国の意向が強く反映されています。

　これに対して、ハンブルグ・ルールは国連国際商取引法委員会（United Nations Commission on International Trade Law；UNCITRAL）が作成した草案に基づき、1978年にハンブルグで開催された条約採択外交会議で作成されました。ハンブルグ・ルールでは、20ヵ国が批准し、その1年経過後に発効すると規定（第30条）していますが、1992年11月1日に発効しました。ちなみに、2017年6月1日現在の批准国は34ヵ国です。

　ハンブルグ・ルールは、ヘーグ・ルール、ヘーグ・ヴィスビー・ルールよりも運送人に対して過大な責任を課しているため、わが国や船主国である先進諸国は本ルールを批准していません。

　なお、ハンブルグ・ルールやヘーグ・ヴィスビー・ルールを運送人責任の観点から、比較してみますと、表8-1のような差異があります。

表 8-1 各条約と国際海上物品運送法の比較表

	ヘーグ・ルール（1924）	ヘーグ/ヴィスビー・ルール（1968）	国際海上物品運送法（1993）	ハンブルグ・ルール（1978）
責任区間	積込み～荷卸し（1条-e） ※積荷・荷揚げ作業期間含む。	同　左	受取り～引渡し（3条）	港における貨物の受取り～引渡し（4条）
免責事由	航海過失 火災(運送人の故意・過失を除く) 可航水域特有の危険 天災・戦争など（4条2）	同　左	同　左 （3条、4条）	原則として航海過失を含めて、すべての過失につき運送人が任責される（5条1）
責任限度額	£ 100/包 or 単位 ※運送品の性質、価額の通告、船荷証券記載のある場合は除く。→従価運賃 規定以上の協定最高価額可能（4条5）	666.67SDR/梱包or単位 2SDR/kgいずれか高い額 ※性質・価額の申告、船荷証券に記載ある場合を除く。 コンテナなどの場合は船荷証券に表示されている、梱包・単位の数が責任限度額の基準となる（4条5）	同　左 （13条1、2、3）	835SDR/梱包or単位 2.5SDR/kg or 単位いずれか高い額（6条a） 遅延損害は運賃の2.5倍（6条2b） コンテナなどの場合は船荷証券に表示されている梱包・単位の数が責任制限の基準となる（6条2.b） FCL Cargoは一単位（6条2.b） 規定以上の限度額の協定も可能（6条4）
損害通知	通常引渡し時 隠れたる滅失・損傷は3日以内（3条6）	同　左	同　左 （12条1）	通常、引渡日の翌営業日まで（19条1） 隠れたる滅失・損害は15日以内（19条2）
出訴起源	引渡しあるいは引渡されるべき日より1年以内（3条6）	引渡しあるいは引き渡されるべき日より1年以内 当事者の合意で延長可能 第三者に対する求償訴訟は、さらに3ヵ月の猶予期間（3条6、6の2）	同　左 （14条）	引渡しあるいは引渡されるべき日より2年以内 当事者の合意で延長可能 求償訴訟はさらに最低90日の猶予期間（20条） 遅延損害については、60日以内（19条5）

(表 8-1　続き)

	ヘーグ・ルール (1924)	ヘーグ/ヴィスビー・ ルール (1968)	国際海上物品運送法 (1993)	ハンブルグ・ルール (1978)
対象貨物	生動物・甲板積貨物以外の各種貨物（1 条 c）	同　左	同　左 (18 条)	全貨物（1 条 5） ※甲板積運送のできる場合 　荷送人との合意ある場合 　特定取引の慣習ある場合 　法令上の規定ある場合（4 条）
適用契約	用船契約には適用されない。 ※船荷証券が運送契約を証し譲渡性のある証券となる場合は適用あり（1 条 b）	同　左	用船契約にも適用	
不法行為	規定なし	運送人およびその使用人の不法行為に対しても、適用となる。 (4 条-2)	同　左 (1 条、20 条 2)	同　左 (7 条)
その他	堪航担保義務（出航の当時） 適切かつ慎重な積込、運送、保管、荷揚をなす義務（3 条 1、2） ※堪航性および運送品に関する注意義務について、相当の注意をしたことの立証責任は運送人にある。(4 条)	同　左	同　左 (3 条、4 条、5 条)	立証責任の転換された過失責任（被害者は単に加害者の行為により損害を被ったことを立証すれば足り、無過失の立証負担を加害者に課す）(5 条) 60 日を超える遅延につき、滅失の推定を認め、遅延に対する運送人の責任を明定した。(5 条 3)

(出所：三井住友海上火災保険株式会社「運送人の責任と貨物保険」)

(5) ロッテルダム・ルール

　国際複合運送の海上輸送部分で適用される条約には、ヘーグ・ルール、ヘーグ・ヴィスビー・ルール、ハンブルグ・ルールの3つが国際条約の主流となって並存する一方で、これらの条約の一部分を取り込んだ独自の国内法（例えば、わが国の国際海上物品運送法等）も存在しています。したがって、国際複合運送の中で、どのルールが適用されるかによって、運送人の責任範囲や損害賠償額が異なってくるという問題があります。そこで、国連国際商取引法委員会（UNCITRAL）では、輸送技術の進歩、IT技術の活用、運送契約の多様化に対応し、海上物品運送法の国際的な統一を図るために、10年以上の検討の末にまとめたのが「新国連国際海上物品運送条約（ロッテルダム・ルール）」です。2009年9月23日ロッテルダムで行われた署名式では16ヵ国が署名しました。本条約は20ヵ国が批准し、その1年経過後に発効することになっています。米国、フランス、スペイン、オランダ、スイス、ギリシャ、ポーランド、デンマーク、ノルウェー、アルマニア、ナイジェリア、トーゴ、ガボン、ガーナ、コンゴ、ギニア、セネガル、マダガスカル、カメルーン、ニジュール、マリの21ヵ国が署名し、2011年1月19日にスペインが最初の批准国となりましたが、2017年10月末現在署名国は25ヵ国、批准国はスペイン、トーゴ、コンゴ、カメルーンの4ヵ国で、まだ発効していません。

　ロッテルダム・ルールの特徴は次の通りです。

① 従来のヘーグ・ルールやヘーグ・ヴィスビー・ルールは船荷証券に対し適用されていますが、本ルールは国際海上運送を含む運送契約一般（用船契約は除外）に適用されます。また、Sea Waybillによる運送にも適用されます（第35条）。

② 本ルールの適用範囲は、従来の海上輸送部分（tackle to tackle）から、荷受けから荷渡しの区間にまで拡大されているため、陸上輸送区間に既に存在するCMRやCMIなどとの関係が問題となります。
　　したがって、本ルールを「砂漠を行く船（駱駝）のようだ」と比喩する人もいます（第5条1項）。

③ 従来のヘーグ・ルールやヘーグ・ヴィスビー・ルールでは、発航時に船舶の堪航性を求めていましたが、本ルールでは航海中も継続して求めています（第17条）。

④ 運送人の責任制限額は、ヘーグ・ヴィスビー・ルールと同じくPackage Limitationと重量制を併用していますが、その限度額は1包当たり875SDRまたは1kg当たり3SDRと他の条約と比較して最も高くなっています（第

50条)。

⑤本ルールでは、従来のヘーグ・ルールやヘーグ・ヴィスビー・ルールで認められていた運送人の航海過失免責が廃止されただけでなく、船長や乗組員等の海事履行補助者の故意・過失による事故の場合は運送人責任とされ、責任がむしろ強化されています(第18条)。

⑥ヘーグ・ルールおよびヘーグ・ヴィスビー・ルールにおける運送人の責任の存続期間は1年間ですが、ロッテルダム・ルールは2年間です(第62条1項)。

⑦ロッテルダム・ルールでは、北米航路で見られるService Contract (S/C)などの数量契約の締結にあたっては、本ルール通りの運送人の責任とする場合の運賃と運送契約を緩和した場合の運賃の両方を提示するように、荷主の選択の機会を与えることが義務付けられました。運送契約は、運送人が一方的に定めた片務的強行規定で、これを条約の規定よりも緩和する契約は無効とされてきましたが、本ルールでは契約の自由が認められています(第80条)。

ロッテルダム・ルールは現行のヘーグ・ヴィスビー・ルールと比べると、運送人には不利、荷主には有利な内容になっていますが、世界的な潮流としては、荷主側だけでなく、運送人側も受入れに積極的なようです。

EUでは、運送人の責任が重いCMRの責任限度額を複合運送にも適用しようとする動きがあります。そこで、運送人側は更なる責任強化の動きが本格化する前に、多少譲歩した本ルールを成立させようとする動きがあります。また、米国はロッテルダム・ルールの発効が遅れますと、現在独自に作成し凍結中のUS COGSA(米国海上物品運送法)の改定に踏み切る可能性もあります。そうなりますと、地域ごとに異なる条約や法律が適用され、より複雑化する可能性があります。

(6) 国連国際物品複合運送条約

国連国際物品複合運送条約(United Nations Convention on International Multimodal Transport of Goods)は、1980年5月24日に誕生しました。本条約の発効は30ヵ国が批准し、その日から12ヵ月後に発効することになっていますが(第36条)、現在のところ成立の見通しは立っていません。

ただし、仮に発効した場合、CTO(複合運送人)が運送する貨物の受取地または荷渡地が締結国内にある場合、そのすべての複合運送契約に強制的に適用されることになります(第2条・3条)が、海上運送におけるヘーグ・ルールや航空運送におけるワルソー条約等との関係では、荷受地または荷渡地のどち

らか一方の国が本条約締結国である2国間で行われる国際運送の場合、両当事国が上記の諸条約の締結国である場合には、これら諸条約を優先して適用することができますので（第38条）、本条約と他の諸条約との抵触の問題は避けられると思われます。

先進諸国が同条約に反対した大きな理由の一つは、運送人の賠償責任限度額が高いためです。同条約第18条1項では、「複合運送人が第16条にしたがって、貨物の滅失・毀損によって生ずる損失に対し賠償責任を有するとき、運送人の賠償責任限度額は滅失または毀損した物品の1包または船積み単位当たり920SDRまたは外装込み重量の1kg当たり2.75SDRを越えない額を限度とし、いずれか高い方をとる。」と規定しています。

この920SDRまたは2.75SDRという値は、わが国が批准したヘーグ・ヴィスビー・ルールの約1.4倍、ハンブルグ・ルールの約1.1倍に相当します。

(7) ワルソー条約

わが国の商法第569条は「運送人トハ陸上又ハ湖川、港湾ニ於テ物品又ハ旅客ノ運送ヲ為スヲ業トスル者ヲ謂フ」と定めており、航空運送に関する規定は設けていません。したがって、国際航空運送における運送人の責任は、国際条約であるワルソー条約によることになります。

ワルソー条約は、1929年ワルソーで開催された国際航空私法会議で採択されたもので、正式名は「国際航空運送についてのある規則の統一に関する条約（The Convention for the Unification of Certain Rules Relating to International Transportation by Air）」といいます。わが国は、1953年に同条約を批准しましたが、1955年にヘーグの外交会議において、このワルソー条約を改正する議定書（いわゆる「ヘーグ議定書」）が成立しました。

正式名は「1955年にヘーグで改正されたワルソー条約（The Warsaw Convention as amended at The Hague 1955）」といいますが、同条約では、航空運送人の責任限度額が定められています。ちなみに、1929年ワルソー条約では125,000金フラン（当時の金額で4,898米ドル）でしたが、1955年ヘーグ議定書では250,000金フランに引き上げられました。しかし、航空産業が未成熟の時代に定められたこの賠償責任限度額は、航空機による大量輸送が実現した現代からみるときわめて低額で、問題を残していました。

航空運送人は、場所の如何を問わず（"air borne only"の意味ではなく）、事故が「航空運送中」に生じた場合に責任を負います（第18条1項）。なお、航空運送中とは、運送人の管理下にある期間をいいます（同条2項）。

貨物の損害については、運送人の賠償責任限度額は、原則として損害貨物1

kg 当たり 250 金フラン（20 米ドル）です（第 22 条 2 項）。

(8) CMR および CIM

CMR は、欧州にある国際道路物品運送条約（Convention on the Contract for the International Carriage of Goods by Road）の略称で、1956 年 5 月ジュネーブで採択され、1961 年 7 月 2 日に発効、EC 諸国のみでなく、ソ連、ポーランドなど東欧諸国を含め、24 ヵ国で発効していました。1978 年 7 月責任限度額を SDR に変更する議定書により改正され、1980 年 12 月 28 日に発効しましたが、改定条約の加盟国はイギリス、ドイツ、フランス、イタリアなど 13 ヵ国となっています。

運送人は、商品交換価格または市場価格にもとづいて賠償義務を負い、その責任限度額は、滅失・損傷を被った貨物の総重量の 1 単位当たり 8.33SDR を限度とするとしています。

本条約は、トラック、トレーラー等による道路運送であること、発地（荷受地）と着地（荷渡地）が 2 国間にわたり、そのうち少なくとも 1 国が締約国である貨物運送に適用されます。

CIM は、欧州にある国際鉄道物品運送条約（International Convention concerning the Carriage of Goods by Rail）の略称で、1952 年 10 月に作成され、1970 年 2 月に改定されました。

1980 年 5 月 9 日にスイスのベルンで国際複合運送条約（The Convention concerning International Carriage by Rail；COTIF）が調印され、この条約の付属書 B として、国際鉄道物品運送契約統一規則（Uniform Rules concerning the Contract on the International Transport of Goods by Rail）が制定されましたが、この規則は CIM を若干改定した新 CIM ともいうべきものです。COTIF に加盟することは、1970 年の旧 CIM を廃棄し、1980 年の新 CIM に加盟することを意味しています。

運送人は、商品交換価格または市場価格にもとづいて賠償義務を負いますが、総重量の 1 kg 当たり 17SDR を限度とします。

8.2.5 船荷証券にみる運送人の責任

在来船とコンテナ船の荷役形態は異なるために、B/L 上の約款にもいくつかの差異がみられますが、最も注意すべきところは、船会社（運送人）の責任の始終です。

すなわち、コンテナ船の場合の船会社の責任は、「船会社の代理人である CY または CFS オペレーターが CY または CFS で荷送人（Shipper）からコンテナ

または貨物を受け取った時（Place of Receipt）から始まり、仕向地で荷受人（Consignee）に引き渡した時（Place of Delivery）に終了する」とB/Lで規定しています（国際海上物品運送法3条1項）。

これに対して、在来船の場合は、貨物が「本船に積み込まれた時に始まり、本船から卸された時に終了する（tackle to tackle）」と規定しています。つまり、コンテナ船における船会社の責任範囲は、在来船の「テークル主義」より拡張されているわけです。

また、ヘーグ・ヴィスビー・ルール1条（e）では運送人の責任について、「テークル主義に基づく貨物の積込みから荷卸し（積込み、荷卸し作業中も含む）の期間について責任を負う」と規定しており、国際海上物品運送法の規定より狭くなっています。

ちなみに、「テークル」とは、在来船で貨物の積込みや荷揚げのために使用される揚貨装置のことで、「テークル主義」とは、船積港の岸壁で本船のテークルが貨物を捕えた時から、陸揚港の岸壁で荷揚げされた貨物からテークルが離れる時までの区間について、船会社が責任をもつことを意味しています。

なお、コンテナ船では、コンテナの一部が必ず甲板積みとなるため、運送人の裁量でコンテナを甲板積みまたは艙内積みとする権限を有する旨を明確にした甲板積選択権約款（Optional Stowage Clause）が通常B/L約款の中に挿入されています。逆に、在来船では、甲板積貨物は波ざらいなどの危険が大きいため、特殊貨物（硫酸等劇薬、木材など）を除いて、甲板積みは原則として禁止されています。

次に、運送人の責任原則は、前述のように、日本の船会社のB/Lは過失責任主義で挙証責任は荷主にありますが、堪航担保義務および運送品に関する注意義務は、逆に運送人に無過失の挙証責任があります。（国際海上物品運送法第3条、4条、5条）

これに対して、ハンブルグ・ルールでは、挙証責任が運送人に転嫁された過失責任主義をとっています。したがって、被害者（荷主）は、単に加害者（運送人）の行為により損害を被ったことを立証すれば足り、運送人が無過失の挙証責任を負うことになります。

なお、わが国の船会社のB/Lにおける免責事由は、次の通りです。
① 航海過失（乗組員の船舶取扱いに関する過失）（国際海上物品運送法第3条2項）
② 火災（運送人の故意・過失によるものを除く）（同3条2項）
③ 海上危険（同4条2項）

④天災・不可抗力（同4条2項）

⑤戦争、ストライキ（同4条2項）等

　船会社は、運送品の受取・船積・積付・運送・保管・荷揚および引渡などの貨物取扱いに関する注意を怠ったことにより生じた運送品の損害については責任を負いますが、上記の①〜⑤の免責規定により生じた損害については責任を負いません。しかし、堪航能力担保義務の責任は免責されません。また、船会社による責任が認められた場合でも、前述のように、一定限度額以上の損害については通常免責とされる賠償責任限度額が設定されています（国際海上物品運送法第13条）。

　なお、船会社の責任限度額は、事故発生時に適用される条約や規則等によって異なってきます（表8-2参照）。

　ただし、損害が、船会社の故意または損害の発生のおそれのあることを認識しながら行った無謀な行為によって生じた場合には、船会社は責任制限額の活用をすることができません（責任制限の阻却）。

　なお、阻却事由（運送人の故意・無謀な行為）があったことについての挙証責任は荷主側にあり、運送人の責任制限を阻却できるケースは極めて限られているといえます。

表8-2　責任限度額一覧

	1包または1単位当たり	1 kg 当たり
ヘーグ・ルール	Stg £100	
旧国際海上物品運送法	10万円	
U.S. COGSA	US $500	
ヘーグ・ヴィスビー・ルール	666.67 SDR	2 SDR（いずれか高い方）
改正国際海上物品運送法	同　上	同　上（〃）
ハンブルグ・ルール	835 SDR	2.5 SDR（〃）
国連国際複合運送条約（未発効）	920 SDR	2.75 SDR（〃）
JIFFA B/L*	666.67 SDR	2 SDR（〃）
FIATA B/L		2 SDR
ワルソー条約		250金フラン（US $20）
CMR		8.33 SDR
CIM		17 SDR
ロッテルダム条約	875 SDR	3 SDR

　*JIFFA B/Lとは、わが国の多くのNVOCCが加盟している国際フレイト・フォワーダー協会が制定しているB/Lである。

8.2.6 船主責任制限

海上運送契約における運送人の責任原則は前述の通りですが、運送人の責任限度額を考える上で、見落とすことのできない重要なポイントがもう一つあります。それが「**船主責任制限の制度**」です。

国際総トン数（T）*	物損のみの場合（単位：SDR）
2,000 以下	1,000,000
2,001〜30,000	1,000,000＋400×(T−2,000)
30,001〜70,000	12,200,000＋300×(T−30,000)
70,001 以上	24,200,000＋200×(T−70,000)

＊国際総トン数：船舶の「容積」を表す単位で、「1969 年の船舶のトン数の測度に関する国際条約」に規定された基準に従って算定される総トン数。

船舶所有者、船舶貸借人、用船者などが自己の責任を一定額に制限する制度は、昔から各国が自国の海運事業者を保護育成するため、独自に設定してきました。このような中で、1957 年ブラッセルで採択された「海上航行船舶の所有者等の責任の制限に関する国際条約（1957 年条約）」により、船主責任制限の制度が国際的に統一され、米国を除くほぼすべての海運主要国ではこの条約を批准して、国内法制化しています。

わが国では、「1957 年条約」の改正条約として、「1976 年の海事債権についての責任の制限に関する条約（1976 年条約）」がIMCO（政府間海事協議機関）で採択されたことから、「船舶の所有者等の責任の制限に関する法律（船主責任制限法）」（1982 年公布法律第 54 号）として同条約が国内法化され、さらに、2004 年 5 月に「1976 年の海事債権についての責任の制限に関する条約を改正する 1996 年の議定書（1996 年議定書）」が発効したのを受け、わが国でも「船主責任制限法」の一部改正が行われ、2006 年 8 月 1 日に「1976 年条約」の廃棄と「1996 年議定書」へ加入しました。

本法によれば、船舶所有者等の責任の限度額は、一船・一事故当り船舶のトン数に応じて次の通り規定されています（物損のみの場合）。

参考までに、1SDR＝¥152（2017 年 6 月 14 日）とした場合の船主責任の限度額は、

　　2,000 トン　の場合　　　152,000,000 円
　　10,000 トン　〃　　　　638,400,000 円
例：1,000,000＋{400×(16,000−2,000)}＝4,200,000 SDR
　　　　　　　　　　4,200,000×152＝638,400,000 円
　　50,000 トン　〃　　　2,766,400,000 円
　　100,000 トン　〃　　　4,590,400,000 円　　となります。

そこで、船主・用船者が責任制限を行った場合の荷主の回収額は、責任制限額の総賠償額に対する割合に応じて減額されます。
ちなみに、次のような単純化した例を挙げてみたいと思います。
船舶：コンテナ船A号
国際総トン数：50,000トン
積荷：コンテナ貨物（コンテナ2,000本、価額：100億円）
事故の内容：本船の堪航性の問題から機関室に浸水し、その後沈没。貨物はすべて全損となった。

この船舶の責任制限額は上記の通り27.664億円ですから、貨物の損害に対する船主の賠償額は、27.664億円/100億円＝27.66%に制限されます。なお、単純化のために、荷主に対する賠償責任以外の責任は船主には発生しないとの前提で検討していますが、実際の海難事故では荷主以外にも船主に対する賠償請求権を有する関係者が存在するため、荷主の回収可能額は、さらに小さなものとなります。

ヘーグ・ヴィスビー・ルールが個々の運送契約の内容を規律して、運送人の責任内容を決定するのに対して、この船主責任制限条約は、一事故による船主・用船者等の賠償額を一定額に制限させる効果があります。したがって、特に大きな海難事故に際しては、ヘーグ・ヴィスビー・ルール上では十分な回収が得られるとしても、運送人が船主・用船者等の船主責任制限を行うことができる立場にある場合には、最終的な回収額が非常に小さくなる可能性があります。

8.3　国際航空運送

国際航空運送における運送人の責任は、運送の際に発行されるAir Waybill（航空運送状、AWB）で規定されています。AWBは海上運送における船荷証券に相当しますが、AWBの特徴は、貨物引渡請求権の行使および譲渡の際に、その呈示（受戻証券性）あるいは占有の移転（権利の譲渡）を必要とせず、有価証券性（流通性）が認められていないことです。つまり、運送契約の締結、貨物の受取りおよび運送の条件に関しての証明力を有するのみで、債権的効力は与えられていません。

なお、AWBに受戻し性と譲渡性を持たせていない理由は、航空運送がその高速性ゆえ、短期間に運送が遂行されるため、証券自体を売買の対象にすることが要求されないからだと説明されています。

わが国からの航空輸送の約80%〜85%は、航空フォワーダー（混載業者）に

よるコンソリデーション（混載）によって運ばれており、荷主が航空会社と直接運送契約を締結しているケースは多くありません。

コンソリデーションにおける荷主、航空フォワーダー、航空会社の関係は、図8-1の海上輸送のところで記した荷主、NVOCC、船会社と同じ関係になります。

国際航空運送は、AWBの裏面約款2条（a）で、ワルソー条約で定められた責任規定に従う旨定めています。

ワルソー条約は、「1929年10月12日にワルソーで署名された国際航空運送についてのある規則の統一に関する条約」の略で、1929年ポーランドのワルソーで、国際航空運送の発展に資するため、運送証券および運送人の責任を統一的に規制することを目的として **ICAO**（**国際民間航空機関**、International Civil Aviation Organization）によって制定された条約です。

わが国は、1953年にこれを批准しています。この条約は、ヘーグ議定書、モントリオール第四議定書およびモントリオール条約による改定を受けて、現在に至っています。

ここでいうワルソー条約は、1929年国際航空運送についてのある規則の統一に関する条約（ワルソー条約）、1955年ヘーグ議定書、1975年モントリオール第四議定書、1999年モントリオール条約のうち、当該航空運送に適用されるものすべてをいいます。

ヘーグ議定書（正式名称は「1955年にヘーグで改正されたワルソー条約」で、略称「改正ワルソー条約」）は、世界における航空運送事業の飛躍的な発達に伴い、ワルソー条約の規定が実際の慣行にそぐわなくなったため、1955年オランダヘーグで採択されたもので、わが国は1967年に批准しています。

ヘーグ議定書による主な改正点は、次の通りです。
①航空過失免責規定を削除
②旅客についての責任限度額の引上げ
③使用人の責任限度額の採用（使用人が自己の職務遂行中であることを証明した場合、使用人と運送人の賠償合計額は、ワルソー条約の責任限度額を超えてはならない。ただし、使用人に故意・重過失がある場合は無限責任を負う）

モントリオール第四議定書（正式名称「モントリオール第四議定書で改正されたヘーグ改正ワルソー条約」）は、ヘーグ議定書の貨物運送に関する部分を改定するために1975年に採択された後、発効までに長い年月を要しましたが、1998年にようやく発効しました。わが国は2000年5月に批准しています。

このモントリオール第四議定書による主な改正のポイントは次の通りです。
① 責任限度額の引上げと限度額計算の基礎となる重量の取り方の明確化
② 責任制限阻却事由の撤廃（運送人の責任制限を阻却することができなくなった）
③ 厳格責任制度の導入（運送人の過失の有無にかかわらず、損害が運送人の免責事由に該当しない限り、運送人が賠償責任を負うことになる）

ここで注意しなければならないのは、ワルソー条約がヘーグ議定書によって改定され、さらにヘーグ議定書の一部がモントリオール第四議定書によって改定されている点にあります。すなわち、モントリオール第四議定書は、ヘーグ議定書のすべての内容を改定するものではなく、モントリオール第四議定書に規定されていない部分については、ヘーグ議定書を参照する必要があります。

モントリオール条約（正式名称「国際航空運送についてのある規則の統一に関する条約」）は1929年に成立し、その後逐次改正されてきたワルソー条約が貨客両面について、全面的に見直し、1999年にモントリオールで採択されました。この条約は、2003年9月に米国とカメルーンがICAOに批准書を寄託、締約国が31ヵ国に達した2003年11月4日に発効しました。わが国は、2000年に批准しています。

モントリオール条約では、旅客に対する責任限度額の引上げ、損害賠償請求の訴えを契約運送人・実行運送人のいずれにもできることの明確化等、全面的な見直しや改正条約・議定書の統合が行われましたが、運送人の貨物に対する賠償責任に関しては、モントリオール第四議定書による改正点とほとんど同じ内容となっています。

なお、主な改正のポイントは、次の通りです。
① 責任制限阻却事由の撤廃と厳格責任制度の導入（第18条）

運送人の故意・悪意等の責任制限阻却事由が撤廃され、過失の有無にかかわらず、損害が運送人の次の免責事由に該当しない限り、運送人が賠償責任を負うこととなりました。

〈免責事由〉
・貨物固有の瑕疵または性質
・運送人またはその使用人もしくは代理人以外の者によって行われた貨物の荷造りの欠陥
・戦争行為または武力紛争
・貨物の輸入、輸出または通過に関してとられた公的機関の措置

②責任限度額改定と限度額算出基礎重量の取り方の明確化（第22条）

責任限度額が kg 当たり 17SDR へと改定されました（その後、2010 年 1 月 1 日付で 19SDR/kg に改定）。

また、限度額算出の基礎となる重量の取り方は、「同一輸送の他の荷に影響が無い限り、関係する荷の総重量のみ」であることが明記されました。

ところで、ワルソー条約（ヘーグ議定書・モントリオール第四議定書）およびモントリオール条約では、航空運送人の責任原則について、次のように規定しています。

ワルソー条約（ヘーグ議定書・モントリオール第四議定書）は、①２つの締約国間の輸送、または、②単一の締約国内の輸送で、寄港地が他の国（締約国か否かは問わない）にある輸送において、航空機により有償で行う貨物・手荷物・旅客のすべてが国際運送に適用される一方で、航空運送事業者が航空機で無償で行う運送にも適用されます（ヘーグ議定書１条）。また、運送人は託送手荷物または貨物の破壊・滅失または毀損による損害については、その原因となった事故が運送人の管理下で生じたものであるとき、責任を負います（モントリオール第四議定書４条）。

また、運送人は自己の管理下にある貨物に生じた損害について、貨物が航空機および飛行場内外の何処にあろうと、また、航空機が飛行場外に着陸した場合でも、責任を負うことが規定されています（モントリオール第四議定書４条）。

さらに、モントリオール第四議定書、モントリオール条約における運送人の責任原則としては、①航空運送人の責任は有限とする、②運送人に厳格責任を負わせる、という二点が基本原則となっています。

1929 年ワルソー条約の第 20 条では、貨物運送における運送人およびその使用人は、損害が操縦・航空機の取扱いまたは航行に関する過失から生じ、かつ必要な損害防止措置を講じたことを証明すれば責任を負わない、という過失推定責任原則に基づいていました。ちなみに、過失推定責任原則とは、運送人が荷主に対し、損害を防止するため必要なすべての措置を執ったこと、またはその措置を執ることができなかったことを証明した場合には免責される、というものです。

しかし、航空運送は、昨今の航空技術の発展および利用者保護等を勘案し、モントリオール第四議定書によって過失責任原則規定が削除され、厳格責任主義が採用された見返りとして、運送人に常に厳格な賠償責任を負わせることを明確にするために、モントリオール第四議定書第４条に次のような免責事由が

明記されました。
　①貨物固有の瑕疵、性質に起因する損害
　②運送人以外の者によって行われた梱包の欠陥に起因する損害
　③戦争
　④貨物の輸出入、通過に関連して取られた官による貨物の処分

　なお、モントリオール条約においても、モントリオール第四議定書で採用された4つの免責事由のみを認める厳格責任主義が踏襲されています。

　航空運送における運送人の責任限度額は、ヘーグ議定書によると、「託送手荷物および貨物運送においては当該貨物の総重量1kgについて250金フラン（実務では、IMFによる金の最終公示価格で換算してUS\$20/kg）を限度とする」と規定していました。モントリオール第四議定書は第12条でこの限度額を改め、17SDR/kgが新たな責任限度額として採用されました（その後、モントリオール条約においては、2010年1月1日付にて19SDR/kgへ改定）。

　ただし、荷送人が引渡し時に価額を申告し、割増料金を支払った場合は、申告価額が実際価額を超えない限り申告価額が限度となります。

　なお、上記の運送人責任に関する事項は、運送人がAWBなしで貨物を引受けた場合、またはAWBに必要事項の記載がない場合でも適用されること、がモントリオール第四議定書の第3条に明記されています。

　また、モントリオール第四議定書では、国際航空運送人の責任原則は厳格責任主義によることが決定されました。したがって、国際航空運送契約においては、たとえ損害が天災・不可抗力によるものであっても、戦争危険等の免責事由に該当するものでない限り、運送人は責任限度額までの賠償責任を負うことになります。この点が、過失責任主義をとる国内航空運送や国際海上物品運送、その他の運送契約の責任体系との大きな相違点といえます。

8.4　内航運送と賠償責任

　内航運送も、トラック、鉄道などによる運送と同じく、運送人と荷主の間で結ばれる「契約」に基づいて行われるものであり、その契約内容および契約当事者（運送人・荷主）の権利・義務の関係は、当事者間で合意された内容によるのが原則です。したがって、貨物に損害が生じた場合の運送人の責任は、この運送契約の内容によって決定されることになります（契約上の賠償責任）。

　しかし、内航運送については、過去に（社）日本海運集会所が運送契約・各種用船契約の書式を作成し、その普及に努めてきましたが、利用割合が少なく、商法以外に明確な運送契約規定がないため、運送人の責任が必ずしも明確

になっていませんでした。

このような中、国土交通省は 2005 年 4 月に「標準内航運送約款」を制定、また 2006 年 4 月には「標準内航利用運送約款」を制定しました。

いずれの標準運送約款も、内航運送人に対し、国際運送の場合よりも加重された責任を課しています。

まず内航運送における運送人の責任範囲は、商法 739 条によると、運送人の免責事由は以下のように制限されています。

① （海上運送契約の当事者である）船舶所有者の過失につき免責約款の効力を認めない。
② 船員、その他使用人の過失については、軽過失の場合のみ免責を認める。
③ 不堪航により生じた損害について、船舶所有者は無過失責任を負い、堪航能力担保義務の免責は認められない。

内航運送の場合、国際運送のような運送品の積込・運送・保管等の取扱いに関する運送人の商業過失と航海過失の区別はありません。内航運送人に免責約款の援用が認められるのは、船員その他使用人の軽過失についてだけです。

一方、過失責任主義をとることから、暴風等不可抗力による損害に関しては責任を負いません。

また、堪航能力担保義務については、内航・国際運送ともに、この義務に反した結果としての責任を免責する特約を禁じる、という点では同じです。しかし、国際運送の場合、その責任は過失責任主義（発港当時の堪航能力の確保について、運送人に過失があった場合に運送人に責任が生じる）を採るのに対して、内航運送の場合は厳格責任主義（運送人の過失の有無を問わず、発港の当時、堪航性がなかったことだけを要件として責任が発生する）が採られている点で異なります。

内航運送における運送人の責任限度額については、外航運送の場合のような規定は商法上特にありません。したがって、運送人は貨物の損害について、商法第 580 条を準用して当該貨物の到達地価額を限度とした損害賠償責任を負う一方で、前記の 739 条の規定よりも船舶所有者の責任を小さくしない範囲で自己の責任を自由に制限することができます。標準内航運送約款、標準内航利用運送約款とも責任制限額の規定は設けていないため、貨物の引渡し時の価額（時価）が賠償額となります。

内航運送人の責任は、標準内航運送約款・標準内航利用運送約款では、表 8-3 のようになっています。

船主責任制限の制度については前述の通りであり、わが国においては「船舶

表 8-3　内航運送人の約款上の責任のあり方

対象となる運送	Ro/Ro 船、コンテナ船による内航運送（標準内航運送約款） すべての内航利用運送（標準内航利用運送約款）
挙証責任の基本的考え方 ＊以下は具体的なケースごとの規定および規定の詳細	悪意または過失が無いことの証明が出来なければ有責
（貨物の取扱上の過失）	過失責任
（航行、船舶の取扱上の過失）	過失責任（ただし、船員等の軽過失は免責）
（火災）	規定なし（過失責任）
（責任制限額）	規定なし（貨物の引渡し時の価額（時価）

（出所：三井住友海上火災保険株式会社「運送人の責任と貨物保険」2010 年改訂 13p）

の所有者等の責任の制限に関する法律（船主責任制限法）」として国内法化されています。この制度は国際条約に基づくものであり、内航船に限らず、広く外航船を含む船舶一般に適用されますが、船舶のトン数に応じて責任が制限されることから、比較的トン数の小さい船舶が多く使用される内航運送においては大きな意味を持ちます。

8.5　国内陸上運送と賠償責任

8.5.1　国内陸上

陸上運送における基本法規は、内航船の場合と同様商法です。

商法第 577 条における運送人の賠償責任の規定は、いわゆる任意規定であるため、実際の運送契約においては、契約当事者が特に本特約によらない旨を表示しない限り、一般的に貨物自動車運送事業法に基づき公示されている「標準貨物自動車運送約款」が使用されています。

この標準貨物自動車運送約款第 39 条では、陸上運送人は「貨物の受取・引渡・保管および運送に関し、注意を怠らなかったことを証明しない限り、貨物の滅失・毀損または延着について、損害賠償の責任を負う。」と規定しています。つまり、過失が無かったことの挙証責任は、運送人にあるということです。

この標準約款第 4 条では、次の事由による貨物の損害については、運送人は賠償責任を負わないと規定しています。

①当該貨物の瑕疵・自然の消耗・虫害または鼠害
②当該貨物の性質による発火・爆発・むれ・かび・腐敗・変色・さびその他

これに類似する事由
③同盟罷業・同盟怠業・社会的騒擾（そうじょう）・その他の事変または強盗
④不可抗力による火災
⑤地震・津波・高潮・大水・暴風雨・地すべり・山崩れ・その他の天災等
⑥法令または公権力の発動による運送の差止め、開封・没収・差押えまたは第三者へ引渡し
⑦荷送人または荷受人の故意または過失

また、貨物に損害があった場合の運送人による賠償額は、次の通りです（第47条、48条）。

①全部滅失の場合、引渡すべきであった日の到達地価額
②一部滅失または毀損の場合、引渡し日における貨物の現存価額と正品到達地価額の差額
③延着の場合、運賃、料金その他費用の総額

ただし、損害が運送人の悪意または重過失により生じた場合は、一切の損害を賠償する必要があります。

なお、運送品が貨紙幣・有証その他の高価品（容器および荷造を加え、1 kg当りの価格が2万円を超える貨物他）の場合、荷送人が申込みの時にその種類および価額を通知しなければ、運送人は一切の損害賠償責任を負いません。

8.6 フレイト・フォワーダーと賠償責任保険

8.6.1 フレイト・フォワーダーが付保している賠償責任保険の種類

船会社、NVOCC、フレイト・フォワーダーは、荷主から貨物の国内運送・保管・船積み・海上運送・航空運送業務等を請け負う際に、荷主が付保する貨物海上保険（物保険）とは別に、運送や請け負った業務遂行に際して、賠償責任保険を付保していることは前述の通りです。

賠償責任保険と貨物海上保険の期間の違いは、貨物海上保険の担保期間は、貨物（商品）が売主の倉庫（工場）を出庫した時点から買主の最終倉庫に搬入される時点まで運送区間ごとに付保されているのに対して、賠償責任保険は被保険者である船会社やNVOCC、フレイト・フォワーダーの各種業務内容に応じて、各保険ごとに通常1年間包括して付保されるのが一般的です。

ところで、フレイト・フォワーダーは、NVOCC・港湾運送・ステベ（船内・沿岸荷役等）・国内運送・通関・流通加工・倉庫等多岐に渡る業務を請け負っています。そして、各種業者の立場で、荷主や荷主以外の第三者に対して、契約上の責任を負うことになります。そこで、請け負う業務の内容および範囲に

よって、各種の賠償責任保険を手配する必要が生じてくるわけです。

ちなみに、現在大手Aフレイト・フォワーダーが付保している賠償責任保険の種類は、表8-4の通りです。

表8-4　日本の大手Aフレイト・フォワーダーが付保している賠償責任保険の種類

	保険の種類	保険の概要
NVOCCとしての賠責保険	NVOCC賠償責任保険 （Cargo Indemnity Insurance）	House B/L発行者としての責任期間中に発生した貨物の損害に対する法律上・運送契約上の賠償責任を補償。
	第三者賠償責任保険 （Third Party Liability）	貨物やコンテナの取扱いに際し、第三者に身体障害または財物損壊を与えたことによる法律上の賠償責任を補償。例えば、コンテナの横転等により、付近にいた第三者を負傷させたり、第三者の家屋等の財物に損壊を与えた場合の賠償責任が対象となる。上記NVOCC賠償責任保険と併せて手配することが多い。
	コンテナ保険 （Container Itself）	自社で所有もしくは賃借（リース）しているコンテナ自体が運送中の事故で滅失または損傷した場合に被る損害をてん補。主にコンテナを所有・管理している船会社やコンテナ・リース会社が対象のために、船会社のコンテナを利用して国際複合運送を行うNVOCCの場合は、通常船会社やコンテナ・リース会社が付保している保険で代用しているケースも多い。
港湾運送事業者としての賠責保険	ステベ賠償責任保険	コンテナ・貨物の沿岸・船内の荷役作業、保管、横持ち、並びに施設の所有・管理者としての賠償責任を補償。（本船に損害を与えた場合の修理費用を含む）
国内運送事業者としての賠責保険	運送事業者受託貨物賠償責任保険	本邦において、荷主から貨物を集荷または配送する陸運業務を受託する場合に、国内運送中に発生した受託貨物の損害に対する法律上・運送契約上の賠償責任を補償。運送に付随して受託する保管・流通加工等の受託貨物に対する賠償責任について補償することも可能。

（次頁へ続く）

(表 8-4 続き)

保険の種類		保険の概要
請負作業・流通加工受託等に係る賠責保険	請負事業者賠償責任保険	請負作業の遂行に起因して第三者に身体障害または財物損壊を与えたことによる法律上の賠償責任を補償。機械等の受荷主の指定場所への搬入および据付作業等を併せて請け負う場合などが対象となる。
	生産物賠償責任（PL）保険	流通加工を受託し当該製品を引渡した後および請負作業を受託し引渡した後に、これらの製品の欠陥や仕事の結果によって事故が発生した場合の法律上の賠償責任を補償。
	施設所有（管理）者賠償責任保険	工場・倉庫・ターミナル等の施設で、請負作業を遂行するに際し、施設の管理上の問題で、入場者・来訪者等第三者に対し、身体傷害または財物損壊を与えた場合の法律上の賠償責任を補償。
	受託者賠償責任保険	他人からの受託貨物に対して、受託中の損壊、盗難等の損害を与えたことによる法律上の賠償責任を補償。
包括・上乗せ補償	企業総合賠償責任保険	請負、生産物、受託者、施設賠償など企業活動に関わる各種賠償責任を包括的に補償。契約の一本化による各種保険の手配漏れが防止できる。
	企業包括賠償責任保険（アンブレラ保険）	企業活動に関わる巨額賠償責任リスクに備えるための各種賠償責任保険の上乗せ補償。

＊上記の他に、営業倉庫事業者は倉庫寄託約款に基づき、荷主の反対意志がない限り、荷主のための火災保険を手配することが義務付けられている。

（出所：筆者作成）

8.6.2 NVOCC と賠償責任保険

トラック、船舶、鉄道、航空機といった異なる二種以上の輸送モードを機能的に結びつけて行われる国際複合運送では、NVOCC が国際複合運送証券（CT B/L；House B/L）に基づいて、荷主との間で締結している運送契約がある一方で、実運送人である船会社が荷主である NVOCC 宛に発行した船荷証券（Master B/L）に基づく運送契約があるため、一つの貨物運送の下に、二本の運送契約が存在していることは前述の通りです（図 8-1 参照）。

わが国のNVOCCが発行しているCT B/LやJIFFA（国際フレイト・フォワーダーズ協会）のMT B/L（Multi-modal B/L[3]）における責任体系は、いわゆる「ネットワーク・システム」が採用されています。

ところで、NVOCCが発行したCT B/LやSea Waybill（SWB）の運送期間中にNVOCCとして責任を負わなければならない貨物事故が発生した場合、CT B/LやSWBに基づく運送契約や事故発生場所に存在する適用法規に従って、賠償責任を負うことになります。

その手続としては、通常実荷主（輸入者等）は貨物海上保険に基づいて求償を行い、代位求償権を取得した保険会社（実荷主が付保している保険会社）がNVOCCに損害賠償を求めてきます。一方、NVOCCは対実運送人（船会社およびNVOCC）とは荷主と運送人の関係となりますので、実荷主からクレームレターを受理したら、遅滞なく実運送人宛に同内容のクレームレターを送付し損害賠償を求めるだけでなく、賠償責任保険を付保している保険会社に連絡します。

ただし、次のような場合、NVOCCは実運送人（船会社）から荷主に支払った賠償金の回収が困難になることもあります。

①事故の発生場所が不明である損害（concealed damage）の場合

事故の発生場所が不明である損害については、実運送人に対する再求償が困難なことが多く、荷主に対するNVOCCの任責額がそのまま損害となる可能性が高くなります。

②パッケージ・リミテーションの適用の違いから、NVOCCと実運送人との間で任責額に差が生じる場合

コンソリデーション貨物（混載貨物）の場合、NVOCCは荷主に対して、受託した貨物1包ごとにパッケージ・リミテーションまでの賠償責任を負うことになります。

なぜなら、NVOCCはCYカーゴ（FCL貨物）として実運送人と運送契約を結び、Master B/L上にコンテナに内蔵されている貨物の数が明記されていない場合、コンテナ1本が1単位とみなされてパッケージ・リミテーションが適用される旨定めているのが一般的ですから、両者の任責額の差は相当大きくなる可能性があるからです。

---

3 JIFFAが使用している国際複合運送証券のヘディングは、Multi-modal Transport B/L（MT B/L）になっているが、約款はCT B/Lと遜色はない。

8.6.3 国際複合運送でNVOCCが付保している賠償責任保険

ここでは、フレイト・フォワーダーがNVOCCとして国際複合運送遂行に際して付保している賠償責任保険について説明します。

(1) Cargo Indemnity Insurance

Cargo Indemnity Insuranceは、運送責任区間中に発生した貨物の損害に対して、NVOCCとして荷主に法律上の賠償責任を負わなければならない損害をてん補するための保険です。

NVOCCが扱う貨物は不特定多数であることから、保険会社と協議して、輸送ルート、輸送貨物、数量、B/Lの発行件数、輸送貨物価額等を考慮しながら、補償内容（1コンテナ当りおよび1事故当りの最大責任限度額などを設定）を取り決めていくオーダーメード型の保険で、その取り決め内容はさまざまですが、標準的なCargo Indemnity Insuranceの補償内容は次の通りです。

①補填範囲

NVOCCが発行するHouse B/Lに基づく貨物の受取り（place of receipt）から引渡し（place of delivery）までの区間で発生した貨物の滅失または損傷に関して、NVOCCとして、荷主に対して負う法律上または運送契約上の賠償責任を補償しています。荷主への賠償金額に加え、訴訟・弁護士費用や損害防止軽減に要した費用を補償の対象にしている場合もあります。

②補填限度額・免責金額

運送契約上、あるいは適用される関連国際条約、国内法上の責任限度額とは別に、1コンテナ当りおよび1事故当りのてん補限度額、さらに1事故当りの免責金額を個別設定しています。

③除外貨物

B/L上で、高価品として指定している貨紙幣類、有価証券類、貴重品扱いの貨物、生動物、植物、美術品、骨董品、価格の算定が困難な貨物（写真等）など。

④免責危険

被保険者の故意・重過失による損害、罰金・懲罰的に課せられた賠償責任損害、貨物の損害を伴わない間接損害、貨物固有の瑕疵または性質による損害、遅延損害、戦争・ストライキ・テロによる損害、地震・噴火・洪水・高潮等の天災（不可抗力）による損害、核反応・核汚染による損害等の運送契約上賠償責任を負う必要がない損害。

(2) 第三者賠償責任保険（Third Party Liability；TPL）

第三者賠償責任保険（Third Party Liability；TPL）は、貨物やコンテナの取

扱い中に、第三者に法律上の賠償責任を負わなければならない身体障害や財物損壊を与えた場合の備えとしての保険で、荷主の貨物に対する賠償責任保険である Cargo Indemnity Insurance とセットで加入するのが最善の方法です。例えば、コンテナが横転して、付近にいた第三者に負傷させた場合や家屋・財物などに損傷を与えた場合の賠償責任損害がてん補の対象となります。

(3) コンテナ保険（Container Itself）

コンテナ保険（Container Itself）は、自社で所有もしくは賃借（リース）しているコンテナ自体が運送中の事故で滅失または損傷した場合に被る損害をてん補する保険です。

この保険は、コンテナ自体に生じた損害をてん補するだけでなく、特約によりコンテナ運送業務遂行に起因する第三者への賠償責任やコンテナ内貨物への賠償責任も併せて補償することも可能です。

この保険は、主にコンテナを所有・管理している船会社やコンテナ・リース会社を対象にしているため、NVOCC が船会社のコンテナを利用して国際複合運送などを行う場合には、通常船会社やコンテナ・リース会社が付保している保険で代用しているケースも多くみられます。

(4) 業界団体が付保している賠償責任保険

会員企業向けに MT B/L・SWB の標準フォーム（約款）を定めている業界団体では、Cargo Indemnity と Third Party Liability に関して、下記のような賠償責任保険があります。ただし、契約および内容交渉は、保険会社と被保険者の個別契約となります。

①貨物の滅失および損傷に関して、運送人として法律上の賠償義務を課せられることにより蒙る損害で、CFS 貨物ではコンテナへの積付け不良による貨物の損傷も対象

②運送の遅延、発効した B/L の誤記などによって貨物の物的損害以外の輸送契約上負うべき賠償責任

③第三者に与えた身体的障害または財物への損傷

④受荷主の倒産・行方不明により貨物が引渡せなかった結果、被保険者が最終的に負担を余儀なくされた当該貨物の保管料・積戻し運賃（ただし、L/C 決済の場合を除く）

⑤調査費用、争訟・弁護士費用および損害防止軽減費用

⑥誤配の場合の継送費用（航空運賃は最初の契約が航空輸送の場合のみ対象）

⑦貨物の廃棄、検疫、薫蒸費用

⑧共同海損、救助費用（ただし、荷主から回収できなかった場合のみ）
　＊⑤〜⑧は事前に保険会社の了承が必要

また、免責事項は次の通りです。
①被保険者およびその使用人の故意・重大な過失
②船舶・航空機・鉄道・自動車の所有・管理に起因する責任
③金塊・宝石・貴金属・貨紙幣類・有価証券類に対する賠償責任
④コンテナ等、被保険者が所有する機器・資材の損害（ただし、船会社所有のコンテナは基本的に本保険の対象外）
⑤被保険者の使用人の生命・身体に対する賠償責任
⑥官憲により課せられた罰金、懲罰的賠償損害
⑦核反応・放射能汚染
⑧汚染損害に起因する責任
⑨被保険者の倒産に起因する責任
⑩密輸に起因する責任
⑪テロリストまたは政治的動機から行動する者によって生じしめられた貨物の滅失、損傷または費用
⑫被保険者の管理するコンピュータ類の日付データ処理などに起因する責任等

8.6.4　運送事業者貨物賠償責任保険

　運送事業者貨物賠償責任保険は、フレイト・フォワーダーがNVOCC業務に加えて、日本国内で荷主から貨物を集荷する陸運業務を併せて受託するような場合において、受託貨物の国内運送中に発生した損害に対し、法律上および運送契約上の賠償責任を負わねばならない損害をてん補する保険です。国内輸送がB/Lの責任区間（from place of receipt to place of delivery）外、例えば、国内運送と通関のみを受託し、自社でB/Lを発行しないような場合には、本保険の加入を検討する必要があります。

(1) 国内陸上運送

　運送事業者貨物賠償責任保険は受託した貨物運送中に生じた損害に対して運送事業者の荷主への賠償責任を補償の対象とし、付保の仕方には、次の3つの方式があります。

　①売上高包括方式
　　直近年間売上高から算出した保険料を算出し、当該運送事業者の受託物流を包括的に補償の対象とする保険です。

②車両特定方式

運送業務に使用する車両を特定して1台ごとの保険料を算出し、支払限度額を設定した上で、年間を通じてその車両によって運送される当該運送事業者の受託したすべての運送貨物に係わる賠償責任を補償の対象とする保険です。

③運賃通知方式

補償対象とする受託物流の年間見込運賃収入額から算出した暫定保険料を徴収し、当該運送を補償する保険です。毎月通知される運賃額から年間の確定保険料を算出し、契約期間終了後、暫定保険料との差額精算が行なわれます。

(2) 内航

内航積荷賠償責任保険についても、①運送額通知方式、②本船単位で1年間荷主に対して負う法律上の賠償責任を補償の対象とする方式があります。

8.7　商法改正

1899年に施行されている現行商法の片仮名表記から平仮名表記へ改めるとともに、運送形態の発展等に伴うより現代社会に適応した内容へ見直すことを目的として、法制審議会商法部会で商法改正案が調査審議された結果、2016年10月18日「商法および国際海上物品運送法の一部を改正する法律案」として閣議決定され、国会に提出されていますが、2017年12月末日現在審議に入れずにいます。

ちなみに、本稿に関係する運送人責任に関する改正案のポイントは次の通りです。

①運送人の損害賠償責任（高価品の特則）

高価品についての損害賠償責任に関して、現行商法第578条では、荷送人から高価品の種類と価額の明告がなかった場合には、運送人がその損害賠償責任を負わないことになっていますが、改正案では、運送人が高価品であることを知っていたときや、運送人の故意または重過失によって損害が生じた場合には免責されないことになっています。

②海上物品運送に関する堪航能力担保義務

現行商法第738条では、堪航能力担保義務に違反した場合の責任は無過失責任になっていますが、改正案では、過失責任に緩和することになっています。

船舶所有者（改正により「海上運送人」となる）は、発航時に船舶が安全

に航海できることを担保する義務を用船者または荷送人に対して負っています。現行商法では、この場合の義務違反は無過失責任と解されていますが、改正案では、注意を尽くしたことを立証しても免責されず、結果責任を負わされることになっています。

　緩和された理由は、外航の海上運送人は、国際海上物品運送法第5条では、過失責任とされています。現行商法では、内航の海上運送人に対して、外航の海上運送人より重く厳しい義務を負わせているためです。そこで、内航の海上運送人も外航同様の過失責任に統一するものです。

　合わせて、船舶の衝突による物損に関する不法行為責任の期間制限を「現行法では加害者等を知ってから1年の消滅時効」としていますが、国際条約（船舶衝突二付テノ規定ノ統一二関スル条約）では「不法行為時から一律に2年の消滅時効」とされていることなどを受け、国内法においても「不法行為時から2年の消滅時効」に統一しています。

③航海過失免責

　現行商法第739条では、「運送人自身の過失もしくは船員その他の使用人の悪意もしくは重大なる過失により生じた損害賠償責任は、特約をもって免れられない」として、船員その他の使用人の軽過失以外の責任を免じる特約を禁止しています。

　これも、国際海上物品運送法に比べ、船員その他の使用人の航海過失に基づく運送人の免責を厳しく制限しています（軽過失以外免責をされない）。そこで、改正案では、これを削除して、航海過失免責に関する特約を禁止しないこと、としています。

④運送品損傷時における運送人責任の期間制限、契約責任減免措置の不法行為責任への準用

　現行商法では、運送品の滅失・損傷・延着について、運送人が損傷を知らなかった場合は1年の消滅時効（商法566条）、知っていた場合は5年の消滅時効（商法522条）と定めています。しかし、「除斥期間」は時効のように中断・停止がなく、期間の経過で権利が消滅することから、1年以上経過してからの運送人の責任追及は実務上考えにくいこと、また、国際海上物品運送法でも1年の除斥期間としていることからして、運送人の責任期間を、いずれの場合においても「1年間の除斥期間」へと改正案では修正しています。さらに、これに合わせて、運送人の不法行為責任についても見直されました。商取引上の損害賠償請求では不法行為責任と契約責任の両責任を追及することは可能ですが、商法上の契約責任における減免措置、例えば、今回改

正される除斥期間や2週間以内の通知、明告されない高価品、損害賠償額の定額化などが不法行為責任には及ばないため、両責任に差異が生じていましたが、今回の改正で、不法行為責任にも及ぶものとし、その差を解消させています。

また、荷受人の権利についても、現在の海上運送では、船積み時に約定品（運送品）の危険負担が売主から買主に移転するFOBやCIFなどの売買契約条件が主流となっていますが、現行商法では、運送品が輸送途上で全量滅失して目的地に到着しない場合、買主は売主から債権譲渡を受けていないと運送契約上の権利を持たないため、運送人に損害賠償請求ができませんでした。しかし、売主は業務の煩わしさなどを理由に、この要請に応じないケースも多々ありました。そこで、今回の改正案では、貨物が全量滅失した場合でも、買主が運送人に損害賠償請求をできるよう見直されています。

⑤航空運送、複合運送に関する規定の新設

現行の商法では、当時想定されていなかった航空運送や、海・陸・空を組み合わせた複合運送に関わる規定がありません。そこで、改正案では、総則的な規律を新設し、複合運送における運送人の責任は運送品の滅失などが生じた区間に適用される規律に従い、明確でない場合などは総則としての規律に準じることを定めています。

第2編 貿易保険

　人口の減少、少子高齢化による購買力の低下など、わが国の国内需要は、減少傾向にあり、国内市場を対象とするビジネスにはどうしても限界があります。今後、成長が見込める海外市場への進出を視野に入れたわが国企業の事業展開は、日本経済の成長のためにも不可欠なものとなっています。

　しかし、一口に海外展開といっても、文化や商慣習なども異なる国の取引相手と行う貿易取引、また政治体制や法制度の異なる国で行う事業活動であり、多くの不可抗力的なリスクを伴うものです。

　企業は、海外展開に潜むリスクに敏感になることで、安定的な発展を図るため、リスクの顕在化による損失の軽減手段を講じることの重要性を認識することになります。不安を感じる海外展開に、貿易保険は、不測の事態から受ける損失を軽減する有効な手段となります。

　ここでは、株式会社日本貿易保険の扱う貿易保険制度の概要や手続きなどを解説します。

第 9 章 海外展開に伴うリスク

　海外展開には、取引先国や事業を実施している国での不可抗力的なリスク（非常危険）、破産手続きの開始決定、貨物代金の不払いなど取引先の信用力によるリスク（信用危険）などさまざまなリスクが潜んでいます。ようやく契約に至った大型の輸出契約、ようやく軌道に乗った海外事業なども、突然の予測不能な事態の発生により、企業は、思わぬ損失を被ることもあります。

9.1 貿易取引に潜むリスク

　貿易取引では、契約上のトラブルを回避し、問題が起こった際の紛争解決の手段となるよう、当事者間で起こりうる事態などもあらかじめ想定して解決方法まで明確にした契約書を取り交わすことが重要です。それでも、当事者間で契約上のトラブルが発生します。また貿易取引は、契約の成立後、本邦企業が貨物の製造や仕入れから始まり、貨物の船積みなどの義務を果たし、取引先が貨物を引取り、貨物代金等の支払いを行うことにより初めて完了することになります。その間、本邦企業は、取引先国の政治情勢や経済状況などの変化に伴うリスク、本邦外で発生する不可抗力的なリスク、また取引先の業績の変化などに伴うリスクを自ら負わなければなりません。

　このように、貿易取引は取引先国での外貨送金規制、戦争など、また取引先の破産、資金繰り悪化による支払い不能などにさらされることがあり、たとえ、万全を期して結んだ契約であっても、100%安全は約束されていません。

非常危険、信用危険

　非常危険とは、為替取引の制限または禁止、輸入の制限または禁止、戦争、革命、内乱、地震、洪水その他自然災害など、不可抗力的なリスクをいい、英語では、カントリーリスク（Country Risk）、またはポリティカルリスク（Political Risk）と呼ばれます。

　信用危険とは、契約の一方的破棄、破産手続きの開始決定、債務の履行遅滞など、契約の相手方に責任のあるリスクをいい、英語では、コマーシャルリスク（Commercial Risk）、またはクレジットリスク（Credit Risk）と呼ばれます。

- 取引先の破産手続きの開始決定により、生産中、または完成した製品の船積みが不能となる事故（信用危険）
- 大型の輸出契約を締結し、代金決済を待っていたところ、突然、取引先が手形の不渡りを起こし、会社更生法を申請し、貨物代金等の回収が不能となる事故（信用危険）
- 取引先の業績悪化から貨物代金等の支払いが遅延する事故（信用危険）

9.2　海外投資に潜むリスク

　順調に操業を続けていた海外工場や投資先企業、また不動産事業は、投資先国での事業活動に影響のある新たな制度の導入や政策変更などにより、また戦争やサイクロン、洪水など自然災害による損害を受けたことにより、事業の休止や事業の継続不能に陥ることがあります。

9.3　この取引、進めて大丈夫？

　企業の中には、「前受金で契約しているから」、「決済方法を信用状（L/C）にしているから」、貿易保険は不要と、決済方法によりリスクヘッジをしているとして貿易保険など軽減手段を講じていないケースがあります。しかし、前受金による契約でも、安全といわれる信用状（L/C）決済の契約でも、非常危険、信用危険が顕在化して、企業は、場合によっては貨物の船積不能事故や代金等回収不能事故により損失を被ることがあり、絶対安全な決済方法などありません。

　現地銀行発行の信用状（L/C）による契約は、貨物代金等の回収不能となるリスクが低く、確かに、送金ベースなど他の決済方法に比べ安全といえます。しかし、信用状（L/C）の取得が難しい国、容易に信用状（L/C）が取得できない取引先もあり、リスク回避のため企業が対外取引の決済方法を信用状（L/C）にすることは、送金ベースなどに比べて取引先を限定することにもなり、また信用状発行手数料、金利などを取引先が負担することから、信用状（L/C）に代わって送金ベースを許容する競合外国企業に比べ総合的に価格競争力でも不利となるケースがあります。

　不測の事態から受ける損失を軽減する手段として、貿易保険があります。

(1)　不安を感じる海外展開などへの備え

　海外展開を図る上で、企業は、ある程度のリスクを覚悟しないと大きなビジネスチャンスを逃がすことになります。しかし、安定的な発展を図るため、また安心して海外展開を図るため、企業は、予測し難い事態から受ける損失を軽

減する手段を講じることが重要です。
- ・新規顧客、または詳細な財務内容なども不明な取引先で不安を感じるとき
- ・信用状（L/C）の取得できない取引先と安心して取引を行うため
- ・送金ベースなど、より柔軟な決済条件等を取引先に提示して契約受注を目指すとき
- ・海外工場の建設などにおいて、投資先国の政治体制や法制度などから不安を感じるとき

(2) 新たなマーケットの開拓、新規顧客の獲得のため

　決済方法などは、企業と取引先の利害が相反するため、取引先の信用力、交渉における信頼関係や力関係により決まるものです。しかし、前払いによる決済より後払いの決済、信用状（L/C）による決済より送金ベースなどオープンアカウントでの決済、また柔軟なユーザンス（支払猶予期間）の設定など、決済方法や決済条件は、取引先にとって、貨物の購入代金等の資金調達の面から価格以上に重要とされることもあり、企業が提示する決済方法などは、契約受注の切り札の一つになることもあります。

　貿易保険は、送金ベースで決済する契約でも、安い保険料で、貨物の船積不能や貨物代金等の回収不能による損失をカバーします。また株式会社日本貿易保険の扱う貿易保険では、保険証券上の保険金受取人として銀行など第三者の指定、保険金請求権への質権の設定などを認めており、企業は、資金調達の手段として貿易保険を活用することもできます。銀行にとっては、保険金を受け取る権利を確保することにより安心して企業に融資を行うことができます。

　「この商談、カントリーリスクの高い国向けだが、貿易保険を利用して契約しよう」、「この商談、交渉が難航しているが、貿易保険を利用して取引先の希望する決済条件で受注しよう」と、将来的に製品の需要が見込まれる新たなマーケットの開拓、新たな顧客の獲得など、企業は、対外取引の拡大手段として貿易保険を効果的に活用することができます。

第10章 貿易保険制度の総論

10.1 貿易保険とは―海上保険と貿易保険―

10.1.1 海上保険

海上保険は、航海中の事故によって貨物に生じる損害の補償を目的とする保険であり、海上輸送中の貨物の滅失、損傷などによる物的損害をカバーする「貨物保険」を含む保険種類の総称です。

海上保険には、輸送手段の船舶が保険対象となる「船舶保険」、輸出入貨物の輸送上の滅失、損傷などの損害を補償する「貨物海上保険」などがあります。

10.1.2 貿易保険

貿易保険は、貿易取引や海外での合弁事業などにおいて、為替取引の制限または禁止、輸入の制限または禁止、戦争、革命、テロ行為を含む内乱、自然災害など不可抗力的な事由（非常危険）、また破産手続きの開始決定や債務の履行遅滞など契約の相手方に責任のある事由（信用危険）の発生により、輸出者等（輸出者、仲介貿易者、技術提供者をいう。以下同じ）、銀行、投資者等が受ける損失をカバーする「取引の保険」です。

貿易保険では、原則、物的損害をカバーしません。しかし、貿易一般保険の「フルターンキー特約」では、民間の損害保険会社が補償の対象外としている陸上での戦争、革命、内乱により建設中のプラント等に受けた損失（物的損害を含む）、また海外投資保険では、現地に搬入した建設機械、浚渫船、設備などが戦争、暴動、洪水その他自然災害などにより損害を受け、事業に使用することができなくなる損失（物的損害を含む）もカバー対象としています。

10.2 貿易保険と政府の関係

貿易保険制度は、多くの国で、貿易政策の手段として導入しており、政府や政府機関により、また政府の支援や関与の下に民間損害保険会社が保険者となって運営しています。このため、各国政府等は、リスクを無視した安い保険料率で引受を行うなど貿易保険制度を自国企業の競争力を増大させ、国による損失補償的なものとして運用することも可能です。

WTO（世界貿易機関）の補助金協定は、貿易保険制度自体が禁止される輸出

補助金ではないが、附属書での禁止される輸出補助金として「政府（または政府の監督の下にある特別の機関）が、……輸出信用保険制度、……について、長期的な運用に係わる経費及び損失を償うために不十分な料率によって制度を運用すること」と規定し、各国政府等が公的な貿易保険事業の運営を収支相償の原則（中長期的に事業の収入が経費および損失等の支出を償うように行う原則）の維持のもと行うことを求めています。

わが国では、貿易保険法に「保険料率が貿易保険の事業の収入が支出を償うに足るものであること」との規定があり、株式会社日本貿易保険は、中長期的に収支相償の原則を維持して保険事業の運営にあたることになります。

10.2.1　貿易保険への政府の関与

わが国の貿易保険制度は、1950年、輸出振興という政策的見地で創設され、50年間、政府直営の事業として経済産業省（旧通商産業省）が運営していました。2001年4月、国際金融情勢や本邦企業のニーズが多様化する中、効率的な行政サービスを提供するため、貿易保険事業は、政府直営から政府出資の独立行政法人日本貿易保険に引き継がれました。

2015年、政府は、貿易保険法を改正して、貿易保険事業に政策意図を反映させて国との一体性を高めつつ、効率性、機動性を向上させるため、2017年4月より政府が発行済株式の100％保有する「株式会社日本貿易保険（Nippon Export and Investment Insurance "NEXI"）」（以下、日本貿易保険という）が実施機関となりました。貿易保険法では、「株式会社日本貿易保険は、対外取引において生ずる通常の保険によって救済することができない危険を保険する事業を行うことを目的とする株式会社とする」と定めています。

貿易保険に政府が関与する主な理由としては、日本貿易保険の扱う貿易保険制度が政策を実現するための手段として運営される公的な制度であること、日本貿易保険の目的に、「……通常の保険によって救済することができない危険を保険する事業……」とあるように、戦争、内乱等、洪水その他自然災害など、予測不能なリスクの引受を行うため大型の保険事故が起こる可能性があること、またパリクラブ[1]などにおいて債務国などを救済するという政府の国際

1　「パリクラブ（Paris Club）」とは、外貨不足に陥った債務国を救済するため、米国、日本、EU等の主要な債権国が債務国の公的債務（政府の借入金等）の債務繰延べ等について交渉を行う場をいう。フランス大蔵省が事務局および会議の運営にあたり、会議がパリで行われることから、通称「パリクラブ」と呼ばれる。公的機関等の保険や保証の付いていない民間金融機関等の債務国の公的債務の債務繰延べ等の交渉の場は、「ロンドンクラブ」である。

約束に貿易保険で応えることが必要となることなどが挙げられます。貿易保険に政府が関与することにより、日本貿易保険の保険事業は、政府と一体となった形で、国の信用力と国の交渉力をも生かした運営体制となっています。

わが国では、2005年4月より民間の損害保険会社も貿易保険分野に参入して営業を行っています。

（1）政策手段として

日本貿易保険の扱う貿易保険制度は、営業としてこれを行うものでなく、政府の政策手段としての役割を果たすことが求められている公的な制度です。日本貿易保険は、政策実施機関として政府と連携し、本邦企業の海外展開を支援するため、新しい保険の創設やカバーする損失範囲の拡大等を図ってきています。特に、本邦企業の生産基盤の海外移転が進んでいること、また本邦企業が海外で行う事業が多くなったことから、日本貿易保険は、海外で事業活動を行う日系外国法人等を支援する新たな保険種の創設の他、時代のニーズに応え支

創設期、輸出振興策としての貿易保険

1950年、政府は、輸出振興という政策的見地で貿易保険制度を創設しています。当時、輸出者の多くが中小企業であり、資金力に乏しく、輸出契約を履行するための資機材の調達等にも銀行等の融資が必要でした。しかし、銀行にとっては、中小企業には物的担保も少なく、無担保で融資できる状況ではありませんでした。また当時、多くの企業は、海外支店などもなく、海外市場のニーズ等の調査や把握が難しく、また製品輸出のための海外での広告宣伝には貴重な外貨を使うことになります。このような状況から、政府は、貿易保険制度の本来の役割であるリスクの顕在化による損失のカバーに加え、輸出振興に役立つであろう手段を貿易保険制度で支援しています。創設期の輸出振興策としての貿易保険には、銀行の輸出者への融資の円滑化、輸出者の資金調達の円滑化を支援する「丙種保険（輸出金融保険）」（1952年創設）および「輸出手形保険」（1953年創設）、海外市場のニーズ調査や海外でのPR活動を支援するため、海外での調査や広告宣伝に要した費用が商品輸出によって回収できなかった場合の損失をカバーする「丁種保険（海外広告保険）」（1952年創設）、軽工業品の輸出から機械機器の輸出に転換するため、本邦の機械機器を外国市場に紹介して販路を拡大するため、外国企業による「委託販売」（委託先は、機械機器が売れた場合のみその貨物代金を輸出者に送金するもの）を支援する「委託販売輸出保険」（1954年創設）がありました。

援できる契約の範囲、カバー可能な損失などの拡大も図っています。
(2) 大型の保険事故が発生すること
　貿易保険は、戦争、革命、テロ行為を含む内乱、また地震、洪水その他の自然現象による災害など予測不能なリスクの引受も行うため、保険事業の原則である大数の法則が働かない保険といわれ、保険事業の運営の基本である保険事故発生の確率の算定が困難であり、コマーシャルベースで事業運営をしようとしても保険料率を定めることが難しくなっています。また戦争やパリクラブ合意によるリスケジュール（債務繰延べなど）などは、多数の輸出契約、貸付契約を一挙に保険事故に陥れる同時発生的であり、資金力の弱い保険会社では、到底、同時に併発する保険金の支払いに耐え得ない事態を生ずるおそれがあります。

　貿易保険の実施機関は、政府が発行済株式の100%保有する日本貿易保険となりました。しかし、保険事故の多発や大型の保険事故の発生などの非常時に、保険金の確実な支払いを確保するため、貿易保険法第28条では、日本貿易保険の資金調達が困難な場合、政府が予算で定める金額の範囲内で必要な財政上の措置を講じる「履行担保制度」を決めています。この制度により、日本貿易保険の締結した保険契約の履行は、政府により保証され、輸出者等、銀行、投資者等（保険契約者または被保険者をいう。以下同じ）にとっても、安心して日本貿易保険の扱う貿易保険を利用することができます。また「履行担

パリクラブ合意によるリスケジュール（債務繰延べなど）

　パリクラブ合意によるリスケジュール（債務繰延べ、債務削減）とは、貨物代金等や外国からの借入金などの返済が困難となっている債務国を救済するため、米国、日本、EUなど主要債権国が延滞している公的債務（債務国政府の借入金または政府が返済・償還保証した契約の貨物代金等、借入金など）について、債務国の経済立て直しのため、一定期間の返済の猶予や長期の繰延べによる返済、または債務削減（債権の放棄）を了承するものです。対象となる債権は、原則、返済・償還期間が1年超のものであり、わが国では、日本貿易保険と保険契約を締結している契約の貨物代金等や貸付金額、国際協力銀行の貸付金額などです。

　なお、国際約束などから外国政府等の債権や回収金を受ける権利等（債権等）を免除または放棄した場合、政府は貿易保険法第36条により、政府が免除または放棄した債権等の額の全部または一部に相当する額を交付金として日本貿易保険に対して交付することになります。

保制度」により政府が保険契約の履行を保証するため、保険契約でカバーされる債権（保険金額）は、中央政府保証付債権となり、BIS規制（バーゼルⅢ）でのリスクウェイト0％の適用も可能です。

（3）国際約束など政府と連携した貿易保険による支援

保険は「偶発的に起こる事故」を救済するものですが、公的な貿易保険では、偶発的な事故ばかりでなく、パリクラブ合意によるリスケジュール（債務繰延べなど）のように、対外債務の返済ができなくなっている債務国を救済するという政府の国際約束などによっても保険事故が起こり、保険金の支払いが発生します。パリクラブ合意によるリスケジュール（債務繰延べなど）では、債務国の延滞債務などを長期の分割での繰延べによる返済、または債務削減（債権の放棄）をすることになり、日本貿易保険は、繰延べされた貨物代金等、貸付金額を債務国に代わって立て替える形で、または削減（債権の放棄）された債務国の債務を肩代わりして輸出者等、銀行に保険金として支払うことになります。

10.2.2　引受条件などの決定や変更への政府の具体的な関与

保険料率その他の引受に関する条件（引受条件）を決定または変更する場合、日本貿易保険は、貿易保険法第40条の規定により、事前に経済産業大臣に届出が必要です。届出のあった保険料率その他の引受に関する条件（引受条件）が、下記の点が確保されていない場合、経済産業大臣は、日本貿易保険に内容等の変更を命令することになります。

- 保険料率が貿易保険の事業の収入が支出を償うに足るものであること。
- 保険料率が保険契約者の負担の観点から著しく不適切なものでないこと。
- 特定の者に対して不当な差別的取扱いをするものでないこと。
- 対外取引の健全な発展を阻害するものでないこと。

10.3　貿易保険の役割

10.3.1　海外展開での安心の供与

貿易保険の本来の役割は、契約の当事者が注意しても防げない為替取引の制限または禁止、輸入の制限または禁止、戦争、革命、テロ行為を含む内乱、地震、洪水その他自然災害など、不可抗力的な事由（非常危険）、また破産手続きの開始決定や債務の履行遅滞など契約の相手方の責任による事由（信用危険）により、輸出者等、銀行、投資者等が受ける損失（船積不能、代金等回収不能、事業不能など）をカバーすることにあります。企業は、貿易保険を利用

することで予測し難い事態から受ける損失をおそれることなく、安心して海外展開を図ることができます。

10.3.2 輸出者等の資金調達の円滑化、銀行の融資の円滑化

貿易保険には、側面的な役割として、輸出者等の資金調達の円滑化、銀行の融資の円滑化があります。貿易保険を活用して資金調達を容易とする方法としては、輸出者等による保険証券上の保険金受取人として融資を受けた銀行など第三者を指定すること、銀行などに保険金請求権に質権の設定を認めること、銀行による輸出者等の貿易保険付輸出債権の買取りなどがあります。銀行は、輸出者等の信用力に多少問題があっても、貿易保険での保険金を受取る権利を確保することで安心して融資することが可能となります。

輸出手形保険は、満期不払いによる損失をカバーすることにより、銀行の輸出者からの荷為替手形の買取りを促進し、輸出者にとっても、手形の満期を待つことなく手形金額の資金化が可能となるなど、資金調達や融資の円滑化にも資する保険といえます。

10.3.3 海外展開に伴う問題解決に向けた支援

契約の相手方が政府または政府機関等となる契約において貨物代金等または貸付金額回収が不能となった場合、外国政府から不当な扱いを受けて外貨送金などが遅延している場合、合弁事業が投資先国政府等により事業活動に支障をきたす不当な行政措置や政策変更などで運営が難しくなった場合など、輸出先国（または貸付先国）、投資先国の政府等が関与する問題が発生した際、本邦の民間企業には、外国政府との交渉力に限界があります。しかし、政府が関与する日本貿易保険は、外国政府等が関係する問題が生じた場合、外国政府等との交渉に役職員を派遣するとともに、経済産業省、外務省、また在外日本大使館など政府の支援を要請するなど国の交渉力をも生かして問題解決にあたることができます。

10.4 貿易保険の種類

貿易保険法は、日本貿易保険の扱う貿易保険制度の基本を定めることによって制度の「法的安定」を図るものです。貿易保険法は、その２条で支援する契約を定義し、それら契約等を９種類の貿易保険により引受を行うことになります。実際の貿易保険の引受は、法律の保険種の目的を取引形態等に合わせて技術的に構成し直した保険約款、また保険約款の特約対応により行っています。

例えば、貿易保険法の普通貿易保険は、貿易一般保険約款、限度額設定型貿易保険約款、中小企業・農林水産業輸出代金保険約款、簡易通知型包括保険約款に構成し直して引受を行っています。

なお、為替変動保険、輸出保証保険は、現在、運用停止中です。また新たに創設した出資外国法人等貿易保険は、まだ運用を開始していません。

10.4.1　貿易保険の種類一覧

貿易保険では、保険約款が対象となる契約、カバーするリスク、カバー範囲（船積不能、代金等回収不能など）などを定めており、輸出者や銀行は、保険の対象、契約内容等、希望するカバー範囲などから利用する保険約款を選択することになります。例えば、転売が困難な特注品などの輸出契約では、輸出者は、貨物の船積不能による損失もカバー対象となる保険約款を選択することが必要です。

日本貿易保険は、図10-1の通り12の保険約款で引受を行っています。

貿易取引の保険	
貿易一般保険約款	限度額設定型貿易保険約款
貿易一般保険個別保険	中小企業・農林水産業輸出代金保険約款
貿易一般保険包括保険	簡易通知型包括保険約款
	輸出手形保険約款
融資や海外投資の保険	
貿易代金貸付保険	
貿易代金貸付（貸付金債権等）保険約款	
貿易代金貸付（保証債務）保険約款	
海外事業資金貸付保険	
海外事業資金貸付（貸付金債権等）保険約款	
海外事業資金貸付（保証債務）保険約款	
海外投資保険	
海外投資（株式等）保険約款	
海外投資（不動産等）保険約款	
輸入の保険	
前払輸入保険約款	

図10-1　日本貿易保険の貿易保険の種類一覧

10.4.2 貿易保険の概要
(1) 貿易一般保険
　貿易一般保険は、輸出契約、仲介貿易契約、技術提供契約を対象に[2]、決済方法や契約条件等に制限もなく、貨物の船積不能、貨物代金、役務の提供等の対価の回収不能による損失などをカバー対象とする最も一般的な保険です。また貿易一般保険は、契約内容等から他の保険約款で対象外となる契約でも、ほとんどが引受可能です。貿易一般保険は、返済期間が2年未満と2年以上の契約が対象であり、また保険契約の締結の方式に、個別保険と包括保険があります。

(2) 貿易一般保険包括保険（企業総合）
　貿易一般保険包括保険（企業総合）は、輸出契約または仲介貿易契約を継続的、かつ反復的に行い、その貿易取引の実態から契約の相手方のリスクが分散している輸出者等が利用可能です。輸出者等は、原則、会社単位で特約書を締結し、特約書で対象となる契約であって、引受基準などに合致するすべての契約について保険申込みが必要であり、保険料は、貿易一般保険個別保険の1/3〜1/4程度と相当割安となっています。

船積不能事故、代金等回収不能事故

　船積不能事故とは、非常危険、また政府等による契約の一方的破棄、破産手続きの開始決定など信用危険により、本邦貨物または仲介貨物（第三国で調達した貨物または本邦貨物を第三国で加工したものをいう。以下同じ）の船積みが不能となる事故をいいます。

　代金等回収不能事故とは、貨物の船積み後、役務の提供後、貸付金の貸付実行後、非常危険、また破産手続きの開始決定など契約の相手方に責任のある信用危険により、貨物代金、役務の提供等の対価、手形金額、貸付金額等の回収が不能となる事故をいいます。

---

[2] 貿易保険法第2条の定義では、「輸出契約」とは、本邦内で生産され、加工され、または集荷される貨物（本邦に輸入通関された貨物）を輸出（船積み）する契約。「仲介貿易契約」とは、本邦法人が外国で生産され、加工され、または集荷される貨物（外国の保税倉庫に保管されている本邦貨物等を含む）を他の外国に販売（船積み）する契約。「技術提供契約」とは、技術の提供またはこれに伴う労務の提供をする契約で、外国の債務者のため日本国内で行うシステム開発、タービンや船舶の修理、修繕等も含まれる。契約に本邦貨物、仲介貨物、役務の提供等が混在する場合、貿易保険法の定義では、一の契約に輸出契約（本邦貨物）、仲介貿易契約（仲介貨物）、技術提供契約（役務の提供等）に該当する契約が存在することになり、貿易保険法第43条は、それら2以上の契約に該当する契約を貿易保険法第2条で定義する契約に分類する方法等を規定している。

(3) 限度額設定型貿易保険

　限度額設定型貿易保険は、特定の支払人と反復継続的に輸出契約や仲介貿易契約を行う輸出者等に適した保険です。輸出者等は、自由に選択した支払人（1社でも可能）との輸出契約等を対象に事前に1年間有効な保険契約を締結することになり、保険契約には、非常危険、信用危険による船積不能事故、代金等回収不能事故での支払保険金の上限額である保険金支払限度額を設定してあります。この保険は、保険契約の対象となる輸出契約等を締結しても、保険申込みの手続きが一切不要であり、対象となる輸出契約等の保険関係は、その締結日に自動的に成立し、保険責任も開始します。

(4) 中小企業・農林水産業輸出代金保険

　中小企業・農林水産業輸出代金保険は、中小企業者または資本金が10億円未満の中堅企業、農林水産業を営む企業などが行う輸出契約の代金回収不能による損失をカバー対象にしています。この保険は、中小企業者の貿易保険を活用した資金調達の円滑化のため、他の保険約款と異なり、保険申込みと同時に保険金請求権に対する質権の設定の承諾申請が可能です。保険事故が発生した際、輸出者は、保険金請求の書類を提出した日から、原則、1か月以内に、貨物代金の回収不能による損失額の95%を保険金として受領できます。

(5) 簡易通知型包括保険

　簡易通知型包括保険は、輸出契約または仲介貿易契約を継続的、かつ反復的

2年未満の契約と2年以上の契約

　2年未満の契約とは、建設工事などの期間が2年以上となっても、返済・償還の基準時点である起算点(注)から決済・償還期限までの期間が2年未満の契約をいいます。また契約金額の10%以内の金額を据付指導後などにリテンションとして後払いする部分の決済期限が起算点から2年以上となるものも、2年未満の契約となります。

　2年以上の契約とは、返済・償還期間が2年以上となる契約のほか、海外投資など保険期間が2年以上となるものもいいます。

（注）起算点は、返済・償還の基準となる日であり、日本貿易保険は、OECD輸出信用アレンジメントで定義するもの、また独自に決めたものを適用しています。例えば、単体の貨物などの契約の起算点は、E/S（Each Shipment；各船積日）、据付指導等の責任がある契約の起算点は、P/A（Provisional Acceptance；仮引渡時）またはC/O（Commissioning；検収テスト終了時）となります。貸付契約の起算点は、通常、償還スケジュールにおける第1回目の償還期限の6か月前となっています。

に行い、その貿易取引の実態から契約の相手方のリスクが分散している輸出者等が利用可能な包括保険のみの保険約款です。輸出者等は、原則、会社単位で締結した包括保険契約の対象となる契約であって、引受基準などに合致するすべての契約について保険申込みが必要です。この保険では、輸出契約等1件ごとに保険申込みの手続きを行うことなく、輸出者等は、輸出契約等の当月の船積実績を翌月末までに船積確定通知を提出することにより船積日（船積不能のオプションを選択した場合、輸出契約等の締結日）に遡り保険関係が成立することになります。この保険は、貿易一般保険包括保険（企業総合）より申込手続きが簡素化されていますが、役務の提供等が含まれる契約が引受対象外となるなど、貿易一般保険包括保険（企業総合）より対象となる契約に制限があります。

(6) 輸出手形保険

輸出手形保険は、輸出者が輸出契約の決済のため振り出した荷為替手形（信用状（L/C）付きを含む）を買取った銀行が非常危険、信用危険による為替手形の満期不払い等により受ける損失をカバー対象とする保険です。この保険は、銀行による輸出者から荷為替手形の買取りを促進し、輸出者にとって、手形の満期を待つことなく手形金額の資金化が可能となるなど資金調達の円滑化にも資する保険です。

(7) 前払輸入保険

前払輸入保険は、輸入貨物の代金の全部または一部を外国のサプライヤーに前払いする前払輸入契約を対象とする保険です。この保険は、貨物が輸入できないことから、本邦企業が事前に支払った前払金の返還を外国サプライヤーに請求したが、為替取引の制限または禁止、戦争、また外国サプライヤーの破産手続きの開始決定、資金繰り悪化などにより、前払金が返還されないことにより本邦企業の受ける損失をカバーします。

(8) 海外投資保険

海外投資保険は、現地法人の設立、外国企業への資本参加など、また海外で事業を行うため取得した不動産、鉱業権などに関する権利等を対象とする保険です。この保険は、投資先国政府の政策変更などの権利侵害等により、また戦争、自然災害などにより損害を受けて、現地工場、投資先企業等が事業不能等となったことにより投資者等が受ける損失をカバーします。

(9) 貿易代金貸付保険

貿易代金貸付保険は、輸出契約、仲介貿易契約（100%仲介貨物のものを除く）、技術提供契約の決済資金として外国政府や外国企業に直接、または輸出

契約等の支払人の所在する国の銀行に貸付を行う貿易代金貸付契約（バイヤーズ・クレジット、バンク・ローン）、また本邦からプラントや機器等の決済資金に充てられる借入金の保証債務の契約、資金調達のため発行する債券等を対象とする保険です。貿易代金貸付保険は、償還期間が2年未満（バンク・ローンのみ）と2年以上の貸付契約等（貸付契約、借入金の保証債務の契約、債券等をいう。以下同じ）が対象であり、また保険契約の締結の方式に、個別保険と包括保険があります。

(10) 海外事業資金貸付保険

海外事業資金貸付保険は、本邦の銀行、商社、メーカー等が、外国政府、外国企業（自社の子会社など支配法人を含む）などに対し、本邦外で行う事業に必要な資金の貸付契約、借入金の保証債務の契約、資金調達のため発行する債券等を対象とする保険です。この保険の対象となる貸付契約の資金使途は、原則、本邦からのプラントや機器等の購入代金に充当されないものに限られます。この保険では、海外の日系企業等が生産した設備等の決済資金を外国の買主（支払人）に貸付ける「ローカル・バイヤーズ・クレジット（海外現地法人等による第三国輸出や進出国での販売支援のための投資金融）」の引受も行っています。

(11) 知的財産権等ライセンス保険

知的財産権等ライセンス保険は、貿易一般保険の特約対応による保険種であり、ライセンス契約に係る使用権等の許諾の対価等（ロイヤリティーなど）が非常危険、信用危険により回収不能となり本邦企業が受ける損失をカバーします。知的財産権等ライセンス保険の対象となるライセンス契約は、特許、商標などの工業所有権のほか、ノウハウ、ゲームソフトなどの著作権も含みます。

10.5 日系企業の活動、外国企業との契約受注などを支援する再保険スキーム

日本貿易保険は、外国の公的な保険機関等、海外の日系損害保険会社などと再保険協定を締結し、海外に進出している日系企業等の活動や本邦企業の外国企業との共同受注などを支援しています。

10.5.1 アジア諸国等の保険機関等との再保険スキーム

日本貿易保険は、アジア諸国等の保険機関等と再保険協定を締結しています。再保険のスキームは、アジア諸国等の保険機関等が現地に進出している日系企業と第三国向けの販売契約等について保険契約を締結し、日本貿易保険がアジア諸国等の保険機関等から保険契約の再保険の引受を行うものです。

再保険協定を締結しているアジア諸国は、シンガポール、マレーシア、インドネシア、タイ、台湾、香港、その他カナダ、ロシアとなっています。

10.5.2　欧米の主要な公的な保険機関等との再保険スキーム

　欧米の公的な保険機関等は、公的資金で事業運営をしていることから、引受対象となる契約に含まれる自国貨物の比率（5割〜7割程度）を決め、外国貨物が一定の比率を超える場合、その契約の引受などを制限しています。このため、日本貿易保険は、契約に含む本邦貨物の比率を気にすることなく、欧米企業が本邦企業との共同受注、またプラント等への本邦機器等の組込みを容易にするため、欧米の主要な保険機関等との間で再保険協定を締結しています。再保険スキームは、欧米企業が本邦企業と共同して第三国でのプロジェクトを受注した場合、また欧米企業が受注した契約に本邦機器等を組込んだ場合、欧米企業は、本邦企業の負担部分などを含めた契約全体を自国の保険機関等と保険契約を締結し、日本貿易保険が欧米の保険機関等から保険契約に含まれる本邦企業の負担部分、本邦の機器代金部分の再保険の引受を行うものです。

　この再保険スキームは、複数国の企業が参加する契約について、受注した企業が自国の保険機関等の一つの窓口で貿易保険の申込みができることから「ワンストップショップ（One-Stop-Shop）」と呼んでいます。

　再保険協定を締結している国は、韓国、イタリア、オランダ、ベルギー、ドイツ、オーストリア、フランス、フィンランド、スペイン、スイス、米国、オーストラリア、チェコです。

10.5.3　海外の日系損害保険会社との再保険スキーム（フロンティング）

　日本貿易保険は、海外の日系損害保険会社（2018年1月現在、タイ、シンガポール、香港、英国、ベトナム）と再保険協定を締結しています。再保険スキームは、日系損害保険会社が現地の日系企業と進出国内の取引、第三国への販売契約等について保険契約を締結し、日本貿易保険が日系損害保険会社から保険契約の再保険の引受を行うものです。

10.6　貿易保険で支援する契約

10.6.1　貿易保険の対象となる契約の内容と形式

　貿易保険は、「取引の保険」であり、対象となる契約等は、契約当事者双方の権利義務関係が明確であり、輸出契約等（輸出契約、仲介貿易契約、技術提供契約をいう。ただし保険約款、包括保険には対象契約に制限がある。以下同

じ）では、契約条件（貨物の名称、数量、仕向国、船積時期、決済時期、決済方法など）などに合意した契約書またはそれに近い文書に契約当事者双方のサインがあるなど形式的にも有効に成立していることが必要です。

　電子メール、ファックスなどによる輸出契約等の保険申込みがあった場合、日本貿易保険は、契約条件等が確認できる場合には、電子メール等の入手をもって輸出契約等の当事者間の合意が成立したものと推定して保険契約を締結しています。しかし、保険事故が発生して保険金の請求を行う場合、輸出者等は、輸出契約等を証する書類として相手方の応諾サインのある契約書またはそれに近い文書の提出が必要となります。電子メール等による輸出契約等を締結した場合、輸出者等は、保険金請求時に必要となる双方でサインした契約書など形式的にも有効に成立している書類を別途入手し、保管しておくことが必要です。

　契約を証する書類は、契約当事者双方でサインした契約書またはそれに準ずる書類のほか、①インボイス、②プロフォーマ・インボイス、③セールス・コンファメーション、④パーチェス・オーダーなど、契約当事者双方の契約合意を証明するものも含まれます。また輸出契約等の内容として最低限必要な事項は、㋐支払人名・住所、㋑輸出契約等の締結日、㋒貨物の最終仕向国、㋓契約金額および建値条件、㋔貨物名、型または銘柄及び数量、㋕船積時期・船積港、㋖代金の決済方法（決済期限が特定できる内容、複数の決済方法の場合はそれぞれの決済金額や信用状発行銀行名など）、㋗仲介貿易契約の場合、仲介貨物の購入先の企業名と住所、仲介貨物の船積国などです。

10.6.2　保険約款、包括保険の対象となる契約

　貿易保険法は、その第2条において、法律で支援する契約を定義し、保険約款は、その定義により対象となる契約などを定めています。輸出契約、仲介貿易契約、技術提供契約を対象とする保険約款や包括保険では、一の契約に本邦貨物、仲介貨物、組立等の役務の提供等が混在する場合、貿易保険法第43条により貿易保険法第2条で定義する契約の形態（輸出契約、仲介貿易契約、技術提供契約）に分類して対象となる契約を決めています。貿易保険法第43条による契約の形態を分類する方法は、契約金額から現地調達の貨物代金（契約で貨物の名称、金額が明記されているものに限り、その他の現地調達の資機材等は、現地役務の扱い）を控除して残った部分の本邦貨物の代金（輸出契約）、仲介貨物の代金（仲介貿易契約）、役務の提供等の対価〔設計など本邦役務、第三国の労務者の調達など仲介役務、現地での土木工事や労務者の調達など現

地役務の合計（技術提供契約）〕を比較して一番高い比率の契約とみなすことになります。例えば、契約に占める本邦貨物の代金の比率が一番高い場合（役務の提供等の対価≦本邦貨物の代金≧仲介貨物の代金）、その契約を貿易保険法第2条の輸出契約とみなしています。ただし、保険約款や包括保険では、貿易保険法第2条で定義する本邦貨物、仲介貨物、役務の提供等のみの契約の形態（輸出契約、仲介貿易契約、技術提供契約）と貿易保険法第43条により分類した契約の形態では、図10-2の通り引受等で異なる扱いをしています。

> **契約を証する書類の形態と契約締結日**
>
> 　輸出契約等の締結日は、契約内容等に契約当事者間で合意を確認した日として、また貿易保険でも、保険約款により保険関係の成立日、保険責任の開始日となるなど重要です。限度額設定型貿易保険、簡易通知型包括保険の運用規程では、契約を証する書類の形態による契約締結日を次のように定めています。
>
> 　①契約書を作成する場合、契約当事者双方がサインを行った日、または輸出者等と契約の相手方でサイン日が異なる場合は、どちらか遅い日、②輸出契約等に発効条件が付されている場合は、契約発効日、③パーチェス・オーダーにカウンターサインで契約を成立させる場合は、カウンターサインをした日（カウンターサインの日付が確認できない場合、パーチェス・オーダーの日付）、④パーチェス・オーダーにアクセプタンス・レターで契約を成立させる場合は、アクセプタンス・レターの日付、⑤プロフォーマ・インボイスまたは見積書に対し信用状（L/C）が開設された場合は、信用状（L/C）の受領日、⑥輸出者等側の片サインの契約書と契約の相手方の応諾電子メール等で輸出契約等を成立させる場合は、電子メール等の発信日（電子メール等上で契約の相手方がカウンターサインした日付等応諾した日が確認できる場合はその応諾日）など。

10.6.3　契約内容等による保険約款の選択

限度額設定型貿易保険、中小企業・農林水産業輸出代金保険、輸出手形保険などでは、契約の形態（輸出契約、仲介貿易契約、技術提供契約）だけでなく、契約金額、返済期間（返済の基準時点である起算点、保険約款によって、船積日から決済期限までの期間をいう。以下同じ）など契約条件等から対象となる契約が制限され、またカバー範囲（船積不能、代金等回収不能など）にも制限があります。このため、輸出者等、銀行は、契約内容等により希望する保険約款が利用できないこともあります。しかし、貿易一般保険個別保険は、契

	保険約款や包括保険で対象となる契約
貿易一般保険個別保険	**輸出契約、仲介貿易契約、技術提供契約**
貿易一般保険包括保険〔機械設備（日本機械輸出組合）、鉄道車両等（日本鉄道システム輸出組合）、船舶（日本船舶輸出組合）〕	**輸出契約、設備または組込型の仲介貿易契約**[3]（価格構成：仲介貨物の代金＞本邦貨物の代金≧役務の提供等の対価）。100％仲介貨物の契約は、対象外だが、海外の自社工場の特約書の対象貨物の仲介貿易契約はオプションとして追加可能 （注）貿易一般保険包括保険（消費財）は、100％本邦貨物の輸出契約のみが引受対象
貿易一般保険包括保険（企業総合）	**輸出契約、仲介貿易契約**（100％仲介貨物の契約はオプション）
貿易一般保険包括保険（技術提供契約等）	**技術提供契約、設備の仲介貿易契約**（価格構成：仲介貨物の代金＞役務の提供等の対価（25百万円以上）＞本邦貨物の代金）
限度額設定型貿易保険	**輸出契約、仲介貿易契約**
中小企業・農林水産業輸出代金保険	貿易保険法第2条の100％本邦貨物の輸出契約
簡易通知型包括保険	**輸出契約、仲介貿易契約**（100％仲介貨物の契約は、オプション）、役務の提供等を含む契約は対象外
輸出手形保険	貿易保険法第2条の100％本邦貨物の輸出契約

（注）**太字**は、貿易保険法第2条と貿易保険法第43条で分類したみなしの契約が引受対象となる。

図10-2　保険約款、包括保険で引受対象となる契約の形態

約の形態や契約条件などによる制限もなく、またカバー範囲も広く、契約内容等から他の保険約款や包括保険の特約書などで対象外となる契約なども引受が可能です。

　なお、特定の事業内容（水力発電関連、原子力発電関連の貨物など）の契約、またWTO（世界貿易機関）の「農業に関する協定」の対象となる農産品（農産品リストを引受基準等に掲載）を含む輸出契約等、また農産物の輸出契約等の決済資金としての貸付契約であって、船積日から決済期限までの返済期間、または償還期間が18か月を超える契約など、日本貿易保険は、契約の内容等によっては保険契約の締結、保険関係の成立を制限しています。

3　本邦から半製品を第三国に搬入し、委託加工により完成品に仕上げて支払人に販売する形態がある。本邦貨物に仲介貨物を組込んで完成品にして納入する契約について、第三国での仲介貨物代金（部品代金、委託加工賃などの合計）が本邦貨物代金より多い契約を組込型の仲介貿易契約といい、逆に本邦貨物代金が仲介貨物代金より多いものは、輸出契約とみなしている。

10.7 貿易保険でカバーする保険事故のてん補事由

　てん補事由とは、日本貿易保険が保険金の支払いによってカバーする保険事故の原因（事故事由）をいいます。また保険約款でのてん補危険とは、保険約款のてん補事由（以下、事故事由という）の発生により輸出者等、銀行、投資者等が受けた損失に対して、日本貿易保険が保険金を支払う義務のある危険（事故）をいいます。一般に保険約款では、てん補危険を「被保険者が、……第○号から第○号までのいずれかに該当する（事故）事由によって、△△することができなくなったことにより受ける損失」と規定しています。

　日本貿易保険は、保険約款での事故事由のほか、個々の保険契約に特約を付けることによっても、保険約款や通常の保険契約でカバー対象外の事故事由の追加やカバー範囲の拡大も行っています。特約による事故事由の追加などには、戦争、革命、テロ行為を含む内乱により建設中のプラント等に受けた物的損害をカバー対象とするフルターンキー特約、戦争、ハリケーン、また港湾ストライキなどによる航路、仕向港などの変更等に伴う追加運賃や滞船料など増加した費用による損失をカバーする増加費用特約、保険事故での為替差損を回避するための外貨建対応方式特約書、米ドル建てで保険契約を締結し、保険金額、支払保険金、保険料の支払いなどがドル建てとなる米ドル建保険特約、海外投資保険約款でカバー対象外の投資先国政府の「一般的かつ合法的な政策変更」による損失をカバーする政策変更リスク特約、投資先国政府と締結した契約の政府による破棄や不履行などによる損失をカバーする契約違反特約などがあります。

10.7.1 不可抗力的な非常危険の事故事由

　非常危険とは、為替取引（外貨交換、外貨送金を含む）の制限または禁止、輸入制限または禁止、戦争、革命、テロ行為を含む内乱、また地震、洪水その他自然現象による災害など、不可抗力的な事由をいい、英語では、カントリーリスク（Country Risk）、またはポリティカルリスク（Political Risk）と呼ばれます。しかし、日本貿易保険の扱う貿易保険での非常危険は、事故事由の一つに「本邦外において生じた事由であって、契約の当事者の責めに帰することができないもの」があり、一般的なカントリーリスクまたはポリティカルリスクなどより広くなっています。

(1) 輸出契約等、貸付契約等で保険金が受領できる非常危険の事故事由

　輸出契約等、貸付契約等を対象にする保険約款には、保険金支払いの対象と

なる非常危険の事故事由を図 10-3 の通り具体的に細かく列挙しています。しかし、保険約款には、非常危険の事故事由の一つに「本邦外において生じた事由であって、契約の当事者の責めに帰することができないもの」という、非常危険の包括的な規定（バスケットクローズ）があります。このため、保険約款に具体的に列挙されていない事故事由により輸出者等、銀行等が受ける損失でも、本邦外で生じた事由であって、契約の当事者に責任のない事由によるものは、非常危険を事故事由とする保険事故となります。すなわち、保険約款別に具体的に列挙している事故事由は、輸出者等、銀行等がどのような事由で非常危険の事故事由となるか、理解しやすくするため「本邦外において生じた事由であって、契約の当事者の責めに帰することができないもの」に含まれている代表的な事故事由を列挙したものといえます。

- 外国において実施される為替取引（外貨交換、外貨送金を含む）の制限または禁止
- 仕向国での輸入の制限または禁止（または事業の実施国での輸出の制限または禁止）
- 政府間合意による債務繰延べ協定または支払国（借入国）に起因する外貨送金遅延
- 国際連合その他の国際機関または仕向国、借入国以外の国による経済制裁
- 戦争、革命、テロ行為を含む内乱、洪水、地震、津波など自然現象による災害
- 外国政府等の債務の全部または一部の償還を妨げる違法または差別的な措置など
- 本邦外において生じた事由（保険契約締結の当時取得することを必要とした輸入許可または為替の割当を取得できないこと、保険契約締結の当時取得していた輸入許可の効力に付されていた条件または期限により輸入許可が効力を失ったことを除く）であって、輸出契約等、貸付契約などの当事者の責めに帰することができないもの
  （注）（　）内は、輸出契約等を対象とする保険約款の事故事由の記述
- 「外国為替及び外国貿易法」による輸出貨物、仲介貨物の輸出または販売の制限または禁止など（船積不能の事故事由）

図 10-3　輸出契約等、貸付契約等の非常危険の主な事故事由

---

(2) 非常危険の包括的な規定（バスケットクローズ）と保険事故の関係

日本貿易保険の保険約款には、非常危険の包括的な規定（バスケットクローズ）があります。しかし、貿易保険での非常危険による保険事故は、支払国（または借入国）、貨物の仕向国、事業を行う国、保証が付く場合は保証国など[4]、保険契約の対象となる契約などに直接関係する国において、保険期間（保険責任期間ともいう）に新たに起こった非常危険の事故事由により輸出者

等、銀行等が受ける損失に限られます。また不可抗力的な事由による物的損害を受けたことを理由にする支払人（または借入人）の債務の履行遅滞などは、基本的には、支払人（または借入人）の信用力の問題といえます。このため、保険約款に非常危険の包括的な規定（バスケットクローズ）があるといっても、本邦外で生じた不可抗力的な事由により輸出者等、銀行等が受ける損失がすべて非常危険による保険事故としてカバー対象となるわけでなく、貿易保険によりカバーされないもの、また契約の相手方に責任のある信用危険による保険事故となるものもあります。

①輸出者等は、受注した契約履行のため、必要な貨物の第三国での調達、また本邦貨物を第三国で加工することもあり、その場合、第三国で発生した戦争や自然災害などにより調達した貨物や加工した貨物の船積みが不能となることもあります。貿易保険では、輸出者等が貨物の調達国として選択した第三国など、保険契約に直接関係のない国で発生した不可抗力的な事由による船積不能事故による損失は、カバー対象外となります。

②貨物保険、火災保険、船舶保険など物的損害を補償する制度が存在するにもかかわらず、支払人等がそれを利用しなかったため、不可抗力的な落雷や山火事など自然災害により工場などが全焼し、操業が停止したこと、または船舶が航行中に古い機雷に触れ沈没したことなど、物的損害を原因とする債務の履行遅滞などは、支払人等が事由発生の測定を誤った結果によるものであり、信用危険による保険事故となります。

(3) 海外投資保険で保険金が受領できる事故事由

海外投資保険の事故事由は、図10-4の通りです。海外投資保険では、事故事由の発生により、①現地工場、投資先企業等が事業不能等（事業の継続不能、破産手続開始の決定、銀行による取引の停止、1か月以上の事業の休止）となったこと、②取得した不動産、鉱業権などが事業のため使用することができなくなったこと、③配当金や株式等の譲渡や売却の取得金、不動産等の売却代金等が投資先国の為替取引の制限または禁止、戦争等により2か月以上の期間、本邦への送金が不能となったことにより投資者等が受ける損失をカバーの対象としています。

海外投資保険での権利侵害となる政策変更などは、基本的には、国際法など

---

4 「支払国」とは、支払人の所在する国、「借入国」とは、借入人の所在する国、「仕向国」とは、貨物の最終到着地または最終仕向地の属する国、「保証国」とは、保証人が所在する国であり、信用状(L/C)決済の契約では、信用状発行銀行または信用状確認銀行の所在する国をいう。

に照らして違法な行為によるものであり、投資先国政府が権限の範囲内で正当な手続きに基づく許認可の取消しなど、「一般的かつ合法的な政策変更」により投資先企業が事業不能等となり損失を受けても、保険事故として保険金支払いの対象となりません。しかし、政策変更リスク特約では、資源エネルギー、インフラ整備（原子力、鉄道等）などの分野に限って、「一般的かつ合法的な政策変更」により投資先企業が破産手続きの開始決定に至ったことによる損失を信用危険による保険事故として保険金支払いの対象としています。

- 収用・権利侵害（政策変更、契約違反など）
- 戦争等（戦争、革命、テロ行為を含む内乱、騒乱など）
- 不可抗力的な事由（暴風、洪水その他の異常な自然現象、経済制裁など）
- 送金不能（為替取引の制限または禁止、戦争など）

図10-4　海外投資保険の事故事由

10.7.2　契約の相手方に責任のある信用危険の事故事由

　信用危険とは、契約の一方的破棄、破産手続きの開始決定、債務の履行遅滞など、契約の相手方に責任のある事由をいい、英語では、コマーシャルリスク（Commercial Risk）、またはクレジットリスク（Credit Risk）と呼ばれます。

　契約の相手方に責任のある信用危険の事故事由には、さまざまなものが想定され、破産手続きの開始決定、契約の一方的破棄、貨物の一方的な引取拒否、債務の履行遅滞などは、明らかに契約の相手方に責任のある事由です。しかし、保険約款の信用危険の事故事由には、非常危険の事故事由のように包括的な規定（バスケットクローズ）もなく、事由が限られています。また信用危険の事故事由の発生と保険金が受領できる保険事故との関係は、船積日を境に船積不能事故と代金等回収不能事故では大きな違いがあります。

（1）船積不能事故として保険金が受領できる信用危険の事故事由

　貿易一般保険、限度額設定型貿易保険などの船積不能による信用危険の事故事由は、図10-5の通り3事由です。また保険金支払いの対象となる船積不能事故も、契約の相手方に責任のある事由による損失であっても、保険約款に具体的に列挙されている3事由による損失に限られています。民間企業による貨物の船積み前の契約の一方的破棄は、明らかに契約の相手方に責任のある契約違反ですが、貿易保険で損失をカバーすることになれば、契約の相手方に安易に契約を破棄させるおそれがあること、また契約の相手方となれ合いによる自招事故のおそれがあるなどの弊害もあり、輸出者等は、契約の相手方に損害賠償

を請求することになります。しかし、本邦の民間企業が外国政府等を相手に損害賠償を求めることが難しいことから、保険約款では、契約の相手方を外国政府等（海外商社名簿のGグループ）とする輸出契約等の一方的破棄などを船積不能の信用危険の事故事由としています。

なお、2017年4月、日本貿易保険は、貿易一般保険包括保険（設備財、技術提供契約等）に限って、個々の保険契約のオプションとして、契約の相手方が一流企業であること、契約解除の場合、一定の賠償金等を支払う契約解除条項があること、紛争に関する仲裁条項があることなどの要件を満たす契約に限り、民間企業による契約の一方的破棄などを信用危険による船積不能事故として保険金支払いの対象とする制度改正を行っています。

・契約の相手方が外国の政府、政府機関等（海外商社名簿のGグループ）の場合、契約の一方的なキャンセル、また輸出契約等で決めた条件等の大幅な変更、船積期日の1年以上の期間の繰延べの申込み等があったことなどから、輸出者等が輸出契約等を解除したこと
・破産手続きの開始決定
・破産手続きの開始決定に準ずる事由

図10-5　貨物の船積不能の信用危険の事故事由

(2) 代金等回収不能事故として保険金が受領できる信用危険の事故事由

貿易一般保険（消費財包括保険を除く）、限度額設定型貿易保険、中小企業・農林水産業輸出代金保険、輸出手形保険、貿易代金貸付保険などの保険約款では、貨物代金等の回収不能、貸付金額の償還不能などの信用危険の事故事由は、図10-6の通り、輸出手形保険約款を除き、2事由です。しかし、日本貿易保険は、船積不能事故と異なり、貨物の船積み後、組立等の役務の提供後、

・破産手続きの開始決定
・契約の相手方の3か月以上の債務の履行遅滞
　（注）輸出手形保険の信用危険の事故事由
・非常危険の事故事由以外の事由
　（注）契約の相手方が地方自治体等の政府機関等（海外商社名簿のGグループ）の契約において、契約の相手方の3か月以上の債務の履行遅滞を事故事由とする保険事故が発生した場合、その国の財務省などが債務を認めた場合に限り、非常危険による保険事故となる。

図10-6　貨物代金等、貸付金額の回収不能の信用危険の事故事由

貸付金の貸付実行後、契約の相手方に責任のある事由により輸出者等、銀行等が受ける損失をすべて保険金の受領が可能な信用危険による代金等回収不能事故としています。代金等回収不能の事故事由としてさまざまなものが想定されますが、日本貿易保険が扱う貿易保険では、事故事由が「破産手続きの開始決定」に該当しない場合、すべて「契約の相手方の3か月以上の債務の履行遅滞」を事故事由とする保険事故となります。

第11章 貿易保険を申込む前の準備

「貿易保険を申込みたい！」、「うちの会社の取引形態からこの保険約款が合っているのではないか？」……そう思っても、貿易保険は、生命保険などのように、「思い立ったら今日にでも申込める」というものではありません。貿易保険は、利用できる企業や対象となる契約なども決まっており、また保険申込み前に必要な手続きもあります。

11.1 貿易保険の利用できる企業

貿易保険の利用者は、日本に居住し、経済活動の基盤が日本にある企業に限られ、日本で営業活動をしている外国法人の支店、支社なども含まれます。また貿易保険の利用者は、輸出契約等、貸付契約等の当事者として契約の締結などに関与し、また自己の危険負担において契約上の義務を履行するものであって、被保険利益の実質的な帰属体となるものです。

中小企業・農林水産業輸出代金保険の利用者は、中小企業基本法による中小企業者または資本金が10億円未満の中堅企業、農林水産業を営む企業など、また輸出手形保険、貿易代金貸付保険（2年未満案件）の利用者は、原則、銀行（外国銀行の支店を含む）、長期信用銀行、信用金庫、商工組合中央金庫、農林中央金庫などに限られています。

なお、政府は、本邦企業のグローバル化や多様な取引形態に対応するため、「出資外国法人等貿易保険」を創設しています。運用を開始していませんが、この保険は、出資外国法人等（本邦法人の50％以上出資する外国法人など）が行う輸出契約、国内販売契約、第三国投資等について、制限的ではあるが、日本貿易保険が、直接、保険契約を締結するものです。

11.2 保険利用者コード（シッパーコード）の登録

貿易保険を初めて利用する場合、輸出者等、銀行、投資者等は、保険利用者コード（シッパーコード）を登録することが必要です。輸出手形保険の場合、保険契約者は、荷為替手形を買取った銀行となりますが、為替手形の振出人である輸出者も初めて貿易保険を利用する場合、保険利用者コード（シッパーコード）を登録することが必要です。保険利用者コード（シッパーコード）には、有効期限もなく、またすべての保険約款で共通となっています。

日本貿易保険の扱う貿易保険では、海外商社名簿への支払人の登録、保険申込みなど多くの手続きをWebサービスで行うことになり、輸出者等、銀行等は、貿易保険を初めて利用する場合、保険利用者コード（シッパーコード）のほか、WebユーザーIDを登録することも必要です。日本貿易保険のWebサイトhttp://nexi.go.jpより保険利用者コード（シッパーコード）、WebユーザーIDの登録が可能です。

11.3　海外商社名簿への支払人等の登録

11.3.1　海外商社名簿の登録情報の確認と登録手続き

(1) 海外商社名簿の登録情報

　貿易保険の利用者の利便性を図るため、日本貿易保険は、輸出者等、銀行等に海外商社名簿の登録情報をWebサービスにより提供しています。輸出者等、銀行等は、保険利用者コード（シッパーコード）、WebユーザーIDを登録することで登録情報の確認だけでなく、支払人等の海外商社名簿への登録申請などもWebサービスにより行うことができます。

(2) 海外商社名簿への登録手続き

　貿易保険を利用する場合、輸出契約等の支払人、信用状発行銀行または確認銀行〔他行が発行した信用状（L/C）に確認（Confirm）を加えた銀行〕、また投資先企業などが、海外商社名簿に登録されていることが必要です。支払人等が日本貿易保険の海外商社名簿に登録されていない場合、輸出者等、銀行等は、原則、保険申込みの2週間前までに支払人等の信用調査報告書などを取得し、その原本（入手した電子データ形式の状態）を添付してWebサービスにより登録申請することが必要です。ただし、海外商社名簿への登録に必要な書類として、日本貿易保険は、政府等を登録する場合、名称から明らかに政府等と判断できる契約書等の写し、海外投資の場合、投資先企業等の正式名称や住所が英文で確認できる契約書等の写し、また信用状発行銀行などを登録する場合、Bankers' Almanac（銀行年鑑）最新版またはOrbis Bank Focus最新版などを信用調査報告書の代替資料として認めています。

　日本貿易保険は、信用調査報告書などの内容から独自の評価基準により、原則、支払人等の形態（政府、銀行、民間企業）、また財務内容、契約履行能力などから信用力のランクを格付して海外商社名簿に登録します。

　信用調査報告書は、輸出者等が自ら費用負担して取得することになりますが、日本貿易保険では、中小企業者に限り、1社当たり8支払人までの信用調査報告書の取得費用の無料サービスを行っています。

11.3.2 海外商社名簿の格付

海外商社名簿での支払人の格付と評価基準は、図 11-1 の通りです。

与信管理区分の格付と評価基準			
G	**Government**		政府機関等
	S	Security	外貨管理当局
	A	Authority	政府機関等
	E	Enterprise	国営企業等
E	**Enterprise**		民間企業等
	E	Excellent	優良企業
	A	Ace	信用状態が良好
	M	Massive	責任残高が過大
	F	Fair	信用状態 A より劣る
	C	Cautious	信用状態が不安定な企業
S	**Security**		商業銀行等
	A	Ace	優良商業銀行
	C	Cautious	信用状態が不安

P	**Provisional**	「格付」未確定
	N	Newly established	創設期の者
	U	Uncertain	信用状態が不明（N、T 以外）
	T	Temporary	実態がない者

事故管理区分の格付と評価基準		
R	**Remarks**	債務不履行
	GR		債務超過、債務の履行遅滞のある企業など
	SR		
	ER		
B	**Bankruptcy**	破産等
	GB		破産と報告された企業、保険金を支払った企業など
	SB		
	EB		

図 11-1　海外商社名簿の支払人の格付と評価基準

格付

　格付とは、支払人等の形態（政府、銀行、民間企業）、財務内容、契約履行能力など、信用調査報告書などを審査、分析して、独自の評価基準により決めた支払人の形態や信用力のランクをいいます。格付は、支払人等の形態や調査の状況による名簿区分（G［Government；政府機関等］、E［Enterprise；民間企業等］、S［Security；銀行等］、P［Provisional；信用調査を行っていない、または信用状態等が不明により格付が確定できない企業等］）に信用状態等に応じて管理する与信管理区分、債務超過、債務の履行遅滞、破産など信用状態等の悪化等に応じて管理する事故管理区分を組み合わせて、図 11-1 の通り、名簿区分に与信管理区分と事故管理区分の 2 桁のアルファベット（EE 格、ER 格など）で示してあります。支払人等が事故管理区分「B」となる契約は、保険契約の締結が制限されます。

11.3.3　海外商社名簿の支払人の格付の変更、名簿から削除される支払人

　海外商社名簿の支払人の格付は、日本貿易保険が自ら行っている定期調査や損失等発生の通知など、支払人の信用状態の悪化等による事故情報により変更されます。また輸出者等からの変更申請によっても、格付が変更できます。特に定期調査の対象外となっている海外商社名簿の事故管理区分（ER格）の支払人の中には業績が好転しているものもあり、輸出者等が最新の信用調査報告書を取得してWebサービスにより格付の変更申請を行うことにより、与信管理区分の信用危険の引受が可能な格付に変更されることもあります。

　日本貿易保険は、海外商社名簿に登録されているが、過去1年間、貿易保険の利用実績がなく、かつ保険責任残高のない支払人（スリーピングバイヤー）を海外商社名簿からの削除候補として、毎年10月頃、Webサイトに削除予定バイヤーリストとして公表しています。取引を予定している、または商談を行っている支払人が削除候補となった場合、輸出者等は、指定期日までにWebサービスにより削除候補から除外する手続きを行うことにより海外商社名簿に掲載が継続されます。

11.4　保険契約の締結方式

　保険契約の締結方式には、個別保険と包括保険があります。個別保険と包括保険の両方式が適用される保険約款は、貿易一般保険と貿易代金貸付保険の2種であり、包括保険のみの保険約款が簡易通知型包括保険、その他、限度額設定型貿易保険、中小企業・農林水産業輸出代金保険、輸出手形保険、海外投資保険などすべて個別保険です。

11.4.1　個別保険

　個別保険とは、輸出者等、銀行等が輸出契約等、貸付契約等を自由に選択して保険契約を結ぶ方式です。個別保険では、輸出者等、銀行等は、支払国（または借入国、事業を行う国など）のカントリーリスクや支払人（または借入人など）の財務内容等から不安を感じる契約を選択して保険の申込みが可能です。包括保険の特約書などで対象外となる契約に貿易保険の利用を希望する場合も、個別保険での申込みとなります。

11.4.2　包括保険

　包括保険には、日本貿易保険が輸出組合など（商品別組合別包括保険）、または個々の企業（企業別包括保険）との間で、一定の期間、包括して貿易保険

を成立させることを約した契約書である特約書を締結するもの（貿易一般保険、貿易代金貸付保険）、また日本貿易保険が個々の企業との間で包括保険契約を締結する簡易通知型包括保険があります。

包括保険とは、特約書や包括保険契約で対象となる契約が引受方針など引受基準に合致する場合、包括保険の利用者は、契約に潜むリスクの多寡、海外商社名簿での支払人の格付による信用危険の引受可否に関係なく（事故管理区分Bを除く）、保険契約を結ぶ方式です。

商品別組合別包括保険には、貿易一般保険の消費財包括保険と設備財包括保険があり、企業別包括保険には、簡易通知型包括保険のほか、貿易一般保険包括保険（企業総合）、貿易一般保険包括保険（技術提供契約等）、貿易代金貸付保険包括保険（2年未満と2年以上の契約の特約書）があります。

11.4.3　事前に保険契約を締結する保険約款

限度額設定型貿易保険、輸出手形保険は、個別保険ですが、輸出者等、銀行は、事前に日本貿易保険と保険契約を締結することが必要です。また簡易通知型包括保険は、包括保険のみの保険約款であり、輸出者等は、事前に日本貿易保険と包括保険契約を締結することになります。

輸出手形保険では、他の保険約款と異なり、輸出手形保険を初めて利用する銀行は、原則、年度初め（4月1日）、またはその半期初め（10月1日）に日本貿易保険と保険契約を締結することが必要です。

限度額設定型貿易保険では、保険申込みの手続きが一切不要であり、保険契約で対象となる輸出契約等の保険関係は、締結日に自動的に成立し、また簡易通知型包括保険、輸出手形保険では、保険契約で対象となる輸出契約等、荷為替手形の保険関係は、輸出者等、銀行からの一方的な通知により成立します。

第12章 貿易保険の引受

貿易保険の引受とは、保険契約を締結した契約などに保険約款、保険契約に付けた特約で定める事故事由が起こり、輸出者等、銀行、投資者等（保険契約者または被保険者をいう。以下同じ）が受けた損失に対して、保険者である日本貿易保険が保険金の支払いを約束することです。

12.1 非常危険の引受

戦争や自然災害などによる保険事故は、支払国（または借入国）などのカントリーリスクの評価によっても防ぎようがありませんが、外貨交換不能や外貨送金規制などによる保険事故は、その国の経済指標、財政指標などからある程度把握が可能といえます。このため、貿易保険では、非常危険の引受を支払国（または借入国）などの外貨事情、対外債務やその返済能力などの評価により、また貿易保険の政策的な役割なども考慮して行うことになります。ただし、海外投資保険では、外貨事情でなく、投資先国などでの事業活動に支障をきたすおそれのある事由の評価により行っています。

輸出契約等、貸付契約等の非常危険の引受の基本は、経済状況、財政状況、政策履行能力、政治情勢などを評価してすべての国を、図 12-1 の通り、国カ

国カテゴリー

国カテゴリーとは、その国の経済指標（実質国内総生産など）、財政指標（総対外債務／総輸出額、外貨準備高／月平均輸入額など）、政策履行指標（インフレ率など）、対外債務の返済状況など、また政治的な要因、将来の経済見通しなどを評価して OECD（経済協力開発機構）加盟の高所得国および同等の水準の国の「国カテゴリー A」から「国カテゴリー H」の 8 ランクに分類したものです。日本貿易保険の国カテゴリーは、OECD の場で決定した国カテゴリーを基準に、独自に調整し、また OECD の評価対象外の国や地域などは、独自の評価方法により 8 ランクに分類しています。

国カテゴリーは、原則、1 年に 1 回、OECD の場で地域別に定期見直しが行われており、国カテゴリーが変更された場合、日本貿易保険は、国カテゴリーの変更に加え、必要に応じて引受方針の見直しも行っています。

(2018年1月現在)

A	B	C	D	E	F	G	H
米国	韓国	中国	タイ	トルコ	ベトナム	カザフスタン	パキスタン
フランス	台湾	マレーシア	インドネシア	ロシア	バングラディッシュ	スリランカ	ラオス
カナダ	スペイン	サウディアラビア	インド	南ア	ブラジル	アルゼンチン	ベネズェラ

図 12-1　国カテゴリー表

テゴリーAから外貨交換規制や外貨送金規制などによる保険事故の起こる可能性の高い国カテゴリーHの8ランク（A～H）に分類することにあり、この国カテゴリーが引受方針やカントリーリスクを反映した保険料を徴収するために適用する非常危険の保険料率の基準となります。

12.1.1　非常危険の引受の基準となる引受方針

　返済・償還期間が2年未満の契約の国別の引受方針は、原則、国カテゴリーに連動した引受可否の判断基準ですが、保険期間、また返済・償還期間が2年以上の輸出契約等、貸付契約等、また海外投資などの国別の引受方針は、輸出者等、銀行、投資者等による引受可否の事前相談が可能な契約などの基準です。

　輸出契約等、貸付契約等を対象とする保険約款では、支払人（または借入人）などが所在する国の外貨事情による外貨交換規制、外貨送金規制などが直ちに保険事故に繋がることから、日本貿易保険は、非常危険の引受を外貨送金を行う支払国（または借入国）、保証が付く場合、保証国の引受方針を基準に

引受方針

　引受方針とは、その国のカントリーリスク等から非常危険の引受が可能か停止かの基本的な「引受の態度」および引受に際しての条件である「引受条件」、「引受の条件」を総称するものです。日本貿易保険は、外貨送金などのある輸出契約等、貸付契約等を対象とする保険約款では、支払国（または借入国）、保証国の外貨事情、対外債務やその返済能力などを評価して、また海外投資保険では、投資先国など事業を行う国での事業活動に支障をきたすおそれのある事由などを評価して、引受方針の決定または変更を行っています。輸出手形保険では、引受方針を承認基準と呼んでいます。

判断します。ただし、貿易一般保険での船積不能に係わる非常危険の保険料率について、日本貿易保険は、仕向国での戦争、自然災害など不可抗力的な事由による船積不能事故も保険金支払いの対象としているため、支払国と仕向国が異なる契約には、いずれかカントリーリスクの高い国カテゴリーのものを適用しています。

12.1.2　2年未満の契約の非常危険の引受の基本

　返済・償還期間が2年未満の輸出契約等、貸付契約等を対象とする貿易一般保険、輸出手形保険、貿易代金貸付保険などでは、非常危険の引受を、図12-2の通り、国カテゴリーに連動した引受方針により判断しています。国カテゴリーF以下のカントリーリスクが比較的高い国の引受方針には、原則、引受対象となる契約を制限する引受条件などを付けています。ただし、返済・償還期間が2年未満の契約を対象とする貿易一般保険、貿易代金貸付保険の個別保険と包括保険の国別の引受方針において、包括保険では、「引受の態度」が条件付引受国として特約書で対象となる契約でも、引受条件により引受を制限している国が、個別保険では、原則、すべての契約の内容等を個別に審査して引受可否の判断ができるため、「引受の態度」が引受可能国となっています。しかし、貿易一般保険個別保険、貿易代金貸付保険個別保険でも、包括保険での引受方針に付いている引受条件に合致しない契約に貿易保険の利用を希望する場

国カテゴリーA〜Eの国（引受可能国）
・カントリーリスクを理由に引受を制限しない国
国カテゴリーFおよびGの国（条件付引受国、輸出手形保険の特定国）
・引受方針（または承認基準）に契約金額の上限額（案件枠）、最長返済・償還期間（ユーザンス）などの引受条件（または承認の条件）を付けて引受を判断する国
国カテゴリーHに分類される国
・引受方針（または承認基準）に契約金額の上限額（案件枠）、最長返済・償還期間（ユーザンス）などの引受条件（または承認の条件）を付けて引受を判断する国（**条件付引受国、輸出手形保険の特定国**）
・外貨事情の悪化や延滞が発生している国で、貨物代金等がその国から輸出者等に直接送金される輸出契約等の引受が制限される国（**原則引受停止国、特定制限国**）
・戦争・内乱等により国内が混乱している国または国際連合等の経済制裁等により引受を停止している国（**引受停止国**）

図12-2　貿易一般保険などの引受方針と国カテゴリーの関係

合、輸出者等、銀行は、日本貿易保険に事前相談を行い、内諾申請を行うことが必要です。すなわち、個別保険と包括保険のある貿易一般保険、貿易代金貸付保険では、包括保険で「引受の態度」が条件付引受国となっている国は、個別保険でも、条件付引受国と同様の扱いとなります。

輸出手形保険では、国カテゴリー A～E の国を引受国、国カテゴリー F～H を特定国と呼び、特定国の承認基準には、承認の条件として手形金額の上限、手形ユーザンスの上限などが付いています。

限度額設定型貿易保険、中小企業・農林水産業輸出代金保険、簡易通知型包括保険は、保険約款により対象となる契約が契約金額や返済期間などにより制限されていることから、引受方針は、国カテゴリーに直接連動することなく、また引受条件も限られています。

日本貿易保険の輸出契約等、貸付契約等の引受方針

日本貿易保険は、国別の引受方針、保険約款別の引受基準を Web サイト http://nexi.go.jp に掲載しています。2年未満の契約の国別の「引受の態度」は、基本的には、引受可能国「◎」→条件付引受国（輸出手形保険の特定国)「○」→原則引受停止国または特定制限国「▲」→引受停止国「×」であり、また2年以上となる契約、海外投資などでは、引受可能国「○」と引受停止国「×」となります。

ア）返済・償還期間が2年未満の「◎」（引受可能国）

カントリーリスクを理由に引受が制限されない国です。

イ）返済・償還期間などが2年以上の「○」（引受可能国）

契約内容等を個別に審査して引受可否を判断する国です。定期的な外貨送金のある契約を対象とする保険約款では、引受方針に引受の条件が付いている国もあります。

ウ）返済・償還期間が2年未満の「○」（条件付引受国、輸出手形保険の特定国）

引受方針（または承認基準）に付いている引受条件（または承認の条件）をすべて満たす契約、また支払国の外貨送金規制などの影響を受けない政府開発援助契約等〔日本政府の円借款、国際協力銀行と市中銀行による貿易代金貸付契約、また国際的な、または地域的な主要な借款供与機関（アジア開発銀行など）の借款等により決済される契約をいう。以下同じ〕、契約金額の全額が船積み前に前払金で決済される契約の引受が可能な国です。

エ）返済期間が2年未満の「▲」（原則引受停止国、または特定制限国）

外貨事情が悪化している国、延滞が発生している国、外貨不足等から外貨送金規

制等が導入される可能性の高い国です。これら国向けの契約は、貨物代金等がその国から輸出者等に直接送金される場合、代金等回収不能の引受が制限されます。第三国の銀行が発行または確認する信用状（L/C）により決済される契約、政府開発援助契約等、契約金額の全額が貨物の船積み前に前払金で決済される契約の引受が可能な国です。

オ）返済・償還期間が2年未満、2年以上の「×」（引受停止国）

返済・償還期間が2年未満の契約では、戦争、革命、テロ行為を含む内乱などにより国内が混乱して貨物の陸揚げや貨物の国内流通などが難しい国、延滞が常態化している国、国際連合等の経済制裁国などが引受停止国です。また返済・償還期間が2年以上の契約等では、外貨事情の悪化している国も引受停止国となります。海外投資では、戦争等で国内が混乱している国、国際連合等の経済制裁国など、事業活動に支障をきたす事由が発生している国が引受停止国です。

12.1.3　引受条件と引受条件が付く国の非常危険の引受

返済・償還期間が2年未満の契約の引受方針に付ける引受条件は、①カントリーリスクが比較的高い国（国カテゴリーF～H）に対して、保険事故の未然防止や保険事故が起こった際の回収の確実性を高めるため、②慎重な引受が必要な国に対して、契約内容等を個別に審査して引受可否を判断するため、保険約款、また包括保険の特約書で対象となる契約の引受を制限するための条件をいいます。

引受方針に引受条件などが付いている国向けの契約について、日本貿易保険は、すべての引受条件などを満たす契約、また支払国の外貨送金規制などの影響を受けない政府開発援助契約等、契約金額の全額が貨物の船積み前に前払金で決済される契約については、無審査で引受を行っています。

返済・償還期間が2年未満の輸出契約等、貸付契約を対象とする貿易一般保険、貿易代金貸付保険の引受条件には、①大型の保険事故を回避するため、契約金額の上限額により対象となる契約を制限する案件枠（原則、5億円～20億円）、②パリクラブ合意によるリスケジュール（債務繰延べなど）の対象契約が、原則、返済・償還期間が12か月超の契約であることから、外貨事情が悪化している国によるパリクラブでのリスケジュールによる保険事故を未然に防止するため、返済・償還期間により引受を制限する最長返済・償還期間（ユーザンス　原則、12か月以内）、③外貨送金遅延などの保険事故が起こった際、その国の外貨管理当局に対外債務として認識され、回収の確実性が高まること

を期待しての決済条件（L/C 条件）などがあります。

輸出手形保険での特定国（国カテゴリーF～H）の承認の条件には、手形金額の上限額から保険関係の成立を制限する案件枠（原則、5千万円～2億円）、パリクラブ合意によるリスケジュール（債務繰延べなど）による保険事故を未然に防止するため、保険関係の成立を手形ユーザンスにより制限する最長ユーザンス（原則、12か月以内）、決済条件（L/C 条件）があります。

契約金額や返済期間により対象となる契約を制限している保険約款では、引受方針が国カテゴリーに連動することなく、また引受条件も限られています。限度額設定型貿易保険では、国カテゴリーHを支払国または仕向国とする契約が対象外であり、国カテゴリーGの引受条件として案件枠（10億円）が付いています。中小企業・農林水産業輸出代金保険、簡易通知型包括保険では、引受条件として、前者には決済条件（L/C 条件）が付いている国、後者には返済期間の上限（6か月）の付いている国があります。

12.1.4　引受方針などに合致しない契約に貿易保険の利用

貿易一般保険、貿易代金貸付保険では、個別保険、包括保険とも、引受方針など引受基準に合致しない契約に貿易保険の利用を希望する場合、輸出者等、銀行は、日本貿易保険に事前相談を行い、内諾申請をすることが必要です。日本貿易保険は、契約内容等を個別に審査し、引受が可能な場合、内諾書（6か月有効）を発行します。

限度額設定型貿易保険、中小企業・農林水産業輸出代金保険、簡易通知型包括保険では、契約内容等や引受方針など引受基準から対象外となる輸出契約等に貿易保険の利用を希望して輸出者等から事前相談があっても、日本貿易保険は、保険契約の締結を行っていません。これら保険約款で対象外となる契約に貿易保険の利用を希望する場合、輸出者等は、貿易一般保険個別保険での申込みとなります。

輸出手形保険において、日本貿易保険は、特定国（国カテゴリーF～H）の承認基準等を満たさない荷為替手形について、原則として保険関係の成立を承認しません。しかし、輸出者または銀行から特定国（日本貿易保険のWebサイトの貿易保険規程集にある「輸出手形保険の引受の要件等について」において、承認申請を要しない場合を除く。以下同じ）を支払国とする荷為替手形の保険関係の成立承認申請があった場合（個別保証枠確認証の取得が必要）、日本貿易保険は、申請を審査し、特に保険関係の成立を承認することがあり、その場合、特定国承認証（3か月有効）を輸出者または銀行に発行します。特定

国承証の承認金額の5％以内の手形金額の荷為替手形について、有効期間内に銀行から買取通知があれば、日本貿易保険は、その手形の保険関係を成立させることになります。

12.1.5　信用状（L/C）で決済する契約の非常危険の引受の基本

日本貿易保険は、信用状統一規則（UCP600）[1]に準拠する信用状（L/C）を保証と位置付け、信用状（L/C）決済の輸出契約等には、信用状発行銀行または確認銀行が所在する国（保証国）の引受方針など引受基準を適用しています[2]。

12.1.6　2年以上の契約、海外投資の非常危険の引受の基本

保険期間、また返済・償還期間が2年以上となる輸出契約等、貸付契約等、また海外投資などの非常危険の引受の方針は、日本貿易保険がすべての契約などの内容等を個別に審査して引受可否を判断するため、「引受の態度」は、引受可能国「○」と引受停止国「×」となっています。

2年以上となる輸出契約等、貸付契約等、また海外投資などの非常危険の引受について、日本貿易保険は、原則、国別の引受方針など引受基準に合致している契約などに限って、OECD輸出信用アレンジメント[3]、OECD環境コモンアプローチなどの国際ルール、支払国（または借入国）または事業を実施する国での非常危険の事故事由の起こる可能性など、契約内容等を個別に審査して

---

1 「信用状統一規則」の正式な名称は、「荷為替信用状に関する統一規則及び慣例」（Uniform Customs and Practice for Documentary Credits；UCP）であり、1933年に制定された。2007年に改訂された「信用状統一規則（UCP600）」が最新版。この規則は、国際商業会議所が制定した荷為替信用状の関係当事者の権利義務関係、書類の取扱い、用語解釈等を規定している。「信用状統一規則（UCP600）」に準拠する場合、銀行は、信用状（L/C）に準拠文言（Subject to UCP600）を明記した場合に限り、関係当事者を拘束するものとなる。
2 国際協力銀行と市中銀行の協調融資となる貿易代金貸付契約で決済する輸出契約等は、信用状（L/C）決済の契約と同様に、支払保証付きの契約として扱われ、貿易一般保険では、輸出契約等に日本の国カテゴリーAと引受方針を適用する。船積不能に係わる非常危険の保険料率は、カントリーリスクの高い仕向国のものとなる。
3 「OECD輸出信用アレンジメント」は、OECD（経済協力開発機構）加盟国の公的な輸出信用機関（Export Credit Agency；ECA。日本では、日本貿易保険と国際協力銀行）の間での輸出信用の競争を排除し、公的支持（2年以上の輸出契約等、また貿易代金の貸付契約等に公的機関が行う直接融資、貿易保険の引受等をいう）のある輸出信用の秩序ある利用の枠組を設定することを目的に、1978年4月に合意された包括的な取決めであり、加盟国を拘束する紳士協定である。OECD輸出信用アレンジメントは、本則のほか、船舶、航空機、鉄道、プロジェクト・ファイナンス等のセクター了解もある。本則では、頭金の受領、最長返済・償還期間、通貨ごとの最低固定貸出金利、返済・償還方法、最低保険料率、融資上限額など、公的支持において、加盟国が遵守すべき決済・償還条件等を定めている。

引受可否を判断することになります。引受が可能な場合、日本貿易保険は、輸出者等、銀行等に内諾書（6か月有効）を発行します。

定期的な外貨送金のある2年以上の契約を対象とする貿易一般保険、貿易代金貸付保険などでは、外貨送金規制などが導入されるおそれのある国、パリクラブにリスケジュール（債務繰延べなど）を要請する可能性のある国などに対して、日本貿易保険は、引受方針に引受審査の対象となる契約を制限するため引受の条件を付けている国があります。引受の条件には、①契約の相手方が政府機関など公的なセクターとなる契約であること、②第三国の銀行にエスクロー口座の開設など支払人（または借入人）の所在する国のリスクが十分軽減されていること、③収入を米ドルなどハードカレンシーで得る外貨獲得に貢献する契約であることなどがあります。

12.2 信用危険の引受

返済期間が2年未満の輸出契約等の信用危険の引受について、日本貿易保険は、原則、支払人の形態（政府、銀行、民間企業）、財務内容、契約履行能力等の評価による海外商社名簿での支払人の格付を判断基準の一つにしています。また輸出者等と支払人との間に資本関係や役員の派遣など人的関係にある契約について、日本貿易保険は、親会社が海外支店などの海外販売拠点を通じて行う販売契約のための一定の条件を満たす輸出契約（If and When 条項[4]のあるものなど）を除き、支払人の経営に関与していることから海外商社名簿での支払人の格付や決済方法（信用状（L/C）決済の契約）に関係なく信用危険の引受を制限しています。

償還期間が2年未満の貿易代金貸付契約（バンク・ローン）では、日本貿易保険は、貸付先を信用危険の引受が可能な海外商社名簿での格付が GS 格、GA 格、GE 格、または SA 格の銀行に限っています。

返済・償還期間が2年以上の輸出契約等、貸付契約等の信用危険の引受について、日本貿易保険は、政府等の返済・償還保証措置の有無、支払人（または借入人）の外部格付機関の格付、また財務内容等を含め契約内容等を個別に審査して判断しています。

---

[4] 契約の相手方が本邦から輸入した貨物を国内または第三国の最終購入者に販売し、その最終購入者から貨物代金の支払いがあった場合に限り、貨物代金を輸出者等に支払う旨を定めた条項を「If and When 条項」という。この条項のある契約では、契約の相手方が最終購入先から非常危険、信用危険により貨物代金が受領できない場合、輸出者等も、契約の相手方から貨物代金が受領できないことになる。

12.2.1 2年未満の契約の信用危険の引受の基本
(1) 支払人の格付等による信用危険の引受
　貿易一般保険（消費財包括保険を除く）、限度額設定型貿易保険、中小企業・農林水産業輸出代金保険、輸出手形保険などの信用危険の引受について、日本貿易保険は、原則、海外商社名簿での支払人の格付、輸出者等と支払人との間の資本関係、人的関係を基準に判断しています。また日本貿易保険は、支払人が民間企業の場合、代金等回収不能に係わる信用危険の引受を支払人ごとに上限額である与信枠を設定して管理しています。ただし、信用状（L/C）決済の輸出契約等について、日本貿易保険は、信用状（L/C）を取得した日以降、信用状発行銀行等の格付により信用危険の引受を行っています。

(2) 支払人の格付と信用危険のカバー範囲
　海外商社名簿での支払人の格付と信用危険のカバー範囲は、図12-3の通りです。ただし、支払人が民間企業の海外商社名簿のEF格、EM格の場合、貿易一般保険では、返済期間が180日以内（包括保険では1年以内）の輸出契約

カバー範囲	格付	与信管理区分							事故管理区分		
		政府等（G）			民間企業（E）				P	R	B
		GS	GA	GE	EE	EA	EM	EF	EC			
船積不能	契約の一方的破棄など	○	○	○	×	×	×	×	×	×	×	保険契約を締結しない
	破産手続きの開始決定など	○	○	○	○	○	○	○	○	×	×	
代金等回収不能	・破産手続きの開始決定 ・3か月以上の債務の履行遅滞など	○	○	○	△※	△※	△	△	×	×	×	

○印：信用危険の引受が可能。
△印：貿易一般保険個別保険、中小企業・農林水産業輸出代金保険、輸出手形保険では、契約金額が支払人の個別保証枠の残枠の範囲内で信用危険の引受が可能。
※　：貿易一般保険包括保険（設備財、技術提供契約等）の特約書では、支払人の与信枠で管理することなく信用危険の引受が可能。
×印：信用危険の引受ができない部分。
網掛け部分：貿易一般保険、中小企業・農林水産業輸出代金保険、輸出手形保険での信用状（L/C）付き荷為替手形などにおいて、支払人の格付や個別保証枠などに関係なく、信用状（L/C）を取得した日以降、信用危険の引受が可能。

図12-3　支払人の格付と信用危険のカバー範囲

等に限って、代金等回収不能に係わる信用危険の引受を行っています。また海外商社名簿のEC格は、船積不能の信用危険の引受が可能ですが、代金等回収不能の信用危険の引受が制限されます。ただし、貿易一般保険包括保険（企業総合）、限度額設定型貿易保険、簡易通知型包括保険では、特約書の期間中または保険契約の有効期間中、支払人が海外商社名簿のEA格、EF格などからEC格に格下げになった場合、その期間中、変更前の格付（EA格、EF格など）により代金等回収不能の信用危険の引受を行います。

海外商社名簿の与信管理区分のPグループ、事故管理区分のRグループを支払人とする契約について、日本貿易保険は、非常危険のみ引受を行っています。

12.2.2　支払人の格付による信用危険の引受上限額（与信枠）の設定

信用危険の引受が可能な支払人であっても、資産規模や財務内容などから支払能力に応じた信用危険の引受を行うため、日本貿易保険は、輸出契約等の支払人が海外商社名簿の政府等（Gグループ）、銀行（SA格）を除き、民間企業のEE格、EA格、EM格、またはEF格の場合、代金等回収不能に係わる信用危険の引受を上限額である与信枠を設定して管理しています。しかし、船積不能に係わる信用危険の引受について、日本貿易保険は、支払人が民間企業であっても、事故事由が「破産手続きの開始決定」、「破産手続きの開始決定に準じる事由」に限られ、支払能力に関係がないことから、支払人ごとに船積不能の信用危険の引受上限額を設けることなく行っています。ただし、限度額設定型貿易保険、簡易通知型包括保険（船積不能のオプションを選択した場合）において、日本貿易保険は、支払人ごとに非常危険、信用危険による船積不能事故での支払保険金の上限として保険金支払限度額を設定しています。

（1）支払人の格付による信用危険の引受上限額（与信枠）の管理

支払人が民間企業の海外商社名簿のEE格およびEA格（原則として、最大300億円）、EM格およびEF格（原則として、最大100億円）の与信枠について、日本貿易保険は、①貿易一般保険包括保険（企業総合）、限度額設定型貿易保険、簡易通知型包括保険の利用者の専用枠として確保する保険金支払限度額の総額、②貿易一般保険個別保険、中小企業・農林水産業輸出代金保険、輸出手形保険などの利用者のために確保する一定割合の個別保証枠に区分して管理しています。

貿易一般保険包括保険（設備財、技術提供契約等）の特約書では、信用状（L/C）決済の契約を除き、支払人が民間企業の場合、海外商社名簿のEE格、

EA 格に限って、代金等回収不能に係わる信用危険の引受を与信枠で管理することなく行っています。

なお、貿易一般保険包括保険（企業総合）、限度額設定型貿易保険などにおいて、特約書の期間中または保険契約の有効期間中、輸出者等が取引の増加から保険金支払限度額の増額を希望する場合、日本貿易保険は、当初の保険金支払限度額の設定日または保険契約の締結日から3か月経過後、1回限り、支払人の与信枠に余裕がある場合に限り、その増額を認めることになります。

(2) 個別保証枠の残枠確認とその手続き

貿易一般保険個別保険、中小企業・農林水産業輸出代金保険、輸出手形保険では、支払人が民間企業の海外商社名簿の EE 格、EA 格、EM 格、または EF 格の場合、輸出者等は、代金等回収不能に係わる信用危険を申込む場合、信用状（L/C）決済の契約を除き、輸出契約等の締結の度に、事前に、または保険申込み時に、契約上の金額（契約金額から頭金など貨物の船積日までに決済された金額を除いた金額という。以下同じ）、手形金額が個別保証枠の残枠の範囲内であることを確認して申込むことになります。輸出手形保険は、個別保証枠の残枠の確認を保険申込みと同時に行っていないため、為替手形の振出人である輸出者は、事前に（銀行による荷為替手形の買取時まで）、Web サービスにより個別保証枠確認証（3か月有効）を取得することが必要です。

貿易一般保険包括保険（設備財、技術提供契約等）では、特約書でカバー対象外の民間企業の EM 格、EF 格との契約の代金等回収不能に係わる信用危険の引受を希望する場合、輸出者等は、契約上の金額が支払人の個別保証枠の残枠の範囲内であることを確認して申込むことになります。

契約上の金額、手形金額が支払人の個別保証枠の残枠を超える場合、輸出者等は、個別保証枠の増額について日本貿易保険に相談することが可能です。日本貿易保険は、支払人の財務内容等から個別保証枠自体の増額が難しい場合でも、貿易一般保険包括保険（企業総合）などの利用者のため優先して確保してある保険金支払限度額に未使用額があれば、その未使用額を使って個別保証枠を増額して、代金等回収不能に係わる信用危険の引受を行っています。

なお、輸出者等が民間企業と信用状（L/C）決済の輸出契約等を結び、保険契約を締結したが、金融危機等で信用状（L/C）が取得できない場合、海外商社名簿での支払人の格付から信用危険の引受が可能な民間企業であっても、日本貿易保険は、貿易一般保険個別保険などでは、契約上の金額が支払人の個別保証枠の残枠の範囲内である場合に限り、代金等回収不能に係わる信用危険の引受を行うことになります。

(3) 個別保証枠確認証を取得した契約の金額の変更、代金決済後の扱い

輸出契約等の契約金額が増額となり、事前に取得した個別保証枠確認証の金額を超える場合、増加額が確認した金額の 5% 未満であれば、取得した確認証により保険契約の締結が可能です。しかし、保険申込み前に契約金額が確認した金額の 5% 以上増加した場合、輸出者等は、改めてその増加金額を含めた全体額の個別保証枠確認証を取得することが必要です。また保険申込み後に契約金額が確認した金額の 5% 以上増加した場合、輸出者等は、その増加金額のみ、改めて個別保証枠確認証を取得することが必要となります。一方、個別保証枠確認証を取得した輸出契約等が受注できなかった場合、または契約金額が確認した金額の 5% 以上の減額となった場合、輸出者等、銀行は、個別保証枠確認証の有効期限中であれば、速やかに、有効期限終了後であれば、5 営業日以内に Web サービスにより個別保証枠の枠戻しの通知が必要です。

支払人の個別保証枠の残枠を確認した輸出契約等の貨物代金等の全部または一部が決済された場合、輸出者等から決済通知があれば、日本貿易保険は、その金額を支払人の個別保証枠に復活させています。日本貿易保険は、通常、輸出契約等の決済期限から 45 日（損失等発生の通知期限）を経過した後、貨物代金等が決済されたものとみなし、契約金額を支払人の個別保証枠に復活させます。しかし、輸出者等、銀行から決済通知があれば、日本貿易保険が通知された金額を直ちに個別保証枠に復活させており、枠戻しの通知や決済通知は、限られた支払人の個別保証枠を有効に使うためにも必要な手続きとなります。

なお、輸出手形保険において、輸出者または銀行が特定国（国カテゴリー F〜H）を支払国とする荷為替手形に特定国承認証（3 か月有効）を取得し、保険関係を成立させた場合、銀行は、手形金額の全部または一部が決済されたときは、決済された日から 5 営業日以内に決済等通知書を日本貿易保険に提出する義務があります。また特定国承認証を取得したが、承認金額の全部または一部（5% 超）について保険関係を成立させなかったときは、特定国承認証の有効期限前の場合、速やかに、有効期限後の場合、その有効期限が終了した日から 5 日営業日以内に、保険関係を成立しなかった事由を証する書類の写しなどを日本貿易保険に提出する義務があります。

12.2.3　信用状（L/C）で決済する契約の信用危険の引受の基本

輸出契約等が適格な銀行（海外商社名簿の GS 格、GA 格、GE 格、または SA 格の銀行）が発行または確認する信用状（L/C）により決済される場合、日本貿易保険は、海外商社名簿での支払の格付に関係なく、銀行の格付により信用

危険の引受を行っています。すなわち、信用状（L/C）決済の場合、日本貿易保険は、①単一事業目的会社（SPC；Special Purpose Company）など支払人が海外商社名簿での格付から信用危険の引受が制限されるPグループ（信用状態が不明で格付が確定できない企業など）、また海外商社名簿での事故管理区分の支払人（ER格）との契約、②代金等回収不能の信用危険の引受が個別保証枠により管理されている民間企業との契約、③代金等回収不能の信用危険の引受が返済期間により制限される民間企業（EM格、EF格）との契約でも、信用状（L/C）を取得した日以降、信用状発行銀行などの格付により信用危険の引受を行うため、支払人の格付などによる引受制限に関係なく、信用危険の引受が可能となります[5]。

信用状（L/C）のディスクレパンシー（条件不一致）と貿易保険

　信用状（L/C）で決済される輸出契約等では、輸出者等は信用状（L/C）に記載されている条件を満たし、文面上、合致する為替手形、船積書類等を信用状発行銀行等に呈示することが必要ですが、信用状（L/C）に記載の条件の不一致を『ディスクレパンシー（Discrepancy、通常「ディスクレ」）』といいます。信用状（L/C）のディスクレ（条件不一致）は、信用状（L/C）の条件を整えることができないという輸出者等の過失によるものです。信用状発行銀行にディスクレが見出され、信用状（L/C）が履行されず、貨物代金等の回収が不能となった場合、また決済手段である信用状（L/C）を離れて、売買契約上の問題として、輸出者等が輸出契約等の支払人に支払いを請求したが、貨物代金等の回収が不能となった場合も、輸出者等が受けた損失は、原則、貿易保険のカバー対象外となります。

　信用状（L/C）で決済される輸出契約等では、輸出者等は、取得した信用状（L/C）の記載内容と輸出契約等、船積書類等の内容が一致していない場合、または信用状（L/C）の記載内容等に不備などがある場合、事前に支払人に連絡し、信用状発行銀行を通じて信用状（L/C）の訂正、差し替えなどを依頼することが必要です。

5　国際協力銀行と市中銀行の協調融資による貿易代金貸付契約で決済される輸出契約等は、信用状（L/C）決済の契約と同様、支払保証付きの契約として扱われ、支払人が単一事業目的会社（SPC）など、海外商社名簿での格付から信用危険の引受が制限される契約であっても、貸付契約の締結後、信用危険の引受が可能となる。

12.2.4　2年以上の契約等の信用危険の引受の基本

　返済・償還期間が2年以上となる契約などの貨物代金等の回収不能、貸付金額の償還不能などの信用危険の引受について、日本貿易保険は、海外商社名簿での支払人の格付に関係なく、政府などの返済・償還保証措置の有無、支払人など債務者の外部格付機関による格付、またプロジェクト・ファイナンス案件ではその事業性など、契約内容等を個別に審査して判断することになり、信用危険の引受が可能な場合、信用危険の保険料率は、支払人（または借入人）の外部格付機関の格付、また契約内容などの評価により異なります。ただし、返済期間が2年以上の輸出契約等を対象とする貿易一般保険では、船積不能に係わる信用危険の引受を海外商社名簿での支払人の格付により判断しています。

第13章 保険契約の締結

保険契約の締結を円滑に行うため、輸出者等、銀行は、保険申込み前に、利用する保険約款の内容、必要な手続きなどを確認しておくことが必要です。

13.1 保険申込み前に事前相談が必要な契約等

輸出者等、銀行は、保険申込み前に日本貿易保険に事前相談が必要な契約などがあります。事前相談に対し、日本貿易保険は、引受が可能と判断した場合、保険契約の締結を承認する旨の事前意思表示として内諾をすることになり、その内諾の内容を文書で輸出者等、銀行等に内諾書として発行します。内諾書の有効期間中（6か月）に保険申込みがあれば、日本貿易保険は、内諾書の内容で保険契約を締結することになります。

13.1.1 2年未満の契約で引受方針等から事前相談の必要な契約

貿易一般保険、貿易代金貸付保険では、引受方針など引受基準に合致しない契約、また特定の事業内容等（水力発電関連、原子力発電関連の貨物など）により引受が制限される契約などについて、貿易保険の利用を希望する場合、輸出者等、銀行は事前相談が可能であり、日本貿易保険は、契約内容等を個別に審査して判断することになります。

輸出手形保険では、特定国（国カテゴリーF～H）の承認基準等を満たさない荷為替手形の保険関係は、原則、成立しません。しかし、輸出者または銀行から特定国を支払国とする荷為替手形の保険関係の成立承認申請があった場合、日本貿易保険は、申請を審査し、特に保険関係の成立を承認することがあり、その場合、特定国承認証（3か月有効）を輸出者または銀行に発行します。

引受方針等に合致しない契約で事前相談が不要な契約

貿易一般保険では、引受方針など引受基準に合致しない返済期間が2年未満の輸出契約等が、①契約金額が1億円未満のもの、②仕向国、支払国または保証国のいずれも国カテゴリーHの国でないもの、③返済期間（返済の基準時点である

起算点から決済期限までの期間）が1年以内のものであれば、事前相談により内諾書を取得することなく、保険申込みが可能となっています。

13.1.2　2年以上の契約、海外投資などの事前相談

保険期間、また返済・償還期間が2年以上となる輸出契約等、貸付契約等、また海外投資などに貿易保険の利用を希望する場合、輸出者等、銀行、投資者等は、引受方針など引受基準に合致する契約などに限って、引受可否の事前相談が可能です。日本貿易保険は、引受方針など引受基準に合致する契約などでも、契約内容等によっては、保険契約の締結を制限しています。

返済・償還期間が2年以上となる輸出契約等、貸付契約等は、複雑かつ大型の契約が多く、引受審査等に時間を要する場合があり、また契約によっては環境審査にも時間がかかります。輸出者等、銀行等は、契約交渉の早い段階から日本貿易保険に事前相談を行うことが必要です。

13.2　保険価額、保険金額

13.2.1　保険価額

保険価額は、被保険利益の金銭評価額をいい、保険事故が発生した場合に保険契約者が被る損失額の最高見積額です。輸出契約等の貨物の船積不能の保険価額は、貿易一般保険などでは輸出貨物（本邦貨物）、仲介貨物（第三国で調達した貨物）のFOB価額、限度額設定型貿易保険では契約金額、また代金等回収不能の保険価額は、輸出契約等の契約上の金額、手形金額、貸付金額等です。海外投資保険では、株式等または不動産等に関する権利等の取得のため実際に要した取得のための対価の額などが保険価額となります。ただし、海外投資保険では、保険期間中、1年ごとに次年度分の保険価額に付保率を乗じて算出した保険金額に応じた保険料を事前に支払うことになり、株式等の場合、投資先企業の業績上昇または業績不振により簿価の純資産額の変動した場合、また権利等の取得（不動産等）の場合、直近の投資者等の財産目録または鑑定評価書等における当該権利等の評価額が変動した場合、また保険証券上の為替換算率に5%以上の変動があった場合、投資者等は、次年度分の保険料の支払い時の1か月前までに変動した額に合わせて保険証券上の取得のための対価の額を増額申請または減額申請して保険価額を変更することができます。

日本貿易保険は、保険価額をはじめ、責任残高の管理、支払保険金など、原

則、すべて円建てで行っています。このため、輸出契約等、貸付契約等に表示される通貨（表示通貨）が「円」以外の外貨建契約の場合、外貨建ての契約金額、手形金額、貸付金額等、また契約に行った内容変更等による契約金額の増額部分について、円建ての保険価額を算出するため、保険約款では、適用する為替換算率を定めています。

保険価額での金利の扱いについて、日本貿易保険は、金利固定の契約では、契約上の金利率（年率20%を上限）を適用して保険価額を算出し、金利変動の場合、2年未満の契約では輸出等、銀行の指定する金利率、また2年以上の契約では、年率20%を適用して保険価額を算出します。金利変動の契約では、保険事故が発生した場合、保険事故の発生時点（決済・償還期限）の金利率（2年以上の契約では年率20%を上限）を用いて損失額を算出します。

2017年10月、日本貿易保険は、貿易代金貸付保険（2年以上の契約）、海外事業資金貸付保険（劣後ローン特約付契約を除く）において、表示通貨が米ドルの貸付契約、借入金の保証債務の契約等について、米ドル建てで保険契約を締結する「米ドル建保険特約」を創設しました。この特約の付いた保険契約は、保険金額、支払保険金、保険料の支払いなどを含め、原則、すべてが米ドル建てとなります。

外貨建契約などの保険価額の算出に適用する為替換算率

外貨建契約の保険申込みの際、円建ての保険価額を算出するために用いる為替換算率は、輸出契約等、貸付契約等の締結日、輸出手形保険での荷為替手形の買取日の銀行（原則、三菱UFJ銀行）が提示する対顧客直物電信買相場（TTB）の始値となっています。海外投資保険の保険価額は、取得のための対価の額などを外貨で送金する場合、保険申込みの属する月の1日の銀行（原則、三菱UFJ銀行）が提示する対顧客直物電信買相場（TTB）の始値となります。また外貨建契約の契約金額が増額となり、内容変更等を通知する場合も、増額部分に用いる為替換算率は、輸出契約等、貸付契約等の契約金額が変更になった日の銀行（原則、三菱UFJ銀行）が提示する対顧客直物電信買相場（TTB）の始値となります。

外貨建契約の損失額や貨物の処分費用等に適用する為替換算率

外貨建契約に保険事故が起こった場合、船積不能に係わる損失額の算出に適用する為替換算率は、輸出契約等の締結日の銀行（原則、三菱UFJ銀行）が提示する

対顧客直物電信買相場（TTB）の始値となります。また船積不能事故での事故貨物の処分や処分に要した費用などが外貨建ての場合、適用される為替換算率は、その額が確定した日（貨物の処分契約の締結日、処分費用を支出した日など）の対顧客直物電信買相場（TTB）の始値となります。

代金等回収不能に係わる損失額の算出は、外貨建対応方式特約書が付いていない場合、輸出契約等、貸付契約等の締結日と決済・償還期限の対顧客直物電信買相場（TTB）の始値のいずれか円高（輸出契約等の締結日に１米ドル＝120円、決済期限に１米ドル＝102円の場合、１米ドル＝102円を適用）の日の為替換算率を用いることになります。事故貨物の処分費用等が外貨建ての場合は、船積不能事故と同じ扱いとなります。

外貨建契約の外貨建対応方式による損失額

外貨建対応方式とは、貿易一般保険、貿易代金貸付保険および海外事業資金貸付保険のオプションの一つとして、外貨建ての輸出契約等または貸付契約等の保険契約に特約書を付けることにより、保険事故が発生した場合、保険事故の発生時点（決済・償還期限）の為替換算率〔対顧客直物電信買相場（TTB）の始値〕または上限邦貨換算率のいずれか低い為替換算率を用いて円建ての損失額を算出する方式をいいます。上限邦貨換算率とは、損失額を算出する際の上限となる邦貨換算率であって、米ドル、ユーロの場合、輸出契約等、貸付契約等の締結日における為替換算率〔対顧客直物電信売相場（TTS）の始値と買相場（TTB）の始値の平均値〕の２倍のもの、英ポンド、カナダドル、韓国ウオン、主要途上国の通貨などでは３倍のものとなっています。ただし、２年未満の契約の対象通貨は、米ドル、ユーロのみです。例えば、外貨建対応方式特約書の付いている保険契約では、貸付契約の締結日の為替換算率が１米ドル＝100円であって、上限邦貨換算率が１米ドル＝205円の場合、保険事故が起こり、貸付契約の償還期限の為替換算率が１米ドル＝120円の場合、日本貿易保険は、償還期限時の１米ドル＝120円の為替換算率を適用して円建ての損失額を算出します。

13.2.2 保険金額

保険金額は、保険事故によって損失が発生した際、貿易保険で支払う保険金または支払保険金の最高限度額であり、保険価額に付保率（保険金額の保険価額に対する割合）を乗じて得た額をいいます。保険価額と保険金額との差額部分（損失額と受領できる保険金との差額）は、輸出者等、銀行等が自ら負担す

る損失額である「てん補割れ部分（欠け目ともいう）」となります。

貿易保険での支払保険金の上限である保険金額を決める2年未満の契約の付保率は、図13-1の通りであり、保険約款、包括保険の特約書、カバー範囲、非常危険または信用危険により異なります。

貿易一般保険包括保険（企業総合）、限度額設定型貿易保険など、保険金支

	船積不能		代金等回収不能	
	非常危険	信用危険	非常危険	信用危険
貿易一般保険個別保険	60〜95%（選択可能）	60〜80%（選択可能）	97.5、100%	90%
貿易一般保険包括保険（消費財を除く）	80%	80%	97.5、100%	90%
限度額設定型貿易保険	90%	90%	90%	90%
中小企業・農林水産業輸出代金保険	—	—	95%	95%
簡易通知型包括保険	80%	80%	97.5%	90%
輸出手形保険	—	—	95%	95%

（注1）貿易一般保険包括保険（消費財）は、非常危険による船積不能、代金回収不能をカバー対象に、付保率は一律60%。
（注2）2年未満の輸出契約等のてん補率（損失額に対する支払保険金額の割合）は、貿易一般保険、簡易通知型包括保険の船積不能事故では、非常危険が95%、信用危険が80%であり、保険金額を算出するための付保率と異なる。しかし、限度額設定型貿易保険の船積不能事故、すべての保険約款での代金等回収不能事故のてん補率は、非常危険、信用危険とも付保率と同じである。

図13-1　2年未満の輸出契約等の保険約款別の付保率

てん補割れ部分

貿易保険制度では、保険事故となった場合、原則、輸出者等、銀行等も損失額の一部を負担することになり、輸出者等、銀行等が負担する損失額（損失額と受領できる保険金との差額）を保険金が受領できないことから「てん補割れ部分（欠け目ともいう）」といいます。貿易保険では、保険事故となっても、輸出者等、銀行等が負担する損失部分（てん補割れ部分）を設けることにより、貿易保険制度の濫用による安易な取引を避け、かつ輸出者等、銀行等自身も損失の防止軽減にも努めることになり、貿易保険制度の健全な発展にも繋がることになります。

払限度額の対象となる保険事故の場合、輸出者等は、輸出契約等の締結日（船積不能）、または決済期限（代金等回収不能）の古い契約から各契約の保険金額を上限に保険金を受領し、受領できる保険金の累計額は、支払人に設定した保険金支払限度額が上限となります。

なお、債務国政府への貸付契約等、または債務国政府の返済・償還保証措置のある2年以上の輸出契約等、貸付契約等に保険事故が起これば、実際の回収は、日本貿易保険または政府が行うことになり、輸出者等、銀行等のモラルハザードを防止するためにてん補割れ部分を設ける実質的な意義が薄いことから、日本貿易保険は、債務国政府にそ求（リコース）できる契約などの非常危険の付保率を、原則、100％とし、信用危険の付保率も、100％にすることもできます。また日本貿易保険は、貿易一般保険、貿易代金貸付保険では、2年未満の契約を含め、すべての契約の非常危険の付保率を100％まで拡大しています。

13.3　重要事項説明書の内容確認

重要事項説明書には、保険約款上の免責事項（保険金が受領できない内容）、保険金不払いまたは返還となる内容、保険契約の解除または失効する内容、保険約款上の輸出者等、銀行、投資者等の義務、留意すべき事項、その他注意すべき事項が説明してあります。輸出者等、銀行、投資者等は、保険契約の締結前に、この重要事項説明書の内容を確認し、了解した上で保険申込みをすることになります。

13.4　保険申込み

13.4.1　申込メニューとカバー範囲

保険約款は、対象となる契約、カバーするリスク、カバー範囲などが決まっており、輸出者等、銀行等は、保険の対象、契約内容等、希望するカバー範囲等から保険約款を選択し、保険申込みを行うことになります。

(1) 2年未満の契約の申込メニューのカバー範囲の事故事由

2年未満の契約の貿易保険でのカバー範囲、その事故事由は、図13-2の通りです。申込メニューやカバー範囲は、保険約款により、また海外商社名簿での支払人の格付によっても異なります。例えば、貿易一般保険での申込メニューの基本は、図13-2の船積不能の非常危険（A）と代金等回収不能の非常危険（B）の「A＋B」であり、海外商社名簿での支払人の格付により船積不能の信用危険（C）と代金等回収不能の信用危険（D）の申込メニューの選択が可能

	船積不能	代金等回収不能
非常危険	A	B
	為替取引（外貨交換、外貨送金を含む）の制限または禁止、輸入制限または禁止、戦争、革命、内乱、自然災害、外貨送金遅延、外国の報復的な高関税の導入、「外国為替及び外国貿易法」による輸出等の制限または禁止（船積不能の事故事由）、その他本邦外で生じた事由であって、契約の当事者に責任のないものなど	
信用危険	C	D
	・破産手続きの開始決定 ・破産手続きの開始決定に準じる事由 ・政府等による契約の一方的破棄など(注)	・破産手続きの開始決定 ・契約の相手方の3か月以上の債務の履行遅滞 （輸出手形保険の事故事由） ・非常危険の事故事由以外の事由

（注）民間企業による貨物の船積み前の契約の一方的破棄などは、貿易一般保険包括保険（設備財、技術提供契約等）での個々の保険契約のオプションとして、一定の要件を満たす契約に限りカバー対象となる。

図 13-2　輸出契約等のカバー範囲と事故事由

となります。ただし、船積不能と代金等回収不能の信用危険のみをカバー対象とする申込メニュー（C+D）は、ありません。

(2) 保険約款の申込メニューのカバー範囲

輸出契約等、貸付契約等を対象とする主要な保険約款の申込メニューとカバー範囲は、図 13-3 の通りです。

貿易一般保険の包括保険（消費財を除く）では、支払国の引受方針など引受基準により非常危険による船積不能と代金等回収不能の基本メニューに、保険申込み時の海外商社名簿での支払人の格付により信用危険の船積不能と代金等回収不能の組合せが自動的に決まることになり、契約に潜むリスクに合わせ申込メニューを選択することができません。一方、個別保険は、申込メニューの選択が自由であり、海外商社名簿での支払人の格付から信用危険の引受が可能な契約でも、非常危険による船積不能と代金等回収不能の基本メニューでの保険申込みが可能です。

簡易通知型包括保険では、貨物の船積月の第1日の支払国の引受方針など引受基準、また海外商社名簿での支払人の格付により代金等回収不能の申込メニューが（B+D または B）自動的に決まり、また船積不能のオプションを選択した場合の申込メニュー（A+C または A）も、輸出契約等の締結日における支払国の引受基準や海外商社名簿の格付により自動的に決まります。

限度額設定型貿易保険、中小企業・農林水産業輸出代金保険、輸出手形保険

保険約款	申込メニュー	カバー範囲
貿易一般保険	A+B+C+D （EA格、EF格など）	非常危険、信用危険による貨物の船積不能（A+C）及び貨物代金、役務の提供等の対価の回収不能（B+D）をカバー
	A+B+C （EC格）	非常危険、信用危険による貨物の船積不能（A+C）、非常危険による貨物代金、役務の提供等の対価の回収不能（B）をカバー
	A+B （PU格、ER格）	非常危険による貨物の船積不能（A）及び貨物代金、役務の提供等の対価の回収不能（B）のみをカバー
限度額設定型貿易保険	A+B+C+D セットで引受	非常危険、信用危険による貨物の船積不能（A+C）及び貨物代金、役務の提供等の対価の回収不能（B+D）をカバー
中小企業・農林水産業輸出代金保険	B+D セットで引受	非常危険、信用危険による貨物代金の回収不能（B+D）をカバー
輸出手形保険	B+D セットで引受	非常危険、信用危険による為替手形の満期不払（B+D）をカバー
貿易代金貸付保険など	B+D、又はB	非常危険、信用危険による貸付金額等償還不能（B+D）をカバー、又は非常危険による貸付金額等の償還不能等（B）のみをカバー

図 13-3　輸出契約等、貸付契約の申込メニューとカバー範囲

では、支払国の引受方針（輸出手形保険の承認基準）など引受基準、海外商社名簿での支払人の格付により非常危険と信用危険をセットで引受を行っているため、申込メニューが一律のものであり、支払国の引受方針（輸出手形保険の承認基準）など引受基準から非常危険の引受が可能でも、海外商社名簿での支払人の格付から申込みができない契約もあります。

　保険期間、また返済・償還期間が 2 年以上の輸出契約等、貸付契約等、また海外投資などを対象とする保険約款では、輸出者等、銀行、投資者等は、原則、申込メニューを選択することができますが、契約内容等により希望する申込メニューでの申込みができないものもあります。

13.4.2　保険約款での申込期限と保険申込みの引受基準適用日
(1) 貿易一般保険など契約単位で保険契約を締結する保険約款
　契約単位で保険契約を締結する保険約款の申込期限と保険申込みの引受基準適用日（支払国の国カテゴリー、引受方針など引受基準、また海外商社名簿での支払人の格付など、保険申込みや内容変更等の変更部分の非常危険、信用危

険の引受可否等を判断する基準日をいう。以下同じ）は、図 13-4 の通りです。
(2) 輸出手形保険など事前に保険契約を締結する保険約款
　事前に保険契約を締結する保険約款において、保険契約で対象となる輸出契

保険約款	
貿易一般保険個別保険	・申込期限は、輸出契約等の締結日から船積み後、5 営業日以内の申込み（船積日当日を含む。船積日が土、日、祝日の場合、船積日当日を含まず） ・保険契約の締結日（WEB 申込日、保険申込書の受理日）を引受基準適用日として保険契約の締結（内諾書を取得したものを除く）
貿易一般保険包括保険（設備財、企業総合、技術提供契約等）	・申込期限は、輸出契約等の締結日の属する月の翌月末までの申込み。ただし、特約書の対象契約は、申込期限を過ぎても保険申込みが必要。日本貿易保険の保険事故の査定等で保険申込みの失念や著しい遅延（輸出契約等の締結日から 3 か月以上）が判明した場合（自主調査で判明したものを除く）、2 倍の保険料を支払って保険申込みが必要 ・引受基準適用日は、貿易一般保険個別保険と同じ。ただし、包括保険（企業総合、技術提供契約等）の代金等回収不能に係わる信用危険の保険料率は、特約期間中に支払人が格下げ（例えば、EA 格→EF 格）になっても、特約書の締結時（または更新時）の海外商社名簿での支払人の格付のものを適用
中小企業・農林水産業輸出代金保険	・申込期限は、輸出契約の締結日から船積み後、5 営業日以内の申込み（船積日当日を含む。船積日が土、日、祝日の場合、船積日当日を含まず） ・保険契約の締結日（WEB 申込日、保険申込書の受理日）を引受基準適用日として保険契約の締結
海外投資保険	・新規申込みには、原則、申込期限もなく、既存の投資案件の保険申込みも可能。ただし、内諾書（6 か月有効）を取得した場合、内諾書の有効期限内の申込み。既存の保険契約の保険期間満了に伴う保険契約継続の場合の申込期限は、原則として、既存の保険契約の保険期間満了日の 2 か月前までの申込み（案件により満了日の 1 か月前まで可能） ・保険契約の締結日（保険申込書の受理日）を引受基準適用日として保険契約の締結（内諾書を取得したものを除く）
貿易代金貸付保険、海外事業資金貸付保険	・申込期限は、内諾書（6 か月有効）の有効期限内、かつ初回貸付実行日の前日までの申込み ・保険契約の締結日（保険申込書の受理日）を引受基準適用日として保険契約の締結（内諾書を取得したものを除く）

図 13-4　申込期限と保険契約の締結の引受基準適用日

約等、または荷為替手形の保険関係を成立させるための通知期限と引受基準適用日は、図 13-5 の通りです。

保険約款	
限度額設定型貿易保険	・保険関係を成立させるため、一切の手続きが不要 ・輸出契約等の締結日を引受基準適用日として保険関係が成立
輸出手形保険	・通知期限は、手形の買取日から 5 営業日以内（発送時点） ・買取日の買取基準（支払国の承認基準、海外商社名簿での支払人の格付など）により保険関係が成立
簡易通知型包括保険	・輸出契約等の当月の船積実績について、翌月末までに船積確定通知の提出が必要。ただし、包括保険契約での対象契約は、通知期限を過ぎても通知が必要 保険年度中、支払国の引受方針などが変更になり、締結済みの輸出契約等が引受対象外となった場合、変更日の属する月末までの船積（予定）分は、翌月末までに船積確定通知を提出し、翌月の 1 日以降の船積（予定）分は、確定前通知の提出 ・確定前通知〔輸出契約等を締結後、引受方針、海外商社名簿での支払人の格付から対象外となった場合、翌月の 1 日以降の船積（予定）分の保険関係を成立させるための通知〕の場合 支払国の引受方針の変更（引受停止国への変更を含む）、または海外商社名簿での支払人の格付が事故管理区分（ER 格）に変更となった日の翌月の第 1 日以降の船積（予定）分について、通知期限は、変更日から 30 日以内に確定前通知を提出。また保険年度中に EA 格などから EC 格になった支払人との契約の貨物の船積み（予定）が次の保険年度に実施される場合、通知期限は、次の保険年度の保険契約の更改日から 30 日以内に船積（予定）分の確定前通知を提出 ・船積確定通知の引受基準適用日 船積不能は、輸出契約等の締結日を引受基準適用日として、代金等回収不能は、貨物の船積月の第 1 日を引受基準適用日として、保険関係は、船積不能が輸出契約等の締結日、代金回収不能が船積日に遡り成立。ただし、代金回収不能に係わる信用危険の保険料率は、保険年度中に支払人が格下げ（例えば、EA 格→EF 格）になっても、保険年度の期初の海外商社名簿での支払人の格付のものを適用 ・確定前通知の引受基準適用日 船積不能、代金回収不能とも、輸出契約等の締結日を引受基準適用日として保険関係が成立

図 13-5　保険関係の成立のための通知期限と引受基準適用日

入札直前の国カテゴリーの変更に伴う経過措置

返済期間が2年未満の輸出契約等であって、応札価格がほぼ固まった段階で、支払国の国カテゴリーが変更になり、ダウングレード（例えば、国カテゴリーDから国カテゴリーE）になった場合、非常危険の保険料率が上がり、国際競争力上、本邦企業が不利になることから、輸出契約等が競争入札の対象であって、日本貿易保険の国カテゴリーの変更の公表日から1か月以内であれば、輸出者等は、日本貿易保険に保険契約の締結に変更前の国カテゴリーの適用を申請することができます。

なお、内諾書（6か月有効）を取得した契約の支払国（または借入国）の国カテゴリーが内諾書の有効期間中にダウングレードになった場合、日本貿易保険は、契約が入札中など競争状態にある場合、変更前の内諾書の国カテゴリーを適用して保険契約を締結しています。逆に、支払国（または借入国）の国カテゴリーがアップグレード（例えば、国カテゴリーEから国カテゴリーD）になった場合、日本貿易保険は、契約が競争状態にある場合に限り、変更後の国カテゴリーを適用して保険契約を締結することになります。

13.4.3　保険申込みまたは内容変更等の通知の内容などの誤記の訂正

　保険証券、契約確定台帳の発行などによる保険契約の内容、また簡易通知型包括保険、輸出手形保険での通知により保険関係の成立している輸出契約等または荷為替手形の内容（以下、保険成立内容という）が確定した後、また内容変更等の通知により保険契約、または保険成立内容の変更後、保険申込みまたは内容変更等の通知内容などの記載事項の誤記を訂正する場合、輸出者等、銀行等は、訂正内容変更の手続きにより行うことになります。誤記の訂正の承認申請は、原則、内容変更等通知期限までに行うことが必要です。日本貿易保険は、訂正した保険契約、保険成立内容により保険料を再計算し、保険約款などに従い既収保険料との差額の全額を請求または返還することになります。

　保険契約、保険成立内容の誤記を訂正しない場合、または誤記の訂正が承認されない場合、訂正事項に生じた損失は、保険契約のカバー対象外ですが、保険事故の内容が訂正事項以外の場合は、保険契約のカバー対象となります。また保険契約、保険成立内容を訂正した場合でも、訂正の申請時以前に発生していた訂正事項に基づいて生じた損失も、保険契約のカバー対象外です。

　貿易一般保険では、輸出者等が引受方針など引受基準に合致しない輸出契約等を誤記により引受基準に合致する契約として保険申込みを行った場合、輸出

者等は、経緯書を添付して誤記の訂正の承認申請を行うことが可能ですが、日本貿易保険により誤記の訂正が承認されるまでの間、保険契約全体が免責となります。

保険申込書または内容変更等の通知内容の記載事項の誤記の有無などは、輸出者等、銀行等保険契約者以外、誰もチェックできません。輸出者等、銀行等は、保険対象となる輸出契約等、貸付契約等の内容と保険契約の内容が一致していることを確認することが重要です。

保険は、保険事故が起こってからでは保険契約の内容の変更ができないので注意が必要です。

13.5　保険責任

貿易保険では、保険契約の保険責任が発生している期間を保険期間（保険責任期間ともいう）といい、この期間に新たに起こった保険約款または保険契約に付けた特約で定めている非常危険、信用危険の事故事由により輸出者等、銀行、投資者等が受ける損失が保険金支払いの要件となり、貿易保険の責任が「いつ始まり、いつ終わるか」は、貿易保険を利用する上で重要な点です。

保険約款は、保険金支払いの対象となる保険事故か否かなど、保険責任の面で疑義の発生を防止するため、保険期間の開始日（保険責任の開始日）と終了日を明確にしています。また貿易一般保険や限度額設定型貿易保険など、一の保険契約で船積不能事故と代金等回収不能事故による損失を保険金支払いの対象としている保険約款では、保険事故による支払保険金額の算定根拠となる損失額や保険金の査定方法が異なることから、船積日を境に船積不能と代金等回収不能の保険期間の開始日と終了日も明確にしています。

保険約款は、輸出契約等、満期前の荷為替手形などに内容変更等を行い、内容変更等の手続きにより保険契約の内容、また保険関係が成立している輸出契約等または荷為替手形の内容を変更した場合、変更事項の保険責任の開始日も明確にしています。（13.7 参照）

なお、日本貿易保険の貨物代金の保険責任の開始日は、法律的な意味での輸出債権の確定、インコタームズでの貨物の危険負担の移転、貨物の所有権などにかかわらず、より政策的な意味合いから、船積日〔船積み前に貨物を契約の相手方に引渡す場合（EXW 条件など）は、その引渡し日〕となります。

13.5.1　保険約款での保険責任の開始日と終了日

貿易一般保険など契約単位で保険契約を締結する保険約款、輸出手形保険な

ど事前に保険契約を締結する保険約款の保険責任の開始日と終了日は、図13-6、13-7の通りです。貿易一般保険個別保険などでは、契約を自由に選択して保険申込みができるので、駆け込み的な保険申込みによる保険事故を回避するために保険責任の開始日が保険契約の締結日（WEB申込日、または日本貿易保険による保険申込書の受理日）と異なります。

	保険責任の開始日	保険責任の終了日
貿易一般保険個別保険	（船積不能） 船積み前の申込みの場合、保険契約の締結日（WEB申込日、保険申込書の受理日）から5日を経過した日。ただし、保険契約の締結日から5日以内に貨物の船積みを行う場合、または船積後、5営業日以内の保険申込みの場合、代金等回収不能の保険責任が船積日に開始	（船積不能） 保険証券に記載の船積日から3か月を経過した日
	（代金等回収不能） 契約に含まれる貨物代金は、船積日組立等の役務の提供等の対価は（船積み前に契約の相手方に引渡す条件（EXW条件など）では引渡し日）、組立等の役務の提供等の対価は、当事者間での確認日	（代金等回収不能） 契約上の決済期限
貿易一般保険包括保険（設備財、企業総合、技術提供契約等）	（船積不能） 保険契約の締結日（WEB申込日、保険申込書の受理日）。ただし、貨物の船積み後の申込みの場合、代金等回収不能の保険責任が船積日に開始(注)	（船積不能） 保険証券に記載の船積日から3か月を経過した日
	（代金等回収不能） 貿易一般保険個別保険と同じ	（代金等回収不能） 契約上の決済期限
中小企業・農林水産業輸出代金保険	貨物の船積日または保険契約の締結日（WEB申込日、保険申込書の受理日）から5日を経過した日のいずれか遅い日	契約上の決済期限
海外投資保険	保険契約の締結日（保険申込書の受理日）の属する月の第1日に遡り保険責任が開始、保険契約の継続の場合、保険期間の満了日の翌日	保険証券の満了日。1か月以上の事業の休止をカバーする場合、保険証券の満了日の1か月後の日
貿易代金貸付保険	貸付の実行日または保険契約の締結日（保険申込書の受理日）のいずれか遅い日	契約上の償還期限

（注）包括保険（消費財）の保険責任は、申込期限内（輸出契約の締結日の属する月の翌月末日まで）の申込みは、輸出契約の締結日、申込期限超過後は、保険契約の締結日に開始。

図 13-6　保険契約の保険責任の開始日と終了日

	保険責任の開始日	保険責任の終了日
限度額設定型貿易保険	船積不能：輸出契約等の締結日 代金等回収不能： 契約に含まれる貨物代金は、船積日、組立等の役務の提供等の対価は、当事者間での確認日	船積不能： 船積日の前日 代金等回収不能： 契約上の決済期限
輸出手形保険	買取日から5営業日以内（発送時点）の買取通知により荷為替手形の保険関係は、買取日に遡り成立	為替手形の満期日
簡易通知型包括保険	船積不能を選択した場合： 輸出契約等の締結日 代金回収不能： 船積確定通知により保険関係は、船積日に遡り成立、確定前通知では、船積（予定）日に保険関係が成立	船積不能： 船積日の前日 代金回収不能： 契約上の決済期限

図 13-7　保険契約で対象となる契約の保険責任の開始日と終了日

（1）貿易一般保険など契約単位で保険契約を締結する保険約款の保険責任

　契約単位で保険契約を締結する保険約款での保険責任の開始日、終了日は、図 13-6 の通りです。

（2）輸出手形保険など事前に保険契約を締結する保険約款の保険責任

　事前に保険契約を締結する保険約款での保険契約で対象となる輸出契約等の保険責任の開始日（保険関係の成立日）、終了日は、図 13-7 の通りです。

決済期限が確定していない契約の決済期限の解釈

　一覧払手形や一覧後定期払手形、また船積書類引渡時払や船積書類引渡後定期払などにおいて、為替手形の呈示日や船積書類の引渡し日が不明、または手形の引受や船積書類の引渡しを行っていない場合、決済期限が確定しない輸出契約等に保険事故が発生することもあり、運用規程では、決済期限の解釈の規定を設けています。

（1）貿易一般保険、限度額設定型貿易保険などの運用規程での決済期限の解釈は、次のようになっています。

①決済期限が確定していない契約が一覧払手形、一覧後定期払の場合

・一覧払手形の決済期限は、手形が契約の相手方または代金等の支払人に呈示された日、または呈示された日が不明の場合、本邦銀行による手形の買取日または銀

行への取立の依頼の日（以下、買取日等という）から2週間を経過した日、または一覧払手形の買取等が銀行により拒否された場合には、拒否された日から2週間を経過した日。
・一覧後定期払の決済期限は、手形が引受けられて満期が確定した日、または引受けられた日が不明の場合、銀行による手形の買取日等から2週間を経過した日に、手形に記載された期間（ユーザンス）を加えた末日。
②決済期限が確定していない契約が、手形が振り出されない場合
・船積書類引渡時払の決済期限は、船積書類を契約の相手方または代金等の支払人に引渡した日、または引渡した日が明らかでない場合、船積日から起算して1か月を経過した日。
・船積書類引渡後定期払の決済期限は、船積書類を引渡した日、または引渡した日が明らかでない場合、船積日から起算して1か月を経過した日に、輸出契約等で定められた期間（ユーザンス）を加えた日。
③決済期限が確定していない契約が信用状（L/C）により決済される場合
・一覧払手形の決済期限は、手形または船積書類を信用状（L/C）の開設銀行が受領した日、または受領した日が明らかでない場合、手形または船積書類を信用状（L/C）の買取銀行または取立銀行に提出した日から2週間を経過した日。
・一覧後定期払手形の決済期限は、手形または船積書類を信用状（L/C）の開設銀行が受領した日、または受領した日が明らかでない場合、手形または船積書類を信用状（L/C）の買取銀行または取立銀行に提出した日から2週間を経過した日に、信用状（L/C）で定められた期間（ユーザンス）を加えた日。
④決済期限が確定していない契約が貨物等の到着時払の場合
・貨物等の到着時払（on arrival of goods）の決済期限は、船積日から支払地までの標準航海日数[注]に、一覧払手形または船積書類引渡時払の場合にあっては7日（現地での通関等に要する期間、以下同じ）を、一覧後定期払手形または船積書類引渡後定期払の場合にあっては、契約で定められた期間（ユーザンス）に7日を加えた期間を経過した日。
(2) 輸出手形保険の運用規程での満期日の解釈は、次のようになっています。
①一覧払の荷為替手形
・呈示の日
　貨物到着時払条件の場合は、貨物到着後の呈示日
　その呈示の日が明らかでない場合は、取立銀行からの未払通知の発信日
・現地通貨による支払いがある場合は、現地通貨の支払日
　その支払日が明らかでない場合は、取立銀行から支払通知の発信日

・買取日から1か月を経過するまでの間に上述の呈示の日、現地通貨の支払日が不明なときは、買取日の翌日から起算して2週間を経過した日（貨物到着時払条件で保険料納付済の場合は、船積日から起算した仕向港までの標準航海日数に7日を加えた期間）

その2週間（貨物の到着時払条件のものにあっては、標準航海日数に7日を加えた期間）を経過した日から起算して45日を経過する前に上述の呈示の日、現地通貨の支払日が明らかになった場合を除く

②一覧後定期払の荷為替手形
・荷為替手形引受後の確定満期日
・現地通貨による支払いがある場合は、現地通貨の支払日
その支払日が明らかでない場合は、取立銀行から支払通知の発信日
・買取日から1か月を経過するまでの間に上述の確定満期日、現地通貨の支払日が不明なときは、買取日の翌日から起算して2週間に手形記載の期間を加えた末日（貨物到着時払条件で保険料納付済の場合は、船積日から起算した仕向港までの標準航海日数に現地での通関等に要する7日を加えた期間）

その2週間（貨物の到着後定期払条件のものにあっては、標準航海日数に現地での通関等に要する7日を加えた期間）を経過した日から起算して45日を経過する前に確定満期日、現地通貨の支払日が明らかになった場合は除く

③確定日払又は日付後定期払の荷為替手形
・その手形上に記載の満期日

（注）標準航海日数とは、貨物を日本の港で船積みした日から外国の仕向港に到着するまでの標準的な日数をいい、輸出手形保険運用規程では、外国の主な仕向港までの標準航海日数を決めています。

13.5.2 信用状（L/C）で決済する契約と保険責任の関係

信用状（L/C）で決済する契約の保険契約（「L/C条件」国向けの契約のものを除く）は、海外商社名簿での支払人の格付により信用危険の保険責任の開始日が異なります。

EA格など海外商社名簿での格付から信用危険の引受が可能な支払人との契約の保険契約では、非常危険と信用危険の保険責任は、支払人の格付から信用状（L/C）の取得に関係なく、原則として、保険契約の締結日（貿易一般保険個別保険などでは保険契約の締結日から5日を経過した日）に開始します。また金融危機等で信用状（L/C）が取得できない場合、決済方法の変更に伴う内容変更等の手続きが必要ですが、非常危険と信用危険の保険責任の開始日は、

変わりません。しかし、信用状（L/C）が取得できない場合、EA格等は、信用危険の引受が可能な民間企業ですが、貿易一般保険個別保険などでは、契約金額が支払人の個別保証枠の残枠の範囲内である場合に限り、代金等回収不能に係わる信用危険の引受が可能となります。

　一方、PU格など海外商社名簿での格付から信用危険の引受ができない支払人との契約の保険契約では、非常危険の保険責任は、信用状（L/C）の取得に関係なく、原則として、保険契約の締結日に開始しますが、信用危険の保険責任は、信用状（L/C）の取得した日に開始することになります。金融危機等で信用状（L/C）が取得できない場合、保険契約では、非常危険のみがカバー対象となります。

　なお、「L/C条件」国向けの契約の保険契約の保険責任は、信用状（L/C）の取得した日に開始することになります。

13.6　保険料

13.6.1　概算保険料の試算

　輸出者等、銀行等は、Webサイト http://nexi.go.jp の保険料試算のシミュレーションの必須項目を入力することにより契約等の保険料コストである概算保険料を試算することができます。

13.6.2　2年未満の輸出契約等の保険約款別の保険料の目安、最低保険料

　保険約款、包括保険の特約書などにより付保率、カバー範囲など、また保険料決定の諸条件も異なりますが、一定の条件により試算した保険料の目安は、図13-8の通りです。

　日本貿易保険の扱う貿易保険では、契約金額が小額のため保険契約の締結を制限する保険約款はありません。しかし、引受業務の事務負担や経費などから、日本貿易保険は、図13-8の通り徴収する最低保険料を決めています。保険申込みの際、契約金額が少額で保険料の額が最低保険料に満たない場合、輸出者等、銀行等は、日本貿易保険から最低保険料が請求されます。

13.6.3　保険料の調整（返還保険料、割増保険料）

　日本貿易保険は、契約に行った内容変更等、保険料の精算（貸付金額等の確定、保険申込みなどの誤記の訂正など）、また保険契約の解除などによる既収保険料の調整を行っています。

(2018年1月現在)

```
前提条件
    契約金額  10,000,000 円
    決済条件  60days after B/L date（船積前期間 30 日　船積後期間 60 日）
             （輸出手形保険　D/A 60days after B/L date）
```

(単位円)

	格付	米国、ドイツ (国カテ A)	中国、マレーシア (国カテ C)	タイ、インド (国カテ D)	最低保険料
貿易一般保険個別保険	EA	38,100 円	73,200 円	88,500 円	1万円
	EF	96,100 円	129,300 円	144,600 円	
貿易一般保険包括保険（企総）	EA	9,400 円	18,400 円	22,300 円	なし
	EF	12,800 円	21,800 円	25,700 円	
限度額設定型貿易保険	EA	315,360 円 (1契約：26,280 円)	584,010 円 (1契約：48,668 円)	722,520 円 (1契約：60,210 円)	3千円
	EF	839,700 円 (1契約：69,975 円)	1,108,620 円 (1契約：92,385 円)	1,247,130 円 (1契約：103,927 円)	
中小企業・農林水産業輸出代金保険	EA	63,400 円	82,400 円	92,300 円	3千円
	EF				
輸出手形保険	EA	50,255 円	87,020 円	103,740 円	3千円
	EF				

(注1) 貿易一般保険個別保険の付保率は、船積不能の非常 95%、信用 80%、代金等回収不能の非常 97.5%、信用 90%。
(注2) 貿易一般保険包括保険（企業総合）の付保率は、船積不能非常・信用 80%、代金等回収不能の非常 97.5%、信用 90%。直近2年間の保険成績により保険料の割引（最大調整係数 0.70）、割増（最大調整係数 1.48）があり。本件は、保険成績調整係数を 1.00 とし、保険料の割引・割増なし。
(注3) 限度額設定型貿易保険は、支払人に設定した保険金支払限度額（27百万円）に応じた1年分の保険料。毎月10百万円、年間12契約で120百万円の取引があり、保険金支払限度額は、予想最大契約残高の30百万円に付保率90%を乗じて算出。付保率は、船積不能の非常・信用 90%、代金等回収不能の非常・信用 90%。
(注4) 中小企業・農林水産業輸出代金保険、輸出手形保険は、貨物代金、手形金額の回収不能のみを対象に、付保率は、非常・信用とも 95%。

図 13-8　主要保険約款の保険料の目安

(1) 保険料の返還

　日本貿易保険は、保険約款、貿易保険の保険料率に関する規程、包括保険の特約書に従い、過納の保険料の全額または一部を返還する場合があります。し

かし特段の定めがない限り、保険契約の無効、失効、解除などによって損失をカバーする責任がなくなっても、日本の貿易保険は保険料の返還を行っていません。保険料の返還が発生する事由は、次の通りです。

①保険料を指定日までに納付しないため、日本貿易保険により保険契約が解除された後、輸出者等、銀行等より納付された保険料

②保険責任の開始日前に事故事由が発生し、日本貿易保険による保険契約の解除の通知の前に輸出者等、銀行等より納付された保険料

③契約等の内容変更等その他合理的理由により保険価額の減額（契約の解約を含む）または保険期間の短縮（期限前返済を含む）となった場合の保険料

④保険料の精算（返済・償還期間が2年以上の契約での貸付金額等の確定による精算、記載事項の誤記の訂正など）

⑤日本貿易保険の責任により過納となった保険料

⑥限度額設定型貿易保険では、支払国が引受停止国または国カテゴリーH、支払人の格付が対象外となり、保険契約が失効した場合、既収保険料を月数など応じて返還

⑦簡易通知型包括保険では、船積不能事故の保険金支払限度額に応じて支払った保険料について、保険年度中、通算で90日以上、仕向国、支払国が引受停止国、または支払人が海外商社名簿の事故管理区分Bに格付された場合、既収保険料を月数に応じて返還

(2) 返還する保険料の額による制限

日本貿易保険は、保険約款、貿易保険の保険料率に関する規程、包括保険の特約書により過納の保険料を返還する場合があります。ただし、上述の③、⑥において、貿易一般保険（消費財包括保険を除く）、貿易代金貸付保険、海外事業資金貸付保険では、返還すべき保険料の額（既収保険料との差額）が、10万円未満の場合（保険契約に米ドル建保険特約を付けた場合、外貨建保険特約規程に定める額未満の場合）、また貿易一般保険（消費財包括保険）、限度額設定型貿易保険、中小企業・農林水産業輸出代金保険、輸出手形保険、前払輸入保険および海外投資保険では、返還すべき保険料の額が3万円未満の場合、日本貿易保険は、過納の保険料を返還しません。

誤記の訂正内容変更による保険料の精算の場合、通常、既収保険料との差額の全額が徴収または返還されますが、貿易一般保険包括保険（設備財、消費財、企業総合、技術提供契約等）の精算では、訂正前の保険料の額と訂正後の保険料の額との差額が1千円未満の場合、その差額は、徴収も、返還も行われ

ません。

(3) 割増保険料

　日本貿易保険は、基本となる保険料率に割増を適用して割増保険料を徴収しているものがあります。それらは、①個々の保険契約に特約を付けて保険約款や通常の保険契約でカバーされない事故事由の追加やカバー範囲の拡大を行う場合（フルターンキー特約、外貨建対応方式特約書、政策変更リスク特約など）、②リザルト制度を導入している貿易一般保険包括保険（企業総合）、簡易通知型包括保険での損害率の高い輸出者等の保険申込み、③契約金額が10億円以上であって、返済保証措置等のない支払国の単一事業目的会社（Special Purpose Company；SPC）を経由した契約、または日本貿易保険がファイナンス面で関与する単一事業目的会社（SPC）を支払人とする契約の信用危険の引受を行う場合などです。

13.7　契約の内容変更等

　内容変更等とは、保険契約を締結した後、輸出契約等、貸付契約等、投資事業等の内容、また簡易通知型包括保険、輸出手形保険での保険関係が成立している輸出契約等または荷為替手形の内容（以下、保険成立内容という）に変更が生じたことをいいます。輸出者等、銀行、投資者等（保険契約者または被保険者をいう。以下同じ）は、輸出契約等、貸付契約等、投資事業等、また保険成立内容に内容変更等を行い、保険契約、保険成立内容の変更を希望する場合、内容変更等の手続きを行うことが必要です。ただし、保険申込みまたは内容変更等の通知内容などの記載事項の誤記による保険契約、保険成立内容を訂正する場合は、訂正内容変更の手続きとなります。

13.7.1　重大な内容変更等

　重大な内容変更等とは、輸出契約等、貸付契約等、投資事業等、また保険成立内容に行った内容変更等で、保険契約の対象となるリスクやカバーする範囲などに大きな影響を与えるものをいい、日本貿易保険は、各保険約款の手続細則で重大な内容変更等を具体的に定めています。保険約款の手続細則での重大な内容変更等に該当しない内容変更等は、軽微な内容変更等と呼び、保険契約の変更等の手続きなどで異なる対応となっています。

　貿易一般保険約款などの手続細則の重大な内容変更等は、図13-9の通りです。

> **リスクの変更となる変更事項**
> ・契約金額の増額（貿易一般保険などでは貨物代金等の額の10％以上の増額、貿易代金貸付保険での貸付金等の増額）、手形金額の増額
> ・仕向国、支払国、保証国の変更〔信用状（L/C）の発行または確認銀行の所在する国の変更を含む〕
> ・契約の相手方、支払人、保証人の変更（信用状（L/C）発行または確認銀行の変更、信用状（L/C）決済からその他の決済方法への変更などを含む）
> ・決済方法の変更（荷為替手形から送金ベースへの変更など）、輸出手形保険では支払渡条件（D/P）から引受渡条件（D/A）への手形支払条件の変更など
> **保険期間の延長となる変更事項**
> ・船積期日の延長（証券記載の船積日から3か月を超えるもの）
> ・代金等の決済条件の変更（決済期日または償還期日の延長、満期の延長など）
> **その他の変更事項**
> ・表示通貨の変更
> ・貨物の変更

図13-9　貿易一般保険などでの重大な内容変更等と変更事項の分類

13.7.2　重大な内容変更等と主要な保険約款の内容変更等の手続き

　輸出契約等、貸付契約等、また保険成立内容などに重大な内容変更等を行った場合、内容変更等の手続きは、保険約款により異なっています。輸出契約等に重大な内容変更等を行っても、内容変更等の手続きが任意の保険約款もあります。しかし、内容変更等の手続きを行わない場合、日本貿易保険は、保険事故が発生した際、既存の保険契約や保険成立内容により保険金を支払うことになります。例えば、契約金額が増額しても、内容変更等の手続きを行わない場合、輸出者等、銀行等は、増額部分の損失についての保険金が受領できないことになります。また内容変更等の手続きにより保険契約を変更しない場合、変更事項に生じた損失は、保険契約でのカバー対象外となります。

　貿易一般保険個別保険、中小企業・農林水産業輸出代金保険、簡易通知型包括保険、輸出手形保険において、日本貿易保険は、保険証券などに記載の内容変更等通知期限を超過した内容変更等の通知を、原則、受理しません。しかし、輸出者等、銀行が保険契約、保険成立内容の継続を希望する場合、日本貿易保険は、通知期限を過ぎた理由などを輸出者等、銀行から聞き、特に保険契約、保険成立内容の変更を承認することもあります。

　貿易代金貸付保険、海外事業資金貸付保険、海外投資保険において、銀行、投資者等が貸付契約等、投資事業などに重大な内容変更等を行った場合、日本貿易保険に内容変更等を通知し、承認を受けることが必要です。

限度額設定型貿易保険では、輸出契約等に内容変更等を行っても内容変更等の手続きも不要であり、保険契約に設定してある保険金支払限度額を増額する場合に限り、輸出者等は、保険契約の内容変更等の変更手続きが必要となります。

なお、確定通知が必要な貿易一般保険、貿易代金貸付保険での2年以上の契約において、決済金額や貸付金額等の確定により締結済みの保険契約に軽微な内容変更等に該当する変更があった場合（3か月未満の船積期日の延長、契約金額の減額、重大な内容変更等に該当しない契約金額の増額など）、日本貿易保険は、確定通知書の提出により内容変更等の通知があったものとみなし、保険契約の内容を変更しています。

(1) 貿易一般保険

貿易一般保険では、個別保険と包括保険、引受方針など引受基準に合致する契約（基準内案件）と合致しない契約（基準外案件）、また変更事項により内容変更等の手続きが異なっています。

貿易一般保険個別保険では、引受方針など引受基準に合致する輸出契約等（基準内案件）に重大な内容変更等を行っても、保険契約の内容を変更するか否か任意です。保険契約の内容の変更を希望する場合、輸出者等は、保険証券等に記載の内容変更等通知期限までに日本貿易保険にWebサービスにより内容変更等の通知を行うことが必要です。一方、貿易一般保険包括保険では、引受方針など引受基準に合致する輸出契約等に重大な内容変更等を行った場合、貿易一般保険約款の規定にかかわらず、特約書の規定により、輸出者等は、輸出契約等に内容変更等を行った日から1か月以内、かつ内容変更等通知期限までにWebサービスにより内容変更等の通知を行うことが必要です。内容変更等の通知を失念または著しく遅延（変更のあった日から3か月以上）した場合（自主調査で判明した場合を除く）、輸出者等は、変更部分に通常の2倍の額の保険料が徴収されます。

貿易一般保険では、引受方針など引受基準に合致しない輸出契約等（基準外案件）に重大な内容変更等を行った場合、また輸出契約等に内容変更等を行った結果、輸出契約等が引受基準に合致しなくなった場合、個別保険、包括保険とも、保険契約の内容を変更するか否か任意です。保険契約の内容の変更を希望する場合のみ、輸出者等は、内容変更等通知期限までに内容変更等の通知を行うことが必要です。ただし、輸出契約等に行った内容変更等が契約金額の10％以上の増額など図13-9のリスクの変更となる変更事項の場合、輸出者等は、内容変更等の通知の前に内容変更等を証する書類の写しを添付して日本貿

易保険に事前承認を申請することが必要です。輸出者等は、内容変更等の承認書（承認した日から6か月有効）を取得した後、承認書の有効期限内（内容変更等通知期限が先に到来する場合は、内容変更等通知期限までに通知が必要。以下同じ）に改めて内容変更等の通知を行うことにより保険契約の内容を変更することができます。

(2) 中小企業・農林水産業輸出代金保険、輸出手形保険など

中小企業・農林水産業輸出代金保険、輸出手形保険での内容変更等の手続きについて、輸出者、銀行は、輸出契約または満期前の荷為替手形に重大な内容変更等を行っても、内容変更等を通知するか否か任意です。保険契約の内容または保険関係の成立している荷為替手形の内容の変更を希望する場合のみ、輸出者、銀行は、内容変更等通知期限までに内容変更等の通知を行うことが必要です。

中小企業・農林水産業輸出代金保険では、輸出契約に内容変更等を行った結果、輸出契約に仲介貨物が含まれるなど保険約款の対象外の契約になった場合、輸出者は、内容変更等の通知の前に日本貿易保険に事前承認を申請し、内容変更等の承認書（承認した日から6か月有効）を取得した後、承認書の有効期限内に改めて内容変更等の通知を行うことにより保険契約の内容が変更されます。輸出手形保険でも、内容変更等により荷為替手形が買取基準（特定国の承認基準等を含む）に合致しなくなった場合、銀行は、中小企業・農林水産業輸出代金保険と同様の手続きにより、荷為替手形の内容変更等を行うことになります。また、輸出手形保険では、内容変更等の変更事項が支払条件の変更、仕向国の変更の場合を除き、輸出者は、変更内容に合わせて為替手形を書換えることが必要です。

簡易通知型包括保険では、船積確定通知または確定前通知を行った後、輸出契約等に保険約款の手続細則の重大な内容等を行った場合、輸出者等は、変更を行った日の翌月末まで、かつ内容変更等通知期限までに内容変更等の通知を行うことが必要です。

(3) 貿易代金貸付保険、海外事業資金貸付保険、海外投資保険

貿易代金貸付保険、海外事業資金貸付保険、海外投資保険では、貸付契約、投資事業等に保険約款での重大な内容変更等を行った場合、銀行、投資者等は、内容変更等を行った日から1か月以内、かつ償還期限、保険期間内に変更を証する書類の写しを添付して書面で内容変更等の通知をすることが必要です。日本貿易保険は、内容変更等の内容を確認し、保険契約の変更を承認することになります。保険契約の内容変更等を確実に行うため、銀行等は、貸付契

約などに重大な内容変更等を行おうとするとき、書面により日本貿易保険から事前承認を得ることもできます。銀行等が貸付契約等に重大な内容変更等を行ったが、内容変更等の通知を失念した場合、保険契約は、貸付契約等に重大な内容変更等を行った日から失効することがあるので注意が必要です。

2017年10月、日本貿易保険は、貿易代金貸付保険、海外事業資金貸付保険の手続細則に定める重大な内容変更等の事項を見直して、不要な事項の廃止、事項の整理統合などを行っています。

13.7.3　内容変更等の通知に適用される引受方針など

輸出契約等、貸付契約等に内容変更等を行った場合（軽微な内容変更等を含む）、リスクの変更となる変更事項のうち、契約金額の増額、仕向国、支払国（または借入国）、保証国の変更の場合、日本貿易保険は、新たな輸出契約等、貸付契約等の引受と同様に扱っています。通知のあった内容変更等の変更部分の引受基準適用日（非常危険、信用危険の引受可否を判断する基準日）は日本貿易保険が内容変更等の通知を受理した日のものとなります。またその他のリスクの変更、保険期間の延長となる変更事項などの場合、内容変更等の変更部分の引受基準適用日は保険契約の締結時のものとなります。

輸出契約等、貸付契約等に内容変更等を行った場合（軽微な内容変更等を含む）、保険料に影響する変更事項には、契約金額の増減、支払国（または借入国など）や支払人（または借入人）の変更、保険期間の延長または短縮などがあります。日本貿易保険は、輸出者等、銀行等から内容変更等の通知があった場合、引受基準適用日の保険料率を適用して変更した保険契約、または保険成立内容で保険料を再計算し、既収保険料との差額を徴収または返還することになります。例えば、契約金額の増額の場合、日本貿易保険は、内容変更等の通知を受理した日の支払国の国カテゴリーによる非常危険の保険料率、また海外商社名簿での支払人の格付による信用危険の保険料率を適用して、既収保険料との差額を徴収することになります。一方、契約金額の減額、または保険期間短縮の場合、日本貿易保険は、保険契約の締結時と同じ非常危険および信用危険の保険料率を適用して、保険責任のなくなった部分（基本的には内容変更等の通知日以降の未経過期間など）に相当する保険料を保険約款などに従い返還することになります。

13.7.4　内容変更等の通知による保険契約の変更の効力発生日

輸出契約等、または荷為替手形などに内容変更等（軽微な内容変更等を含

む）を行い、内容変更等通知期限までに輸出者等、銀行等が内容変更等の通知を行った場合（事前承認が必要な通知を含む）、貿易一般保険、中小企業・農林水産業輸出代金保険、簡易通知型包括保険、輸出手形保険での内容変更等の効力発生日について、内容変更等が図 13-9 の保険期間の延長となる変更事項以外、リスクの変更およびその他の変更となる変更事項の場合、内容変更等の効力は、日本貿易保険が内容変更等の通知を受理した日に発生します。このため、日本貿易保険が内容変更等の通知を受理する日までの間、内容変更等の変更事項に基づく損失は、保険契約でのカバー対象外となります。一方、内容変更等が図 13-9 の保険期間の延長（船積期日の延長、決済期日または償還期日の延長、満期の延長など）となる変更事項の場合、内容変更等の効力は、内容変更等通知期限までに通知を行った場合、輸出契約等、荷為替手形に内容変更等が生じた日に遡って発生します。輸出者等、銀行が内容変更等通知期限までに通知を行った場合、内容変更等の通知前の変更事項に生じた損失も保険契約でのカバー対象となります。

　内容変更等通知期限を超過して、日本貿易保険の事前承認を得て内容変更等の通知を行った場合、保険契約、保険成立内容の内容変更等の効力は、内容変更等通知期限の翌日から日本貿易保険が内容変更等の通知を受理した日までの間は、既存の保険契約等、保険成立内容は、失効状態となっており、不てん補期間となります。この間に生じた保険事故は、既存の保険契約または保険成立内容のカバー対象に関係なく、いかなる場合においても、保険金の支払いの対象とはならないので注意が必要です。

　貿易代金貸付保険、海外事業資金貸付保険、海外投資保険では、銀行、投資者等が貸付契約等、投資事業等に行った内容変更等を期限内に通知し、日本貿易保険により保険契約の変更が承認された場合、保険契約は、内容変更等のあった時に遡り変更された内容で継続されます。

第14章 保険事故

　貿易保険制度は、銀行による融資、債務保証のようにノー・ロスを目指した制度でなく、「偶然なる一定の事故」の発生により保険契約者の受ける損失をカバーする事故を前提とした制度です。しかし、貿易保険制度は、損失額の全額が保険金として受領できる制度ではなく、てん補割れ部分があり、保険事故が発生すると輸出者等、銀行、投資者等（保険契約者または被保険者をいう。以下同じ）も、原則、損失額の一定割合（損失額の5%～10%程度）を自ら負担することになります。このため、輸出契約等、貸付契約等に貿易保険を利用していても、輸出者等、銀行等は、貨物代金等、貸付金額等が回収されるまで、いつも注意し、債務の履行遅滞などが発生したら、「貿易保険があるから」といった考えを捨て、直ちに行動することが自らの損失額を少なくすることにもなります。

14.1 想定される主な保険事故

14.1.1 想定される貨物の船積不能の事故

- 仕向国で輸出予定の貨物の輸入制限が実施され、支払人から契約がキャンセルされ、貨物の船積みが不能となる事故（非常危険）
- 日本政府の行政措置に対抗し、支払国で自動車、携帯電話などの日本製品に報復的な高関税を賦課する措置が導入され、支払人より契約がキャンセルされ、貨物の船積みが不能となる事故（非常危険）

14.1.2 想定される貨物代金等、貸付金額等の回収不能の事故

- 貨物代金等の決済のため外貨相当額の現地通貨を現地銀行に預託（ローカルデポジット）したが、外貨事情の悪化から外貨送金規制措置が発動され、日本への外貨送金が不能となる事故（非常危険）
- 支払人（または借入人）の破産手続きの開始決定や資金繰り悪化などにより貨物代金等、手形金額、貸付金額等の回収が不能となる事故（信用危険）

14.1.3 想定される海外投資での事故

- 投資先国政府が、外資系企業に対して、一定比率以上の投資先国の部品や原材料等の使用を義務づける措置を導入した。しかし、現地で品質のよい部品

や原材料の調達ができないことから現地工場が1か月以上の事業の休止や事業の継続不能となる事故
・本邦企業が投資先国政府との間で電力の価格や引取量などを決めた長期電力購入契約を結んだが、投資先国政府が契約を履行しないため、現地に設立した電力事業会社が事業不能等となる事故

14.2 保険事故の発生後、保険約款での一連の義務や手続きなど

　保険事故が発生した場合、または保険事故の発生が不可避になった場合、輸出者等、銀行等は、保険約款上の義務を怠ると保険金が受領できないこともあるので注意が必要です。

　保険事故の発生から保険金の請求、回収までの一連の流れの中で、輸出者等、銀行等の義務や手続きは、保険約款、事故事由により異なります。輸出契約等、貸付契約等の債務の履行遅滞の保険事故において、輸出者等、銀行等の約款上の義務、必要な手続きの主なものは、図14-1の通りです。

14.3 保険事故の発生

　輸出者等、銀行等は、保険契約を締結した輸出契約等、貸付契約等でも、貿易保険を利用していない契約と同様に、注意をもって、債権の管理保全に努めなければならない債権保全義務があります。また保険事故が発生した場合、または保険事故の発生が不可避になった場合、輸出者等、銀行等は、日本貿易保

信用状（L/C）で決済する契約と保険事故

　信用状（L/C）決済の輸出契約等は、不可抗力的な事由により、または支払人の財務内容等の悪化などにより、予定していた信用状（L/C）が取得できず、貨物の船積みが不能となることがあります。また信用状（L/C）を取得しても、不可抗力的な事由により、また信用状発行銀行が政府の管理下に置かれ、外為業務の取引などが停止されたこと、または信用状発行銀行の倒産などにより、信用状（L/C）が履行されず、貨物代金等の回収が不能となることがあります。取得した信用状（L/C）が履行されず、貨物代金等が回収不能となった場合、輸出者等は、決済手段である信用状（L/C）を離れて、売買契約上の問題として輸出契約等の債務者である支払人に貨物代金等の支払いを請求することが必要であり、それでも貨物代金等の回収が不能の場合に限り、日本貿易保険は、保険事故として保険金を支払うことになります。

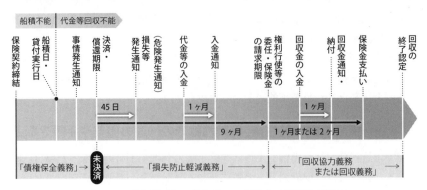

図14-1　代金等回収不能事故での約款上の義務や手続き

険に損失等発生を通知するとともに、損失の拡大を防止し、発生している損失の回収に努めることが必要です。

14.3.1　保険事故による損失を受けるおそれが発生したことによる通知義務

貿易一般保険、貿易代金貸付保険など（中小企業・農林水産業輸出代金保険、輸出手形保険では対象外）では、支払人（または借入人）または信用補完する信用状発行銀行の破産手続きの開始決定など、決済期限または償還期限前に保険約款の手続細則に定めている信用危険による損失を受けるおそれが高まる事情の発生を知ったとき、輸出者等、銀行等は、事情を知った日から、原則として、15日以内に日本貿易保険に事情発生の通知をすることが必要です。ただし、海外投資保険では、投資先企業等や不動産等が収用・権利侵害により損失を受けたこと、戦争等、洪水などの自然災害により投資先企業等や不動産等が損害を受けたことなど、事故事由の発生により事業不能などの損失を受けるおそれが高まる事情を知ったとき、投資者等は、事情を知った日から1か月以内に事情発生の通知をすることが必要です。

14.3.2　保険事故の発生に伴う損失等発生の通知

貿易一般保険、限度額設定型貿易保険などの輸出契約等での貨物の船積不能事故では、損失の発生の日から、または損失を受けるおそれのあることを知った日から45日以内、また貿易一般保険、限度額設定型貿易保険、中小企業・農林水産業輸出代金保険などでの輸出契約等の代金等回収不能事故では、決済期限から45日以内に、輸出者等は、日本貿易保険に損失等発生通知書（または損失発生通知書）を提出することが必要です。輸出手形保険では、満期日か

ら45日以内、また手形の引受拒絶など「満期前そ求の実質的条件等」を充足するに至ったときは、その事象の発生した日から45日以内、また海外投資保険では、損失の発生した日から1か月以内の損失発生通知書の提出となります。貿易代金貸付保険、海外事業資金貸付保険では、銀行等は、損失の発生を知った日から1か月以内に日本貿易保険に損失発生通知書を提出することが必要ですが、事故事由が契約の相手方の3か月以上の債務の履行遅滞の場合は、損失発生通知書でなく、危険発生通知書の提出となります。

　債務の履行遅滞による損失等発生の通知があった場合、日本貿易保険は、決済・償還期限から3か月未満の遅延の場合、支払人（または借入人）の信用状態に大幅な悪化等がみられると認めるまで海外商社名簿の事故管理区分のER格、SR格への格下げを保留して、輸出者等、銀行等による督促など決済状況を見守ることになります。一方、決済・償還期限から3か月遅延した場合、日本貿易保険は、原則、支払人（または借入人）の信用状態に大幅な悪化等がみられないと認めるにたるエビデンスがない限り、信用危険の引受が制限される事故管理区分のER格、SR格などに格下げすることになります。

　支払人（または借入人）の信用状態の大幅な悪化等にもかかわらず、輸出者等、銀行等からの損失等発生の通知が大幅に遅延し、その間に、日本貿易保険がその支払人（または借入人）との新たな契約の引受を行い、損失を被った場合、輸出者等、銀行等は、その支払人（または借入人）との保険事故において、日本貿易保険の被った損失額を限度として、保険金の全部または一部が受領できないことになります。

輸出契約等の保険事故発生日と保険事故確定日

　保険事故発生日とは、保険約款や保険契約に付けた特約で定めている事故事由を原因とする保険金支払いの対象となる保険事故が発生した日をいい、保険事故確定日とは、保険約款などでカバー対象となる船積不能事故、代金等回収不能事故の発生が確実となった日をいいます。輸出契約等の保険事故発生日と保険事故確定日は、おおむね同じ日ですが、保険事故により異なるものもあります。船積不能事故において、事故貨物の処分は、保険事故確定日以降に行わなくてはなりません。

船積不能事故
①船積期日の前に非常危険の事故事由により契約破棄の通知があった場合
　保険事故発生日と保険事故確定日は、契約の相手方からの契約破棄の通知の発信日
②船積期日後に非常危険の事故事由により契約破棄の通知があった場合
　保険事故発生日は、船積期日ですが、保険事故確定日は、契約破棄の通知の発信日

③契約破棄の通知もなく、貨物の船積不能の場合
・事故事由が為替取引や輸入の「制限」の場合、保険事故発生日は、船積期日ですが、保険事故確定日は、船積期日から2か月を経過した日
・事故事由が為替取引や輸入の「禁止」の場合、「制限」と異なり、保険事故の発生が確実であるため、保険事故発生日と保険事故確定日とも、「禁止」の措置が実施された日

④破産手続きの開始決定による船積不能事故は、決定の宣言を受けた日が保険事故発生日であり、保険事故確定日

代金等回収不能事故

①非常危険および信用危険による代金等回収不能事故では、「契約の相手方の3か月以上の債務の履行遅滞」の事故事由を除き、保険事故発生日と保険事故確定日が同じ決済・償還期限

②「契約の相手方の3か月以上の債務の履行遅滞」の場合、保険事故発生日は、契約上の決済・償還期限であり、保険事故確定日は、決済・償還期限から3か月を経過した日

14.4 損失防止軽減義務

14.4.1 損失防止権限義務の履行

損失の発生の時（船積不能事故の発生日、債務の履行遅滞などの決済・償還期限）から、また損失の発生が不可避となった時（決済・償還期限前の支払人（または借入人）の破産手続きの開始決定など）には、その時点から、輸出者等、銀行等は、損失の拡大の防止やすでに発生している損失を回収するため、貨物の保全など貿易保険を利用していない輸出契約等、貸付契約等と同様の注意をもって、一切の合理的措置を講じなければならない義務があり、これを損失防止軽減義務といいます。

貿易一般保険（2年未満案件）、限度額設定型貿易保険、中小企業・農林水産業輸出代金保険、簡易通知型包括保険では、輸出者等は、日本貿易保険に権利行使等の委任を行うまで（原則、保険金の請求時まで）、貿易保険共通運用規程に定める損失防止軽減義務の具体的措置、その他状況に応じて適切な措置をとることが必要です。保険金請求前に損失を防止軽減するため支出した費用は、原則、輸出者等の負担となりますが、例外的に、船積不能事故などでの貨物の処分費用は、取得した金額を限度として、日本貿易保険が保険金請求時、てん補率（損失額に対する支払保険金額の割合）に応じて負担し、また保険金

請求前に日本貿易保険に回収を委任した場合の回収費用、日本貿易保険が必要と判断した法的手段に係る費用は、保険金支払い後に代位比率（損失額に保険金として支払われた金額の割合）に応じて日本貿易保険が負担します。

　輸出手形保険、貿易代金貸付保険、海外事業資金貸付保険などでは、保険事故の発生から保険金請求までは、損失を防止軽減する措置を講じることが必要であり、保険金請求後も、日本貿易保険に権利行使等の委任を行った場合を除き、引き続き債権回収に努めることとなります。特に輸出手形保険の運用規程には、満期不払い発生後、また保険金の請求後も、銀行がとるべき損失防止軽減義務および権利行使義務を具体的に定めています。

　輸出手形保険、貿易代金貸付保険、海外事業資金貸付保険などでは、損失の防止、軽減のために要した合理的な費用（損防費用といい、回収費用と同様に、弁護士費用、渡航費、滞在費など事故債権の取立て、債権保全に直接要した費用など）は、保険金請求後の回収費用と同様に、それにより取得した金額の範囲内において、かつ支払保険金額の損失額に対する割合で日本貿易保険が負担することになります。

$$日本貿易保険が負担する損防費用 = 損防費用 \times \frac{支払保険金額}{損失額}$$

14.4.2　損失防止軽減義務の具体的措置

　輸出者等、銀行等の損失を防止軽減するために必要な措置は、保険事故により、また事故の状況や時期等によりさまざまな措置が考えられます。貿易保険共通運用規程（輸出手形保険を除く）には、損失防止軽減義務の具体的な措置を定めており、輸出者等、銀行等は、損失の発生の時から具体的に掲げてある措置、その他状況に応じた適切な措置をとることが必要です。貿易保険共通運用規程での措置の主なものは、次の通りです。

①非常危険の事故事由により保険事故となる可能性がある場合には、支払人等が外貨送金のため通貨当局や銀行への現地通貨の払込みなどを証明できるもの、外貨割当申請などの非常危険による保険事故の認定上必要となる書類の確保を支払人等または取立銀行に依頼すること、また外貨相当額の現地通貨を現地銀行に預託（以下、ローカルデポジットという）した現金等その他輸出者等に対する支払いのために使用される資産の保全に努めること。

②信用危険の事故事由により保険事故となる可能性がある場合には、支払人等の債務の確認ができる信用状（L/C）または為替手形決済の場合を除

き、債務確認書（支払人等が債務を認めた書類などの証拠書類であって、支払人等の権限を有する者の署名のある書面）、債務確認書の入手ができない場合、債務を認めた内容の支払人等との間の電子メール、ファックス等の通信記録など、また破産手続きの開始決定の通知など信用危険による保険事故の認定のために必要な書類等の取得、さらに債務の履行遅滞の場合には、内容証明郵便、電子メール、ファックス等により督促した事実が証明できる形で、繰り返して決済等の督促を行うこと。

③保険金請求までの間、輸出契約等の相手方、代金等の支払人、保証人等信用補完措置を行う者、支払いの責任を負う者、またはこれらの者の取引先や債権者の情報、現地情報等の収集を行うこと。

④保険の対象である諸権利（付随する権利を含む）を時効によって消滅させないこと。

⑤貨物の保全が可能な場合には、当該貨物の保全を行うことなど。

輸出手形保険での損失防止軽減義務および権利行使義務

満期不払い発生後、また保険金の請求後、銀行がとる損失防止軽減義務および権利行使義務について、輸出手形保険運用規程で定める主な措置は、次の通りです。

①満期不払いが発生した場合
- 支払人、取立銀行等に問い合わせる等事実関係の確認を行い、保険事故の発生原因の究明に努めること
- 貨物の保全が可能な場合には、当該貨物の保全を行うこと
- 保険事故発生時に、引受渡条件（D/A）の未引受手形が存在する場合には、引受を差止め、または当該未引受手形の決済条件を支払渡条件（D/P）に変更すること
- 非常危険事故の場合には、ローカル・デポジットが行われたこと、外貨割当申請が行われたこと等非常事故認定上必要な資料の確保を支払人、取立銀行等へ依頼すること

②保険事故について輸出者に責任のない場合
- 支払人に対して内容証明郵便、ファックス等により、督促した事実が証明できる形で、繰り返し支払いの督促を行うこと
- 支払人に対して債権の確認を行うこと
- 支払人の信用状況、経営状況について注意深く把握すること
- 督促に対して支払人から一部履行を含め早期の債務の履行、分割弁済協定の締結等、債務の履行に対応を得られない場合は、裁判所に対して債務履行請求、

支払人の財産差押請求を行う等法的対抗措置を講ずること、取立回収機関に債権取立を依頼すること、保全した貨物がある場合には、転売等当該貨物の処分に努めること
・支払人が私的または法的整理を行うに至った場合は、支払人が私的または法的整理に至ったことを裁判所の通知等証明できる形で確認すること、債権登録を行うこと、債権者会議等の進捗状況および結論を把握し、債権債務関係を確定する措置をとること、保全した貨物がある場合、転売等当該貨物の処分に努めること
③保険事故について輸出者に責任がある場合（省略）

14.4.3　損失を防止軽減するための措置を怠った、または講じなかった場合

　損失を防止軽減するための措置を怠った、または講じなかった場合、輸出者等、銀行等は、保険金請求時、具体的な措置を講じなかったことにつき合理的な理由を日本貿易保険に書面で説明することが必要となります。日本貿易保険が書面による説明などから措置を講じなかったことに合理的な理由があったと判断した場合は問題ないが、輸出者等、銀行等の説明に合理的な理由が認められない場合、日本貿易保険は、具体的な措置を講じていれば損失が防止軽減できたと認められる金額を保険金の算定根拠となる損失額から控除することになります。

14.4.4　損失等発生の通知後の入金の通知期限

　輸出者等、銀行等は、損失等発生通知書または危険発生通知書を日本貿易保険に提出した後、保険金の請求前に支払人（または借入人）などから代金等の入金があった場合、貿易一般保険、貿易代金貸付保険などでは、入金があった日から1か月以内、かつ保険金請求までに（保険金の請求時を含む）、輸出手形保険では、入金日から7日以内に、入金通知書を日本貿易保険に提出することが必要です。

14.5　保険金の請求

14.5.1　保険金の請求期限

　保険金の請求期限とは、保険事故の発生後、輸出者等、銀行等が保険金の請求を行うことができる期限であり、保険約款で定めています。
　保険証券上に第三者を保険金受取人として指定してある場合、保険事故の

際、保険金受取人は、期限内に自ら保険金請求の事務を行うか、または保険金請求の事務を輸出者等に委任して、保険金を受領することになります。
　①船積不能事故の請求期限
　　損失発生通知書の提出後、保険事故確定日から9か月以内
　②貨物代金等、貸付金額等の回収不能事故の請求期限
　　・非常危険または支払人（または借入人）の破産手続きの開始決定の場合
　　　　損失等発生通知書の提出後、決済期限または償還期限から9か月以内
　　・信用危険の契約の相手方の3か月以上の債務の履行遅滞の場合
　　　　損失等発生通知書（または危険発生通知書）の提出後、かつ保険事故確定日である決済期限、償還期限から3か月経過した日以降、決済期限または償還期限から9か月以内
　③輸出手形保険の保険事故での請求期限
　　損失発生通知書の提出後、満期日から9か月以内
　④海外投資保険の保険事故での請求期限
　　損失発生通知書の提出後、損失の発生日から9か月以内
　⑤決済・償還期限前、満期前の保険金請求での請求期限
　　決済・償還期限前、また手形の満期前の保険金請求について、貿易一般保険、輸出手形保険などでは、支払人の破産などにより将来的に損失発生が確実な場合であって、日本貿易保険が決済・償還期限前、または手形の満期前の損失発生を確認した場合、保険金の請求期限は、確認のあった日から9か月以内[1]

(1) 保険金請求期間の猶予期間の申請

　輸出者等、銀行等は、保険金請求期限までに保険金の請求ができない場合、保険金請求に係る猶予期間の設定を日本貿易保険に申請することが必要です。日本貿易保険は、正当な理由もなく請求期限内に、または設定した猶予期間内に、輸出者等から保険金の請求がない場合、保険金を支払いません。
　なお、保険金請求権は、保険約款で定める日（決済・償還期限、満期日など保険事故確定日）から2年を経過すると時効により消滅します。

(2) 保険金請求に必要となる書類

　日本貿易保険は、保険金請求時に必要となる証拠書類などを保険約款の手続

---

[1] 2017年10月、日本貿易保険は、限度額設定型貿易保険、中小企業・農林水産業輸出代金保険でも決済期限前の請求の制度を導入し、損失発生が確実な場合、決済期限前の保険金請求が可能となっている。その場合、保険金の請求期限は、確認のあった日から9か月以内となる。

細則に具体的に定めています。輸出者等、銀行等は、利用した保険約款の手続細則に目を通し、必要書類を保管しておくことが必要です。特に、保険申込み時、契約書または契約を証する書類の写しが不要であっても、保険金の査定時には、契約内容等も審査することになり、輸出者等は、契約条件等が明確であって、契約当事者双方のサインがあるなど形式的にも有効な契約書または契約を証する書類を整えておくことが必要です。保険金請求での主な証拠書類としては、損失計算の基礎となる証拠書類、契約を証する書類、保険事故を証する書類、損失防止軽減義務など保険契約上の義務の履行状況を証する書類などです。

14.5.2 権利行使等の委任

権利行使等の委任とは、輸出者等、銀行等が支払人（または借入人）に対して有する権利を行使する権限の一切を日本貿易保険に委任することをいいます。日本貿易保険は、この委任により代金等回収不能事故において、保険金請求の対象となった、または保険金を支払った輸出契約等、貸付契約等の貨物代金等、貸付金額、延滞利息、損害賠償金、または違約金その他これに類する金銭を支払人（または借入人）から回収することが可能となります。

日本貿易保険が実施主体となって回収行為を行う場合、また回収義務のある保険約款での事故債権の回収であっても、日本貿易保険が自ら回収を行うことが必要と認めた場合、サービサー（債権回収を業とする専門会社、または弁護士事務所をいう。以下同じ）による債権回収を希望する場合、輸出者等、銀行等は、保険金請求前、保険金の請求時、または保険金の受領後、必要な手続きを行い、日本貿易保険に権利行使等の委任を行うことになります。権利行使等の委任を行うことにより、輸出者等、銀行等は、事故債権の回収に関して、日本貿易保険からの回収協力の依頼、または指示された場合を除いて、回収義務が免除され、日本貿易保険が自ら回収行為（サービサーによる回収行為を含む）を行うことになります。

なお、保険金の請求時に権利行使等の委任を行う場合、日本貿易保険が保険金請求の対象となった輸出契約等〔てん補部分、てん補割れ部分、無付保部分（契約金額が増額したが内容変更等の手続きを行っていないため、保険契約でのカバー対象外の部分をいう。以下同じ）〕を一体として回収を行うため、輸出者等、銀行などは、契約全体の債権について権利行使等の委任を行うことになります。ただし、保険金を受領した後に権利行使等の委任を行う場合、日本貿易保険が保険金の支払いによりてん補部分を代位取得していることから、輸出者等、銀行等は、自ら負担した損失額であるてん補割れ部分、また無付保部

分のみの権利行使等の委任を行うことになります。

14.5.3 損失額

貿易保険における損失額とは、輸出契約等、貸付契約等、投資事業等、また保険関係が成立している輸出契約等または荷為替手形などに保険事故が発生した場合、輸出者等、銀行、投資者等が受ける損失の額であり、支払保険金の額を算定するための根拠となる金額をいいます。損失額の算出方法は、保険約款やカバー範囲などにより異なります。

保険事故の発生による損失額でも、輸出者等、銀行等が損失の防止軽減義務を履行していたら軽減できたと認められる金額、また輸出手形保険、海外投資保険以外の保険約款において、輸出者等、銀行等が日本貿易保険の指示に従わなかった結果、損失が拡大したと認められる金額は、支払保険金の額の算定根拠となる損失額から控除されます（外貨建契約の損失額の算出や外貨での貨物の処分費用等に適用する為替換算率については、第13章13.2参照）。

(1) 船積不能事故の損失額

船積不能事故の損失額は、貿易一般保険などでの輸出貨物（本邦貨物）または仲介貨物（第三国で調達した貨物など）のFOB価額（輸出貨物または仲介貨物の仕入れ価格に、船積港で貨物を本船に積込むまでに要した一切の費用（梱包費、国内輸送費、倉庫料、貨物保険料、貿易保険料および期待利益など）を加えた金額）、また限度額設定型貿易保険での契約金額、すなわち、船積不能額から下に掲げる金額を差し引いて算出します。

損失額＝船積不能額－（A＋B＋C＋D＋E）
　A：処分価格＝事故貨物の処分により取得した金額、または取得し得べき金額からその処分に要した費用（または要すべき費用）(注)を差し引いた残額
　B：賠償金等＝輸出者等が損失を防止軽減するために賠償請求権の行使その他一切の合理的措置をとることにより取得した金額、または取得し得べき金額からそのために要した費用（または要すべき費用）を差し引いた残額
　C：未払仕入代金＝船積予定貨物に係わる国内生産者との供給契約を解除した場合は、契約代金（供給価額）から違約金等輸出者等が生産者に支払った金額または支払うべき金額を差し引いた金額
　D：未支出費用＝保険事故の発生により、輸出者等が支出を要しなくなった金額（生産中止による部品調達や生産費、海上保険料、海上運賃、代理店手数料など）
　E：期待利益＝輸出契約等が履行されたら輸出者等が取得したであろう利益の額

（注）貨物の処分に要した費用（または要すべき費用）とは、金利、倉庫保管料、また事故貨物を転売、再輸出した場合の加工費、梱包費、運送費、保険料、手数料などです。

(2) 代金等回収不能事故の損失額

代金等回収不能事故の損失額は、輸出契約等の契約上の金額、手形金額、貸付金額等が決済・償還期限（契約の相手方の3か月以上の債務の履行遅滞の場合、決済・償還期限から3か月経過後）、また手形の満期日までに回収されない金額、すなわち代金等回収不能額から下に掲げる金額を差し引いて算出します。

> 損失額＝代金等回収不能額－(A＋B＋C)
> A：処分価格＝事故貨物がある場合、処分により取得した金額、または取得し得べき金額からその処分のために要した費用（または要すべき費用）を差し引いた残額
> B：賠償金等＝輸出者等、銀行等が損失を防止軽減するために賠償請求権の行使その他一切の合理的措置をとることにより取得した金額、または取得し得べき金額からそのために要した費用（または要すべき費用）を差し引いた残額〔決済・償還期限後（契約の相手方の3か月以上の債務の履行遅滞の場合は、決済・償還期限から3か月経過後）、保険金の請求日前に一部決済された代金額（延滞利息を除く）を含む〕
> C：未支出費用＝保険事故の発生により、輸出者等、銀行等が支払いを要しなくなった金額

なお、契約上の金額や手形金額に期待利益、海上運賃等、ユーザンス金利、また代理店手数料などが含まれる場合、それら金額も代金等回収不能事故での損失額となります。

(3) 海外投資の損失額

海外投資保険の保険事故では、株式等の場合、投資先企業の簿価での純資産額の投資者等の持ち分の保険事故の発生直前に評価した額（保険証券上の対価の額のいずれか少ない額）と直後の投資者等の持ち分など、または残存評価額の差額を損失額として、また不動産に関する権利等（不動産等）の場合、投資者等の財産目録または鑑定評価書等により、保険事故の直前に評価した額（または保険証券上の対価の額のいずれか少ない額）と直後に評価した額と事故発生により取得した金額の合計額との差額を損失額としています。

海外投資保険では、保険期間中、保険価額である取得のための対価の額を増額または減額することができます。例えば、株式等の場合、投資先企業等の業績上昇、保険証券上の為替換算率の5%以上の円安による円建てでの純資産額が増加した場合、投資者等は、次の保険年度の前までに保険価額となる保険証券上の取得のための対価の額を増額申請により引上げておかないと、保険事故

が発生した際、直前の評価額が少なくなり、損失額となる直後の評価額との差額が小さくなり、純資産額相当額がすべて貿易保険でのカバー対象にならなくなります。

株式等の場合、対象の資産範囲が元本のみの場合、収用・権利侵害、戦争等、不可抗力的な事由による保険事故での損失額

損失額＝A－(B＋C＋D)
　　A：投資先企業の簿価での純資産額〔貸借対照表（B/S）記載の純資産額（Net Book Value）〕の投資者等の持ち分の保険事故の発生直前に評価した額（保険証券上の取得のための対価の額のいずれか少ない額）
　　B：直後の投資者等の持ち分
　　C：事故発生により取得した金額、または取得し得べき金額（収用補償金等、土地、建物などの処分価額など）
　　D：損失防止軽減義務の履行により回収した金額

14.5.4　実損てん補制と比例てん補制による保険金の査定方法
(1)　船積不能事故、海外投資での事故の実損てん補制による保険金の査定

　実損てん補制は、事故貨物の転売等で一部回収が可能で部分損失となる貿易一般保険、限度額設定型貿易保険などの船積不能事故、また保険事故の直前における投資先企業の簿価での純資産額の持ち分と事故直後の簿価での持ち分の差額などを損失額としているため、保険事故での損失額が変動する海外投資保険などで採用しています。すなわち、実損てん補制は、予想損失額が変動し、全損になることが比較的少ない保険事故で採用され、保険契約者が事故貨物の転売等による回収などから損失額を予測して付保率を選択し、支払保険金の上限であり、保険料算出の基礎となる保険金額を決めることができます。実損てん補制は、保険料の節約にも繋がることになり、保険契約者の利便性を高めるため、貨物保険の方式を貿易保険制度に例外的に導入したものです。ただし、保険事故に実損てん補制を採用している保険約款やカバー範囲（船積不能など）でも、貿易一般保険個別保険の船積不能など、海外投資保険を除き、日本貿易保険は、申込手続きの簡素化等の観点から一律の付保率としています。

　実損てん補制により受領できる保険金は、損失額に保険約款で定めるてん補率（貿易一般保険、簡易通知型包括保険では、非常危険95％、信用危険80％、限度額設定型貿易保険では、非常危険、信用危険とも90％、海外投資保険では、非常危険95％）を乗じて得た額まで可能ですが、実際に受領できる保険金は、保険価額に付保率を乗じた保険金額が上限となります。

実損てん補制で受領できる保険金＝損失額×てん補率≦保険金額

(2) 代金等回収不能事故の比例てん補制による保険金の査定

　比例てん補制は、貿易一般保険、限度額設定型貿易保険、中小企業・農林水産業輸出代金保険、輸出手形保険、貿易代金貸付保険などの代金等回収不能事故で採用しています。比例てん補制により受領できる保険金は、損失額に保険約款で定めるてん補率〔保険金額／保険価額（＝付保率）、保険証券上の付保率など〕を乗じて得た額となります。

比例てん補制で受領できる保険金＝損失額×てん補率

14.5.5　保険金の受領

　中小企業・農林水産業輸出代金保険、輸出手形保険では、輸出者、銀行は、保険金請求の関係書類の内容等に不備がなければ、保険金請求の書類を提出した日から1か月以内に保険金が受領できます。またその他の貿易一般保険、限度額設定型貿易保険、貿易代金貸付保険などでは、輸出者等、銀行等は、保険金を請求した日から2か月以内に保険金が受領できます。ただし、保険事故の調査のため特に時間を要する場合は、この期間を越えることもあります。

　支払保険金の上限である保険金額は、保険約款、包括保険の特約書、カバー範囲、非常危険または信用危険での付保率により決まります。

14.5.6　保険金が受領できない事由

　貿易保険では、保険事故により輸出者等、銀行等が損失を受けても、保険金

てん補率、付保率

　てん補率とは、保険約款等で定めている保険事故により生じた損失額に対する支払保険金額の割合です。実損てん補制を採用する船積不能事故や海外投資保険での保険事故では、損失額に保険約款に定めるてん補率を乗じて得た額まで保険金の受領が可能です。また比例てん補制を採用する保険事故では、損失額にてん補率〔保険金額の保険価額に対する割合（＝付保率）、保険証券上の付保率〕を乗じて得た額が支払保険金の額となり、付保率がてん補率となります。

　付保率とは、保険金額の保険価額に対する割合をいい、支払保険金の最高限度額である保険金額は、保険価額に付保率を乗じて算出します。

が受領できない事項、いったん受領した保険金の返還を求められる事項があります。輸出者等、銀行等が損失を受けても、日本貿易保険など保険者の負担すべき保険責任が免除されることを免責といいます。日本貿易保険は、免責となる事項を保険約款、包括保険の特約書などに定めています。限度額設定型貿易保険、中小企業・農林水産業輸出代金保険、簡易通知型包括保険では、免責となる一般事項のほか、保険約款、運用規程などにおいて、保険契約を締結しても、また保険関係が成立していても、保険約款の対象外の契約として、損失を受けても保険金が受領できない契約を定めています。

(1) 免責となる主な事項

保険約款で免責となる一般事項は、次の通りです。

①輸出者等、銀行等の故意または重大な過失により生じた損失

②貨物の滅失、損傷、その他貨物について生じた損失（共同海損、救助料その他海上保険によって通常保険金が支払われる損失を含む）

③輸出契約等、貸付契約等に関して輸出者等、銀行等による法令（外国の法令を含む）違反があった契約において生じた損失[2]

④保険責任の開始前から発生していた事故事由〔例えば、支払国（または借入国）で以前から導入されている外貨割当制など〕により、輸出者等、銀行等が受けた損失

⑤保険契約の締結時、輸出者等、銀行等が損失を受けるおそれのある重要な事項〔同一の支払人（または借入人）との契約の決済・償還期限から45日以上の債務の履行遅滞が発生し、保険申込み時においても解決されていないことなど〕を告知しなかったため、告知義務違反として日本貿易保険が解除した保険契約での損失

⑥日本貿易保険の承認を受けないで保険の目的等を譲渡（譲渡担保の設定を含む）した場合に、譲渡された保険の目的等に生じた損失

(2) その他、保険金が受領できない主な事項

次のような契約、事項なども保険金が受領できません。

①輸出貨物や貨物の仕向国など安全保障管理等の面から必要な輸出等の許認可の取得など、輸出先国などの外国為替管理制度や動植物検疫法など輸出契約等に関する各種規制等への対応、また貨物の通関や外貨送金に影響のある措置に対する支払人側の手当ての確認など、輸出者等が必要な手当て

---

[2] 外国の公務員との贈賄等に関与した輸出契約等、貸付契約等が保険事故となり、輸出者等、銀行等が不正競争防止法で有罪となった場合、免責です。

をしないことにより生じた損失
② 保険事故の発生以降、輸出者等、銀行等が損失を防止軽減する義務を履行していたら軽減できたと認められる金額、また輸出手形保険、海外投資保険を除く保険約款では、輸出者等、銀行等が日本貿易保険の指示に従わなかった結果、損失が拡大したと認められる金額
③ 輸出契約等に内容変更等を行ったが、内容変更等の手続きが任意であったため、内容変更等の通知により保険契約の内容（または保険関係が成立している輸出契約等、荷為替手形の内容を含む）を変更しない場合、変更事項に生じた損失、また保険申込みまたは内容変更等の通知内容などの記載事項に誤記があったが、誤記の訂正を行っていない場合、誤記の内容に生じた損失
④ 輸出手形保険でおいて、引受渡条件（D/A）の荷為替手形である場合においては引受前に、支払渡条件（D/P）の荷為替手形である場合においては支払い前に、附属貨物の引渡しが行われたことにより生じた損失
⑤ 反社会的勢力等による経営の支配または実質的関与、反社会的勢力等に対する資金等の提供または便宜の供与、その他反社会的勢力等と社会的に非難されるべき関係にあると認められる保険契約者との契約の損失
⑥ 輸出者等と支払人の間に商品クレームや契約履行に関する紛争がある契約の損失（商品クレーム等が仲裁などにより一定金額の支払い等で解決した場合、一定金額の支払いが期限までにない場合、信用危険による保険事故として保険金支払いの対象となります）

> **輸出手形保険でのオーバー・デュー発生後の荷為替手形の扱い**
>
> オーバー・デュー（Over due）とは、一般に満期経過の意味ですが、すでに振り出されまたは買い取られた荷為替手形が原満期（荷為替手形の振出時に定めた満期）の不払いの状態で、新たに同一名宛人宛てに同一振出人（輸出者）により振り出されまたは同一銀行で買い取られたその新手形が名宛人の満期不払いにより保険事故となった場合、銀行の受ける損失は、免責となります。ただし、荷為替手形に不払いが生じたことを振出人（輸出者）や銀行が知り得なかった場合、原満期不払いの事実があっても名宛人の信用状態の悪化と推察し得ない場合、その他満期不払いが不可抗力的な事由によるものであり、名宛人に責任のない場合など免責にならないケースもあります。

14.6 回収

　日本貿易保険は、保険金の支払いと同時に対象となった契約などの輸出者等、銀行等の権利をてん補率（損失額に対する支払保険金額の割合）に応じて代位取得（保険代位[3]）します。しかし、輸出手形保険、貿易代金貸付保険、海外事業資金貸付保険などでは、日本貿易保険が代位取得を行った後でも、銀行等に回収義務があり、手形金額、貸付金額等の全体について、回収に努めることが必要です。一方、貿易一般保険、限度額設定型貿易保険、中小企業・農林水産業輸出代金保険、簡易通知型包括保険では、保険金の請求以降、原則、日本貿易保険が実施主体となって回収行為を行うことになり、輸出者等は、原則、日本貿易保険からの文書による回収依頼に協力する回収協力義務となりました。

　貿易保険での延滞利息は、決済・償還期限以後に支払人（または借入人）から支払われた利息ですが、保険金請求前に回収した延滞利息は、そのまま輸出者等、銀行等が取得し、保険金請求後に回収した金額は、延滞利息を含め回収金となります。

　なお、保険金請求後、事故貨物を輸出契約等の相手方に引渡したときは、日本貿易保険が認めた場合を除き、輸出契約等の貨物代金等が全額を回収したものとみなされますので注意が必要です。

14.6.1　回収義務

　回収義務とは、保険金を請求した後、輸出者等、銀行等が回収行為の実施主体となって、貨物代金等、貸付金額、損害賠償金、違約金等その他これに類する金銭の回収に努める義務をいいます。

　輸出手形保険、貿易代金貸付保険、海外事業資金貸付保険などの回収義務には、保険金請求後、輸出手形保険での事故貨物の処分等により回収があった場合、また銀行等が実施主体となって回収行為を行い、支払人（または借入人）から回収金があった場合、回収納付通知書を日本貿易保険に提出して回収金を納付する義務、回収の履行状況を報告する回収義務履行状況報告義務などがあ

---

[3] 保険者が被保険者に対して保険金を支払ったことにより、保険金を支払った輸出契約等、貸付契約等に係る権利がてん補率に応じて保険者に移転することを保険代位という。貿易保険法第42条は、保険事故により損失が生じ、日本貿易保険が被保険者または保険金を受取るべき者に対して保険金を支払ったときは、その保険金の額に相当する金額を限度として、保険契約者または被保険者が第三者に対して有する権利を日本貿易保険が取得すると規定している。

ります。

　返済期間が2年未満の契約の代金等回収不能事故について、日本貿易保険は、事故債権の回収にサービサーを積極的に活用しており、回収義務のある輸出手形保険でも、破産手続きの開始決定による保険事故を除き、サービサーによる債権回収を原則としています。輸出手形保険では、保険金の請求時に、または保険金の受領後に日本貿易保険に権利行使等の委任を行うことにより、また支払人の破産手続きの開始決定など手形上の権利の行使等が困難と日本貿易保険が認めた場合、銀行の回収義務が免除されます。貿易代金貸付保険、海外事業資金貸付保険でも、保険金の受領前、または保険金の受領後、日本貿易保険の指示により権利行使等の委任を行うことにより、また借入人等の破産手続きの開始決定など回収が困難であると日本貿易保険が認めた場合、銀行等の回収義務が免除されます。

14.6.2　回収協力義務

　貿易一般保険（2年未満案件）、限度額設定型貿易保険、中小企業・農林水産業輸出代金保険、簡易通知型包括保険では、保険金請求後の回収行為は、原則、日本貿易保険が実施主体となって行います。日本貿易保険が保険金請求の対象となった輸出契約等（てん補部分、てん補割れ部分、無付保部分）を一体として回収を行うため、輸出者等は、原則、保険金請求時（保険金の請求前の権利行使等の委任も可能）、契約全体の支払人に対して有する権利を行使する権限の一切を日本貿易保険に委任することが必要となります。債権額が少額な保険事故や破産手続きの開始決定による保険事故を除き、日本貿易保険は、原則、提携しているサービサーに回収を再委任することになります。ただし、保険事故後の損失を防止軽減する措置の履行状況、また支払人との交渉状況などから輸出者等が回収交渉を継続することが合理的と判断した場合、日本貿易保険は、回収方針を策定しますが、回収行為の実施主体を輸出者等として、回収方針に従い具体的な回収措置を記載した指示書により輸出者等に回収協力を依頼することになります。これを回収協力義務といいます。輸出者等の回収協力義務には、日本貿易保険からの指示書による回収行為で支払人等から回収があった場合、回収金通知書を日本貿易保険に提出し、回収金を納付する義務、また指示書により回収協力の依頼があった場合、定期的に回収の履行状況を報告する回収協力義務履行状況報告義務などがあります。

14.6.3　保険金の請求後の回収金の通知期限とその納付方法
(1) 回収金の通知期限
　貿易一般保険（2年未満案件）、限度額設定型貿易保険、中小企業・農林水産業輸出代金保険、簡易通知型包括保険において、代金等回収不能事故では、支払人の破産手続きの開始決定の契約を除き、原則、サービサー回収となっており、サービサーより回収があった場合、日本貿易保険は、代位比率（損失額に保険金として支払われた金額の割合）などから回収金の配分金額を自ら計算し、輸出者等に帰属する配分金額を送金することになります。サービサーによる回収以外では、船積不能事故などにおける事故貨物の処分により、また日本貿易保険からの指示書による回収行為により代金等（対象契約の元本、金利、決済期限以降の延滞利息、損害賠償金または違約金その他これに類する金銭を含む）を回収した場合、輸出者等は、回収した日（保険金の受領以前に回収した場合は、保険金の受領した日）から1か月以内に日本貿易保険に回収金通知書を提出することが必要です。日本貿易保険は、代位比率などから回収金の配分金額を自ら計算し、日本貿易保険に帰属する配分金額を指定する口座に振り込むよう輸出者等に請求書を送付することになります。
　サービサー回収の場合でも、支払人の都合等により輸出者等の銀行口座宛てに送金が行われることもあり、この場合も、輸出者等は、期限内に回収金通知書を提出することが必要です。
　輸出手形保険、貿易代金貸付保険、海外事業資金貸付保険など回収義務のある保険約款では、輸出手形保険でのサービサー回収を除き、原則、銀行等が自ら実施主体となって回収行為を行うことになります。輸出手形保険での、事故貨物の処分により回収があった場合、また支払人（または借入人）から回収金があった場合、銀行等は、回収した日（保険金の受領以前に回収した場合は、保険金の受領した日）から1か月以内に代位比率などから日本貿易保険に納付する額を自ら計算等を行い、納付する回収金の計算の基礎となる書類等の写しを添付して回収金納付通知書を日本貿易保険に提出することが必要です。日本貿易保険は、回収金納付通知書を確認し、回収金を指定する口座に振り込むよう銀行等に請求書を送付することになります。ただし、回収義務のある輸出手形保険でも、サービサー回収の場合、サービサーより回収金の送金があった場合、日本貿易保険が代位比率などから回収金の配分金額を自ら計算し、銀行に帰属する配分金額を送金することになります。
(2) 回収金の配分の算式
　回収金があった場合、日本貿易保険が取得する、または輸出者等、銀行等が

日本貿易保険に納付する回収金の一般的な算式は、次の通りです。

$$取得・納付額＝(回収金額－回収費用)\times\frac{支払保険金額}{損失額}－控除利息充当額$$

(3) 無付保部分が含まれる契約の回収金の配分の算式
　①輸出手形保険、貿易代金貸付保険、海外事業資金貸付保険において、保険契約の対象となる荷為替手形、貸付契約等に保険契約の対象とならない無付保部分が含まれている場合、上述の(2)の算式の「損失額」には、保険金請求時に回収ができていない金額（無付保部分に係る金額を含み、延滞利息を除く。以下、対外未回収額という）を用います。回収金額とは、無付保部分を含めた対外未回収額からのすべての回収金をいいます。
　②貿易一般保険、限度額設定型貿易保険、中小企業・農林水産業輸出代金保険などにおいて、保険契約の対象となる輸出契約等に保険契約の対象とならない無付保部分が含まれている場合、日本貿易保険は、次の算式に基づいて日本貿易保険が取得すべき回収金を算出することになります。

$$取得額＝(回収金額－回収費用)\times\frac{支払保険金額}{対外未回収額}－控除利息充当額$$

（注1）回収金額とは、無付保部分を含めた対外未回収額からのすべての回収金を含みます。
（注2）保険契約の対象契約に無付保部分が含まれる場合、日本貿易保険が負担する回収費用の算式は、次の通りです。ただし、船積不能事故または代金等回収不能事故での事故貨物の処分に係る回収費用の負担は、事故貨物の処分により取得した、または取得し得べき金額が上限となります。

$$回収費用（無付保部分を含む）\times\frac{支払保険金額}{対外未回収額}$$

(4) 回収金の納付
　支払人（または借入人）などから回収金があった場合、輸出者等、銀行等は、輸出契約等、貸付契約等に表示される円、米ドルなどの表示通貨で日本貿易保険の指定する口座に振り込むことになります。ただし、回収通貨が表示通貨以外の場合には、回収を確認した日の銀行が提示する対顧客直物買相場（TTB）の始値により表示通貨に換算して納付することになります。また回収に要した費用が外貨建てで、表示通貨と異なる場合も同様であり、その額を確

認した日の銀行が提示する対顧客直物買相場（TTB）により表示通貨に換算することになります。

(5) 回収通知の遅延の違約金、回収金の納付遅延の延滞金

　回収金通知書または回収金納付通知書の期限内の提出を怠った場合、輸出者等、銀行等は、回収のあった日の翌日から通知をした日までの日数に応じて年10.95%の割合で計算した違約金を指定する日までに日本貿易保険に納付することが必要です。

　日本貿易保険からの請求書で指定する日までに回収金を納付しない場合、輸出者等、銀行等は、日本貿易保険が指定した日の翌日から納付される日までの日数に応じて年10.95%の割合で計算した延滞金を日本貿易保険に納付することが必要です。

14.6.4　回収費用

　回収費用とは、原則、保険金の請求以降、回収義務の履行、回収協力義務における指示書による回収行為の履行、また輸出者等、銀行等が日本貿易保険の承認を得て行った回収行為の履行、また日本貿易保険による回収行為の履行などのため支出した費用（サービサーの対価など）です。また輸出手形保険において、手形振出人である輸出者が回収行為を行うことがあり、2017年10月、日本貿易保険は、銀行の回収義務の履行のため、実際に回収行為を行った輸出者等が負担した費用も、回収費用に含まれることを明確にしています。

　回収費用は、通常、回収金の範囲内での代位比率（輸出契約等の損失額の90%を保険金として受領した場合、日本貿易保険90%、輸出者等10%）に応じて日本貿易保険と輸出者等、銀行等が分担することになります。日本貿易保険が負担する回収費用の算式は、次の通りです。

$$回収費用 \times \frac{支払保険金額}{損失額}$$

　ただし、保険契約の対象契約に無付保部分が含まれる場合、日本貿易保険が負担する回収費用の算式は、上述の「(3) 無付保部分が含まれる契約の回収金の配分の算式」の（注2）の通りです。

　貿易一般保険（2年未満案件）、限度額設定型貿易保険、中小企業・農林水産業輸出代金保険など、日本貿易保険が責任をもって回収行為を行う回収協力義務の保険約款では、指示書により輸出者等が回収に要した費用は、回収金の有無にかかわらず、代位比率に応じて日本貿易保険と輸出者等が分担すること

になり、また回収の終了時点に回収費用の累計額が回収した金額の累計額を超過した場合には、その超過した費用については、代位比率によらず全額を日本貿易保険が負担することになります。

回収費用として具体的に認められるものは、①回収のための渡航費、現地滞在費など（社内出張命令書、旅券購入証、パスポート、領収証、出張報告書等で確認できるもの）、②支払人（または借入人）の信用調査費用、法的費用、弁護士費用等（事故債権の回収に要した合理的な費用であることが確認できるもの）、③貨物の処分に要した費用（金利、倉庫保管料、また事故貨物を転売、再輸出した場合の加工費、梱包費、運送費、保険料、手数料等、処分に要した費用であることが確認できるもの）、④その他回収に要した合理的な費用であることがエビデンスにより確認できるものです[4]。

14.6.5　回収金からの控除利息

貿易一般保険、限度額設定型貿易保険、輸出手形保険、貿易代金貸付保険などの代金等回収不能事故において、保険金の請求後、事故貨物があり、処分して回収があった場合、また支払人（または借入人）等から回収金があった場合、日本貿易保険は、決済・償還期限の翌日から保険金支払日までの輸出者等、銀行等の金利負担額について、一定の算式で計算し、回収金から控除することを認めています。この金額を控除利息といいます。

$$控除利息相当額 = (A - B) \times \frac{支払保険金額}{損失額}$$

　A：損失額に決済・償還期限の翌日から保険金支払日（回収が保険金支払日以前の場合には、回収があった日）の前日までの期間に貿易保険共通運用規程に定める利率を乗じて得た額（A＝損失額×控除利息利率×控除期間日数/365）

　B：保険金請求日までに回収した延滞利息（保険金請求日までに回収した元本について生じた延滞利息を除く）

回収金の分配にあたっての控除利息の充当について、輸出者等、銀行等の控除利息を優先的に充当するとの考え方（先充当方式）があり、回収金があった場合、回収金額から回収費用を除いた回収金を代位比率などにより日本貿易保

---

[4] 日本貿易保険が負担する回収費用が外貨建ての場合は、その額を確定した日の銀行が提示する対顧客直物買相場（TTB）の始値により邦貨に換算する。

険の帰属部分と輸出者等、銀行等の帰属部分に配分した後、輸出者等、銀行等は、控除利息相当額が満額になるまで、日本貿易保険に帰属する配分金額から優先して控除利息充当額として取得することになります。

船積不能事故、海外投資保険等の保険事故では、控除利息の制度がありません。

14.6.6　サービサー回収

サービサーとは、債権者から委託を受けて債権回収を業とする専門会社、または弁護士事務所のことをいいます。サービサー回収のメリットとしては、サービサーの国際的ネットワークを利用することにより、自ら継続的に行うことが難しい地域での回収が可能となること、回収に係る対価が原則として成功報酬（回収があった場合に限り、債務者の所在する国や債権額などに応じ10％～40％程度）であり、輸出者等が自ら雇っている提携弁護士事務所等の費用も不要となること、支払人（または借入人）の所在する国固有の債権回収に関する慣習、法制度に関する知見、情報があり、回収の効率が図れることなどが挙げられます。

日本貿易保険は、返済期間が2年未満の輸出契約等の代金等回収不能事故の債権回収について、破産手続きの開始決定による保険事故などを除き、提携している海外のサービサーを積極的に活用しています。サービサーによる債権回収を希望して日本貿易保険に権利行使等を委任する場合、輸出者等、銀行等は、サービサーに未回収債権に係る権利行使等を行う権限を委任することを証する Authorization Letter（Web サイト http://nexi.go.jp に例文あり）を日本貿易保険に提出することが必要です。サービサーに債権回収を委任した場合、輸出者等、銀行等は日本貿易保険から回収協力の依頼、または指示がない限り、支払人（または借入人）に対して回収行為を行うことができません。サービサーは、支払人（または借入人）から債権回収ができた場合、原則、回収金額から成功報酬の対価を回収費用として差し引いた金額を日本貿易保険に回収金として送金してきます。サービサーからの回収金の送金があった場合、日本貿易保険は、代位比率などから回収金の配分金額を自ら計算し、輸出者等、銀行等に帰属する配分金額を送金することになります。

14.6.7　回収の終了認定

日本貿易保険は、保険金を支払った輸出契約等、貸付契約等の回収を速やかに終了させるため、回収終了の基準を見直し、明示的に費用対効果（見込み

値）の観点で終了判断を可能としています。また日本貿易保険が回収行為の実施主体となる保険約款では、回収が困難であると日本貿易保険が自ら判断した時も回収終了と認定することになります。

保険約款に従い日本貿易保険が、代位債権等の回収が困難である、または回収に係る権利の行使が困難であるものと判断する主なものは次の通りです。

①回収に係る権利行使等の相手方の破産手続き、特別清算手続きなどが開始され、清算手続が完了した場合、または手続きが完了していないが配当を受けられる可能性がないことを日本貿易保険が認める場合
②会社更生手続き、民事再生手続きなどにおいて、回収に係る権利行使等の相手方の財産の配分割合に基づく回収が完了した場合
③回収に係る権利のすべてを第三者に売却し、売却代金の回収が完了した場合
④強制執行が可能なすべての財産について強制執行が行われ、回収が完了した場合、または回収がないことが明らかになった場合
⑤非常事由による船積不能事故などの場合、相手方に対し損害賠償請求権その他回収に係る権利のすべてを行使することができない場合
⑥回収費用等が今後の回収見込額を上回ると日本貿易保険が判断する場合

第15章 貿易保険の概要

15.1 貿易一般保険の概要

　貿易一般保険は、すべての契約の形態（輸出契約、仲介貿易契約、技術提供契約）を対象に（ただし包括保険の特約書では対象となる契約の形態を制限しています）、また決済方法や契約条件等に制限もなく、契約内容等から他の保険約款で対象外となる契約でも、ほとんど引受可能な最も一般的な保険です。この保険は、①貨物の船積不能による損失、②港湾ストライキやサイクロンなどにより航路の変更などによる運賃、海上保険料、滞船料等が増加したことによる損失（増加費用特約、オプション）、③貨物を船積み後、または組立等の役務の提供後、貨物代金、役務の提供等の対価の回収不能による損失、④戦争、革命、テロ行為を含む内乱などの発生によりプラント建設が中断し、輸出者等が貨物等の保管・維持費用を新たに負担することによる損失（プラント等増加費用特約、オプション）をカバーします。この保険には、個々の保険契約での事故事由の追加やカバー範囲を拡大するオプションとして、増加費用特約、プラント等増加費用特約のほか、戦争、革命、テロ行為を含む内乱による損失（物的損害を含む）をカバー対象とするフルターンキー特約などがあります。
　貿易一般保険は、返済期間が2年未満と2年以上の契約が引受対象であり、また保険契約の締結の方式に、個別保険と包括保険があります。包括保険には、輸出組合等と特約書を締結する商品別組合別包括保険と個々の企業と特約書を締結する企業別包括保険があります。商品別組合別包括保険には、消費財包括保険と設備財包括保険があり、消費財包括保険として、日本鉄鋼連盟・特殊鋼倶楽部・線材製品協会（鉄鋼・亜鉛鉄板、特殊鋼、線材製品）との特約書、また設備財包括保険として、日本機械輸出組合（機械設備）、日本鉄道システム輸出組合（鉄道車両）、日本船舶輸出組合（船舶）との特約書があります。消費財包括保険の特約書は、輸出契約の非常危険のみの船積不能と代金回収不能をカバー対象に、付保率も一律60％と低くなっています。このため、信用危険による船積不能、代金回収不能をカバー対象とする場合、また非常危険の付保率の引上げを行う場合、輸出者は、貿易一般保険個別保険を併用することができます。企業別包括保険の特約書には、貿易一般保険包括保険（企業総合）、貿易一般保険包括保険（技術提供契約等）があります。

返済期間が2年未満の輸出契約等について、日本貿易保険は、非常危険の引受を国カテゴリーに連動した支払国の引受方針など引受基準により、また信用危険の引受を海外商社名簿での支払人の格付、また輸出者等と支払人との間の資本関係、役員派遣など人的関係により判断しています。また海外商社名簿での支払人の格付が民間企業のEE格、EA格、EM格、またはEF格の場合、日本貿易保険は、信用状（L/C）決済の契約を除き、代金等回収不能の信用危険の引受を支払人に設定した引受上限額である与信枠で管理しています。

貿易一般保険個別保険では、民間企業との契約の信用危険の引受を希望する場合、輸出者等は、事前にまたは保険申込み時、契約金額が支払人の与信枠の枠内に設定してある個別保証枠の残枠の範囲内であることを確認して申込むことになります。また支払人の格付がEM格、EF格との契約は、返済期間が180日以内のものに限り、代金等回収不能の信用危険の引受が可能となっています。貿易一般保険包括保険（設備財、技術提供契約等）の特約書では、支払人が民間企業の場合、海外商社名簿での格付がEE格、EA格との契約に限り、代金等回収不能の信用危険の引受を与信枠で管理することなく行っています。ただし、特約書により代金等回収不能の信用危険の引受が対象外となっているEM格、EF格との契約について、信用危険の引受を希望する場合、輸出者等は、返済期間が1年以内のものに限り、また契約金額が支払人の個別保証枠の残枠の範囲内であることを確認して申込むことができます。貿易一般保険包括保険（企業総合）では、支払人が民間企業の場合、日本貿易保険は、輸出者等が希望する信用危険による代金等回収不能事故での保険金支払限度額を支払人の与信枠に専用枠として確保しています。

返済期間が2年以上の輸出契約等について、貿易一般保険では、原則、支払国の引受方針など引受基準に合致している契約に限って、OECD輸出信用アレ

保険区分			付保率	
			船積不能	代金等回収不能
2年未満の契約(注)	個別保険	非常危険	60〜95%	97.5%、100%
		信用危険	60〜80%	90%
	包括保険	非常危険	80%	97.5%、100%
		信用危険	80%	90%
2年以上の契約	包括保険	非常危険	80%	97.5%、100%
		信用危険	80%	95%

（注）消費財包括保険を除く

ンジメント、OECD環境コモンアプローチなどの国際ルール、支払国での非常危険の事故事由の起こる可能性、支払人の外部格付機関の格付、政府等の返済保証措置の有無など、契約内容等を個別に審査して引受可否を判断しています。ただし、返済期間が2年以上の輸出契約等の、船積不能に係わる信用危険の引受は、海外商社名簿での支払人の格付などが判断基準となります。

15.2　限度額設定型貿易保険の概要

　限度額設定型貿易保険は、特定の支払人と反復継続して輸出契約、仲介貿易契約を行う輸出者等に適した保険です。対象となる輸出契約等は、契約の締結日から決済期限までの期間が1年以内であり、かつ貨物の船積日から決済期限までの期間が6か月以内の輸出契約等に限られます。また保険約款、運用規程では、免責の一般事項のほか、保険関係が成立していても、保険約款の対象外の契約として、損失を受けても保険金が受領できない契約等（技術提供契約、輸出契約等の相手方と支払人が異なる契約など）を定めています。

　限度額設定型貿易保険では、輸出者等は、自由に選択した支払人（1社でも可能）との輸出契約等を対象に、事前に1年間有効な保険契約を締結することになります。保険契約では、支払人に非常危険、信用危険による船積不能事故、代金等回収不能事故の支払保険金の上限額である保険金支払限度額を設定し、その保険金支払限度額に応じて算出した1年間の保険料（保険金支払限度額に支払国の国カテゴリーと海外商社名簿での支払人の格付を反映させた年率の保険料率を乗じて算出）を保険契約の締結時に支払うことになります。保険金支払限度額は、今後1年間に見込まれる支払人との輸出契約等の予想される最大契約残高に付保率の90％を乗じた額を基準に設定することになります。

　限度額設定型貿易保険が利用できる契約は、支払国が国カテゴリーAから国カテゴリーGまでの国であり（国カテゴリーHを支払国、仕向国とする契約は、対象外）、海外商社名簿での支払人の格付がGグループ（政府等）、民間企業のEE格、EA格、EM格、またはEF格との契約となっています。この保険では、輸出者等が対象となる輸出契約等を締結しても、保険申込みの手続きが一切不要であり、対象となる契約の保険関係は、輸出契約等の締結日を引受基準適用日として自動的に成立し、保険責任も開始します。しかし、保険契約の有効期間中に、支払国が国カテゴリーHまたは引受停止国になった場合、また海外商社名簿での支払人の格付が対象外に格下げされた場合はその日以降、保険契約が失効します。ただし、支払人の海外商社名簿での格付が、EA格、EF格から対象外のEC格（事故管理区分のER格への格下げを除く）になった場

合、保険契約の有効期間中に限って、変更前の EA 格、EF 格のまま保険関係が成立することになります。

船積不能事故、代金等回収不能事故が発生した場合、輸出者等は、輸出契約等の締結日（船積不能）、または決済期限（代金回収不能）の古い契約から個々の契約の保険金額（契約金額の 90%）を上限に保険金を受領し、受領できる保険金の累計額は、支払人に設定した保険金支払限度額が上限となります。

	船積不能の付保率	代金等回収不能の付保率
非常危険	90%	90%
信用危険	90%	90%

15.3 中小企業・農林水産業輸出代金保険の概要

中小企業・農林水産業輸出代金保険は、利用者を中小企業基本法に定める中小企業者または資本金が 10 億円未満の中堅企業、農林水産業を営む企業、中小企業協同組合法に基づき設立された企業に限定しています。対象となる輸出契約は、契約金額が、原則、5 千万円以下であって、船積日から決済期限までの期間が 180 日以内であること、また 100% 本邦貨物の輸出契約に限られ、仲介貨物や役務の提供などを含まない契約です。また保険約款、運用規程では、免責の一般事項のほか、保険契約を締結しても、保険約款の対象外の契約として、損失を受けても保険金が受領できない契約（仲介貨物を含む契約など）を定めています。ただし、保険契約の締結後、輸出契約の内容変更等により仲介貨物や役務の提供などを含むことになった場合、輸出者は内容変更等の通知前に日本貿易保険に事前承認の申請が必要ですが、内容変更等が承認されれば、その部分もカバー対象となります。

中小企業・農林水産業輸出代金保険では、信用状（L/C）決済の契約を除き、海外商社名簿での支払人の格付が民間企業の EE 格、EA 格、EM 格、または EF 格との輸出契約について、輸出者は、事前にまたは保険申込み時、契約金額が支払人の与信枠（代金等回収不能に係わる信用危険の引受上限額）の枠内に設定してある個別保証枠の残枠の範囲内であることを確認して申込むことになります。

中小企業・農林水産業輸出代金保険は、貨物を船積み後、非常危険、信用危険による貨物代金の回収不能による損失のみがカバー対象です。転売困難な特注品の輸出契約について、貨物の船積不能による損失のカバーを希望する場

合、輸出者は貿易一般保険での申込みとなります。

　保険事故が発生し、保険金を請求した場合、輸出者は、保険金請求の関係書類の内容に不備がなければ、原則、保険金請求書を提出した日から1か月以内に損失額の95%を保険金として受領できます。

	付保率
非常危険	95%
信用危険	95%

15.4　簡易通知型包括保険の概要

　簡易通知型包括保険は、輸出契約または仲介貿易契約を継続的、かつ反復的に行い、その貿易取引の実態から契約の相手方のリスクが分散している輸出者等が利用可能な包括保険のみの保険約款です。輸出者等は、原則、会社単位で包括保険契約を締結し、その保険契約の対象となる契約であって、引受基準などに合致するすべての契約について保険申込みが必要です。

　簡易通知型包括保険の特徴は、①包括保険だけの保険種であること、②毎月の輸出契約等に基づく船積実績をまとめて通知するだけで船積日（船積不能のオプションを選択した場合、輸出契約等の締結日）に遡って保険関係が成立すること、③保険契約締結時または保険契約更改時、保険事故での保険金支払限度額を支払人の与信枠に専用枠として確保すること、④信用危険による代金等回収不能による保険事故の損害率により保険料の割引または割増となるリザルト制度を導入していることなどが挙げられます。

　簡易通知型包括保険の対象となる輸出契約等は、契約の締結日から船積日までの期間が1年以内であり、かつ船積日から決済期限までの期間が1年以内のもの（ただし、引受条件により6か月に限られる国もあります）、船積日を起算として決済する輸出契約等（手形一覧後定期払、船積書類引渡時払など）に限られ、組立等の役務の提供等を含む契約などは対象外となります。また保険約款などでは、免責の一般事項のほか、保険関係が成立していても、保険約款の対象外の契約として、損失を受けても保険金が受領できないと定めています。簡易通知型包括保険は、貨物の船積不能による損失（オプション）、戦争、ハリケーンなどによる航路の変更等による運賃、海上保険料、また滞船料など新たに負担した増加費用による損失（オプション）、貨物代金等の回収不能による損失をカバーします。

簡易通知型包括保険では、輸出者等は、輸出契約等1件ごとに保険申込みの手続きを行うことなく、輸出契約等の当月分の船積実績を翌月末までに船積確定通知を提出することにより、船積不能（オプションを選択した場合）では輸出契約等の締結日、代金等回収不能では、貨物の船積月の第1日を引受基準適用日として保険関係が成立することになります。

　海外商社名簿のEE格、EA格、EM格、またはEF格の場合、日本貿易保険は、輸出者等の希望する信用危険による代金等回収不能事故での保険金支払限度額を支払人の与信枠に専用枠として確保してます。また輸出者等が船積不能のオプションを選択した場合、日本貿易保険は、すべての支払人に非常危険、信用危険による船積不能事故での保険金支払限度額を設定することになり、輸出者等は、保険金支払限度額に国カテゴリー別保険料率（年率）を乗じて算出した1年間の保険料を包括保険契約の締結時に支払うことになります。

　簡易通知型包括保険では、保険関係成立期間中に支払国が引受停止国、または海外商社名簿での支払人の格付が事故管理区分（ER格）に変更になった場合、変更前に締結した輸出契約等について、輸出者等は、その変更日から30日以内に確定前通知を行うことにより、輸出契約等の締結日を引受基準適用日として船積（予定）分の保険関係が成立します。ただし保険関係成立期間中に支払人の格付がEA格、EF格からEC格に格下げになった場合、その保険年度は、変更前の格付（EA格、EF格）で引受を行い、代金等回収不能の信用危険の引受が可能です。

　簡易通知型包括保険では、船積不能事故が発生した場合、事情発生通知または損失等発生通知を行う前に、通知前の船積実行分、また船積（予定）分について船積確定通知または確定前通知の提出が必要です。

	船積不能の付保率 （オプション）	代金等回収不能の付保率
非常危険	80%	97.5%
信用危険	80%	90%

15.5 輸出手形保険の概要

　輸出手形保険は、直接的には、輸出契約の決済のため振り出した荷為替手形〔信用状（L/C）付きを含む〕を輸出者から直接買取った銀行（買取銀行）が、非常危険、信用危険による満期不払いにより受ける損失をカバー対象としてい

ます。しかし、この保険は、手形の満期不払いについて、商品クレームなど輸出者に責任がない場合、銀行の輸出者に対する手形上のそ求権の行使を制限するなど、銀行と輸出者を一体として輸出契約に潜むリスクをカバーする保険です。

輸出手形保険の対象となる荷為替手形には、D/P条件〔名宛人に対し為替手形の支払いと引換えに船積書類を引渡す条件（Documents against Payment）〕とD/A条件〔名宛人の為替手形の引受と引換えに船積書類を引渡す条件（Documents against Acceptance）〕があり、また信用状（L/C）付きの荷為替手形もあります。また輸出手形保険は、買取[1]扱い（negotiation）の荷為替手形が対象であり、取立扱い（collection）のものは、対象外となります。

輸出手形保険は、保険契約を締結している銀行が買取基準を満たす荷為替手形を輸出者から直接買取った場合、すべての荷為替手形を包括的に保険関係を成立させるものではなく、買取基準を満たすものでも、銀行が個々の荷為替手形に潜む満期不払いとなるリスク等を評価して、買取日から5営業日以内（発送時点）に日本貿易保険に一方的な意思表示（買取通知）をした荷為替手形に限り、保険関係が買取日に遡って自動的に成立し、保険責任も開始するものです。

輸出手形保険の保険料は、手形金額（保険金額）に、非常危険の保険料として、ユーザンス期間に応じた料率に、支払国の国カテゴリーによる国別倍率（国カテゴリーAの0.4倍から国カテゴリーHの5倍の8段階）を乗じて得た保険料率を乗じた額、信用危険の保険料として、ユーザンス期間に応じたD/A条件とD/P条件の保険料率〔信用状（L/C）付の荷為替手形は、D/P条件の扱い〕を乗じて得た額の合計となります。保険料は、輸出者の負担となります。

荷為替手形の要件（買取基準）を満たす荷為替手形は、①船荷証券、航空運送状、郵便小包受取証によって手形上の権利が担保されていること、②船積日の翌日から起算して3週間以内に手形が買取られていること、③荷為替手形の買取時に、為替手形の名宛人が海外商社名簿のG格グループ（政府等）、信用

---

[1] 荷為替手形の買取とは、荷為替手形を持込んだ輸出者に銀行がその代わり金を支払うことをいう。輸出者は、手形金額を直ちに資金化することができるが、為替手形が満期不払いとなった場合、銀行は、輸出者に対して立替えて支払った為替手形の買戻し請求をすることになる。しかし、輸出手形保険約款では、保険金を受領した銀行は、保険金の額に相当する金額について、輸出者に買戻し請求をしてはならないと規定している。荷為替手形の取立とは、為替手形を資金化することなく、単に、銀行に海外の提携している取立銀行を通じて支払人から貨物代金等の取立を依頼することをいう。

状（L/C）付きの荷為替手形の場合、信用状発行銀行等が海外商社名簿のSA格であること、また名宛人が民間企業の海外商社名簿のEE格、EA格、EM格、またはEF格の場合〔信用状（L/C）付きを除く〕、手形金額について事前に個別保証枠確認証を取得したものであること、④為替手形の支払国が日本貿易保険の定めた特定国（国カテゴリーF～H）以外であること〔特定国向けの荷為替手形の場合、特定国の承認基準（手形金額の上限、手形ユーザンスの上限、決済条件）を満たす範囲内での保険関係が成立〕、⑤手形金額が500億円以下であること、⑥手形の買取日から満期日までの期間が720日以内のものとなっています。

　銀行による買取時の確認事項としては、①手形金額が送り状（インボイス）の金額の範囲内であること、②船荷証券、航空運送状、複合運送証券、海上運送状等または郵便小包受領証が添付されていること、③附属貨物の荷受人が手形の取立銀行であること、ただし船荷証券または複合運送証券（証券と引換えに当該貨物を引渡すことが明記されているもの）が全通揃っている場合を除く、④輸出者が海上保険その他運送に係る損害保険を付することを条件とする輸出契約では、保険証券が添付されていることなどとなっています。また信用状（L/C）付の荷為替手形の確認事項としては、㋐信用状（L/C）に記載の条件が備わっていること、㋑信用状（L/C）は、取消不能信用状であって、信用状統一規則（UCP600）に基づく支払確約または同等の支払確約がなされているものであること、㋒信用状（L/C）に基づき振り出される為替手形の名宛人が信用状発行銀行または信用状確認銀行等になっていることなどです。

　輸出手形保険の保険事故は、①直送取立の場合は、満期における不払い、または「満期前そ求の実質的条件等」を充足するに至ったこと、②再割取立の場合は、再割銀行から満期後にそ求を受けて償還したこと、または「満期前そ求の実質的条件等」を充足するに至ったため、満期前にそ求を受けて償還したことになります。保険金を請求した場合、銀行は、保険金請求の関係書類の内容に不備がなければ、原則、保険金請求書を提出した日から1か月以内に損失額（手形未決済額）の95％を保険金として受領できます。

	付保率
非常危険	95%
信用危険	95%

> **満期前そ求の実質的条件等**
>
> 輸出手形保険では、満期前でも、「満期前そ求の実質的条件等」を充足した場合、その事由の発生日またはその事由発生の取立銀行からの通知の発信日が保険事故の発生日となります。
>
> 「満期前そ求の実質的条件等」とは、①名宛人の為替手形の引受拒絶（手形の買取日以後、2か月を経過した日まで為替手形の引受を延引した場合を含む）、②引受または支払いのための為替手形の呈示が名宛人の所在不明その他の不可抗力的な事由により不可能となったこと、③引受のための為替手形の呈示前または満期前に名宛人の破産手続きの開始決定、支払停止、会社更生開始決定などにより支払いの見込みがないことが明らかとなったことをいいます。

15.6 前払輸入保険の概要

前払輸入保険は、外国から貨物を輸入する本邦企業が、輸入貨物の代金の全部または一部を外国サプライヤーに前払いすることを条件とした前払輸入契約を対象とする保険です。

前払輸入保険の対象となる前払輸入契約は、前払金に付保率を乗じて得た保険金額が100万円以上のもの、信用危険のカバーを希望する場合、外国サプライヤーが海外商社名簿のEA格以上の格付であること、非常危険、信用危険の前払額が200億円以内であって、前払金の返還期間が2年未満であるものです。また前払輸入契約には貨物の名称、型または銘柄および数量、船積国および船積時期のほか、前払金の額および支払いの時期、前払金の返還条件などが規定されていることが必要です。

前払輸入保険では、予定貨物の輸入ができないことから本邦企業が前払金の返還を請求したが、為替取引の制限または禁止、戦争など非常危険により、また外国サプライヤーの破産手続きの開始決定、資金繰り悪化など信用危険により、前払金が返還されないことにより本邦企業が受ける損失をカバー対象としています。

	付保率
非常危険	97.5%
信用危険	90%

15.7　海外投資保険の概要

　海外投資保険は、本邦企業による外国での現地法人の設立、既存の外国企業への資本参加などの株式等の取得、本邦企業の投資先企業を通じた第三国への再投資、また海外で事業を行うため取得した土地、構築物、機械設備等、または鉱業権などの不動産の権利の取得等を対象とする保険です。

　海外投資保険の保険期間は、最低2年、最長30年であり、投資者等は、この範囲内で事業計画などに応じて自由に設定することができます。また付保率も上限（100%）が決まっていますが、投資者等は、その範囲内で自由に選択することができます。投資者等は、保険期間中、保険契約の延長、短縮、また解約ができません。しかし最初の保険契約の保険期間の満了日後は、1年ごとの保険契約の更新が可能となっています。ただし、保険期間中、10%以上の付保率の引上げ、事故事由の拡大など保険契約の条件の変更を希望する場合、日本貿易保険が認めた場合に限り、投資者等は、既存の保険契約を解約し、新たな契約条件により保険契約の締結が保険契約の変更が可能です。

　海外投資保険は、保険期間中、1年ごとに次年度分の保険価額に付保率を乗じて算出した保険金額に応じた保険料を事前に支払うことになります。株式等の場合、投資先企業の業績上昇または業績不振により簿価の純資産額が変動した場合、権利等の取得（不動産等）の場合、直近の投資者等の財産目録または鑑定評価書等における当該権利等の評価額が変動した場合、また保険証券記載の為替換算率と比較して5%以上の変動があり、円安による円建てでの資産増加、また円高による資産減少した場合、投資者等は、次年度分の保険料の支払い時の1か月前までに、変動した額に合わせて保険証券上の取得のための対価の額を増額申請または減額申請することにより保険価額を変更することができます。

　保険契約での事故事由は、①収用・権利侵害、②戦争・不可抗力、③送金不能の3事由の組合せ、また対象の資産範囲は、株式等の場合、⑦非償還型（元本のみ）、④混合型（元本と配当金）、⑨償還型（配当金のみ）の3種類のうちから選択が可能です。不動産その他の権利等の取得の場合、対象の資産範囲は、非償還型のみとなります。例えば、株式等の場合、投資者等は、対象の資産範囲を混合型として、事故事由をフルカバー（3事由）、または2事由と選択することが可能であり、保険料率も選択した組合せにより異なります。例えば、ベトナム（国カテゴリーF）向けの非償還型（元本のみ）のフルカバー（3事由）の年率の保険料率は、0.421%、2事由では、年率0.295%となります（2018

年1月現在)。

保険金支払いの対象となる保険事故は、①株式等の場合、外国政府等による投資先企業の事業活動に支障をきたす国際法などに違反する政策変更等の収用・権利侵害により、また投資先企業が戦争、革命、テロ行為を含む内乱、また地震、津波など自然災害によって損害を受けたことにより、また経済制裁など不可抗力的な事由により、事業不能等（事業の継続不能、破産手続きの開始決定、銀行による取引の停止、1か月以上の事業の休止）となり受ける損失、また②不動産その他の権利等の取得の場合、不動産に関する権利等が外国政府の収用・権利侵害により奪われたことにより、また不動産等が戦争、暴動、自然災害などによる損害を受けたことにより、事業のため使用することができないことにより受ける損失（物的損害を含む）、③株式等の譲渡代金等、不動産等の売却代金、また保険事故の発生により取得した補償金や残余財産の分配金等が為替取引の制限または禁止、戦争等により2か月以上の期間、本邦への送金不能による損失です。

海外投資保険では、個々の保険契約での事故事由の追加やカバー範囲を拡大するオプションとして、投資先国政府が権限の範囲内で正当な手続きに基づく許認可の取消しなど、「一般的かつ合法的な政策変更」により投資先企業等が受ける損失をカバーする政策変更リスク特約、投資先国政府等と締結した契約の義務の不履行や契約の一方的な破棄により投資先企業等が受ける損失をカバーする契約違反特約、その他プレミアム特約、部分損失特約、事業拠点等特約があります。

	付保率
非常危険	原則、95%以下、100%の選択も可能。ただし、契約違反特約は、95%が上限

15.8 貿易代金貸付保険の概要

貿易代金貸付保険は、日本に所在する銀行が輸出契約、仲介貿易契約（100%仲介貨物のものを除く）、技術提供契約の決済資金として外国政府や外国企業に直接行う貿易代金貸付契約〔バイヤーズ・クレジット（B/C）〕、または輸出契約等の支払人の所在する国の銀行に行う貿易代金貸付契約〔バンク・ローン（B/L）〕、また貸付契約以外で、本邦からプラントや機器等の決済資金の調達のための借入金の保証債務の契約、決済資金を調達するために発行する

債券などが対象になります。

　貿易代金貸付契約には、償還期間が2年未満の貸付契約（バンク・ローン）と2年以上の貸付契約（バイヤーズ・クレジット、バンク・ローン）があります。2年未満のバンク・ローンは、輸出契約等の決済のための信用状（L/C）を発行する外国銀行に対する貸付です。2年以上のバンク・ローンには、財務内容等から支払人に直接融資が難しい契約において、輸出契約等の支払人の代理として銀行が借入人となるもの、また本邦からの設備等の購入資金として事前に、銀行に一定の供与金額をコミットするクレジットライン型があります。2年以上のバンク・ローンの資金供与の形態は、国際協力銀行と市中銀行が協調して銀行に融資を行い、融資を受けた銀行が輸出契約等の支払人に国内転貸を行うツー・ステップ・ローンとなります。

　償還期間が2年以上の貿易代金貸付契約は、国際協力銀行と市中銀行による協調融資が原則であり、市中銀行の融資部分が貿易代金貸付保険の対象となります。国際協力銀行の融資比率は、原則、6割が上限ですが、先進国向けのもの、建設機械、船舶、鉄道車両を除く車両、鉄鋼製品など特定品目のものでは5割を上限としています。

　2年以上の貿易代金貸付契約は、最長償還期間、最低貸出金利〔通貨ごとの最低貸出金利以下の契約は、WTO（世界貿易機関）の補助金協定の禁止される輸出補助金に該当〕、償還方法、最低保険料率（ミニマム・プレミアム・レート）などの融資条件等がOECD輸出信用アレンジメントにより規制されます。また輸出契約等の決済資金としての融資上限額は、通常、外貨ポーション（本邦からの貨物代金や役務の提供等の対価、第三国からの貨物代金や役務の提供等の対価）の85％ですが、ローカルコスト（支払国または事業を行う国で調達する貨物、土木工事等の役務などに要する費用をいう。以下同じ）への融資が頭金の範囲内で認められ、原則、外貨ポーションの100％まで融資可能です。ただし、ローカルコストの多い契約では、OECD輸出信用アレンジメントでの事前通報の手続きによりローカルコストとして外貨ポーションの30％まで認められ、融資上限額は、外貨ポーションの115％まで可能となります。

　2年以上の貿易代金貸付保険包括保険の対象となる貿易代金貸付契約は、貿易一般保険包括保険（設備財、技術提供契約等）の特約書で対象となる輸出契約、設備等の仲介貿易契約、技術提供契約、また包括保険の特約書の対象外の貨物である油、ガスの輸送用のラインパイプ、碍子またはレールなどの輸出契約等の決済資金となるものです。2年未満の貿易代金貸付契約（バンク・ローン）の対象となる契約は、貿易一般保険包括保険を利用しているもの、貸付金

額が 1 千万円以上のもの、契約の決済方法が信用状（L/C）の一覧払いのものなどであり、貸付先の海外商社名簿での格付が、GS 格、GA 格、GE 格、または SA 格の銀行となります。

　2 年以上の貿易代金貸付契約の非常危険の付保率は、原則、100% であり、また信用危険の付保率は、原則、95% ですが、借入人が政府等となるもの、政府等による償還保証措置があるもの、また国際協力銀行と市中銀行の協調融資による貸付契約の償還条件が市中銀行への償還を優先し、市中銀行への償還が完了した後に、国際協力銀行の償還が開始される市中完全優先償還によるものは、信用危険の付保率も 100% となります。

　2017 年 10 月、日本貿易保険は、表示通貨が米ドルの 2 年以上の貿易代金貸付契約について、米ドル建てで保険契約を締結する「米ドル建保険特約」を創設しました。この特約の付いた保険契約は、保険金額、支払保険金、保険料の支払いなどが原則、すべて米ドル建てとなります。

　貿易代金貸付保険には、個々の保険契約での事故事由の追加やカバー範囲を拡大するオプションとして、米ドル建保険特約のほか、外貨建対応方式特約書、特別非常危険特約などがあります。

	通常の付保率 （　）内は、2 年未満	政府直貸し、政府の償還保証付契約 （2 年以上の契約）
非常危険	100%（97.5%、100%）	100%
信用危険	95%（90%）	100%

15.9　海外事業資金貸付保険の概要

　海外事業資金貸付保険は、本邦の銀行、商社、メーカー等が、外国政府等、外国企業（自社の子会社など支配法人を含む）などに対し、事業に必要な資金の貸付、借入金の保証債務の契約、資金を調達するために発行する債券などを対象としたものです。対象となる貸付契約等は、事業内容等から資源エネルギーの安定供給確保、社会インフラ整備、また日系企業の海外での事業活動などに貢献するものであり、わが国の政策上重要な事業に対するものに限られます。この保険の対象となる貸付契約等の資金使途は、支配法人への貸付契約等を除き、原則、本邦からのプラントや機器等の購入代金等に充当されない「アンタイドローン」であり、資金使途が事前に特定されていることが必要です。またこの保険では、海外の日系企業等により生産された設備の販売等に必要な

資金を外国の買主（支払人）に国際協力銀行と市中銀行による協調融資の形態により、または市中銀行などにより貸付を行う「ローカル・バイヤーズ・クレジット（海外現地法人等による第三国輸出や進出国での販売支援のための投資金融）」、また本邦企業が関与するプロジェクトへの外国の金融機関（外国銀行の外国本支店、本邦銀行の現地法人）による貸付契約等の引受も行っています。

海外事業資金貸付契約は、投資金融であり、OECD 輸出信用アレンジメントによる規制もなく、またパリクラブ合意によるリスケジュール（債務繰延べなど）の対象債権にもならないため、海外の日系企業等の設備等の決済資金となる「ローカル・バイヤーズ・クレジット」を除き、貿易代金貸付契約より償還条件などが緩和されています。

非常危険の付保率は、原則、100% であり、信用危険は、通常、90% または 95% ですが、外国政府向けの貸付契約等、政府等の償還保証措置のあるもの、国際協力銀行と市中銀行の協調融資による貸付契約の償還条件が市中完全優先償還によるものは、信用危険の付保率も 100% となります。

海外事業資金貸付保険（劣後ローン特約付契約を除く）でも貿易代金貸付保険と同様、表示通貨が米ドルの貸付契約等について、米ドル建てで保険契約を締結する「米ドル建保険特約」があります。

海外事業資金貸付保険には、個々の保険契約での事故事由の追加やカバー範囲を拡大するオプションとして、米ドル建保険特約のほか、外貨建対応方式特約書、特別非常危険特約などがあります。

	通常の契約の付保率	政府府向けまたは政府保証等の契約の付保率
非常危険	100%	100%
信用危険	90%、95%	100%

15.10 知的財産権等ライセンス保険の概要

知的財産権等ライセンス保険の対象となるライセンス契約とは、①製造技術、工業技術等に係わる特許の使用、製造、販売等を契約の相手方に許諾する技術提供契約、②工業所有権の譲渡または使用権を設定する技術提供契約、③ノウハウの提供、④回線を使用した通信技術を契約相手方のために提供する技術提供契約、⑤映像、音楽等の著作物を記録した媒体（小売用を除く）の輸出

契約または仲介貿易契約となります。

　知的財産権等ライセンス保険の対象となる契約は、本邦企業が、特定の製品を製造するためのノウハウを外国企業に提供し、その使用権等の許諾の対価（ロイヤリティーなど）として、契約期間中（保険期間は、原則、5年以内）、製品の製造量、販売量などに応じて、定められた時期（半期ごとなど）に受領する契約であり、本邦企業による技術の提供を伴いません。本邦企業による技術の提供等を伴い、契約金額が確定している技術提供契約は、貿易一般保険での保険申込みとなります。ライセンス契約は、製造量等に応じて対価等（ロイヤリティーなど）が決まるなど、契約金額に不確定な要素を含んでいることから、保険契約の締結時、本邦企業は、契約期間中、製品の製造量、販売量などを基準に保険金支払限度額を設定することが必要となります。

	付保率
非常危険	90%、100%
信用危険	90%

第3編 海外 PL 保険

　かつて人類の営みは、狩猟、農耕を問わず地域性の高い"地産地消的"なものに限定されていましたが、長い年月を経てシルクロードや大航海時代にみられるように物資の移動が広がっていきました。

　20 世紀に入ると世界規模で経済が発展し、今世紀には日進月歩の技術革新も相俟って、ヒト・モノ・カネの移動が瞬時に可能となるネットワークが構築されました。グローバル化は益々速度を上げつつ社会の発展を促進していますが、同時に人間社会に大きな課題を残しつつあるともいえます。

　益々複雑化する現代社会において、前述の大きな課題をどのように克服すべきかが重要です。特にモノの製造、移動、販売、消費といった一連の流れの中で、どのような社会規範が必要なのかに焦点をあてて考えてみます。製品と物流に係わる課題として、不法行為と契約責任の観点から"製造物責任法"がなぜ表舞台に立ち始めたのか、製造物責任に対する考え方や訴訟の実態はどうなのか、製造物責任訴訟に備えるべき事項は何かという点ですが、これらを考えるにあたり米国の実態を抜きにして語ることはできませんので、本編では主に米国の製造物責任を紐解きながら海外 PL 保険について考察していきます。

第16章 グローバル経済と製造物責任

16.1 貿易取引と海外 PL 保険

一口に「海外と取引を行う」といってもいろいろな形態があります。単に海外との直接貿易を行うケース、海外へ進出して事務所を持つケース、海外で工場を建設してメーカーとなり製品を販売、さらには海外に輸出を行うケースなど、ありとあらゆるケースが想定されます。

ここでは、貿易取引という輸出入業務から考えられる物流の動きを捉えながら、主にどのようなリスクがあるのか、それらリスクに対してどのような手当てが施されるべきかを考えてみます。

貿易取引において必須の保険とは、「**貨物海上保険**」「**貿易保険**」「**海外 PL 保険**」と考えておくべきでしょう。それぞれが相互に重要な役割を果たしていますので、これら「**3 種の保険**」を体系的に整理しておくことが重要と考えます。

第 1 編では貨物海上保険の解説を行いました。海外と貿易取引を行う企業にとって、貨物が無事に最終目的地まで到着するかどうかは重要な課題です。この貨物海上保険は近代的な貿易取引が始まる 14 世紀以前から確立されていたといわれておりますが、現在の原型ともいえる貨物海上保険は、17 世紀ロンドンのコーヒーショップから始まったことで有名です。

第 2 編では貿易保険の解説を行いました。貨物海上保険や海外 PL 保険はモノについての保険であるのに対し、貿易保険は取引に伴う非常危険（Political Risk または Country Risk）、信用危険（Commercial Risk または Credit Risk）など金銭的な損害に対する保険です。

第 3 編では製造物責任に関わる保険について考えてみます。日本では PL 保険とは海外向けの「**海外 PL 保険**」（海外生産物賠償責任保険）に加え、国内向けに「**国内 PL 保険**」（生産物賠償責任保険）があります。米国で支払われる賠償額（和解金等も含む）は極めて高額です。米国と取引を行う企業にとっては、直面する訴訟リスクを軽減させるための手段として PL 保険が必要不可欠なものとして位置づけられます。ここでは**海外 PL 保険**を中心に解説を行ってまいります。

貿易実務に携わる皆さんにとって、3 編全体を一体的に捉えることで貿易取

引に関わるリスクの全体像が浮かび上がってくるのではないかと考えます。このことをご理解いただき、日頃の業務などで有効活用していただければと考えます。

16.2 グローバル経済と法律

　グローバリズムとは、世界規模で一つの共同体、一体化を目指す考え方です。今やこのことばの意味するところは、ほぼ共通の理解が得られていると思われます。また、グローバリゼーションとは、経済面だけでなく、社会、文化などの幅広い活動において使われ、あらゆる物事の地球規模化として認識されています。経済面においては、多国籍企業が国境を越えて地球規模で行う経済活動などを指し、自由貿易、市場経済を標榜しながら人類の発展に寄与するという共通の価値観であるとされています。

　この経済価値観が普遍的なものとして捉えられているかどうかはさておき、グローバル経済の本家本元である米国の経済発展を法律的な側面から捉えていく必要があります。英国で発展し米国などに受け継がれた慣習法の法体系である**英米法（Common Law）**は、裁判所における判例の積み重ねが法律を構成し、不足する法律などを成文法が補うこととしています。一方、日本はヨーロッパ諸国で発展してきた**大陸法（Civil Law）**を採用しており、まずは体系的な成文法があって規定されていないことについては裁判所の判例で補っていこうとする方法をとっています。それぞれ一長一短がありますが、大陸法では目まぐるしく変わる社会の変化についていけないことや、法律の規定などが具体性を欠くとの指摘があります。

16.3 損害賠償責任

　損害賠償責任について、その責任を端的に言えば、日常生活において不利益を被ったとき、その不利益を引き起こした相手に対して金銭による損害賠償を求めることができるというものです。不利益とは一般的に、過失により他人の身体または財物に損害を与えた場合などをいいます。

　日本で一般的なのが**民法709条**による不法行為責任（民事責任）です。この法的責任は、法律上の解釈をもって実践されていますが、一方で社会の感情論から出てくる動きなどに何らかの影響を受け続けているともいえます。つまり、法的な解釈と社会の声との間で責任論が揺れ動く可能性があるのです。

　法体系の中では、損害賠償責任は**債務不履行責任**と**不法行為責任**とに分かれます。債務不履行責任とは、契約に基づいて発生する責任のことをいいます。

すなわち、売買契約などの何らかの契約が存在し、損害を被った場合などに損害賠償請求ができることになります。一方、契約が存在しない場合においては、契約責任の履行は困難となることから、これへの救済のために不法行為責任が考え出されることになりました。

米国における不法行為法の改正により確立された損害賠償責任の法理である製造物責任法の歴史、意義、実態を理解することが重要です。これにより、日本と米国との法制度の違いから日本企業はどのような対応が求められるのか、その対応の選択肢として何があるのかを掘り下げていく必要があります。

16.4 安全への価値観と製造物責任の出現

現代社会においては、大量に生産され消費される製品は一般家庭のみならず、世界の隅々にまで行き渡っています。世界経済の中で、製品の供給ネットワークは益々多様化、複雑化し、製品を使う側である私たちにも製品を安全に使用、消費する能力が強く求められるようになりました。

しかしながら、私たちの向き合っている現代社会においては、製品の供給側の関係者である製造業者、輸入業者、販売業者等が製品の安全性の確保を怠ることなく万全な体制を整えて製品を流通に置くことも必須条件となりました。

今や、製品（製造物）によって消費者が被害を被った場合、その損害を賠償すべき製造業者、販売業者等に対しては、製造物責任（Product Liability；PL）が負わされる社会になりました。このPLという概念は、後述する米国における消費者保護の意識の高まりの中で大きく発達してまいりました。

しかし、その後この概念がPL訴訟の爆発的な件数の増加と賠償額の高騰を引き起こすことになりました。米国ではPL危機以降も依然として訴訟の山が築かれており、米国への製品輸出に関わる下請企業も含めた製造業者、販売業者等にとっては、引き続き警戒を怠ってはならない状況が続いております。

あまりに氾濫したPL訴訟が保険会社の経営にも影響を出しかねない状況となり、保険会社が引受拒否、あるいは保険の売り止めなどの方針を固めたことから、企業側の活力ある経営が成り立たなくなり大きな社会不安を引き起こしました。このことを一般的に **PL危機** と呼んでいます。

このようにPL先進国である米国は比類なき訴訟大国であり、国際社会全体に大きな影響を与えているといえます。バリューチェーンで結ばれているグローバル企業にとっては重要な経営上のリスク課題といえましょう。

16.5 製造物責任（Product Liability；PL）

　大量生産・大量消費の時代が到来した米国では、1962年ケネディー大統領による**消費者の権利宣言**で、厳格責任主義の第一歩ともいえる消費者救済のための方向性が打ち出されました。

　1963年になりカリフォルニア州最高裁判所が過失を要件としない無過失責任（厳格責任）を新たな製造物責任の根拠とすることを認めました。この無過失責任に基づく製造物責任が1965年に採択された**第2次不法行為法リステイトメント（The Restatement（Second）of Torts）第402条A**ですが、これにより米国における製造物責任の無過失責任化が実現することになりました。

　1998年には**第3次不法行為法リステイトメント（The Restatement（Third）of Torts）**[1]が公表されました。ここでは欠陥製品の分類として、製造上、設計上、警告上の3つの欠陥があることが明記されました。ただし、製造上の欠陥については厳格責任が維持されましたが、設計と警告上の欠陥については、製品販売後のより高い科学技術水準の情報で製品の欠陥を判断する傾向があり、PL訴訟を誘発するとして欠陥判断について一定の制限がかけられるようになりました。これにより、言掛かり的な訴訟の数は減少してきたといわれています。

　厳格責任は欠陥があったことをもって賠償責任が生じる新しい概念ですが、この欠陥概念は次の3種類に分類されます。

①設計上の欠陥
　設計自体に問題があって安全性が欠如している場合。
②製造上の欠陥
　製品が設計上の使用と異なる形で製造された場合（標準逸脱）。
③指示・警告上の欠陥
　製品に付帯して消費者に提供すべき適切な指示・警告を欠いている場合。

　米国の第2次不法行為法リステイトメントに規定された厳格責任は、各国の法制度に大きな影響を与えたと考えられています。各国の製造物責任法は、それぞれの社会的、経済的背景が異なることから、法律の成り立ちや内容は一様ではありませんが、それぞれが米国訴訟社会の実態と自国の時代の要請を受け止めて法整備を進めてきたことが伺われます。

　欧州では1985年にPL指令が制定され、EU各国での統一的なPL法が採用さ

1　起草者：James A. Henderson, Jr 教授と Aaron D. Tversky 教授ほか。

れるようになり、1990年代には日本やアジアにおいてもPL法が採用されました。

16.6 不法行為法改革（Tort Reform）

　1980年代になるとPL訴訟件数とともに、**陪審**による高額評決が激増し、保険会社の経営基盤を揺るがしかねない状況となりました。保険会社はPL保険の販売を自粛するといった対抗手段をとったため、いわゆる**PL危機**（Product Liability Crisis）と呼ばれる無保険状況が続く社会問題が発生しました。

　PL訴訟の氾濫は、米国経済の国際競争力を弱めているといわれ、米国訴訟制度の見直しともいえる不法行為法改革（Tort Reform）の動きもあります。実際、連邦ベースの不法行為法改革は実現には至っておりませんが、実現に向けた取組みが何度も試みられています。不法行為法の改革は現在では各州単位で展開されています。

第17章 米国のPL訴訟環境

17.1 米国の司法制度

　歴史的には独立戦争の発端となった英国本国の支配は、1776年の独立宣言後に与えられた東部13州への自治権によって米国連邦国家が緩やかに成立されていったといわれています。このため、各州の主権のうち、連邦国家に移譲された主権の一部を除けば、各州の主権はかなり大幅なものといえます。しかし、連邦国家と州政府による体制そのものは、二重主権と（Dual Sovereignty）呼ばれています。

　このため、司法手続きは州単位で独立していますが、連邦の裁判制度も存在しているわけです。連邦裁判所にある裁判管轄権は、特許に関するもの、人権に関するもの、反トラスト法に関するもの、連邦税法に関するもの、外交官に関するもの、海事事件に関するもの、米国自体が当事者になるもの、破産に関するもの、州際事件（州をまたぐ事件）に関するもののうち請求額が7万5千ドルを超えるもの等が対象とされています。

　米国の裁判組織は連邦裁判所には最高裁判所、控訴裁判所、地方裁判所の3審制がとられています。州裁判所においても、最高裁判所、中間上訴裁判所、一般管轄裁判所の3審制を採用していますが、2審制をとっている州（ネバダ州など）もあります。また、州裁判所の名称も州ごとにバラバラとなっておりますので注意が必要です。

　米国は判例法の国であり、また、州ごとに異なる判例法が存在するため、統一された連邦法というものは基本的には存在しません。50州のそれぞれが司法的に独立した法体系を有しています（図17-1）。とはいえ、いくつかの分野では法理論を条文方式で記載したリステイトメントというものが存在します。これは、各州で異なる判例法の統一的理解のために、各州の判例法を収集分析して共通すると思われる要素をまとめて成文化したものです。

　リステイトメントは、**The American Law Institute**（ALI）という裁判官・弁護士・学者等からなる私的団体が発行主体であるので、法的拘束力はありませんが、実務的には大きな影響力があります。

連邦裁判所	
最高裁判所（Supreme Court）	
控訴裁判所（Court of Appeals）	
地方裁判所（District Court）	

州裁判所	
最高の裁判所	(Supreme Court)
	(Court of Appeals（N. Y.）)
	(Supreme Judicial Court（Mass）)
	(Supreme Court of Appeals)
中間上訴裁判所	(Court of Appeals)
	(Appellate Division of the Supreme Court)
一般的管理権を持つ裁判所	(Circuit Court)
	(Superior Court)
	(District Court)
	(Supreme Court（N. Y.）)
	(Court of Common Please)

＊州裁判所の呼び名は各州で異なる。主な呼び名を記載。

図 17-1　米国の裁判組織図

17.2　米国の PL 訴訟

　米国の PL 訴訟件数についての統計記録は連邦裁判所が公表しています。州裁判所での訴訟件数は公表されていませんので実態は推測の域を出ませんが、連邦裁判所の公表数字をベースに推計すれば公表数字の数十倍といわれています。

　また、賠償額についても連邦裁判所の第一審評決を取り纏めた民間調査機関の統計資料しかありませんので、最終的な評決額は推計ということになります。2010 年までは激増していた提訴件数は直近では約 5 万件、平均評決額は約 150 万ドルと、それまでの状況と比較すれば安定的に推移してきています。1970 年代の提訴件数が 1 千件程度であったのが 1986 年では 1 万 4 千件まで増加してきたことを考えれば、直近の訴訟件数は安定的といえどもものすごい数字といえます。今後の動向ははっきりとはわかりませんが、後述する米国特有の事情などを勘案すれば依然として大きなリスクとして捉えておく必要があります。

2007年の日本の調停事件を除く民事・行政事件数は約73万件でありますが、米国では約1700万件（連邦裁判所が約26万件、州裁判所が約1670万件）もありました。

　統計資料の内訳をみると、最も顕著な訴訟は消費財と医薬品が大半を占めており、アスベストや自動車なども相当な件数といえます（表17-1）。近年では医薬品の訴訟件数が大幅に増加しています。

　世界的にみて米国のPL訴訟件数は類をみないほど圧倒的といえますが、全賠償責任保険のうちPL保険の保険金支払額は全体の70%を占める状況にあります。このことから如何にPL保険事故が多いかがわかると思います。

　歴史的には米国は移民国家であることから、憲法で保証された「裁判を受ける権利」がしっかりと国民の権利意識に根付いているといえます。権利意識の高揚や不法行為に対する法理の限界などが、消費者保護運動に繋がり、独特の司法制度から必然的に巨大な訴訟の渦が発生したとの指摘がなされています。

表17-1　連邦地裁に提訴されたPL訴訟件数の推移

	2005年	2006年	2007年	2008年	2009年	2010年
航空機	79	74	114	101	131	184
船舶	46	37	44	33	27	37
自動車	531	561	447	390	401	507
アスベスト	1243	16547	12404	33780	41785	41133
その他	28521	31520	23460	17806	15991	21342
合計	30295	49743	36469	52110	58335	63203

（出所：Annual Report of the Director 2011, Judicial Business of the U.S. Court）

17.3　弁護士の数

　米国の訴訟渦を起こしている大きな要因として、成功報酬で原告を支える弁護士の数が非常に多いことが挙げられます。弁護士の数は日本が約3万人であるのに対し米国は100万人を超える弁護士が日夜訴訟探しに懸命になっているといわれています。ただ、米国には税理士、司法書士、行政書士などの資格はなく、これらが弁護士の業務に包含されていますので、数的な単純比較はできませんが、実際のところ10万人対100万人といったイメージになるかもしれません。いずれにしても弁護士の数は圧倒的に米国が多いといえます。

　米国の人口は現在3億1千万人で日本の1億3千万人と比較すると2.5倍になりますが、2007年の民事行政訴訟は、日本が約73万件に対し、米国は約1700

万件と比較にならないくらいの訴訟社会であり、弁護士の数や事件数からも、米国が訴訟大国であるということができると思います。

このため、弁護士間の競争は激化の一途をたどり、高額報酬を求め**集団訴訟（クラスアクション）**や大型訴訟の開発に躍起となっている状況です。米国の新聞広告をみると、毎日のように集団訴訟に加わらないかといった弁護士事務所の広告が大きく紙面を割いているのがわかります。自動車事故にあった被害者の乗る救急車を搬送先の病院まで追いかけ、仕事を探す弁護士も多数存在するといわれています。

17.4 陪審制度（Jury System）

米国の裁判制度の中で特徴的な陪審員制度を理解することは非常に有用です。陪審は審理に際して民間から無作為で選ばれた陪審員よって構成されます。無作為に抽出はされますが、訴訟当事者の代理人弁護士からの質問（Jury interrogatories）や当事者との関係の有無等が調査されます。選任に当たっては社会的な諸条件（人種、年齢、出生地、学歴、宗教、年齢、階層、性別、居住地等）が精査され、感情的な偏見や偏向により評決（Verdict）に影響が出ないよう細心の注意が払われます。ただ、裁判所の管轄から選ばれる陪審員は多分に情緒的で原告側に有利に作用するといわれています。それゆえに実際の評決では巨額な懲罰的賠償責任が認められることがあります。

陪審員の人数は 12 名である場合が多く、刑事事件では原則として有無罪を、民事事件では責任の有無や損害賠償額等について全員一致の評決をだします。裁判所では法の適用に関する判断や決定機能はあるものの、事実関係の認定機能は陪審員に委ねられています。上級審への控訴があっても事実認定は差戻できても覆せないという特徴があります。つまり、陪審制度とは、合議体である陪審が評議によって事実認定を行う司法制度のことをいいます。この制度は主に英米法（Common Law）を採用する諸国で運用されています。

17.5 成功報酬制度（Contingent Fee System）

米国で訴訟が頻発する理由の一つに**成功報酬制度（Contingent Fee System）**の存在があるといわれております。弁護士が受任した事案に対して、獲得できた賠償金の一定割合（30〜50%）を弁護士報酬とする旨の契約を依頼者である被害者とあらかじめ締結しておき、訴訟費用等の一切の費用を立て替えるというものです。もちろん、万一賠償金を獲得できなかった場合は弁護士報酬も含めゼロとする制度です。

ただ、勝訴や和解した場合には判決金や和解金から弁護士にて立替えられた費用や成功報酬を差し引かれるので、被害者には賠償金の50%程度しか残らないというのが実態のようです。このため、弁護士報酬よりも被害者に対して少しでも多くの賠償金を残したいとする陪審員の心理的作用が働き賠償額が高騰するともいわれております。

また、勝訴が期待できないケースでもこの制度を利用して訴訟を起こす被害者も多く存在するといわれ、これが米国における濫訴の引き金になっているともいわれております。

17.6 提訴費用（Filing Fee）

米国のPL訴訟件数はなぜ多いのか、なぜ容易に提訴ができるのかという点でいえば、裁判所への提訴費用（Filing Fee）が極めて安価であることが要因と考えられます。せいぜい事務経費を賄う程度の100ドルほどの金額で提訴が可能となります。日本の場合は、損害賠償請求額に応じて一定割合の印紙が必要になることから、巨額な損害賠償請求は起こりにくいという特徴があるといえます。

17.7 連帯責任（Joint and Several Liability）

連帯責任（Joint and Several Liability）とは、複数の加害者の共同不法行為により被害を受けた被害者は、被告側の責任割合の如何にかかわらず、いずれかの被告から損害の全額を回収することができるとするもので、確実に損害賠償金を受け取れるための法理です。また、一部の加害者が損害賠償金の支払いができなかったとしても、加害者全員が連帯して損害賠償金全額を支払うべきとする法理でもあります。もちろん、自らの負担割合を超えて賠償を行った加害者は、未払いの加害者に対して被害者の請求権を代位して求償することができます。

日本においても民法第719条に同様の内容が規定されていますが、自らの責任割合を超えて賠償を行った加害者は他の加害者に対し被害者の請求権を代位求償することができることになります。

17.8 ディープポケットセオリー（Deep Pocket Theory）

米国において特徴的な理論といえるディープポケットセオリー（Deep Pocket Theory）とは、加害者が無資力である場合や、法律によって賠償額が制限される場合に、より高額な賠償金を求めて責任割合が比較的少なくとも賠償資力

をもつ加害者を探し出し、共同被告に仕立て上げることをいいます。もともと米国には賠償資力がある加害者からは、被害者救済の観点から賠償をさせるべきという考え方があります。

責任割合が少ないけれども**資力のある者**（ディープポケット、Deep pocket）を共同被告に仕立て、確実に損害賠償金を確保するという手法です。

具体的なディープポケットの事例として、自動車事故の場合などで加害者車両メーカーに加え、被害者車両メーカーまでも製造物責任の被告へ追加するようなことがあります。労災事故においても労災保険給付以外の逸失利益や慰謝料等を得るために雇用主に加え、工作機械メーカーなども共同被告として追加させることなどが挙げられます。要するに、賠償資力のある関係者を可能な限り多くリストアップして確実に賠償金がとれるようにすることが狙いです。

17.9 専門家証人（Expert Witness）

PL訴訟等では技術的専門分野の領域が広く深く関わってきます。高度な技術や医学的専門知識を持つ専門家を**専門家証人**と呼び、彼らに鑑定意見書を求めます。専門家証人は原告側、被告側双方がそれぞれ起用します。高い専門知識を持つ専門家証人の鑑定書は、質的に同一レベルのものが提出されるべきですが、実際は加害者である被告側の企業の専門家証人の方が技術的情報量などの違いから有利とされ、そのため原告側の専門家証人は不利な立場に立たされるという状況が起こりました。いわゆる役に立たない専門家証人が目立つようになったわけです。しかし、1993年に連邦最高裁判所から出された判決がきっかけとなって、科学的な専門知識や技術のない専門家証人は排除される結果となりました。これにより、原告側も相応のレベルの専門家証人を求めることができるようになってきたといわれています。

17.10 懲罰的損害賠償金（Punitive Damages）

商品や提供したサービスに欠陥があると、米国の裁判では日本では想定外の損害賠償責任が生じることがあります。米国の不法行為法で認められている損害賠償には、通常の損害賠償（Compensatory Damages）の他に、加害者側の悪意が強く認められるとして課せられる**懲罰的損害賠償**があるからです。

これは不法行為に基づく損害賠償請求訴訟において、加害者行為が強い非難に値すると認められる場合に命じられるのが懲罰的損害賠償です。すなわち、懲罰的損害賠償とは、被告の行為に、重大な無配慮（utter disregard）、無謀（reckless）、理不尽（wanton、outrageous）、悪意（malice）があるとみなされ

た場合、同様の行為の再発防止と懲罰を目的として認められるものです。

懲罰的損害賠償は、もともと英国のコモンローに由来しますが、英国ではほとんど認められることは無く米国で独自の発展を遂げています。日本でも認められておりません。

懲罰的損害賠償が課される場合、その賠償金額がどのくらいになるのか、その予測は極めて困難と思われますが、しばしば、陪審は数十億円にものぼるような高額評決を提出することがあります。

従って、米国と貿易を行う企業や、米国へ進出する企業等には厳しい判決も有り得るということをあらかじめ理解しておく必要があります。また、米国では責任の所在があいまいなままでも、複数の相手を一度に被告として訴訟を起こすこともしばしばありますので、巨額な和解案を受け入れざるを得ないこともあります。

ただ、当然のことながら、このような状況を放置しているということではありません。行き過ぎた懲罰的損害賠償に対し、金額の上限を設定する立法を行った州がいくつかありました。しかし、これも被害者保護の観点から損害賠償請求権の制限を理由に違憲と判断されたこともありました。その後も行き過ぎに歯止めをかけようとする立場と、違憲とする立場とがぶつかり合っている状況が続いています。

17.11 集団訴訟（クラスアクション、Class Action）

集団訴訟とは、欠陥製品により共通の原因と同種の損害を被った多数の被害者が代表者を決め被害者全員で提訴することをいいます。多数の被害者が共通の製品欠陥、共通の損害形態等「一定の同一要件を備える被害者集団」（クラス）を設定します。集団訴訟（Class Action）の手続きは比較的に容易であるため、多数の被害者を一つの訴訟に巻き込み製造業者等に莫大な損害賠償が課せられるケースもあります。勝訴すれば被害者（クラスメンバー）全員に損害賠償金が支払われます。このクラスアクションはPLのみならず、多数の当事者が参加する訴訟で利用されます。クラスの要件を満たす被害者は自動的にクラスメンバーとなります。クラスアクションに加わりたくない場合は、脱退（Opt-out）手続きを行わなければなりません。

クラスアクションは大型の集団訴訟を起こすことができるため、最近では家電製品の瑕疵担保や健康食品の不当表示等、小規模損害、多数原告のクラスを作って訴訟を起こす傾向があります。このため、裁判所のクラスアクション認証を巡っては一定の制限をかける動きもみられ、熾烈な攻防戦が展開されてい

ます。

17.12 米国の特徴的な PL 訴訟事例

　米国の製造物責任訴訟の実態はどう見ても行き過ぎの感が否めません。2010年を過ぎてからは訴訟件数、賠償金ともに少しは落ち着きを見せつつも先行きはわかりませんし、何よりも世界的に見ても桁違いに大きいということでしょう。
①マクドナルド事件
　米国の特徴的な PL 訴訟として、マクドナルド事件が挙げられます。1992年ニューメキシコ州で孫が運転する車に同乗していた当時 79 歳の老女ステラがマクドナルドのドライブスルーからコーヒーを受け取り、コーヒーカップを膝に挟んで蓋を開けたところ誤ってコーヒーが膝の上にこぼれて大やけどを負ったという事件です。コーヒーが熱すぎるのは欠陥であると主張し裁判を起こしました。その結果、陪審員の評決で懲罰的賠償金を含め、20 万ドル＋270 万ドル（約 3 億円）の損害賠償を得ることになりました。最終的には懲罰的賠償金額が調整され、60 万ドル（6 千 5 百万円）で和解しました。
　マスコミはコーヒーをこぼしただけで多額の損害賠償金を受領したとの報道が専らで、訴訟に至る経緯や事実関係の一部を切り抜いて世界中に「狂った訴訟社会」とだけをクローズアップさせることになってしまいました。ただ、ここでの教訓は、当初は治療代の要求だけをしていたにもかかわらず、マクドナルドの対応の不味さで**陪審員の心証**を悪くし多額の評決が出てしまったところに注目する必要があります。また、これを契機に PL 予防対策で現在では当たり前になっている製品・商品への**警告表示**が強化されることになったといわれております。
　余談ですが、この事件の原告、ステラの名前を冠した「ステラ賞」なるものがあり、毎年われわれ日本人にとっては考えられないような訴訟を取り上げて紹介をしています。もちろん、米国人から見ても驚異なのではないかと思われます。
②フォード・ピント事件
　もう一つ PL 訴訟の代表例を紹介します。それは、1970 年代初めにオイルショックによる経済減速からガソリンを大量消費する大型車が得意な米国のビッグスリー（GM、フォード、クライスラー）は、小型車を得意とする欧州・日本メーカーにその地位を脅かされていました。
　そのような状況下、米国のビッグスリーは本格的に小型車の開発に着手しました。そしてフォードが開発したのが"ピント"です。

熾烈な競争に打ち勝つため、短期間で市場に送り込むこととコスト削減の目的で、通常43か月かかる開発期間を25か月に半減させ、大幅なコストカットに成功したのです。さっそうと登場したフォード・ピントは低廉でスタイリングが良いということで人気を博しました。しかし、開発期間を短縮したことが大きな問題を引き起こすことになりました。デザインの都合上、ガソリンタンクがリアバンパーに近接した配置となりました。しかも、このリアバンパーは強度不足が指摘されていたため、追突事故が起こった場合、大惨事になることは目に見えていました。ところが、フォードもこのことを開発段階で気が付いていましたが、事故発生時に支払う賠償コストの方が安く済むということで、リコールを放置したままにしてしまいました。

案の定、1972年にハイウエイを走行中のピントがエンストを起こし、約50マイル/h（約80 km/h）で走行していた後続車に追突され炎上し、運転していた男性が死亡、同乗者が大やけどを負う事故が発生してしまいました。発売早々からの死亡事故でした。

コスト重視でリコール対策を行わなかったことが元社員から暴露されたこともあって、陪審員裁判において、フォードは総額1億2,780万ドル（約140億円）もの巨額な懲罰的賠償責任を命じられることになりました。その後、裁判所から賠償額は350万ドル（3.8億円）に減額されましたが、フォードは大きな経済的打撃を受けただけでなく、製品の信頼性や会社の信用も失墜してしまう結果となってしまいました。後にフォードはガソリンタンクの配置を後輪上に変更し、ガソリンタンクとバンパーの強化を行う等の対策を取らざるを得なくなりました。

この事件は、企業マインドが大きく問われたものであり、今も語り継がれるほど重要な製造物責任でありました。

17.13　米国の民事訴訟手続き

日本の企業が米国のPLリスク対策を検討する際、まずは米国訴訟制度の特徴と訴訟の流れについて理解することが必要です。

訴訟手続の流れを正しく理解していないと対応を誤る可能性があります。

特に、開示手続を含めた一連の訴訟手続そのものが訴訟上の重大な論点になり、訴訟技術の優劣で損害賠償の行方が大きく変わっていきます。

米国の民事訴訟手続きの全体的な流れに関しては図17-2を参照してください。

(1) 時効の確認（Statute of Limitations）

原告側は事故が起きてから通常、弁護士に成功報酬ベースでの事件依頼をす

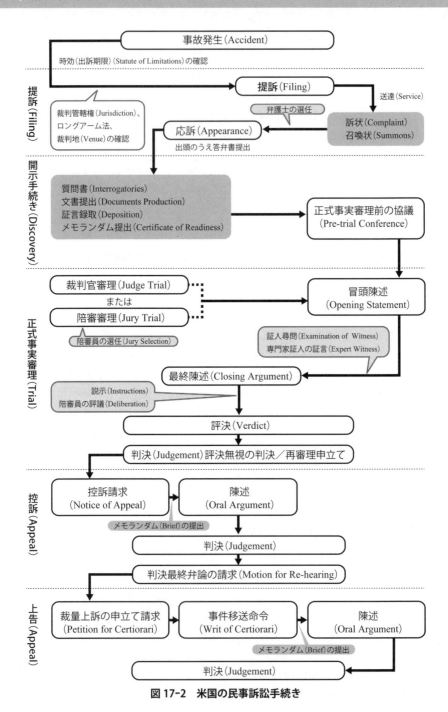

図 17-2　米国の民事訴訟手続き

ることになりますが、裁判所への訴訟提起の前に必ず時効または出訴期限内かどうかをチェックします。米国では時効は州ごとに異なることから注意が必要ですが、裁判所に提訴した場合は時効の中断が開始されますので時間的な余裕ができることになります。もちろん原告弁護士は原告に有利な裁判所を選定し提訴することは言うまでもありません。

(2) **裁判管轄権（Jurisdiction）**

米国には50州の裁判所と連邦裁判所がありますが、裁判所の権限として裁判管轄権というものがあります。裁判所の権限が及ぶ地域、権限を裁判管轄権といいますが、PL訴訟のような民事上の損害賠償請求では損害賠償請求額の多寡により裁判管轄権が決まります。

原告弁護士はこの裁判管轄権に抵触しないよう注意深く提訴することが重要となります。裁判管轄権には、①審判事項管轄権、②対人管轄権、③対物管轄権があります。すなわち、第一審を担当する裁判所はどこかの確認、第一審裁判所でも権限の軽重によって提訴可能かどうかの確認、訴額によって提訴できるかどうかの確認などがあるわけです。

原告側は裁判所に服従して訴訟を起こすので問題はありませんが、被告側は提訴された裁判所に裁判管轄権があるかの確認を求めて争われることがありました。このような裁判管轄権での不公平さを改めるべく、また、速やかな裁判手続による債権債務確定が必要となり、1955年にイリノイ州では州外でも州内の裁判管轄権を及ぼすことができるとする「**ロングアーム法（Long-Arm Statute）**」[1]が制定され、現在は全州にて採用されるに至っております。

(3) **訴状と召喚状（Complaint Summons）**

海外で事故が発生して当該事故の製品が日本企業である場合、どのようにして訴訟に巻き込まれていくのかを順序だてて説明します。

事故の発生後、通常は事故発生地の裁判所に提訴され訴訟が開始されます。そして被告あてに訴状と召喚状が送達されます。送達が完成すれば裁判が開始されます。訴状とともに送達される召喚状への対応は、送達そのものが要件を満たしていないことを理由に拒否することができますが、ロングアーム法による裁判管轄権の行使に異を唱えることは難しいと思われます。すなわち、日本の企業が米国に子会社などが無くても製品を販売しているだけで「**最小限の接触**」（ミニマムコンタクト、Minimum Contact）があるという考え方で、州の裁

---

1 裁判管轄権とロングアーム法：ロングアーム法とは、ある州の裁判所の裁判管轄権が州外の人間や財産に対して及ぶようにするためにその州で制定された特別法のことをいう。

判管轄権に服従しなければならないということになります。一定期間内に出頭（Appearance）のうえ答弁書（Answer）を提出しなければなりませんが、これは必ずしも本人でなくてもよく、被告の代理人である防御弁護士が行うことが通常です。いずれにしても、これらを怠ると訴訟懈怠（けたい）の理由から法廷闘争を行わないものとして欠席裁判を起こされますので注意が必要です。

(4) 防御弁護士の選任

　被告の代理人である防御弁護士の選定については注意が必要です。すなわち、米国には100万人以上の弁護士がいるわけですが、優秀な防御弁護士はなかなか見つからないのが現状のようです。特に、PL訴訟ともなれば技術的な素養も重要になります。ただ、海外PL保険を付保している場合などは、保険会社（特にクレーム部門）との関係の深い弁護士事務所から優秀な防御弁護士を紹介してもらうことが可能となります。

(5) 開示手続き（Discovery）

　証拠開示手続き制度により原告と被告双方による証拠調べが始まります。開示とは訴訟当事者がお互いに自己の主張を行うための証拠を確保するための情報開示手続きです。米国では重要情報であれば誰からも取得してよいことになっています。この手続きの主なものとして、「質問書」「文書提出」「証言録取」があり、これらを十分活用することによって裁判を有利に進めることができます。そのため、これには多くの時間が割かれ、場合によっては数年に及ぶこともあります。企業秘密に関する情報の開示も求められてきますので、被告である企業側としては対応に苦慮するところではあります。しかし、この手続きにおいて、正当な理由がないのに時間を遅らせたり、回答を怠ったり、さらには虚偽の回答を行った場合などは、制裁が科せられたり、裁判所侮辱ということで敗訴に追い込まれることもあります。

　原告の情報は事故発生事実、身体障害や損害に関わる情報に限定されますが、被告である企業は製品の開発、設計、製造、品質検査、梱包、販売（促進）、パンフレットを含む製品関連文書、販売後のサービス、過去の苦情・事故歴等、相当な情報の提出や企業秘密情報の開示を要求されます。開示手続きは、被告である企業にとって大きな負担となるのが一般的です。

　開示される情報が機密情報である場合、裁判所に保護命令（Protective Order）を取得する方法がありますが、簡単に取得はできないようです。他方、開示要求に対し合法的に非開示とする非開示特権があります。「弁護士――依頼人間連絡特権（Attorney-client communication privilege）」「弁護士成果物非開示特権（Attorney's work product privilege）」です。これらをうまく活用するため

には被告である企業が勝手に開示を行うことなく、すべて防御弁護士を通して開示を行うという姿勢が重要と思われます。

　訴訟のほとんどは最終的に和解で終わりますが、開示手続きは、当事者間のコミュニケーションを促進させ、双方の弁護士が事案を深く読み取り、勝敗確率、評決額等なども勘案しながら和解促進を図るという良い効果があるともいわれております。

　コンピュータや通信事情が主要インフラとなった現在、企業はこれまでとは比較にならない大量の電子情報（Electronically stored information；ESI）を保有するようになりました。これにより、開示手続においては膨大な電子情報を開示する義務が生じました。2006年になり電子証拠開示手続（eDiscovery）に関する規定が明確化されましたが、証拠隠滅、非協力、開示情報量、データ検索機能、秘匿特権、第三者データの流出などの問題なども顕著になってきています。

　開示手続きが終了すると正式事実審理が開始されることになりますが、実際は、裁判官への事件内容と争点整理の伝達を行い、正式事実審理が円滑に進められるよう段取り等を決めることになります。このことを「正式事実審理前の協議」といいます。

(6) 正式事実審理（Trial）

　裁判官による審理と陪審による審理がありますが、民事訴訟の場合、裁判官または陪審のいずれかの審理を選択することができます。高い専門性と知識教養を持つ裁判官のほうが公平中立な判断が期待できますが、そうでない場合もあるので一概に裁判官の審理が良いとはいえません。事実、陪審による審理を選択することが一般的に多いといえます。

(7) 陪審員の選任（Jury Selection）

　陪審員の選任は公平性を確保するために当事者双方の弁護士が選任を行います。裁判の当事者に関わるような人物や、何らかの利害得失のある関係性を持った人物などは弁護士が忌避することができます。通常、裁判所では数十名ほどの候補者リストを作成し、この中から候補者を絞り、最終的には双方の弁護士が6～12名を予備尋問により選任することになります[2]。もちろん、不測の事態に備えるために若干名の予備候補を確保するといったこともあります。

2　陪審制度：一般市民から選ばれた人々が法廷審理において、原告・被告のいずれの主張が正しいか、理屈にかなっているかの事実認定を陪審員として行う。一般市民から選ばれる陪審員は、時間に余裕のある主婦、高齢者、失業中の若年層なども多いといわれている。

(8) 冒頭陳述と証人尋問（Opening Statement & Examination of Witness）

　法廷では裁判官の開廷宣言が行われます。これにより正式事実審理が始まりますが、審理内容はすべて速記による記録がなされます。双方の弁護士による冒頭陳述の後、原告側の証人の直接尋問が始まります。被告側の証人も同様にして行われます。証人の中には一般的な証言を行う証人と専門的な知識と豊富な経験を持つ証人とに色分けされます。この専門知識を持った承認を専門鑑定人または専門家証人と呼びます。専門家証人は陪審員に対して専門的、技術的な内容をできるだけ平易にわかりやすく説明する能力が求められ、単に専門的な知識が豊富ということでは求められる専門家証人としての高い評価は得られません。

(9) 最終陳述（Closing Argument）

　証人の証言が終了すると、双方の弁護士による最終陳述が始まります。原告側の弁護士には2回、被告側の弁護士には1回の最終陳述ができます。双方の弁護士にとってはここが腕の見せ所でもあります。ただ、被告側の弁護士の最終陳述は1回なので公平性に欠くとの意見もありますが、被害者救済の観点からは原告弁護士に反駁のチャンスを与えようとする意図があり、2回の最終陳述が認められているわけです。

(10) 陪審員評決（Verdict）

　最終陳述が終了すると裁判官から陪審員への適用すべき法律の説明がありますが、これを「**説示**」（Instructions）といいます。裁判官による大きな権限でもあるわけですが、単なる法律の説明に留まらず、法律の解釈や概念までも説明することになることから極めて重要な意味を持つことになります。説示が終了すると法廷は閉廷され、陪審員の「**評議**」（Deliberation）が始まります。評議は陪審員のみの非公開で行われ、裁判官の立ち合いも許されておりません。この評議によって出された結論を「**評決**」（Verdict）といいます。評決は、全員一致であることが必要でありますが、現在は多数決を認めるところもあります。このあと、裁判が再び開廷となり評決の内容が裁判官へ報告されます。評決不成立の場合は陪審員を入れ替えて正式事実審理を最初からやり直さなければなりません。評決が終了すると裁判官による「**判決**」（Judgement）が言い渡されることになります。

(11) 控訴（Notice of Appeal）

　米国ではほとんどの州が3審制をとっていますので、第1審裁判所の判決に不服があった場合は、控訴裁判所に控訴し、さらには最高裁判所に上告することができます。実際の手続きとしては、敗訴判決額と同額の金額を控訴裁判所

に供託するか、上訴保証金証書を提出する方法があります。一般的には後者が行われています。控訴裁判所では適用される法律に誤りがなかったか、法律の解釈は適正であったかという点に限定され、第1審裁判所での事実関係の確認や判断した内容については審理されません。

(12) 公判前対応（ADR、和解交渉）

　開示手続が進行し、当事者双方の証拠が揃うと客観的評価が共有される状況になります。そして、裁判所は両当事者に和解による解決を強く勧めます。早期の和解が良いかどうかの判断は分かれるところですが、証拠による事実認定がどれだけ正確なのかわかりませんし、一定の不確実性が出てくることも否めません。また、1審で敗訴すればこれまで以上に膨大な時間、手間、経費をかけて控訴審で争うことになりますから、被告側の勝訴が予見できそうな場合を除き、早期終結のためには和解がもっとも合理的との指摘もあります。実際上、米国では訴訟の95％以上が和解で解決されているともいわれております。和解を促進する仕組みとしては、公判の前に調停を強制（mandatory mediation）する州（フロリダ州、ミシガン州等）が増えてきております。

　また、**裁判外紛争処理**（Alternative Dispute Resolution；ADR）を民事訴訟と比較した場合の長所として、費用が少なくすむこと、非公開のためプライバシーや機密事項の高い技術などが外部に漏れにくいこと、訴訟と比べて時間がかからないこと、手続きが容易なこと等、柔軟に対応することができるメリットがあります。なお、デメリットとしては、訴訟を起こす権利が失われること、紛争解決に繋がらないこと等が考えられます。

第18章 米国におけるPL法改正動向

18.1 不法行為法改革（Tort Reform）の動向

　PL危機を経験した1980年代から連邦PL法案が提出されましたが、いずれも廃案となりました。1990年代半ばには懲罰的損害賠償額上限の設定、非経済的損害の連帯責任の制限、原告誤使用による責任の制限、出訴期限の設定や法定責任期限の設定等を規定した**連邦PL改革法案**が連邦議会両院を通過しましたが、1996年のクリントン大統領の拒否権発動により成立に至りませんでした。これ以降、連邦レベルでの抜本的な不法行為改革法案の動きは見られておりません。

　一方、州レベルにおいてはPL法の連帯責任法理の修正、懲罰的損害や非経済的損害賠償の制限等の改定を行う動きがあります。不法行為法の改革を目指す企業や法律事務所等で組織されるATRA（American Tort Reform Association、全米不法行為法改革協会）は各州の状況を詳細に公開しています。

18.2 第3次不法行為法リステイトメント

　1998年に第3次リステイトメントが米国法律協会から公表されました。このリステイトメントでは、3種類の欠陥概念が明記されましたが、製造上の欠陥については厳格責任が維持されたものの、設計上の欠陥と警告上の欠陥については過失に類似の判断基準が導入されました。これにより、予見可能な損害が発生する危険性を合理的に回避できた場合には被告である企業の責任を限定しているといえます。

　不法行為法改革の直近の争点は、
　①第3次リステイトメントによってPL訴訟の欠陥概念が保守化しているといった問題
　②ジャンクサイエンスと呼ばれている専門家証人の肩書重視の証言の排除といった問題

に絞られてきており、今後のPL訴訟の方向性を注視しておく必要があります。

18.3 クラスアクション公正法

　2005年にクラスアクションの抑制を目的とした「**クラスアクション公正法**

(Class Action Fairness Act of 2005)」が成立しました。それまで PL 訴訟として、タバコ、アスベスト、薬品、健康食品などの分野で多くのクラスアクションが提起され、企業にとっては大きな脅威となっていました。クラスアクションの特徴として、一人当たりの訴額は少額でも大きな集団を形成することで賠償金は巨大なものとなり、原告弁護士が巨万の富を手に入れるという本末転倒な状況にも陥っていました。しかも、原告側にとって有利となる「**法廷地漁り**」といわれる手法で、最も好ましい州裁判所をめがけて提訴を行うというやり方まで行われていました。

また、「**クーポン和解**」[1]といわれる手法で、原告弁護士がクーポン相当の金額に対して弁護士報酬を得るという不公平な環境が作られておりました。

同法公布以降の調査では、州裁判所から連邦裁判所でのクラスアクションが増加しています。これは、連邦裁判所の管轄権が拡大されたことで、民事訴訟であっても原告・被告のいずれかが異なる州である場合や、訴額がクラス全体で 500 万ドル以上、原告の数が 100 名以上であれば連邦裁判所がクラスアクション訴訟を扱えるということになったからです。

これまでクラスアクションにおいて大きな問題であった法廷地漁りはクラスアクション公正法の公布により減少し、目下の争点は裁判所による「**クラス認証問題**」へ移行していると考えられます。

クラス認証を厳しく行うことでクラスの組成を制限する方向へ向かっているといえます。

---

1 被告の企業がクラスの構成員に商品・サービスの購入、または利用時に割引を受けることができるクーポンを与えることで合意する和解。

第19章 ヨーロッパのPL動向

19.1 EU指令

　1993年にマーストリヒト条約の発効によって誕生したEUは、2016年にEU離脱を決めた英国の動きや、周辺国の離脱問題など、EUそのものが今後どのような方向に歩んでいくのかが大きな注目点となっております。現在28カ国の独立国家が欧州連合（EU）に加盟する巨大な経済市場を形成していますが、EUを一つの経済市場として発展させていくためには、ヒト、モノ、サービス、情報、投資等が国境を越えて自由に移動出来る環境を整備するための共通する法的枠組みの整備が不可欠です。

　EU統合前は伝統的に不法行為法、または契約法によって製造物責任を処理してきました。ところが1960年代に欧州全体に広がった深刻なサリドマイド事件を契機に、旧欧州共同体（EC）各国において、統一的な消費者保護法制に向けた気運が一気に高まっていきました。1985年に出されたEC指令により、加盟各国は3年以内にPL法の導入を義務付けられたわけです。

　EU移行後は、特定の製品分野において法規制や認可手順などが定められ現在に至っています。これを自動車、化学品、医薬品肥料等に適用されている「オールドアプローチ」と呼んでいます。その他製品については、統合後発足したEU委員会により詳細規格を削減し、消費者保護に繋がる最低基準を定める考え方が導入され、製品の分野ごとに安全指令（Ssafety Ddirective）が導入されるようになりました。これを電気製品、玩具、建設資材等に適用されている「ニューアプローチ」と呼んでいます。

　いずれのアプローチも、製品分野ごとの安全に関わる規則が異なり、消費者が日常使用する製品のすべてに指令は策定されていません。このようにEUで適用される法規制が存在しない製品があることから包括的な安全確保と消費者保護を目的に制定されたのが、一般安全指令（General Products Safety Directive）と製造物責任指令（The Directive Concerning Liability for Defective Products）でした。

　EU委員会によって制定された指令は、加盟各国にて国内法制化されますが、採択時に加盟国の一致が得られなかった部分は「**オプション条項**」[1]として適用は各国の判断に任されています。

19.2　一般製品安全指令（GPSD）

本指令は行政による取り締まりを定めています。

これは日本の消費生活用製品安全法や米国の消費者製品安全法に相当します。1992年策定時における本指令（92/59/EEC）では、製造者に一般安全要求事項に適合した安全な製品を市場に流通させる義務のみを課していましたが、2001年の全面改正（2002/95/EC）では、製品危険の報告義務が追加導入されました。

19.3　製造物責任（PL）指令

EU統合以前から加盟各国に製造物責任法規制がありました。1985年にはEUとしての製造物責任指令（85/374/EEC）が導入され、厳格責任化への舵を切ることになりました。しかし、法律はあるものの裁判システム、損害認定方法、訴訟手続きなど加盟各国の運用に大きな違いがあり、製品の自由な域内流通を損なう要因になっていました。このような状況を打破するために加盟各国の国内法規制をそのままにして共通の厳格責任法理を適用することを決定しました。

製造物責任法理の統一化が必要だった理由は、消費者保護の観点、競争条件統一化の観点、流通促進の観点と、大きく分けて3点の理由があったからです。

19.4　EU製造物責任訴訟実態

欧州委員会は1985年のPL指令を受けて、その影響などを監視しておりますが、2011年にその報告を公表しております。それによると、製造物責任訴訟の数は記載されていません。その理由はほとんどの請求が裁判外の「**和解**」で解決されるからです。従って、正確な統計はありませんが、製造物責任請求は確実に増加していることが伺えます。特に、オーストリア、フランス、ドイツ、

1　加盟各国により状況は異なるが、「開発危険の抗弁」、「責任総額の制限」がオプション条項となっており、採用は加盟国に任せられている。

「第一次農産物と狩猟物」は1980年後半から1990年代に発生した英国の狂牛病を契機として検討が進められたが、1999年未加工の農産物は適用除外となった。

「開発危険の抗弁」とは、製造者が流通に置いた製品によって生じた損害がその時点における科学技術の水準から認識することができなかった欠陥によって起きた事故。

「責任総額の制限」とは、同一欠陥事故によって起きた人身損害についての製造者の責任限度額。7000万ユーロ（約90億円）を下回らない額で設定された。

イタリア、ポーランド、スペイン等においては増加が顕著といわれております。

近年の製造物責任請求の増加の理由としては、消費者の製造物責任への関心が高まったこと、消費者団体の活動の活発化、情報収集の向上などが考えられます。一方で、訴訟費用の増大により、英国では訴訟件数が減少しています。

本指令では、被害者に対して、損害発生と製品欠陥の因果関係についての立証責任を求めていますが、加盟国の司法により立証の程度についての判断が異なっています。

開発危険の抗弁については、加盟国により開発危険の抗弁を適用する欠陥の概念が異なります。ドイツでは、製造欠陥には開発抗弁を適用しないとしていますが、オランダと英国ではこの解釈は採用しておりません。

最低損害額について本指令では、500ユーロ以上の被害を損害の対象にしていますが、いくつかの加盟国ではより効果的な消費者保護の観点から、最低額を引き下げる、あるいは撤廃するよう表明しています。ブルガリアでは、最低額を200〜500ユーロの範囲内で、各加盟が自国に最適な額を決定できるようにすべきと提案しています。

集団訴訟（クラスアクション）については、行き過ぎる米国のクラスアクションの実態がありますが、欧州では前述したPL損害賠償において、和解が主流であるため特に目立った動きはありません。ただ、欧州の中でもドイツ、フランス、オランダ、ポルトガル、英国などでは集団訴訟に関わる規則が制定されています。

米国と比較すると、弁護士の数、成功報酬、陪審制度、懲罰賠償、開示手続きなど異なる司法環境にあることに加え、権利意識が米国人ほど強くなく、社会保障制度が充実していることなども影響して、日本同様に米国型のPL問題は発生しにくい状況にあります。

19.5　EU製造物責任指令と日本の製造物責任法の比較

＜EU＞

製造業者の範囲（責任の主体）
　①製造者、原材料生産者
　②自ら製造者と表示した者
　③輸入業者
　④製造者、輸入業者が特定不可な場合は販売者

対象製品
　①一次産品を含むすべての動産、不動産に組込まれた動産、電気
欠陥の定義
　①期待すべき安全性を有していないと認められた場合
　②通常有すべき安全性を欠いていると認められた場合
免責事由
　①製品が流通過程に置かれていない
　②製品を流通過程に置いた時点では欠陥は不存在、あるいは欠陥はその後に発生
　③商業目的ではない
　④欠陥が公的機関の強制規格を遵守したことで生じた
　⑤製品が流通過程に置かれた当時の科学技術知識では、欠陥の存在を発見することは不可能であった
　⑥構成部品が組込まれた完成品の設計に欠陥があった、あるいは、部品の欠陥が完成品の製造者の指示により生じた
消滅時効・除斥期間
　①被害者が「損害の発生」「欠陥の存在」「製造者」を認識できた時点から3年以内
　②製造者が製品を流通過程に置いた時点から10年以上経過
損害額の制限
　①500ユーロ以上の損害

＜日本＞
製造業者の範囲（責任の主体）
　①製品を製造、加工又は輸入した者
　②自らを製造者と表示あるいは製造者と認められる表示をした者
対象製品
　①製造または加工された動産
免責事由
　①製品をその製造事業者等が引き渡した時の科学または技術に関する知見では製品に欠陥があることを認識できなかった
　②製品がその他の製品の部品または原材料として使用された場合、その欠陥が他の製造物の製造事業者が行った設計に関する指示に従うことにより生じた

消滅時効・除斥期間
　①被害者が損害及び賠償義務者を知った時から 3 年以内
　②製品を引き渡した時から 10 年以上経過

損害額の制限
　なし

19.6　リコールの状況

　EU の一般製品安全指令（Directive 2001/95/EC GPSD）に製品のリコールに関する規定があります。同指令、EU 加盟国に対して指令に基づく国内法の制定を義務付けております。

　国内法化した規定の内容は原則として同指令と同一です。製造者は安全な製品だけを市場に流通させる義務を課されています。その義務に違反した製造者には、リコールを選択することを義務付けています。

　重大リスクによりリコール措置がとられた場合、EU 委員会を通じて他の加盟国にリコールの通知がなされます。強制措置だけでなく企業による自主的な措置も対象となります。

　通知制度の浸透もあり、リコール等の通知件数は増加しています。2013 年の通知件数を製品種類別にみますと、衣料用品、玩具、電気機器、自動車が多くなっています。

　2012 年と比べますと玩具が顕著に増加しています。生産国別には中国製品（香港を含む）が半数以上を占めています。

第20章 アジア諸国のPL制度

20.1 概説

　米国で始まったPL訴訟が欧州に大きな影響を与え1985年のEC指令の発令に繋がっておりますが、アジア諸国のPL制度も歴史的にみれば、まさにEC指令が起爆剤となって1990年代に入ってから一斉に各国が立法化を促進させていったといえます。

　アジア・オセアニア諸国では1992年のオーストラリアとフィリピンがそれぞれ事業行為法の改正と消費者法の施行を実施しています。その後1993年に中国が製品品質法を、1994年に台湾が消費者保護法を、そして1995年に日本が製造物責任法を施行しております。

　現在では日本を含め11の国・地域が2011年までにPL法を採用しています。

　アジア諸国のPL制度と実情についていえば、欧米諸国のような高額な賠償金レベルではありませんが、経済発展による国民所得の向上により消費者権利も高まることから、PL訴訟の件数や賠償額も早晩右肩上がりで増加していくものと考えられます。経済発展の著しい中国の実態を理解することで、必要なPL対策を講じることができるのではと考えます。

20.2 中国

　中国の製造物責任は、従来「民法」上の不法行為責任、および契約不履行責任として処理されてきましたが、1993年に施行された「製品品質法」により、企業の製品管理強化と責任関係を明確化したものであり、これにより、製造業者に対して無過失責任、販売業者に対しては過失責任を課すことになりました。

　2010年に施行された「権利侵害責任法」は、製造物責任に関しては、既存の法律と同様の内容ですが、悪意のある場合は金額に上限のない10倍の懲罰的賠償責任を課すことを許容する内容であることが特徴的です。また、リコールに関する規定も新たに新設されており、製造業者にとっては適時の対応が求められる内容となっております。

　なお、この他の関連法規として、「民法通則」、「消費者権利保護法」、「契約法」がありますが、これらに製造物責任や品質責任の規定が含まれておりま

す。

　中国の民事訴訟件数は、改革開放政策の始まった1978年は20万件程であったものが、中国が高度経済成長期に入った2000年頃からは増大の一途を辿り300万件を超えるようになりました。そして2010年にはついに600万件を超えてしまったのです。このことからわかるように、中国では製造物責任訴訟も右肩上がりで増加しているといえます。

　すなわち、中国に生産工場を持つ外国企業や中国への輸出業者などは、近年の中国人の権利意識の高まりなどから製造物責任訴訟のターゲットになることが十分考えられます。特に消費者保護団体によるメディアを活用した非難宣伝工作なども、ちょっとしたきっかけで起こりうることを念頭に入れておくべきです。また、民事訴訟の場合は比較的に裁判の法治機能が保たれていますが、人治の殻から抜け出せていない局面もあり裁判の結果予測が難しいといわれています。さらに、製品に問題がないのに風評被害により巨額の損失を被るリスクや、インターネットを通じた感情的な集団訴訟などもPLリスクがらみで起こされる危険性があります。これも米国同様にディープポケットを狙う訴訟ビジネスが顕著となりつつあるということでしょう。

　中国特有の事情として、政治的なハードルは高いと認識する必要があります。特に日中関係は政治的に微妙であり、その環境次第では意図的に些細な問題をついてくることもあり、蟻の一穴にならないとも限らない状況に追い込まれることが想定されます。

　中国の裁判制度は、基層、中級、高級、最高人民法院がありますが、外国企業の場合、第1審は中級または高級人民法院にて行われ、控訴は1回のみの2審制になっております。

　裁判地はPL事故の発生地か、被告の所在地が裁判地になります。全体的な裁判の流れは速く、訴状送達から答弁書の提出まで30日以内、第一審の審理は6か月、控訴審は3か月と、長くても2年以内には結審するといわれております。訴訟と示談（和解）の割合はおおよそ80％が示談で終了しております。

　製品品質法による平均的な損害賠償額は、10万元（160万円）の収入のある被害者が死亡した場合、おおよそ50万元（800万円）程度の損害賠償額になると推計されます。なお、近年の経済発展とともに損害賠償額は高騰しており、特に高額所得者層の増大によって数億円レベルの示談金を覚悟しなければならない状況になりつつあるといえます。

20.3 その他のアジア諸国の現状

　厳格責任を責任の要件とする台湾、韓国、フィリピン、タイ、消費者保護法で消費者を保護しようとするインドネシア、英国の判例法を採用するマレーシアは、消費者保護法によって製造物責任を明確化させています。シンガポールについては、英国の判例法を採用しておりましたが、1993年に英国法適用条例が施行され、英国法に一定の制限が加えられました。製造物責任の規定はなく、訴訟は英国同様、判例法に則り不法行為と契約責任の法理で処理されています。インドについても英国の影響を強く受けており、インドの不法行為法は英国のものと実質同じであります。ベトナムでは2005年の民法改正により不法行為の一形態として、製造物責任が規定されました。その後、2010年に実質的にPL法といえる消費者権利保護法が制定され、2011年から施行となっています。

　各国がPL法理を導入する場合、日本、韓国、中国、タイのようにPL法という民法の特別法を制定する国もありますが、フィリピン、台湾、マレーシアのように消費者保護法の改正でPL法理を導入する国もあります。ベトナムも消費者保護法として導入しました。アジア地域でPL法理を導入した国々は、合計で9カ国となりました。

20.4 日本の製造物責任法（PL法）

　1994年に可決・成立した日本の製造物責任法（PL法）は1995年7月1日に施行され、すでに20数年の時が流れました。

　歴史を辿れば、戦後間もない1948年に主婦を中心とした不良マッチ追放運動が起こりましたが、これが日本でのPL法立法化への先駆けともいえる運動であったと考えます。昭和30年代に入ると、時は高度経済成長時代へと移行し、製品安全という視点は欠如したまま大量生産が最優先される時代へ時を刻みました。その結果、1955年の森永ヒ素ミルク事件、整腸剤のキノホルムを原因とするスモン訴訟、睡眠薬によるサリドマイド事件、そしてカネミ油症事件と、立て続けに社会的に衝撃のある大事件が発生していったのでした。これらはある意味で、起こるべくして起きたともいえますが、これを契機に消費者団体による活発な運動が展開され、行政に対して大きな影響を与えたといえます。

　なお、森永ヒ素ミルク事件やカネミ油症事件が発生した時代背景をみてみますと、当時は製造業者よりも戦後の食糧事情のせいで十分に母乳を出せなかっ

た母親に責任があるという風潮が強かったですし、カネミ油症事件では差別を恐れて被害を表面化させないなどの社会環境が、製造業者や販売業者への賠償責任を求めることを良しとしない時代でもありました。しかし、時代の流れとともに消費者意識が大きく変わり、製造物責任に対する社会的意識も大きく変わることになっていきました。

　1970年代に入ると学者や学術専門家らが製造物責任法の立法化に向けた理論的な研究が進められましたが、社会的に消費者重視への動きは鈍く、それ以上議論が発展することはありませんでした。1980年代に入っても立法化に向けた動きは鎮静化したままでしたが、1985年にEC指令が採択され、欧州諸国が国内法にて製造物責任（厳格責任）を義務付けたことは大きなきっかけとなりました。さらに、アジア諸国においても相次いでPL関連法案が整備されていったことから、日本での製造物責任法の立法化への動きも一気に進んでいったといえます。

　製造物責任法の施行以前は、製造物の欠陥によって損害を被った場合、被害者は民法上の損害賠償責任を根拠に被害者側が加害者でもある製造業者の「故意・過失」を立証する必要がありました。しかし、「過失」の立証には時間と費用がかかり、かつ被害者側で過失の立証を行うことは科学技術が発展した今日では過失の立証を行うことは非常に困難なことで、結局は泣き寝入りすることしかなかったわけです。

　このような不合理な状況から、被害者が損害賠償責任を追及しやすくするために立法化されたのが、「過失」ではなく製造物の「**欠陥**」を要件とする「**製造物責任法**」です。

　この法律は、立証責任を加害者側に転換しているわけではなく、従来同様に被害者側に立証責任があるものの、「過失」ではなく、「損害の発生」「当該製品の欠陥の存在」「欠陥と損害の因果関係」を立証すれば、**無過失責任**（Liability without fault）として製造業者に損害賠償責任を負わせることができることになったのです。製造物責任法の制定によって、製造業者はより厳しい責任を負わされることとなり、これを契機に製造業者の負担すべき損害賠償リスクをてん補する「**PL保険**」が脚光を浴びることになりました。

　製造物責任法の社会的な意義を考えますと、一つは当事者間の紛争解決のための規範となり、行政の相談窓口や裁判外での迅速な紛争処理に寄与していると考えます。もう一つは製造業者の製品安全に対する体制整備のための規範となっているものと考えます。これらの社会規範が創造されたことにより、監督官庁の監視や消費者の反応は益々厳しくなってきております。また、製品の安

全性についても消費者重視の傾向にあるため、PLを取り巻く環境は厳しさを増すことはあっても後退することはないと考えられています。

20.5 日本のPL法の課題

　日本の製造物責任法における欠陥定義は「通常有すべき安全性を欠いていること」です。この欠陥定義は事故発生原因ではなく、製品の性状に着目し欠陥があったとするものでした。しかし、欠陥の定義を曖昧にしているのではないかとする判例もあり、これの是正が必要になっていると指摘されています。

　欠陥は次の3つの類型、すなわち「設計上の欠陥」「製造上の欠陥」「指示警告状の欠陥」ですが、これら欠陥についての判例の積み上げとともに、米国同様に類型ごとの論点整理と確固たる欠陥定義を固める必要があるといわれています。

　現在、日本でも集団訴訟（Class Action）への動きがあります。2013年12月に公布された「消費者裁判手続特例法」は日本版クラスアクション制度と呼ばれています。消費者被害は約85万件（大半は取引に関するもの）と高い水準で推移しております。被害者と企業との間では依然として情報についての格差からくる被害者の泣き寝入りが多いといわれ、これに対応するための簡易な訴訟手続きが動き出しました。これは2段階方式といわれ、総理大臣認定の「特定適格消費者団体」が原告となり裁判所の判断を求めます。これに勝訴すると第2段階で被害者が参加して簡便な方法で債権が決定されるというものです。米国との違いは、原告は被害者ではなく**「特定適格消費者団体」**に限定していることです。また、クラス認証も契約関係がある場合のみに制限し、損害の範

無過失責任

　不法行為において被害者が加害者の故意・過失を立証しなければならない過失責任主義をとっていましたが、科学技術の発展等により生じた公害などの被害者救済の観点から、法律上の矛盾が生じ、それを是正するために無過失責任主義が採られるようになりました。不法行為責任の一つですが、被害者は救済を求めるにあたり加害者の故意・過失を立証する必要はありません。その意味においては無過失責任ともいえます。製造物責任においては、被害者は「損害の発生」「製品の欠陥の存在」「損害発生と製品の欠陥の因果関係」の三点が立証できれば、製造者の賠償責任が成立するというものです。

囲も限定的とされています。被害者参加型のクラスアクションなので、参加しない被害者は対象になりません。

　今後、懲罰的賠償責任（Punitive Damage Liability）などを認める運動に対してどのように対応すべきか幅広い議論が必要となっています。これらが認められるようになれば、かつて米国が経験した企業がPL保険を購入することができない「PL保険危機」が日本でも起きかねないとの指摘もあります。

　輸入品の品質欠陥に起因する身体障害、財物損壊が発生した場合の製造物責任者は誰になるのかという議論があります。これに対応する法律としては製造物責任法（PL法）です。客観的にみて製造物に欠陥があれば製造業者等が賠償責任を問われるということです。製造業者等とは、メーカーがその中心的存在ですが、輸入品の場合は輸入業者が製造者等に当てはまります。つまり、輸入業者が責任を問われることになります。しかし、個人輸入の代行や通関業務の代行など、名目的な輸入業者は必ずしも責任主体とならないケースがあります。輸入業務といってもさまざまな形態があり、ひとくくりで輸入業者とはいえないのが正直なところです。そして、常に輸入業者が責任を問われるとは限りません。法律上責めを負うべき責任主体と本来責任を負担すべき海外製造者の両者をどのように位置づけ、最良の負担者の仕組みができるかを考える必要があります。

　このような製造業者や販売業者の賠償責任が問題となった欠陥商品による消費者被害として、日本では「森永ヒ素ミルク中毒事件」、「カネミ油症事件」、「サリドマイド事件」、「スモン事件」などのほか、欠陥自動車事件、カラーテレビ発煙・発火事件、ガス湯沸かし器事件などがあり、さらに最近では洗顔せっけんによる小麦アレルギー被害事件等が社会の注目を集めています。

第21章 海外PL保険（海外生産物賠償責任保険）

21.1 海外PL保険の重要性

　事業活動を取り巻くリスクは益々複雑化・深刻化・顕在化しており、その対応力の強化は重要な経営課題としてクローズアップされています。企業におけるグローバル化は急速に進展しており、事業活動においては日本と異なる法制度や商慣習の違いによって予期しないリスクが多数存在しております。

　特に賠償リスクは社会の技術革新とともに法律の在り方にも大きな影響を与える可能性があります。企業にとって賠償責任保険は、発生頻度は低いものの被害の規模は極めて大きい予測不能なリスクをカバーする必要不可欠なものとなっています。

　米国における賠償責任保険は、多民族国家としての移民制度を背景に発展した経緯があります。移民国家ゆえに権利義務関係をベースとした米国独特の司法制度が形づくられたといえます。

　米国で事業活動を展開する事業者にとっては、この司法制度を十分に理解して経営に臨む必要があるといえます。

　米国では、高額化する賠償金により事業活動そのものに支障が出ることを避けるため、州ごとの民事訴訟制度改革の試みが実施され、歯止めを掛ける動きも見られますが、それでも世界の賠償リスクを俯瞰してみた場合、米国のリスクは圧倒的に高いことがわかります。

　ただ、国際経済の発展とともに米国のみならず、欧州や日本、中国、東南アジアなどにおいても賠償金は高額化している傾向にあります。

　米国では依然として製造物責任訴訟が増加傾向にあり、高額な賠償金に加えて訴訟に関わる費用や、その対応に長い時間が費やされるケースがあります。また、米国における懲罰的賠償責任には特段の注意を払う必要があります。悪意があると認定された行為には過重な制裁が加えられ、再発を抑止することを目的に加害者に巨額な損害賠償が求められます。

　特に加害者が大企業であればあるほど「ディープポケットセオリー」に基づき、原告側に寄り添った厳しい判決が下される傾向にあります。懲罰的賠償責任賠償金は、通常の賠償金の数十倍にも上るケースもあり、米国において事業活動を行う企業にとっては、特別に注視しなければならないリスクです。

海外で発生する PL 事故へのリスク対策、訴訟対策を万全に行うためには、海外 PL 保険を取り扱う保険会社の選定も非常に重要となります。

海外 PL 保険を取り扱う保険会社は高度な知識と引受実績が求められます。同時に、米国弁護士事務所等のリーガルネットワークを整備しているかが重要となります。海外 PL 保険を付保するにあたり、保険会社の選定基準は次のようなものとなります。

①諸外国、特に米国の法律に精通しているか
②事故状況の把握・分析はきちんとできるか
③訴訟対策は法廷対策も含め万全の態勢で臨めるか
④現地弁護士との太いパイプはできているか

21.2 海外 PL 保険の解説

21.2.1 海外 PL 保険

製造または販売した製造物が原因となって、他人の生命、身体を害し、または、当該製造物そのもの以外の他の財物を損壊したことによって被る法律上の損害賠償責任を負った場合に、和解や判決等によって決定された賠償金、弁護士費用、専門家費用などの防御費用を支払う事業者向けの保険です。なお、保険会社は防御の義務と権利を有し、言いがかり訴訟であっても対応を行います。

①米国では民事訴訟においても陪審員裁判が行われます。陪審員の構成や心証によって、判断が大きく変わる可能性があります。裁判官裁判とは違った訴訟戦略が必要になります。
②米国法の基本は各州政府が制定する州法です。米国では各州で行なわれる裁判においては、同様の事件で下された判決が先例となり、その後の同種の事件の裁判においても拘束力を持つことになります。慣習によって成立する法をもとに司法判断がなされるため、裁判の結果も州ごとに異なることがあります。

21.2.2 保険約款構成

保険会社が使用する海外 PL 保険の約款は、米国の Insurance Services Office Ltd. が提供する標準約款で、これを**英文賠償責任保険普通保険約款**といいます。日本には初めに 1973 年版が導入されました。その後何度か改訂が行われています。

この約款は **Standard Provisions**（普通保険約款）＋**Coverage Part**（特別約款）

＋Endorsement（特約条項）からなります。主な特別約款、特約条項は次の通りですが、さらに任意で特約を追加することができます。
- General Liability Standard Provisions
  ＋
- Products and Completed Operations Coverage Part（生産物賠償責任）
  ＋
- Asbestos Exclusion Endorsement（アスベスト免責特約条項）
- Nuclear Energy Liability Exclusion（Broad Form）
  （原子力損害免責特約条項　ブロード・フォーム）
- Designated Products Exclusion Endorsement（特定製品免責特約条項）
- Amendment of the Definitions of Coverage Territory and Product Endorsement
  （保険適用地域および対象生産物の定義に関する修正特約条項）
- Sanction Limitation And Exclusion Endorsement
  （制裁等に関する免責特約条項）
- Amendment of the first Named Insured Endorsement
  （筆頭記名被保険者に関する修正特約条項）
- Named Insured Endorsement（記名被保険者特約条項）
- Application of Endorsement（特約条項の個別適用に関する特約条項）
- Amendment of Conditions Endorsement -Premium
  （保険料払込猶予特約条項）
- Product Withdrawal Expense Coverage Endorsement
  （生産物回収費用担保特約条項）

21.2.3　被保険者
海外 PL 保険の被保険者は、製品の製造業者、流通および販売業者、および対象となる業務を行う事業者が被保険者となります。
　①記名被保険者：
　　保険証券上に記載される被保険者で、一般的には製造業者、輸出業者が対象となります。
　②追加被保険者：
　　本邦の輸出業者、部品メーカーを追加する場合は、追加被保険者特約条項を付帯します。
　　なお、記名被保険者の現地子会社は、原則的に子会社が所在する国で PL

保険に加入することが必要です。
③現地のディストリビューター、ディーラー、小売販売業者等、販売業者を追加被保険者として追加する場合は、追加被保険者特約条項（販売人）を付帯します。

なお、部品メーカー、原材料メーカーは、追加被保険者に加えることなく製造業者が求償権を放棄する方法もあります。

21.2.4 保険金額の設定方法

海外PL保険の保険金額は、製品の輸出先がどこかということを念頭に入れて決定する必要があります。特に、輸出先が米国の場合は、高額な損害賠償金と訴訟対応費用をみておく必要があることから、最低でも1～3億円の保険金額を設定する必要があります。

身体障害、財物損壊、それぞれについて、「1事故当たり」「保険期間中の合計限度額」を設定する方法が一般的です。身体障害については、「1名当たり」の限度額を設定する場合もあります。

また、身体障害、財物損壊をまとめて共通限度額（Combined Single Limit）として設定する方法もあります。

21.2.5 免責金額（自己負担額）

保険金額の設定方法に合わせて、それぞれ1事故当たりの免責金額（自己負担額）を設定することができます。免責金額を設定することで保険料の多寡を調整します。もちろん、免責金額が多額になれば相対的に保険料は引き下げられます。免責金額を設定することで、被保険者の保険効用意識が高められますので、製品安全に対する取組みの動機づけになります。

21.2.6 補償内容

被保険者が負担する損害賠償金（和解金を含む）を被害者に支払います。
①法律上の損害賠償金
　身体障害事故：治療費、休業損失、慰謝料など。
　財物賠償事故：修理費など。ただし、修理費および再調達に要する費用
　　　　　　　　は、被害財物の時価額を超えない範囲となります。
②防御に関わる訴訟費用
　　　損害賠償訴訟が被保険者に対し提起されていることを前提に、弁護士報酬、専門家費用、判決確定後保険金支払いまでの利息、控訴の場合のボン

ド（保証書）等、損害の拡大を防ぐための費用や、緊急措置に要する費用等も訴訟費用に含まれます。

21.2.7 保険対象とならない主な損害
①対象生産物・製品、または仕事の結果そのものに生じた（itself損害）損壊と使用不能損害
②不良製造品・不良完成品損害
　製品が他の製品の原材料、部品となる場合で他の製品に損害を与えてしまった場合（復活担保できる場合があります）。
③対象生産物・製品の回収（リコール）、検査、修理、交換に要する費用
　第三者の身体障害、当該製品の財物損壊のいずれも伴わない損害。ただし、特約で身体障害、または財物損壊があった場合に限り支払い対象となります（下記特約を参照下さい）。
④被保険者の重過失
　保険の対象となる製品や業務内容に関しては、被保険者が熟知していることによります。
⑤契約責任
　被保険者が契約または合意により負担する契約上の賠償責任。ただし、当該製品の適格性、品質保証についてはこの免責は適用されません。
⑥労災保険
　労災保険によって負担する賠償責任。
⑦従業員の業務中の賠償責任
　被保険者の従業員が業務中に被った身体障害に対する賠償責任。
⑧生産物の故障、不調、不具合等
　損壊は生じていないにもかかわらず財物が使用不能になった場合の賠償責任。ただし、急激、偶然の事故により生じた場合は免責になりません。
⑨公害リスク
　土地、大気、公共水域への液体、気体の流出に起因する賠償責任。
⑩罰金、違約金、懲罰的賠償金（Punitive Damage）
⑪原子力事故に起因する賠償責任
⑫アスベスト（石綿）に起因する賠償責任
⑬コンピュータ、集積回路
　内蔵する機器等を含むコンピュータの賠償責任。
⑭保険会社が防御を開始する前の防御費用

⑮被保険者の社内コスト（社内弁護士給与等）
⑯保証（ワランティー）関連費用

なお、これら免責事由に該当する場合は、被保険者が訴訟を提起されたとしても保険会社は防御しません。その他保険金が支払われない場合は以下の通りです。

⑰戦争、暴動、反乱等
⑱地震、噴火、またはその結果生じる津波

生産物回収費用に関わる特約（リコール特約）

被保険者が製造、販売した対象生産物（輸出品）の欠陥・瑕疵に起因する事故の結果、他人の身体障害または財物損壊が発生した場合、対象生産物の回収のために支出した合理的かつ必要な回収費用を負担することで被る損害に対して保険金がオプション契約として支払われます。

（支払われる損害）
- 社告費用
- 文房具、封筒、案内文書作成、郵便料金またはファックスに要した費用
- 非正規雇用（臨時雇い、アルバイト）の残業手当、交通費、宿泊代
- コンピュータに関わる費用
- 独立請負人、臨時雇いの受入れのための費用
- 運送、船積み、梱包費用
- 保管場所に係わる費用、再利用できない製品の廃棄費用（再購入価格または再作成費用は超えない）
- 回収業務に参加した第三者によって支出された費用

（支払いができない損害）
- 生産物が意図した目的に合致していないとき（保証に対する違反も含む）
  ただし、身体障害、および当該製品以外の財物損壊があった場合は除かれます。
- 著作権、特許、企業秘密、トレードレス、または商標の侵害
- 劣化、変質、化学変化
  ただし、設計、製造もしくは工程上の欠陥、生産物の輸送、または生産物の不当な改変による場合は除きます。
- 信用、市場占有率、収入、利益を回復するための費用、または生産物の再設計費用
- 生産物について指定された有効保存期間の終了

- 保険証券の保険開始日以前に、または出荷前に記名被保険者および記名被保険者の役員が欠陥の存在を知っていたために開始された生産物回収
- 行政により初年度保険証券の保険開始日以前に市場に流通させることが禁止されていたもの、または禁止措置以降に供給もしくは販売されたもの
- 損害賠償請求または訴訟の防御
  　罰金、違約金、懲罰的賠償金、その他補償的賠償金等
- 汚染関連費用

（支払限度額）
　保険会社によって設定限度額が異なりますが、1事故および保険期間中50万ドル程度で縮小てん補方式（90％）が採用されることがあります。

21.2.8　保険適用地域

　輸出販売業者等が製品を輸出する場合、その製品によって輸出先で発生した身体障害、財物損壊を保険の対象としますので、あらかじめ輸出先の保険適用地域を特定しておく必要があります。

21.2.9　保険期間

　海外PL保険の保険期間は1年です。なお、一般賠償責任保険は3年の保険期間を設定することもできます。

　損害賠償請求があった時期を問わず、当該保険証券の保険期間中に生じた損害賠償が補償の対象となります。日本の保険会社ではクレイムズメイドベース（Claims Made Basis）の引受けが大半を占めています。

21.2.10　保険料

　生産物賠償責任保険の保険料は、保険の対象となる製造物や請負作業の種類、保険金上限額、被保険者の事業規模等によって大きく異なってきます。

　従って、契約にあたっては、製品の売上高、対象業務の請負金額等、保険料算出の基礎に加え、保険の目的、被保険者、求償権放棄、保険金額、免責金額、過去の事故実績、その他保険料の算出に寄与する製品に関わる各種データが必要となります。

　契約時には保険会社、または損害保険代理店等との綿密な打ち合わせが必要になります。

> 保険料算出基礎（売上高・請負金額）×基本料率×（てん補限度額変更係数−免責金額変更係数）×危険度係数（各種割増引）＝保険料

21.2.11 適用保険証券

事故発生と損害賠償請求が同一年度内でない場合の適用保険証券は、「**事故発生ベース（オカレンスベース、Occurrence Basis）**」と「**損害賠償請求ベース（クレイムズメイドベース、Claims made Basis）**」とに分けて考える必要があります。

事故発生ベース（オカレンスベース）ですと、第1年度の保険証券の時に発生した保険事故が、数年先に損害賠償請求されることがありますので、保険金の支払われる第1年度の保険証券の保険収支が数年先まで確定しないということになります。この方式ですと、第1年度の保険証券保険期間に発生した事故は、何年か先の保険請求であっても第1年度の保険証券からの保険金支払いとなります。実際にはありえない極端な話をすれば、仮に製造業者が第1年度のみ製造を行い、第2年度以降は製造を行わないとすれば、第2年度以降の保険証券の購入は不要ということになります。

事故の発生と損害賠償請求との間に原因究明等で長期の時間がかかるため、欧米では医薬品など一部を除き保険証券が将来にわたり有効となる事故発生ベース（オカレンスベース）での付保が求められるケースが多いようです。

一方、日本では保険証券の効力が長期にわたることへの抵抗感もあり、損害賠償請求ベース（クレイムズメイドベース）での契約が多い実態にあります。

損害賠償請求ベース（クレイムズメイドベース）での引受けは、保険期間中に被害者が被保険者に対して損害賠償請求が行われたことを要件として保険金を支払う方式です。ただし、この場合身体障害、物的損害が初年度契約の保険期間開始日（遡及日といいます）以降に発生した場合に限ります。引受条件の見直しが事故発生日ベース（オカレンスベース）に比べて短期間で行うことが可能となり、保険契約者にとっても保険料の調整を簡単に算出されるメリットもあります。デメリットとしては、これを**テール・カバー**と呼びますが、製品の製造終了後でも損賠賠償請求に備え保険契約を継続する必要があるということです。

21.2.12 事故の発生、損害請求、または訴訟の際の被保険者の義務（保険金請求　保険事故対応）

事故発生の際は、被保険者を特定する資料とともに事故の詳細が書面により被保険者自ら、または代理人によって、保険会社または代理店に提出されなければなりません。被保険者に損害の請求または訴訟の提起があった場合、同様に要求書、通知書、召喚状を提出しなければなりません。訴訟の遂行に当たっては被保険者が有する第三者への求償権の保全を行う必要があります。

21.2.13 保険付保 PR の禁止

一度に被害者が多数生じる恐れがあるリスクを対象とする保険の性質上、賠償請求を誘引することを防止するため、この保険に加入していることを PR することは一般的に保険契約上禁止されています。

第22章 海外 PL 訴訟対応

22.1 輸出品の PL 訴訟対応

　海外 PL 事故が発生した場合の対応として最初に何をすべきか、海外に進出している大手企業であっても、極めて神経質にならざるを得ない難題と思われます。

　特に米国での PL 訴訟対応は、世界のどの国と比べても非常に重くのしかかる経営問題として捉える必要があります。企業のグローバル化が進み、規模が大きくなればなるほど PL リスクは高まるといっても過言ではないでしょう。

　それでは実際に海外 PL 事故が発生した場合、最初の動作はどうあるべきでしょうか？

　まずは海外 PL 保険を付保されている保険会社にいち早く連絡を入れるということです。保険会社は直ちに**防御対応**[1]に入ります。この初動動作を怠ると、本来製造業者（被告側）が勝訴すべき事案が逆転敗訴ということになりかねませんし、損害賠償額も巨額なものになっていくことが十分考えられます。

　保険会社との訴訟対応戦略を練り、慎重にかつ恐れることなく対応することが求められます。具体的には、事故内容に対する十分な科学的分析と必要データの準備を行うこと、訴状、召喚状への適切な対応をとることが必要です。開示要求についても逃げることなく、隠ぺいすることなくできる限りの情報の開示が求められます。

　被害者からの損害賠償請求が妥当な場合は、速やかに和解へ持ち込むことが得策です。しかし、請求が過大な場合は裁判に持ち込む必要があることも考えておく必要があります。安易な妥協は企業イメージに打撃がある場合が多く、製品に対する信頼を失うと同時に、潜在クレーマーの発掘にも繋がりかねない重要な問題と認識すべきです。

　また、徹底抗戦になれば、時間、労力、コストのいずれもが企業にとっては

---

[1] 防御対応とは、被害者から損害賠償請求を受けた場合、被保険者に代わり保険会社が弁護士の手配や被害者との交渉等を対応することをいう。海外 PL 保険の約款上、被保険者は保険会社の防御対応に協力することが義務付けられている。ただし、保険会社が前面に立って防御することが法律上できない国や、前面に立たない方が訴訟戦略上良い場合があるので、あらかじめ留意しておく必要がある。

耐えられないほどの痛手も覚悟しておかなければなりません。その辺りのバランスをどのようにとるかは、保険会社と訴訟戦略の専門家である弁護士に頼らざるを得ないと思われます。

　米国のPL訴訟環境は極めて厳しいことから裁判での勝訴率は低いと思われがちですが、きちんとした対応をとれば勝訴の確率はそれほど低いものではないとの統計もあります。米国では独特の訴訟環境から弁護士が射幸的に訴訟を起こすということがありますので、このことが勝敗確率に繋がっている可能性はあります。

　厳しい訴訟環境に対応するためには、被告側として保険会社、弁護士事務所と徹底した訴訟戦略を練らねばなりませんが、初期段階における対抗手段としては、原告（被害者）側の主張があくまで理不尽であることを強く主張する必要があります。裁判に持ち込まれる前の段階で重要なことはあらゆる視点から**抗弁**を施すべきと考えます。具体的抗弁には次のようなことが挙げられます。

①管轄権不存在の抗弁
　訴訟を起こされてもそれが適正な裁判管轄権を有している訴訟かどうかを詳しく調査する必要があります。

②送達無効の抗弁
　州外の被告に対しては裁判所が召喚状（Summons）を送達しなければなりません。通常、訴状（Complaint）も同時に送達されます。ヘーグ条約に則って、然るべき手続きがなされているか調査する必要があります。

③時効の抗弁
　時効または出訴期限については損害状況、訴訟原因等、さらには各州で異なりますが、時効完了前の訴訟かどうか確認する必要があります。

④欠陥不存在の抗弁
　原告側が主張する「欠陥」が存在したことと、損害がその欠陥によって発生したことの「因果関係」を証明することが原告側に求められます。これらの点が明確かどうかを見極める必要があります。通常、因果関係が若干でもあると推定される場合は被告が不利な立場に立たされることになります。

⑤誤用の抗弁
　通常使用される方法から明らかに逸脱した方法で製品が使用された場合の責任は免責となります。ただし、誤用を予防するための「警告」（Warning）がしっかりできているかどうかが問題となります。

⑥予期せぬ使用の抗弁
　製品の使用方法によっては大変危険な損害が発生することが予想されます

が、これは誤用の域を逸脱した明らかな危険行為であるとの反論ができます。安全注意義務をしっかり行っていても極端なケースは発生することがあるとの前提で対策を講じる必要があります。

⑦寄与過失（Contributory Negligence）と比較過失（Comparative Negligence）の抗弁

製品の使用によって起きる損害の原因が被害者の不注意であった場合、被害者側がその損害について責任を持つ必要があるとの立場が「寄与過失」です。しかし、多少なりとも製造業者に責任がある場合は、その裁定は不合理であるとの考え方から過失割合に応じた損害の分担を行うことが一般的になってきました。この考え方を「比較過失」といいます。

⑧危険の引受け（Assumtion of Risk）の抗弁

原告側が損害の発生することを相当程度認識していた場合は、原告側に危険の引受けがあったとして抗弁する必要があります。

⑨技術水準（State of the Art）の抗弁

昨今の科学技術の進歩は日進月歩であり目を見張るものがあります。製品が製造・販売されてから事故が発生し訴訟が提起されるまでの時間は、一般的にみて数年を要するなど相応の時間が経過していることが考えられます。訴訟が提起された時点での技術水準で判断すると事故を起こした製品の技術は見劣りするなどあたかも欠陥製品であるかのような印象を与えてしまいます。訴訟が起きた時の潜在的危険は不可抗力的要素が強く予見不可能との抗弁が可能といえます。

22.2 輸入品のPL訴訟対応

輸入品の製品欠陥に起因する人的・財物損害が国内で発生した場合の製造物責任は、基本的には海外に所在する製造業者等に損害賠償責任がありますが、輸入品の場合は、日本のPL法上、輸入業者等が製造業者としての扱いを受けることになります。これは海外の製造業者に被害者が直接的に損害賠償請求を行うことが困難だからです。従って、**輸入品の場合は、日本の輸入業者等が責任を問われる可能性が高いと理解することが重要です**。しかし、個人輸入の代行業者や通関業者が責任を問われるかといえば必ずしもそうではありません。日本の製造物責任法と輸入品の製品欠陥との関係で責任主体がどこにあるのかといえば、輸入のあり方において多岐にわたるケースが存在するということを念頭に入れ、輸入業者と海外の製造業者とのそれぞれ個別の輸入契約において、製造物責任を明確にしておくことが肝要と考えます。

仮に、輸入契約において製造物責任の所在を明確に取り決め、賠償金やその他費用等について木目細かく決めておいたとしても、これが十分かといえば必ずしもそうとはいえません。実際、海外の製造業者にすべての責任を負わせることができるかといえば、それはかなり難しい問題となります。そこで製造物責任に対する備えとしてどうしても必要と考えられるのが、国内PL保険（生産物賠償責任保険）の付保といえます。

第23章 企業に求められるPLP対策

23.1 PLP対策の基本

　PLPとは、Product Liability Preventionの略称です。これはもともとQC（品質管理、Quality Control）の発想から出てきたものです。均質で良質な製品を作るためにはどのような組織や生産管理が必要かということから出てきた手法です。ここでは、PL訴訟大国である米国の民事訴訟裁判を念頭に置きながら説明をします。

　さて、企業がPL訴訟に巻き込まれないようにするための手当てがあるかと問われれば、残念ながらそれはありません。製品が本来の目的ではなく考えもつかないような使用をされ、事故を起こされたらどうなるでしょうか？　どんなに欠陥のない優れた製品を製造しても絶対に安全ということは無いということです。

　日本においても増加する製品事故により、消費者保護のための規制が一段と強化され、企業を取り巻く環境は一段と厳しくなってきているといえます。これまでは企業の一組織の問題として位置づけられてきたPL問題は、1995年のPL法の施行後、**最重要の経営問題のひとつとして捉えられるようになり、企業理念、企業統治、経営管理、危機管理、CSR（企業の社会的責任）** の重要な柱として組み込まれていきました。そのきっかけとなったシステムは、品質マネジメントシステム（ISO 9000-1994）や環境マネジメントシステム（ISO 14000）であるとされ、その後の消費生活用製品安全法などの法律やガイドライン、判例もあって、益々経営としての自覚と責任が求められているといえます。

　PL対策については、欠陥のない安全な製品を市場に送り出すことが至上命題とされますが、そのため、**PLP（PL事故予防）、PS（製品安全）、PLD（訴訟対策）、PL保険（自家保険を含む）** が必要な手段として検討されなくてはなりません。

　①企業経営者が企業のPL基本方針を策定し、これを全社に向けて宣言すると同時に周知徹底を図ります。経営者としてのPL対策に向けた意気込み、方針の伝達こそがPL対策の重要な柱であり、これができたらPL対策のほとんどができたといっても過言ではありません。

下記に挙げる項目を社内文書として社員全員宛に発信することが経営者としての初動動作です。
　　　　・なぜ PL 対策を実施するのか？
　　　　・PL 対策の基本目標をどこに据えるか？
　　　　・具体的な PL 対策は何か？
②PL 対策プログラムを企画推進します。
　　　・全社一丸となった組織的、網羅的な PL 対策活動を企画し、実際の組織活動として推進させます。設計から販売に至るまでの全社員が身近な問題として取組みます。
③製品安全対策を木目細かく推進します。
　　　・製品の製造（入口）から使用・廃棄（出口）までのライフサイクル全体を通して、製品安全が十分に行われてきたかを点検し、全社が問題点、課題を共有し安全を確保する取組みが重要です。また、これが会社の当たり前の通常業務として根付くことを目標とします。
　　　・製品のライフサイクルの全段階の安全性を確保するということは、より広く、より深い視野と思考が重要です。製品だけではなくそれに付随する全ての関連業務を対象に点検する必要があることを忘れてはなりません。例えば、包装、梱包、輸送、取扱説明書、ラベルなどの PL 法上の欠陥責任と密接に絡んでくる分野については疎かにすることはできません。

23.2　PLP 予防対策

PLP の推進方法として、いくつかの予防対策があります。
①製品安全評価基準の見直し
②製品企画の際の設計思想の在り方と審査方法の見直し
③新製品の安全性確保のためのテストや評価方法の見直し
④欠陥責任を問われる、ラベル、パンフレット、取扱説明書、広告の見直し
　製品安全対策は企業の身近な問題として推進できる分野と考えますが、海外 PL 訴訟対策については、企業によっては全くの異分野といっても過言ではないと考えます。しかも米国の法律分野の専門性の高いところまで足を踏み込んでいくことになりますので、弁護士や保険会社等の専門家とともに推進する必要があります。そのためには下記のような対策を実際に進めておくことが重要です。前項の海外 PL 訴訟対策でも述べましたが、
　①米国の裁判における民事訴訟手続きの全般にわたって具体的な対策を実行

します。まず、民事訴訟手続きの各プロセスを会社の関係者全体で共有できる体制を構築し、訴訟になっても冷静に初動動作が判断できる訓練を行うことが重要です。

② 製品の生産活動に関わる記録のすべての保存管理方法を見直すことを徹底します。特に重要なのは、PL 訴訟に巻き込まれるということを前提にして判断することです。すなわち、PL 訴訟対策の観点からどのように記録を作成し管理すべきかということです。訴訟になったら有利な証拠、記録は何かということを考えながら準備することが重要です。

③ 製品事故があった場合は、事故解析を徹底して行い、生産部門のみならず会社経営者も含めた全社にて情報を共有することが重要です。

④ 万一にも PL 事故が発生したことを想定して、製品の回収やその方法について事前の準備が必要です。事故が起きた場合に一刻も早く製品回収できる体制を構築する必要があります。特に米国におけるディストリビューター、ディーラーなどの販売先、輸送業者などとの回収基準や具体的な行動計画を作成し、管理徹底を図ることが重要です。また、関係先の優劣評価を行い、評価基準に満たない関係先については、教育や指導を徹底して行うほか、場合によっては販売契約等の見直しとともに、取引の見直しといった強い対応を行うことも必要です。

⑤ 米国における PL 訴訟事情については、常日頃から敏感であるべきであり、最新の情報を常に入手できる体制を維持するとともに、定期的に弁護士や保険会社との交流を通じて PL 訴訟対策の見直しなども実施する必要があります。場合によっては、企業内の模擬裁判などを開催することも一計と考えます。PL 訴訟対策の一環で、保険会社等による PL コンサルティングが利用できます。主な内容として下記のようなものがあります。

・製品のリスク分析・評価
・取扱説明書、ラベルのチェック
・コンピュータによる予防体制評価
・PL セミナー、PL 情報提供サービス

23.3　輸入業者の PLP 対策

輸入業者の PLP 対策としては、契約上の約定が極めて重要となります。

日本の PL 法上の責任主体は輸入業者にありますが、実際の欠陥に対する賠償責任は海外の製造業者にあります。輸入業者は被害者救済の観点から便宜上、海外製造業者に代わって責任を負う代位責任ですので、輸入業者は海外の

製造業者に損害賠償請求を行うことができます。

　そのためには、両者間で事前に製造物責任に関して、欠陥責任の所在を明確にしておくとともに、製造物責任法上の損害賠償請求があった場合は、損害賠償金および付帯する費用について海外製造業者が責任を負担し、輸入業者は免責とする輸出入契約を結ぶことによって、輸入業者としてのPLPの第一歩は踏み出せたといえます。

　しかし、輸出入契約上、製造物責任の責任分担が明確であったとしても海外製造業者に100%損害賠償に応じさせることは難しいかもしれません。そこで、輸入業者は国内で輸入製品についての国内PL保険を手配し、万一の時に備える必要があります。また、海外の製造業者に対しても積極的に海外でのPL保険の手配を推奨し、双方でPL保険を通じて木目細かなPLP対策を行うことが肝要です。

　海外の製造業者に日本の製造物責任法を十分理解してもらえる努力をすること、また当事者間で輸入製品の安全強化対策の一環でPL対策会議を開催することも重要です。

付録　資料

1　各国・地域の PL 法

国・地域名	法律名	原文名	施行(年)
米国	第3次不法行為法リステイトメント	Restatement (Third) of Torts and Defectiveness in American Products Liability Law	1998
EU	製造物責任指令	Directive 85/374/EEC—Liability for Defective Products	1985
日本	製造物責任法	―	1995
インド	消費者保護法	The Consumer Protection Act, 1986	1986
オーストラリア	取引慣行法	The Trade Practices Act 1974 Part VA	1992
フィリピン	消費者法	The Consumer Act of the Philippines	1992
中国	製品品質法 権利侵害責任法	产品质量法 权力侵害责任法	1993 2010
台湾	消費者保護法	消費者保護法	1994
マレーシア	消費者保護法	Consumer Protection Act, 1999 (Act No. 599)	1999
インドネシア	消費者保護法	Law of Republic of Indonesia No. 8 Year 1999 concerning consumer protection	1999
韓国	製造物責任法	제조물책임법	2002
タイ	製造物責任法	Liability for Damages Arising from Unsafe Products Act　2551 B.E.	2009
ベトナム	消費者権利保護法	Law59/2010/QH12 on Protection Of Consumer`s Interest	2011

2　日本の製造物責任法

製造物責任法（平成六年七月一日法律第八十五号）

　（目的）

第1条　この法律は、製造物の欠陥により人の生命、身体又は財産に係る被害が生じた場合における製造業者等の損害賠償の責任について定めることにより、被害者の保護を図り、もって国民生活の安定向上と国民経済の健全な発展に寄与することを目的とする。

　（定義）

第2条　この法律において「製造物」とは、製造又は加工された動産をいう。

2　この法律において「欠陥」とは、当該製造物の特性、その通常予見される

使用形態、その製造業者等が当該製造物を引き渡した時期その他の当該製造物に係る事情を考慮して、当該製造物が通常有すべき安全性を欠いていることをいう。
3　この法律において「製造業者等」とは、次のいずれかに該当する者をいう。
　一　当該製造物を業として製造、加工又は輸入した者（以下単に「製造業者」という。）
　二　自ら当該製造物の製造業者として当該製造物にその氏名、商号、商標その他の表示（以下「氏名等の表示」という。）をした者又は当該製造物にその製造業者と誤認させるような氏名等の表示をした者
　三　前号に掲げる者のほか、当該製造物の製造、加工、輸入又は販売に係る形態その他の事情からみて、当該製造物にその実質的な製造業者と認めることができる氏名等の表示をした者

（製造物責任）
第3条　製造業者等は、その製造、加工、輸入又は前条第三項第二号若しくは第三号の氏名等の表示をした製造物であって、その引き渡したものの欠陥により他人の生命、身体又は財産を侵害したときは、これによって生じた損害を賠償する責めに任ずる。ただし、その損害が当該製造物についてのみ生じたときは、この限りでない。

（免責事由）
第4条　前条の場合において、製造業者等は、次の各号に掲げる事項を証明したときは、同条に規定する賠償の責めに任じない。
　一　当該製造物をその製造業者等が引き渡した時における科学又は技術に関する知見によっては、当該製造物にその欠陥があることを認識することができなかったこと。
　二　当該製造物が他の製造物の部品又は原材料として使用された場合において、その欠陥が専ら当該他の製造物の製造業者が行った設計に関する指示に従ったことにより生じ、かつ、その欠陥が生じたことにつき過失がないこと。

（期間の制限）
第5条　第三条に規定する損害賠償の請求権は、被害者又はその法定代理人が損害及び賠償義務者を知った時から三年間行わないときは、時効によって消滅する。その製造業者等が当該製造物を引き渡した時から十年を経過したときも、同様とする。
2　前項後段の期間は、身体に蓄積した場合に人の健康を害することとなる物

質による損害又は一定の潜伏期間が経過した後に症状が現れる損害については、その損害が生じた時から起算する。
（民法の適用）
第6条 製造物の欠陥による製造業者等の損害賠償の責任については、この法律の規定によるほか、民法（明治二十九年法律第八十九号）の規定による。
　　　附　則（抄）
（施行期日等）
1　この法律は、公布の日から起算して一年を経過した日から施行し、その法律の施行後にその製造業者等が引き渡した製造物について適用する。

3 海外 PL 事故例（米国）

製品	主な被告	賠償額 （評決・判決・和解額）	事故概要	地域	判決・評決年
化学品	メーカー	420万ドル （4億5000万円）	作業員が配管の取り外し作業中に他の作業員がトーチにて配管切断を行っていたが、切断された配管の火花が化学品に引火し作業員が大やけどを負った。警告などの適切な措置が取られていなかったとして提訴した。	サウスカロライナ州	2013年
アスベスト	メーカー等11社	1億9000万ドル （212億円）	ボイラー、絶縁体に付着していたアスベストに被爆し、中皮腫・肺がんに罹患したとして5名が提訴した。	ニューヨーク州	2013年
薬剤	メーカー	6300万ドル （70億円）	小児用解熱鎮痛剤の副作用で脳障害、視力低下、肺活量低下等の障害で7歳の小児と両親が提訴した。	マサチューセッツ州	2013年
チェーン	メーカー	4470万ドル （50億円）	車にチェーンを繋いで木の切り株を引っ張ったところ、チェーンが切れて男性の目の下を直撃、大けがを負った。チェーンには設計・製造上の欠陥があったとして提訴した。	フロリダ州	2012年
アスベスト	メーカー	4800万ドル （54億円）	25年以上もアスベストに被爆し、中皮腫を発症した高齢者とその妻が複数のアスベストメーカーを提訴した。	カリフォルニア州	2012年
タバコ	メーカー	4500万ドル （50億円）	40年間メーカーのタバコを愛煙していた男性が肺がんで死亡し、メーカーが訴えられた。タバコの危険性を減少させるフィルター広告を信じていたからだと遺族が主張。	フロリダ州	2012年
石油精製所（ベンゼン）	メーカー	1750万ドル （20億円）	石油精製所で検査業務に携わっていた男性がベンゼンの被爆により白血病を発症。適切な警告を怠ったとして提訴した。	ルイジアナ州	2012年

製品	主な被告	賠償額 （評決・判決・ 和解額）	事故概要	地域	判決・ 評決年
冷蔵庫	メーカー	137万ドル （1億5000万円）	冷蔵庫が原因で家屋が全焼し1人死亡した。冷蔵庫のコンプレッサーが原因として提訴した。	第8巡回区控訴裁判所	2012年
掃除機	メーカー	23万ドル （2400万円）	1歳の幼児が掃除機のスイッチを入れて蹴ったところやけどを負ってしまった。スイッチや排気口の位置に問題があり、排気口から出てくる排気温度も高いとして提訴した。	ネバダ州	2012年
トラクター	メーカー	420万ドル （4億5000万円）	男性がトラクターを運転中に横転して足が巻き込まれる事故が発生した。男性は足の骨折などの大けがを負い、これは設計上の欠陥であるとして提訴した。	コロラド州	2012年
ベッド	販売業者	23万ドル （2400万円）	6歳の双子の兄弟がベッドにいた虫に噛まれ発疹やアレルギー症状が発生した。また、それによりベッドに入れなくなるとの精神障害も負った。被告は虫の有無について検査をしておらず、警告も怠ったとして提訴した。	メリーランド州	2012年
作業服	メーカー 雇用主	315万ドル （3億5000万円）	男性がトルエンを運搬中に作業服が発火し、男性は死亡した。遺族は作業服には明らかな欠陥があるとして提訴した。	サウスカロライナ州	2011年
ステーキ肉	レストラン	60万5000ドル （6800万円）	男性がレストランでステーキを食べたところ食中毒となり食道と肺に感染症等を発症した。レストランが安全な食品を提供する義務を怠ったとして提訴した。	ミズーリ州	2011年
コンベア	メーカー	162万5000ドル （1億8000万円）	穀物サイロで男性が掃き掃除をしていたところ、足がコンベアに巻き込まれ膝から下を消失した。適切な設計・製造を怠り、危険性についても警告はしていなかったとして提訴した。	カンザス州	2011年

製品	主な被告	賠償額（評決・判決・和解額）	事故概要	地域	判決・評決年
旋盤	メーカー	75万ドル（8400万円）	女性作業員が旋盤に髪を巻き込まれ頭皮が剥離し永久的脱毛や聴力障害などの重傷を負った。設計・製造における安全性の確保がなされていなかったとして提訴した。	ニューハンプシャー州	2010年
ガスヒーター	メーカー	125万ドル（1億4000万円）	ビル改装作業を行っていた作業員がヒーターの隣に座っていたところ、突然ズボンが発火し足に大やけどを負った。使用目的に対し安全性が確保されていなかったことと警告も怠っていたとして提訴した。	ニュージャージー州	2010年
運動用具	メーカー	233万ドル（2億6000万円）	男性がベンチプレスで運動していたところ、突然器具が破壊し男性は脊椎を損傷、後遺障害が残った。製品は通常の使用に耐えられず欠陥があったうえその危険性についての警告がなされていなかったとして提訴した。	テネシー州	2009年
扇風機	メーカー	135万ドル（1億5000万円）	扇風機を通常使用していたところ発火し住宅が火災となり少年が死亡した。適切な設計・製造を怠りモーターに欠陥があったとして提訴した。	ペンシルベニア州	2009年
食品製造機械	メーカー	450万ドル（5億円）	女性が食品製造機械を清掃中に手袋が機械に巻き込まれ親指を切断するなど大けがをした。機械の設計・製造に欠陥があり、警告表示も怠ったとして提訴した。	アーカンソー州	2009年
草苅機	メーカー	200万ドル（2億2400万円）	男性が電動草刈機を操作中誤ってブレードに手が巻き込まれ左手の指を切断した。設計・製造上の欠陥があり、警告もされていなかったことから提訴した。	ペンシルベニア州	2009年
タバコ	メーカー	3億ドル（335億円）	タバコの喫煙によって肺がんになったとして提起された集団訴訟。	フロリダ州	2009年

製品	主な被告	賠償額（評決・判決・和解額）	事故概要	地域	判決・評決年
クレーン	メーカー	1300万ドル（15億円）	クレーンから転落した作業員が四肢麻痺となり、作業員は指示・警告上の欠陥があるとして提訴した。	ペンシルベニア州	2008年
自動車(SUV)	メーカー	1100万ドル（12億円）	シートベルトが原因でSUV（4輪駆動車）から男性が社外へ放り出されて死亡した。遺族がSUVに欠陥があるとして提訴した。	フロリダ州	2008年
自動車	メーカー	600万ドル（6600万円）	自動車の転覆事故で10代の女性が四肢麻痺となった。自動車メーカーは免責とされたが運転していた姉が有責とされた。	ワシントン州	2008年
コンクリートカッター	車両所有者 修理点検業者	1460万ドル（16億円）	ハイウェイ工事現場でコントロール不能となったコンクリートカッター車が交通整理していた女性作業員を轢いてしまい右脚を切断させた。車両所有者と修理点検業者が安全義務を怠ったとして提訴した。	ニューヨーク州	2008年
アスベスト	メーカー	2520万ドル（28億円）	機械部品に含まれるアスベストで中皮腫や肺がんになったことによる集団訴訟。	ペンシルベニア州	2008年
工業用乾燥機	メーカー	25万ドル（2800万円）	エンジニアが工業乾燥機を清掃中通気口部分のファンに指が当たり指を切断した。適切な設計をしていないとする原告に対し、被告は危険を承知で通気口に手を置いたと主張した。最終的には和解となった。	ペンシルベニア州	2008年
樹脂	メーカー	1億2300万ドル（138億円）	樹脂メーカーが断熱材メーカーに供給した樹脂の危険性を周知徹底しなかったために爆発事故が発生した。断熱材メーカーが樹脂メーカーを警告上の欠陥があるとして提訴した。	ケンタッキー州	2007年

製品	主な被告	賠償額（評決・判決・和解額）	事故概要	地域	判決・評決年
ボート	メーカー ボート所有者	70万ドル（8000万円）	男性がヨットのハッチカバーに激突し、足を骨折するなど大けがを負った。安全装置が適切に設置されていないとして提訴した。	フロリダ州	2007年
オートバイ	メーカー 部品メーカー 販売業者	430万ドル（4億7300万円）	交通事故を引き起こした際にオートバイの燃料タンクが破損し、燃料引火の結果男性が大やけどを負った。設計・製造・販売・警告に欠陥があるとして提訴した。	カリフォルニア州	2007年
殺虫剤	メーカー	330万ドル（3億7000万円）	バナナ園労働者が30年前に使用された土壌燻蒸剤に曝露された結果不妊になったとして提訴した。	カリフォルニア州	2007年
コーヒー	コーヒー店	30万ドル（3300万円）	女性がコーヒー店で店員にホットコーヒーをこぼされた。やけどを負い神経障害を発症したとして、店員の教育訓練不足と基準を超える高温のコーヒー提供をしたと主張し提訴した。	カリフォルニア州	2006年 米国の代表的な訴訟例
自動車	メーカー	1億ドル（112億円）	搭乗中の車が後続車に衝突され起きた火災で大けがを負った原告への280万ドルの補償的損害賠償と1億2500万ドルの懲罰的賠償金がメーカー裁定された。（懲罰賠償についてはメーカーの申立てにより、350万ドルまで減額された）これにより運転手が死亡し、同乗者が重度のやけどを負ったが、ガソリンタンクの配置の悪さと保護機能の欠如、開発期間短縮と安全軽視のポリシーが原因と考えられている。	カリフォルニア州	1972年 米国の代表的な訴訟例

（出所：各種資料より筆者取りまとめ）　　　　　　　　　　　1 US ドル≒112円

参考文献

<第 1〜7 章>
1) 石原伸志・小林二三夫・佐藤武男・吉永惠一（2014）『新貿易取引─基礎から最新情報まで─』経済法令研究会
2) 東京海上日動火災保険株式会社 編（2017）『貨物保険の損害対応実務』保険毎日新聞社
3) 木村栄一・大谷孝一・落合誠一（2011）『海上保険の理論と実務』弘文堂
4) 三井住友海上火災保険株式会社（2014）「外航貨物海上保険案内」
5) 松島惠『海上保険法』損保総研
6) 石原伸志（2015）『増補改訂版 貿易物流実務マニュアル』成山堂書店
7) 近見正彦（1997）『海上保険史研究─14・5 世紀地中海時代における海上保険条例と同契約法理』有斐閣
8) 今泉敬忠・大谷孝一（2002）『海上保険法概論』損保総研
9) 大谷孝一 監訳（2009）『外航貨物海上保険 2009 年ロンドン協会貨物約款対訳』損保総研
10) 日本海事広報協会「日本の海運 SHIPPING NOW」
11) 日本船主協会「世界海運とわが国海運の輸送活動」
12) 日本船主協会「外航海運統計 2016」
13) 中出哲（2012）「わが国の海上保険の現状の課題と進むべき方向性」『海事交通研究』第 61 集
14) 高野浩司（2015）「「商法（運送・海商関係）等の改正に関する中間試案」に対する損害保険業界のスタンス」『損害保険研究』77 巻 3 号、損保総研
15) 吉澤卓哉（2015）「海上保険法現代化について─国際競争と抵触法の観点から」『損害保険研究』77 巻 1 号、損保総研
16) 落合誠一（2011）「海上保険の立法問題─保険法との関係を中心として」『損害保険研究』73 巻 3 号、損保総研
17) 中出哲（2016）「イギリス 2015 年保険法の概要」『損害保険研究』78 巻 2 号、損保総研
18) 吉澤卓哉（2013）「海外保険者に対する参入規制の整合性」『損害保険研究』75 巻 3 号、損保総研

<協力>
写真提供：一般社団法人日本海事検定協会
　　　　　Corporation of Lloyd's
保険証券サンプル提供：三井住友海上火災保険株式会社
図 4-1 イラスト：酒井孝郎
日本サルヴェージ株式会社
株式会社浅井市川海損精算所

<第 8 章>

1) 石原伸志・小林晃・小林二三男・西道彦・藤田和孝（2011）『ベーシック貿易取引』経済法令研究会
2) 石原伸二・小林二三夫・佐藤武男・吉永恵一（2014）『新貿易取引―基礎から最新情報まで―』経済法令研究会
3) 三井住友海上火災保険株式会社『運送人の責任と貨物保険』2010 年 4 月改訂
4) 田中庸介・山下和哉（2017）「商法及び国際海上物品運送法の改正法案の国会提出」『KAIUN』1075 号、一般社団法人・日本海運集会所
5) 鈴木俊司（2016）「商法（運送、海商関係）改正―法制審議会商法部会に参加して―」『日本海事新聞』（3 月）

<第 9～15 章>

1) (財) 海外市場調査会（1952）『新らしい輸出信用保険（通商産業省輸出保険課編）』
2) 通商産業省貿易局貿易保険課 監修（2000）『貿易保険実務用語辞典』貿易保険機構
3) 経済産業省貿易保険課（2001）『貿易保険 50 年のあゆみ』貿易保険機構
4) 貿易保険機構（2003）『貿易保険実務解説』
5) 貿易保険機構（2005）『海外投資保険の手引き』
6) 経済法令研究会（2009）『外為取引実践コース』
7) 柴原友範・江尻武之・石川雅啓（2010）『実践　貿易実務（第 10 版）』日本貿易振興機構
8) 日本機械輸出組合（2017）『2017 年版　貿易一般保険包括保険（機械設備）の手引き』
9) 日本貿易保険 Web サイト（貿易保険規程集、パンフレット、解説資料など）http://nexi.go.jp/

<第 16～23 章>

1) 山口正久（1987）『欧米の製造物責任』日本経済評論社
2) 佐藤智晶（2011）『アメリカ製造物責任法』弘文堂
3) 三井俊紘（2009）『海外 PL 訴訟―勝利の方程式』株式会社保険教育システム研究所
4) 伊藤崇（2015）『製造物責任における欠陥の主張立証の実務』民事法研究会
5) 日本弁護士連合会消費者問題対策委員会 編（2015）『実践 PL 法』有斐閣
6) 土庫澄子（2014）『逐条講義　製造物責任法―基本的考え方と裁判例』勁草書房
7) 羽成守・青木荘太郎 編（2014）『製造物責任（判例ハンドブック）』青林書院
8) 製品安全・製造物責任研究会（2013）『知っておきたい製品安全・製造物責任の最新動向―製品事故を起こさないために』日本規格協会
9) 民事法研究会（2014）『現代消費者法』No24
10) 岡村久道「製造物責任法（PL 法）入門」
11) 山口正久（1999）「第 3 次不法行為法リステイトメント」金城学院大学消費生活科学研究所
12) JETRO「輸出時における PL 法の対策・留意点：米国」
13) 日本商工会議所「中小企業海外 PL 保険制度」https://hoken.jcci.or.jp/overseas-pl
14) 朝見行弘弁護士「誌上法学講座　製造物責任法（PL 法）を学ぶ（第 1 回～9 回）」

15) 北浜法律事務所「海外法務・ニュースレター（米国）Vol.14」
16) RICOH「前田陽司：米国 PL 訴訟対策（Vol.1〜3）」
17) 久保井総合法律事務所「法律コラム：米国訴訟の実務〜久保井総合法律事務所リーガルセミナー講演録」
18) 日本ワイン協会「PL 保険」
19) 一色太郎（2012）「米国訴訟マネジメントについての考察」『知財管理』62 巻 2 号 141 頁
20) 三井住友海上火災保険「ビジネスプロテクター　海外生産物賠償責任保険」
21) MS&AD INSURANCE GROUP インターリスク総研「米国における PL の現状」
22) MS&AD INSURANCE GROUP インターリスク総研「欧州における PL と製品安全」
23) MS&AD INSURANCE GROUP インターリスク総研「アジア諸国の PL 制度」
24) MS&AD INSURANCE GROUP インターリスク総研「製品事故に関する責任分担条項のチェックポイント」
25) MS&AD INSURANCE GROUP インターリスク総研「海外の製品事故報告制度」
26) 東京海上日動火災保険「海他 PL 保険・損害サービスについて」
27) 東京海上日動火災保険リスクコンサルティング「PL 情報　Update」
28) 東京海上日動リスクコンサルティング「PL 関連事故・訴訟の現状」
29) 損保ジャパン日本興亜「輸出製品に関する PL 保険のご案内」
30) SWISS RE（2014）「賠償責任保険の保険金請求トレンド」『SIGMA』第 4 号
31) SWISS RE（2009）「企業の賠償責任：企業と保険会社にとっての課題」『SIGMA』第 5 号
32) Product Liability INSURANCE INFORMATION INSTITUTE
33) Litigiousness Ⅲ INSURANCE INFORMATION INSTITUTE
34) Product Liability Philip Quaranta Wilson, Elser, Edelman & Dicker LLP 2015（WEMED）
35) Annual Report of the Director 2011, Judicial Business of the U.S. Court

索　引

欧文

Abandon（委付） …………………… 99
Accident（偶然の事故） ……………… 3
Actual Total Loss（現実全損） ………… 98
ADR（Alternative Dispute Resolution）
　……………………………………… 295
All Risks（オールリスク） …………… 27
Allowance（損率） …………………… 102
Alternative Dispute Resolution（裁判外
　紛争処理） ………………………… 295
Average Bond（共同海損盟約書） …… 108
Barge（艀、ハシケ） ………………… 19
BY ANY CONVEYANCE（任意の輸送
　手段） ……………………………… 71
BY LAND CONVEYANCE（陸上輸送
　手段） ……………………………… 71
C&F ……………………………………… 13
Capacity（キャパシティ） …………… 76
Cargo Boat Note ……………………… 90
Cargo Indemnity Insurance ………… 160
CARRIAGE & INSURANCE PAID TO
　……………………………………… 14
CARRIAGE PAID TO ………………… 14
CFR ………………………………… 13, 14
CFS/CFS ……………………………… 51
CIF ………………………………… 13, 14
CIP ……………………………………… 14
Civil Law（大陸法） ………………… 277
Claim Agent（精算代理店） ………… 96
Claim Note（保険金請求書） ………… 95
Claim Settling Agent（精算代理店） … 96
Claims made Basis（クレイムズメイド
　ベース、損害賠償請求ベース）
　…………………………………… 315, 316
Class Action（集団訴訟） …………… 287
Clean B/L（無故障船荷証券） ……… 54
Co-Insurance（共同保険） …………… 75

Common Law（英米法） …………… 277
Complaint Summons（訴状と召喚状）
　……………………………………… 291
Concealed Damage（コンシールド・ダ
　メージ） ………………………… 53, 134
Constructive Total Loss（推定全損） … 98
Container Itself（コンテナ保険） …… 161
Container Vanning Report ………… 61
Contingency Cover …………………… 62
Corporation of Lloyd's（ロイズ保険組
　合） ………………………………… 6
COST & FREIGHT …………………… 14
COST INSURANCE & FREIGHT …… 14
Country Risk（非常危険） ………… 168
Counter Survey（カウンター・サーベ
　イ） ………………………………… 94
CPT ……………………………………… 14
CY/CY ………………………………… 51
D/A 手形 …………………………… 序ix
Damage（損傷） ……………………… 3
Damaged Market Value（損品市価）
　……………………………………… 102
DAP ……………………………… 13, 14
DDP ……………………………… 13, 14
Debit Note（保険料請求書） ………… 82
Declaration Letter（共同海損宣言） … 108
Deductible（ディダクティブル） …… 74
Deep Pocket Theory（ディープポケッ
　トセオリー） ……………………… 285
Defense（防御行為） ………………… 114
Deliberation（評議） ………………… 294
Deliver to the carrier（運送人への引渡
　し） ………………………………… 64
DELIVERED AT PLACE ……………… 14
DELIVERED DUTY PAID …………… 14
Devanning Report …………………… 61
Devanning（デバンニング） ………… 53

Discovery（開示手続き）	292
DMV（Damaged Market Value）	102
D/P 手形	序 ix
DUTY CLAUSE	47
DUTY INSURANCE	47
Equipment Interchange Receipt（EIR）	61, 96
Equivalent Total Loss（ETL）	103
EX WORKS	14
Excess（エクセス）	74
External Cause（外来な原因）	3
Extraordinary expenditure（予定外の費用）	106
EXW	13, 14
FCA	14
Filing Fee（提訴費用）	285
FOB	13, 14
FOB ATTACHMENT CLAUSE	41
Forwarding Charge（継搬費用）	105
Foul B/L（故障付き船荷証券）	序 vii, 54
FPA（分損不担保）	27
Franchise（フランチャイズ）	75
FREE CARRIER	14
FREE ON BOARD	14
General Average Adjuster（共同海損精算人）	107
GRR（Good Result Return）	86
Hail（雹）	23
Held Covered（都度照会）	87
House B/L	108, 132
ICC 1963	27
ICC 1982	27, 28
ICC 2009	28
ICC（A）	27
ICC（B）	27
ICC（C）	28
ICC（協会貨物約款）	27
If and When 条項	204
INCOTERMS（インコタームズ）	13
Inherent Vice or Nature（固有の瑕疵または性質）	35
Inland Transit（内陸輸送）	17
Institute Cargo Clauses（協会貨物約款）	27
Institute Replacement Clause（協会修繕約款）	103
Instructions（説示）	294
INSTUTUTE CARGO CLAUSE（AIR）（協会貨物保険（航空貨物用））	64
Insufficient Packing（梱包の不充分）	35
Insurance Act 2015（2015 年保険法）	10
Insurance Certificate（保険証明書）	81
Insurance Policy（保険証券）	27
Insurance Premium Rate（保険料率）	84
Insurance Premium（保険料）	84
Insured Amount（保険金額）	72
Insured Value（保険価額）	72
INTERIOR PLACE	70
International Chamber of Commerce（国際商業会議所）	13
IOP（Irrespective Of Percent）	74
Jettison（投げ荷）	21
Joint and Several Liability（連帯責任）	285
Judgement（判決）	294
Jurisdiction（裁判管轄権）	291
L/G（分担保証状）	108
L/P（損害防止活動）	118
Letter of Guarantee（分担保証状）	108
Letter of Indemnity（念書）	81
Letter of Transfer（権利移転証）	115
Liability without fault（無過失責任）	306
Long-Arm Statute（ロングアーム法）	291
Loss Prevention（損害防止活動）	118
Loss Ratio（損害率）	86
Loss（滅失）	3
MAR フォーム	27
Marine Claims Department（海損）	89
Marine Hull Insurance（船舶保険）	128
Marine Insurance Act（海上保険法）	10
Marine Rate（マリンレート）	85

Marine Risks（マリンリスク）	44
Master B/L	132
Mysterious Loss（ミステリアス・ロス）	63
NCR（No Claim Return）	86
No Cure No Pay	105
Non Vessel Operating Common Carrier	108
Non-Delivery（不着）	25
Notice of Claim（事故通知）	90
NVOCC	108
Occurrence Basis（事故発生ベース）	316
Ocean Transit	18
OECD 輸出信用アレンジメント	179, 203
On board the vessel	64
On Deck	72
OP（Open Policy）	78
Open Contract（特約書）	80
Open Policy（包括的予定証券）	78
Ordinary Course Of Transit（通常の輸送過程）	41
Particular Average（分損）	102
Pilferage（抜き荷）	23
PL 危機	278, 280
PLD（訴訟対策）	322
PLP（PL 事故予防）	322
PL 保険（自家保険を含む）	322
Political Risk（非常危険）	168
Port to port	18
Power of Attorney（委任状）	97
Proceeds（売得金）	99
Product Liability Crisis（PL 危機）	280
Provisional Insurance Certificate（予定保険引受証）	78
Provisional Insurance Policy（予定保険証券）	78
PS（製品安全）	322
Received B/L（受取り船荷証券）	54
Reinsurance（再保険）	76
Reply Letter	95
Result Rating（リザルトレーティング）	86
Retention（保有）	76
RISK ATTACHMENT CLAUSE	41
Risk Management（リスク・マネージメント）	116
RM（Risk Management）	116
sacrifice（犠牲）	106
Salvage Loss Settlement（サルベージ・ロス・セトルメント）	104
Seaworthy（堪航性）	35
Shipped B/L（船積み船荷証券）	54
Shortage（不足）	25
SMV（Sound Market Value）	102
Sound Market Value（正品市価）	102
SPECIAL CLAUSE FOR ICC（C）	32
Special Clause for Residual Properties（残存物に係る特別約款）	100
Special Replacement Clause for Airfreight	103
Special Replacement Clause for Airfreight and Duty	103
Strike Risks（ストライキリスク）	36
Stuffing Report	61
Stuffing（スタッフィング）	53
Subrogation Claim（代位求償）	115
Subrogation Form（権利移転証）	115
Subrogation Receipt（権利移転証）	115
Subrogation（請求権代位）	100
Survey Report（検査報告書、鑑定書）	93
Survey（立会検査）	92
Surveyor（サーベイヤー）	92
Sweat Damage（汗濡れ）	24
Temperature Chart（温度チャート）	61
The American Law Institute（ALI）	281
Third Party Liability（第三者賠償責任保険）	160
Total Loss（全損）	98
Trade Term（貿易定型取引条件）	13
Trial（正式事実審理）	293
UNDER DECK	72

340 索引

Underwriter（アンダーライター）······ *85*
Underwriting（アンダーライティング）
······ *85*
UNIT LOAD DEVICE（ULD）······ *66*
Unseaworthy（不堪航）······ *35*
Unstuffing Report ······ *61*
Unstuffing（アンスタッフィング）······ *53*
Valuation Form（価格申告書）······ *108*
Vanning（バンニング）······ *53*
Verdict（評決）······ *294*
WA（分損担保）······ *27*
Waiver of Subrogation（求償権放棄）
······ *116*
War & Strike Rate（ウォーレート）······ *85*
War & Strike（戦争・ストライキ保険）
······ *44*
War Risks（戦争リスク）······ *36*
Warehouse to Warehouse ······ *18*
Washing Overboard（波ざらい）······ *21*
Waterborne ······ *45*

ア行

汗濡れ ······ *24*
雨・淡水濡れ ······ *24*
アローアンス ······ *102*
案件枠 ······ *201, 202*
アンスタッフィング ······ *53*
アンダーライター ······ *85*
アンダーライティング ······ *85*
アンダーライティングリザルト ······ *86*
一時保管 ······ *18*
一部保険 ······ *序 x, 73*
委任状 ······ *97*
委付 ······ *99*
インコタームズ ······ *13*
インターネット通販 ······ *12*
ウォーレート ······ *85*
受取り船荷証券 ······ *54*
運送業者受託貨物賠償責任保険 ······ *123*
運送契約 ······ *4*
運送人への引渡し ······ *64*
運送保険 ······ *125*

エアカーゴ ······ *64*
英国法 ······ *9*
英文賠償責任保険普通保険約款 ······ *310*
英米法 ······ *277*
エクセス ······ *74*
凹損 ······ *24*
オープントップ ······ *50*
オープンポリシー ······ *78*
オールリスク ······ *27, 123*
オカレンスベース ······ *316*
汚損 ······ *25*
オプション条項 ······ *298*
温度チャート ······ *61*

カ行

カーゴハンドリング ······ *23*
海外 PL 保険 ······ *276*
海外事業資金貸付保険 ······ *181*
海外商社名簿 ······ *193*
海外投資保険 ······ *180*
海外投資保険の事故事由 ······ *189*
外貨建契約 ······ *213*
外貨建対応方式特約書 ······ *186*
外貨建対応方式 ······ *214*
外航貨物海上保険 ······ *2*
開示手続き ······ *292*
回収義務 ······ *252*
回収協力義務 ······ *253*
回収金 ······ *254*
回収費用 ······ *255, 256*
海上保険法 ······ *10*
海水漏れ ······ *24*
海賊 ······ *21*
海損 ······ *89*
解凍 ······ *25*
買取扱い ······ *266*
外来な原因 ······ *3*
カウンター・サーベイ ······ *94*
価格申告書 ······ *108*
格付 ······ *194*
家計分野 ······ *7*
火災 ······ *20*

索引

合算後払い	80
カビ損	24
貨物海上保険	2
貨物犠牲損害	109
借入国	187
仮保管	19
為替手形	序 viii
簡易通知型包括保険	179
関税	47, 103
鑑定書	93
ガントリークレーン	19
機関故障	22
期間建て運送保険	126
期間建て保険	39
企業分野	8
企業別包括保険	196, 260
起算点	179
技術提供契約	178
犠牲	106
寄託契約	4
キャパシティ	76
求償権放棄	116
救助費	73, 104
旧約款	27
協会貨物保険（航空貨物用）	64
協会貨物約款	27
協会修繕約款	103
協定保険価額	73
共同海損	73, 106
共同海損犠牲損害	36, 106
共同海損サーベイ	110
共同海損精算書	110
共同海損精算人	107
共同海損宣言	108
共同海損盟約書	108
共同救助	104, 107
共同保険契約	75
曲損	24
金利固定の契約	213
金利変動の契約	213
偶然の事故	3
クーポン和解	297

国カテゴリー	197
クラスアクション	284, 287, 296
クラス認証問題	297
クレイムズメイドベース	315, 316
クレーム・エージェント	96
警告表示	288
経済全損	99
継搬費用	105
軽微な内容変更等	230
契約違反特約	186
契約の決済期限の解釈	224
契約の内容変更等	230
契約を証する書類	183
契約を証する書類と契約締結日	184
計量方法の違いによる誤差	25
欠陥	306
検査員	89
検査報告書	93
現実全損	98
原子力・放射能汚染	36
限度額設定型貿易保険	179
現認書	94
権利移転証	115
権利行使等の委任	245
故意の違法行為	35
航海過失	114, 136
航海建て保険	39
拘禁	22
航空運賃	103
航空機輸送	17
控除利息	257
強奪	23
荒天遭遇	21
港頭倉庫	18
抗弁	319
コーポレート分野	8
国際海上物品運送法	133, 135
国際商業会議所	13
国際複合運送証券	133
告知義務	序 xi, 12, 67
故障付き船荷証券（Foul B/L）	序 vii, 54
固定（セキュアリング）の不完全	52

個別保険 ······································ *178, 195*
個別保証枠 ······································ *207*
個別保証枠確認証 ······························ *208*
個別申込み ······································ *77*
固有の瑕疵または性質 ························ *35*
混載コンテナ ···································· *51*
コンサイニー ······························ 序 *vii, 2*
コンシールド・ダメージ ······················ *53*
コンタミネーション ···························· *25*
コンテナ ···································· *19, 47*
コンテナ専用船 ································· *72*
コンテナヤード ································· *18*
コンテナリゼーション ························· *50*
コンテナ保険 ··································· *161*
梱包の不充分 ································ *35, 51*

サ行

サーティフィケート ···························· *81*
サービサー ······················ *245, 253, 258*
サーベイ ·· *92*
サーベイヤー ······························ *59, 89, 92*
サーベイレポート ······························· *93*
最低保険料 ································· *84, 227*
裁判外紛争処理 ································ *295*
裁判管轄権 ·································· *10, 291*
再保険 ··· *76*
再保険スキーム ································ *181*
債務不履行 ···································· *4, 36*
債務不履行責任 ································ *277*
座礁 ·· *20*
擦過 ·· *24*
錆び損 ··· *24*
サブロゲーション ······························ *100*
サルベージ・ロス・セトルメント ········ *104*
三国間貿易 ·· *8*
残存物代位 ······································· *99*
残存物に係る特別約款 ······················· *100*
仕入控除 ··· *104*
事業不能 ··· *175*
時効 ·· *89, 91*
自国付保規制 ······································ *7*
事故事由 ··································· *186, 188*

事故通知 ····································· *89, 90*
事故発生ベース ································ *316*
地震リスク ·································· *23, 45*
事前相談 ··· *211*
自然の消耗 ······································· *35*
実損てん補制 ··································· *248*
シッパー ···································· 序 *vii, 2*
シッパーコード ································ *192*
支払国 ·· *187*
支払人 ·· 序 *vii*
支払い不能 ······································· *36*
仕向国 ·· *187*
重大な内容変更等 ···························· *230*
集団訴訟 ································ *284, 287*
重要事項の説明 ································· *67*
修理・手直し費用 ····························· *103*
終了認定 ··· *258*
自由料率 ·· *7*
準拠法 ··· *10*
少額共同海損 ··································· *128*
商業過失 ································· *114, 136*
条件付引受国 ··································· *200*
焼損 ·· *24*
小損害免責額 ···································· *74*
衝突 ·· *20*
衝突損害賠償金 ······························· *129*
消費税 ·· *103*
商品別組合別包括保険 ·············· *196, 260*
商法 ·· *9*
ショーテージ ···································· *25*
ショートシップメント ························ *25*
浸水 ·· *21*
新約款 ··· *27*
信用危険 ··· *168*
信用危険の事故事由 ·························· *189*
信用危険の引受の基本 ······················ *205*
信用状 ··· 序 *ix*
信用状（L/C）決済の契約と貿易保険
 ·································· *203, 208, 226, 237*
信用調査報告書 ································ *193*
推定全損 ·· *98*
スウェットダメージ ···························· *24*

スタッフィング	53
ストライキリスク	36, 44
ストラドルキャリアー	19
請求権代位	100
成功報酬制度	284
政策変更リスク特約	186
精算代理店	96
正式事実審理	293
製造物責任指令	298
製品安全	322
正品市価	102
説示	294
1924年船荷証券統一条約	135
船主責任制限の制度	148
船主責任制限法	148
船艙	21
戦争	22
戦争・ストライキ保険	44
戦争・ストライキリスク	32
戦争リスク	36, 44
全損	37, 98
船舶保険	4, 35, 128
全部保険	序x, 73
専門家証人	286
争議	36
送金ベース	序x
艙口（ハッチ）	51
遭難港	36
双務有償契約	11
訴訟対策	322
訴状と召喚状	291
損害サービス部門	89
損害調査部門	89
損害通知義務	序xi
損害の受容	118
損害の発現形態	23
損害の防止・軽減	88
損害賠償請求権の保全	89
損害賠償請求ベース	316
損害防止活動	118
損害防止義務	序xi
損害防止費用	104

損害率	86
損失額	246, 247
損失等発生の通知	238
損失防止軽減義務	240, 242
損傷	3
損品市価	102
損率	102

タ行

第2次不法行為法リステイトメント
　（The Restatement (Second) of Torts）
　第402条A ... 279
第3次不法行為法リステイトメント
　　　　　　　　　　　　　　... 279

代位求償	115
代位取得（保険代位）	252
代金等回収不能	175
代金等回収不能事故	178, 240, 249
第三者賠償責任保険	160
大数の法則	序v
台風	23
大陸法	277
代理店	11
大量破壊兵器	36
諾成契約	11, 67
立会検査	92
脱線	23
拿捕	22
短期時効	91
堪航性	35
淡水濡れ	24
単独救助	105
単独契約	75
遅延	36
知的財産権等ライセンス保険	181
仲介貨物	178
仲介貿易	8
仲介貿易契約	178
中古貨物	70
中小企業・農林水産業輸出代金保険	179
超過保険	序x

懲罰的損害賠償	286
沈没	19
通常の輸送過程	40, 41
通常の漏損・減少	35
通知期限	220
都度照会	87
ディープポケットセオリー	285
訂正内容変更	221
提訴費用	285
ディダクティブル	74
デバンニング	53
デバンニングレポート	91
テロ	23, 45
転覆	23
てん補率	215, 249
てん補割れ部分（欠け目）	215
ドア封印	51
盗難	22, 51
特定危険担保	123
特定国	200, 211
特定適格消費者団体	307
特別約款	32
特約書	80, 178, 196, 207, 260
取立扱い	266
トレードターム	13

ナ行

内航貨物海上保険	2, 128
内諾書	221
内容変更等通知期限	221, 232
内陸輸送	17
投げ荷	21
波ざらい	21
荷扱い	19, 23
荷為替手形	序 ix, 222
二重主権	281
2015年保険法	10
2年以上の契約	179
2年未満の契約	179
日本貿易保険	172
荷役用具	19
任意の輸送手段	71

抜き荷	23
ネットワーク・システム	134
念書	81
野積み	52
ノンポリシー	82

ハ行

ハーター法	136
陪審員制度	284
陪審員の心証	288
売得金	99
売買契約	序 i, 2, 4
パイプライン	19
爆発	20
艀（ハシケ）	19
バスケットクローズ	187
破損	24
ばら積み輸送	19
パリクラブ	172, 204
判決	294
阪神淡路大震災	46
ハンドリング	19
バンニング	53
ハンブルグ・ルール	135
東日本大震災	46
引受基準	200, 202
引受基準適用日	218
引受条件	200, 201
引受方針	198
非常危険	168
非常危険の事故事由	186
被保険者	序 x, 12
被保険利益	12
雹	23
評議	294
評決	294
比例てん補制	248, 249
フォワーダー	69, 90
付加危険	37
不足	25
不堪航	35
不着	25

物流 RM サービス	119	法廷地漁り	297
物流安全サービス	119	暴動	23, 36
船会社の責任区間	54	保険開始ポイント	41
船積み船荷証券	54	保険会社	11
船積不能	175	保険会社に対する監督	9
船積不能事故	178, 239, 248	保険会社免責	34
不法行為責任	277	保険会社有責	34
付保率	215, 249	保険価額	序 x, 72
フラットトラック	50	保険期間	39
フランチャイズ	75	保険業法	9
フルコンテナ	51	保険金	序 x, 12
プレミアム	84	保険金受取人	176
ブローカー	11	保険金額	序 x, 72
分損	102	保険金支払限度額	179, 216, 262
分損担保	27	保険金請求権	244
分損不担保	27	保険金請求書	95
分担保証状	108	保険金の請求期限	243
米ドル建保険特約	186	保険区間	39
ヘーグ・ヴィスビー・ルール	133, 135	保険契約者	序 x, 12
ヘーグ・ルール	133, 135	保険事故確定日	239
変更通知義務	序 xi	保険事故発生日	239
返還保険料	227	保険終期の延長	42
片面的強行規定	8	保険証券	序 xi, 8, 12, 27
貿易一般保険	178	保険条件	34
貿易一般保険包括保険（企業総合）	178	保険証明書	81
貿易代金貸付保険	180	保険成績	86
貿易定型取引条件	13	保険責任	222
貿易物流形態	17	保険責任の開始日と終了日	222
貿易保険	171	保険の開始	40
貿易保険法	176	保険の終期	40
貿易保険法第2条	183	保険の目的	序 iv
貿易保険法第28条	174	保険ブローカー（仲立人）	11
貿易保険法第36条	174	保険法	8
貿易保険法第42条	252	保険募集に対する監督	9
貿易保険法第43条	183	保険料	序 x, 12, 84
包括責任主義	34	保険利用者コード	192
包括的な規定	187	保険料支払義務	序 xi
包括的予定証券	78	保険料請求書	82
包括保険	178, 195	「保険料即収」の原則	80
防御行為	114	保険料の返還	228
防御対応	318	保険料率	84
冒険貸借	4	保証国	187

保有	76	ユニフォーム・システム	134
ポリシー（保険証券）	27, 81	ヨークアントワープ規則	107
本保管	18	与信枠	206, 261
		予定外の費用	106
マ行		予定保険	78
前払輸入保険	180		
マリンリスク	44	**ラ・ワ行**	
マリンレート	85	陸上輸送	22
満期前そ求の実質的条件等	268	陸上輸送手段	71
ミステリアス・ロス	63	履行担保制度	174
密閉式コンテナ	72	リザルトレーティング	86
未必費用控除	101	リスク・マネージメント	116
無過失責任	306	リスクの移転	15
無故障船荷証券	序 i, 54	リスク負担者	14
無責	34	リスクヘッジ（転嫁）拡大	118
無付保部分	245, 253, 255	リスケジュール（債務繰延べなど）	174
蒸れ損	24	リテール分野	7
滅失	3	リマーク	90
免責	34, 250	料率調整方式	86
免責歩合	74	冷凍コンテナ	51
申込み	67	列挙危険方式	36
申込期限	218	連帯責任	285
申込メニュー	216	連邦 PL 改革法案	296
モントリオール条約	153	ロイズ・コーヒーハウス	5
		ロイズ SG フォーム	27
ヤ行		ロイズ保険組合	6
約款	序 xi, 8	漏水	23
ユーザンス	201, 202	ロス・プリベンション	118
床下浸水	23	ロスレシオ	86
輸出 FOB 保険	45, 123	ロッテルダム・ルール	142
輸出契約	178	ロングアーム法	291
輸出手形保険	180	割増保険料	227, 230
輸送用具・船名	71	ワルソー条約	143, 144

執筆者一覧

執筆者略歴（掲載順・敬称略）

第1～7章
吉永　恵一（よしなが　けいいち）
1974年大正海上火災保険株式会社（現三井住友海上火災保険株式会社）入社。主に、貨物海上保険・船舶保険の損害サービス（海損）、海外事業に従事。北京、シンガポール、台湾に駐在。2016年退社。横浜商科大学非常勤講師。著書・論文は『海上保険クレーム』（共同翻訳・損害保険事業研究所）、「K丸衝突事件」『海事法研究会誌』（日本海運集会所）、『新貿易取引』（共著・経済法令研究会）他。

第8章
石原　伸志（いしはら　しんじ）
1949年群馬県生まれ。1974年早稲田大学卒業、三井倉庫株式会社入社。1988年～1993年三井倉庫（タイランド）に出向。三井倉庫国際部長を経て、2006年東海大学海洋学部教授に就任。2015年より東海大学海洋学部特任教授。多摩大学大学院客員教授、一橋大学、神奈川大学他の非常勤講師を歴任。著書は『増補改訂　貿易物流実務マニュアル』（成山堂書店）、『新貿易取引』（共著・経済法令研究会）、『コンテナ輸送の理論と実際』（共著・成山堂書店）、『ASEANの流通と貿易―AEC発足後のGMS産業地図と企業戦略―』（編著・成山堂書店）他。

第9～15章
土屋　爲由（つちや　ためよし）
1946年長野県生まれ。1965年通商産業省（現経済産業省）入省、国際経済課、経済協力調整室など、また日本貿易振興機構（JETRO）のスイス・ジュネーブ事務所に勤務。経済産業省貿易保険課貿易保険調整官、独立行政法人日本貿易保険お客様相談室長、日立キャピタル損害保険（株）顧問として、企業の海外展開や輸出促進のため、貿易保険制度や貿易保険の効果的な活用方法などを紹介。著書は、『企業の海外展開と貿易保険』（月刊GLOBAL Angle）、『日本貿

易保険（貿易保険の基本と最近の動き）』（月刊貿易実務ダイジェスト）、『「21世紀新農政 2006」の国際戦略と貿易保険』（月刊貿易保険）他。

第 16～23 章
水落　敬太郎（みずおち　けいたろう）
1950 年東京都生まれ。青山学院大学経営学部卒業、1974 年大正海上火災保険株式会社（現三井住友海上火災保険）入社。海外事業部門ではホンコン、ロンドン、ダービー、上海にて 16 年の海外駐在経験を有す。企業営業部門では大手自動車会社の保険業務を担当。商品業務部門ではリスクコンサルティング課、賠償責任保険課において製造物責任保険、D&O 保険等の実務経験を有する。著書は『企業における PL 対策』（共著・保険毎日新聞社）、『株主代表訴訟と会社役員賠償責任保険（D&O 保険）』（共著・保険毎日新聞社）、『商社の製造物責任法への対応：PL マニュアル』（共著・日本貿易会）他。

貿易実務シリーズ①
貿易と保険実務マニュアル

定価はカバーに表示してあります。

2018年5月18日　初版発行

著　者	石原伸志・土屋爲由・水落敬太郎・吉永惠一
発行者	小川　典子
印　刷	三美印刷株式会社
製　本	株式会社難波製本

発行所　株式会社 成山堂書店

〒160-0012　東京都新宿区南元町4番51　成山堂ビル
TEL：03(3357)5861　　FAX：03(3357)5867
URL　http://www.seizando.co.jp

落丁・乱丁本はお取り換えいたしますので，小社営業チーム宛にお送り下さい。

©2018　Shinji Ishihara, Tameyoshi Tuchiya, Keitaro Mizuochi, Keiichi Yoshinaga
Printed in Japan　　　　　　　　　　　ISBN978-4-425-93151-4

成山堂書店　海運・保険・貿易関係図書案内

現代海上保険	大谷孝一・中出哲　監訳	A5・376頁・3800円
ソマリア沖海賊問題	下山田聰明　著	A5・224頁・2800円
海上リスクマネジメント【2訂版】	藤沢・横山・小林　共著	A5・432頁・5600円
液体貨物ハンドブック【改訂版】	日本海事検定協会　監修	A6・268頁・3200円
海難審判裁決評釈集	21世紀海事総合事務所　編著	A5・266頁・4600円
新訂 ビジュアルでわかる船と海運のはなし	拓海広志　著	A5・256頁・2600円
新訂外航海運概論	森　隆行　編著	A5・328頁・3800円
体系海商法【二訂版】	村田治美　著	A5・336頁・3400円
船舶知識のABC【9訂版】	池田宗雄　著	A5・226頁・3000円
船舶売買契約書の解説【改訂版】	吉丸　昇　著	A5・480頁・8400円
国際物流のクレーム実務 －NVOCCはいかに対処するか－	佐藤達朗　著	A5・362頁・6400円
海上貨物輸送論	久保雅義　編著	A5・176頁・2800円
貨物海上保険・貨物賠償クレームのQ&A【改訂版】	小路丸正夫　著	A5・188頁・2600円
設問式定期傭船契約の解説【全訂版】	松井孝之　著	A5・354頁・4000円
設問式船荷証券の実務的解説	松井孝之・黒澤謙一郎　編著	A5・392頁・4500円
設問式船舶衝突の実務的解説	田川俊一　監修／藤沢　順　著	A5・176頁・2600円
船会社の経営破綻と実務対応	佐藤達朗・雨宮正啓　共著	A5・296頁・3800円
傭船契約の実務的解説【2訂版】	谷本裕範・宮脇亮次　共著	A5・374頁・6200円
LNG船がわかる本【新訂版】	糸山直之　著	A5・308頁・4400円
LNG船運航のABC【改訂版】	日本郵船LNG船運航研究会　著	A5・240頁・3200円
載貨と海上輸送【改訂版】	運航技術研究会　編	A5・394頁・4400円
増補改訂 貿易物流実務マニュアル	石原伸志　著	B5・488頁・8800円
新・中国税関実務マニュアル【改訂増補版】	岩見辰彦　著	A5・300頁・3500円
港湾倉庫マネジメント	篠原正人　監修／春山利廣　著	A5・368頁・3800円
図解船舶・荷役の基礎用語【6訂版】	宮本　榮　編著	A5・372頁・3800円
英和海事大辞典	逆井保治　編	A5・604頁・16000円
LNG船・荷役用語集【改訂版】	ダイアモンド・ガス・オペレーション(株)　編著	B5・254頁・6200円
海運六法【年度版】	国土交通省海事局　監修	A5・1396頁・16000円
船舶油濁損害賠償保障関係法令・条約集	日本海事センター　編	A5・600頁・6600円
海事仲裁がわかる本	谷本裕範　著	A5・240頁・2800円
港湾六法【年度版】	国土交通省港湾局　監修	A5・938頁・13500円
日本のコンテナ港湾政策	津守貴之　著	A5・292頁・3600円

解説付総合図書目録進呈

※定価は本体価格(税別)です。
定価は変更する場合があります。最新の情報は、弊社webでご確認ください。
http://www.seizando.co.jp

(平成30年4月)